集人文社科之思 刊专业学术之声

刊　　名：人权研究
主　　编：齐延平
执行主编：郑智航

(Vol.19) JOURNAL OF HUMAN RIGHTS

第19辑

集刊序列号：PIJ-2018-269

中国集刊网：http://www.jikan.com.cn/

集刊投约稿平台：http://iedol.ssap.com.cn/

第 卷

JOURNAL OF
HUMAN RIGHTS
Volume XIX

人权研究

主　编／齐延平

执行主编／郑智航

社会科学文献出版社
SOCIAL SCIENCES ACADEMIC PRESS (CHINA)

《人权研究》 集刊序

"人权"，乃是人因其为人即应享有的权利，它无疑是人类文明史中一个最能唤起内心激情与理想的词汇。人权，在今天已不再是一种抽象的意识形态，而是已成为一门需要熟虑慎思的学问。在呼吁人权的激情稍稍冷却的时候，挑战我们的智慧与理性的时代已经来临。

近代以来国人对人权理想的追求，总难摆脱经济发展、民族复兴的夙愿，曾经的救亡图存激起的民族主义情绪，始终是我们面对"西方"人权观念时挥之不去的顾虑。在个人与社群、公民与国家、自由与秩序、普适价值与特殊国情之间，我们一直在做艰难的抉择。也正因此，为人权理想奔走呼号的人士固然可敬，那些秉持真诚的保留态度的人们也值得尊重。

人权不但张扬个人的自尊、自主、自强，也代表着一种不同于两千年中国法制传统的"现代"政治制度，它所依托的话语体系，既需要融合我们自己对理想社会的追求，也对我们既有的生活方式构成了严峻挑战。当意识到必须以一种近乎全新的政治法律制度迎接人权时代的来临之时，我们必须审慎思考自己脱胎换骨、破旧立新的方式。当经历"三千年未有之大变局"之后，一个古老的中国无疑遇到了新的问题。在这种格局下，人权的支持者和怀疑者都需要交代内心的理由：人权对中国意味着什么？对于渴望民族复兴的中国来说，人权对公共权力的规训是否意味着削弱我们行动的能力？对于一个缺乏个人主义传统的国家来说，人权对个人价值的强调是否意味着鼓励放纵？对于一个较少理性主义的国家来说，人权是否意味着将割裂我们为之眷恋的传统之根？对于这一源自"西方"的观念，我们又如何既尊重其普适价值又能不罔顾国情？诸如此类的问题，人权主义者必须做出回答，批评者亦必须做出回应。

人权既是美好的理想，又是政府行动的底线标准。

人权因其美好而成为我们为之奋斗的目标，毕竟，一个大国政道和治道的双重转换，确实需要时间来承载思想和制度上的蜕变。但是，对公共权力的民意约束、对表达自由的保护、对信仰自由的尊重、对基本生存底线的维持、对人的个性发展的保障，都昭示了政治文明走向以人权为核心的追求"时不我待"。我们必须承认，人权不是今人栽树、后人乘凉的美好愿景，而应当成为政府的底线政治伦理。政府的人权伦理不能等待渐进的实现，而是政府之为政府的要件。人权标准是一个"理想"并不等于、也不应成为故步自封、拒绝制度转型的理由。

人权规范政府，但并不削弱权威。

近代民族国家的兴起和资本主义的扩张，将个人从传统的群体生活中抛出，个人直面国家，成为现代政治的基本特征。个人主义价值观的兴起，在文化意义上凸现了个性的价值，在制度设计上为保护个人提供了防护性装置。民主化消除了君主专制和寡头政治的专横，但又带来了"多数派暴政"的危险，而巨型资本渐趋显现的对个人权利的社会性侵害，也经由政府释放着它的威胁。因此，人权观念的主流精神，始终在于防范公共权力。

但是，政府固然没有能力为非，行善却也无能为力。缺乏公正而有力政府的社会，同样是滋生专制和暴政的温床。我们不会把尊重秩序与爱好专制混为一谈，也不会将笃信自由与蔑视法律视为一事。为公共权力设定人权标准，将强化而不是削弱权威，因为只有立基于民主选举、表达自由、尊重个性之上的公共权力才会获得正当性。与此同时，权威不等于暴力，它不是说一不二和独断专行。只有一个受到民意约束的政府，才能对维护公民的权利和自由保持高度的敏感。在一系列由于公共治理危机引发的严峻公共事件不断叩问我们良心的时候，我们相信，只有健全保障权利的政治安排，才能不致使政府因为无法获知民众的多元诉求而闭目塞听。我们需要牢记，一个基于民意和保障权利的政府才是有力量的。

人权张扬个性，但并不鼓励放纵。

人权旨在通过强化个人力量来对抗国家，它既张扬个性的价值，也坚信由制度所构造的个人创新精神乃是社会文明进步的根本动力。它让我们重新思考保障公共利益依赖于牺牲个人权益的传统途径的合法性和有效性是否仍然可行。在人权主义者看来，集体首先是个人的联合，公共利益也并非在各个场合都先于个人利益，它并不具有超越于个人之上的独立价值。为了所谓公益而把牺牲个人当作无可置疑的一般原则，将最终使公共利益无所依归。人权尊重个人自由，也倡导个体责任与自由结伴而行，它旨在改善个人努力的方向，排除在公共安排方面的投机，唤起普遍的慎重和勤奋，阻止社会的原子化和个人的骄奢放纵。自由与责任的结合，使每个人真正成为自我事务的"主权者"。当专断与暴政试图损害人的心灵的时候，人权思想具有阻止心灵堕落的功能。一个尊重个人价值的社会，才能滋养自立自强、尊重他人、关爱社群的精神氛围。一个尊重个人价值的社会，才能真正增进公共利益、获致国家的富强和民族的复兴。

人权尊重理性，但并不拒绝传统。

面临现代社会个人与国家的二元对立，我们期望通过培育权利和自由观念增强个人的力量。人权尊重理性，它将"摆脱一统的思想、习惯的束缚、家庭的清规、阶级的观点，甚至在一定程度上摆脱民族的偏见；只把传统视为一种习得的知识，把现存的事实视为创新和改进的有用学习材料"（托克维尔语）。理性主义尊重个体选择，但它并不是"弱者的武器"，甚至不能假"保护少数"之名行欺侮多数之实。"强者"和"多数"的权利同样属于人权的范畴。张扬理性乃是所有人的天赋权利，故人权理念不鼓励人群对立、均分财富和政治清算。我们主张人权与传统的融合，意味着我们要把界定"传统"含义的权利当作个人选择的领地留给公民自己、把增进公民德行的期望寄托于自由精神的熏陶而不是当权者的教化。我们相信，人权所张扬的理性价值，在审视和反思一切陈规陋习的同时，又能真诚地保留家庭、社群、民族的优良传统。

人权尊重普适价值，但并不排斥特殊国情。

人权的普适价值，系指不同的民族和文化类型在人权观念上的基本共识，它旨在唤醒超越国家疆界的同胞情谊，抛却民族主义的偏私见解。"普适价值"的称谓的确源于"西方"，但"西方"已不再是一个地理概念而是政治范畴。人权不是"西方"的专属之物，而是为全人类共享的价值。我们拒绝个别国家挥舞的人权大棒，仅仅是确信那些出于狭隘民族国家利益的人权诉求构成了对人类共同价值的威胁。二战以后，随着对威胁人类和平和尊严的反思日益深切和国际交往的日益紧密，人权概念从东方和西方两个角度得到阐释，它厘定了共同的底线标准，也容忍各国的特殊实践。没有哪个国家可以标榜自己为人权的标准版本。但是我们相信，承认人权的特殊性只是为了拓展各族人民推进人权保障的思想潜力，任何国家以其特殊性来否定人权价值都是缺乏远见的。特殊性的主张不能成为遮羞布，人权在消除不人道、不公正实践方面的规范意义，应被置于首要地位。正像宪政民主有其改造现实、修正传统的功能和追求一样，人权标准与现实之间的紧张关系必须通过优化制度安排、改造陈规陋习来解决。

当下纷繁复杂的人权理论，寄托着人们的期望，也挑战着人们的理智；既是我们研究的起点，也是我们审视的对象。人权是一门需要理性建构的学科。唯怀有追求自由的执着热情，又秉持慎思明辨的冷静见解，才能使之萌茁发展。《人权研究》集刊就是为之搭建的一个发展平台。

是为序。

徐显明
2008 年 12 月 10 日

目　录

目 录

CONTENTS

CONTENTS

论 文

公民身份与基本权利

季金华*

在社会现代化的历史进程中，各民族国家有着不同的公民身份建构路径。在获取公民身份的过程中，公民是被动地作为国家权威的统治对象还是积极地作为政治行动者，政治文化在多大程度上区分和建构了不同于私人领域的公共领域的价值，这些都决定了各个民族国家在现代化的历史进程中获得公民身份的不同方式和途径。① 当代中国公民的市民身份、政治身份和社会身份的建构关乎自由迁徙权利、法律创制权、公决权与复决权、知情权、参与权、听证权、社会权利的制度化问题，需要通过宪法和法律的修改与完善，建立能够保障公民身份的法律和落实政治权利的公共生活方式，力图通过公共领域的自治实现私人领域和经济领域中的自由和权利。

一 公民身份的要素与基本权利的体系结构

（一）公民身份的概念

美国著名公民身份研究专家亚诺斯基认为，"公民身份是个人在一民族国家中，在特定平等水平上，具有一定普遍性权利与义务的被动及主动的成员身份"②。公民身份概念是由市民身份、政治身份和社会身份所组

---

* 季金华，南京师范大学法学院教授、中国法治现代化研究院研究员。本文系国家社科基金重点项目"司法权威生成的文化机制研究"的阶段性研究成果。

① 参见〔英〕莫里斯·罗奇《重新思考公民身份——现代社会中的福利、意识形态和变迁》，郭忠华、黄冬娅、郭韵、何惠莹译，吉林出版集团有限责任公司，2010，第21页。

② 〔美〕托马斯·亚诺斯基：《公民与文明社会——自由主义政体、传统政体和社会民主政体下的权利与义务框架》，柯雄译，辽宁教育出版社，2002，第11页。

成的结构体系，是由个人权利、政治权利和社会权利所组成的复合范畴。①
公民身份表征社会主体在一定地理疆域之内的人格状态，它与普遍安全、
自由、平等、尊严、参与政治、纳税等基本权利和义务紧密联系在一起。
享有生存权利、影响政治决策的权利和法律保护的一些自由权利是公民身
份的标志。简言之，公民身份是以个人权利、政治权利和社会权利为价值
内涵，以市民身份、政治身份和社会身份为角色表征的人格状态体系，公
民身份的演化历史就是公民角色和公民权利的发展历史。

首先，公民身份反映公民与某个政治共同体的关系。公民身份意味着
公民与特定的共同体有着隶属关系。"公民身份是一个规定共同体和个体
之间关系并确定公民对公共生活参与和规划意识的概念系统。"② 在民族
国家时代，公民身份是规定公民与国家之间关系，确立公民对国家的归属
意识和参与意识的概念系统。公民身份是一种身份地位，它意味着一个人
在政治共同体中拥有成员资格，决定了一个人在公共生活中的角色归属，
因而直接与国籍关联。公民身份与国家的存在息息相关，国籍在所有地方
都应构成国家成员资格的核心法律内涵。一方面，民族国家通过将公民身
份赋予社会成员，不仅统一和凝聚了领土范围内的人口，而且通过对公民
权利与公民义务的界定解决了政府可能出现的合法性危机、财政危机；另
一方面，个人通过取得公民身份也解决了民族认同和政治归属的问题，并
且在一定程度上消除了政治统治的天然暴力特征。③ "民族性界定了共同
的历史观、文化观以及同呼吸共命运的共同体意识和认同感心理，这一观
念和意识为身为同胞的公民提供了共通的责任和义务。"④

当然，政治共同体的形式和结构不是固定不变的，它随着人们交往空
间、交往方式和交往内容的变化而发生相应的变化。在全球化进程中出现

---

① 参见商红日《公民概念和公民身份理论——兼及中国公民身份的思考》，《上海师范大学
学报》2008 年第 6 期。
② 闫辰、王海荣：《理解公民身份：当代中国基层民主政治发展的一种新动力》，《理论月
刊》2013 年第 10 期。
③ 参见〔德〕哈贝马斯《在事实与规范之间：关于法律和民主法治国的商谈理论》，童世
骏译，三联书店，2003，第 659 页。
④ 曹海军：《论公民身份的二重性》，《学海》2008 年第 3 期。

了新的权威和忠诚中心，它们逐渐取代主权民族国家，为多重公民身份的出现提供了可能性。① "全球化指的是社会交往的跨洲流动和模式在规模上的扩大、在广度上的增加、在速度上的递增，以及影响力的深入。"② 伴随着全球化的不断深化和发展，公民身份在制度和观念方面都获得了相应的扩展，区域联盟开始成为公民参与决策活动的政治共同体，区域联盟公民身份的出现意味着公民身份突破了民族国家的边界，具有了参与和影响国际事务和全球义务的权利能力、行为能力和责任能力，区域联盟公民身份的建构还意味着具有区域合作和全球意识的理想性公民身份的出现。这种发展中的公民身份既关注公民的民事权利，也重视公民的政治权利、社会福利权利，在某种程度上更加突出公民的主体性特征，从而为成员国公民提供了更大的认同空间。③

其次，公民身份表达公民与国家之间的权利义务关系。国家成员资格的法律内涵在于个人对于国家所拥有的请求权和所负有的责任。拥有某个国家的公民身份意味着可以行使公民权利。亚里士多德将公民身份界定为一种政治条件或资格，积极参与城邦公共生活，奉献于共同的福祉，能够轮流成为统治者和被统治者，是城邦公民应该具有的美德。在卢梭看来，公民在公意的框架内可以通过私人利益与公共责任的融合实现公民自由。孟德斯鸠主张通过构建法治秩序来保障公民不受干涉的自由。个体和政治共同体是彼此依赖的关系，通过权利的行使和义务的履行，可以再生产出公民身份存在所必需的条件。④

依据社会契约理论，国家权力是公民行使选举权利的结果。人民作为公民的集合体选择自己的政治代理人——人民代表或议员，委托他们行使政治决策的权力，通过法律议案、人事议案和财政议案凝聚和表达人民的

---

① 参见〔英〕巴特·范·斯廷博根《公民身份的条件》，郭台辉译，吉林出版集团有限责任公司，2007，第46页。
② 〔英〕戴维·赫尔德、安东尼·麦克格鲁：《全球化与反全球化》，陈志刚译，社会科学文献出版社，2004，第1页。
③ 参见郭忠华《全球化背景下多元公民身份体系的建构》，《武汉大学学报》2010年第1期。
④ 参见〔美〕基思·福克斯《公民身份》，郭忠华译，吉林出版集团有限责任公司，2009，第5页。

意志，行政机关主要通过公共行政执行人民的意志，司法机关通过个案审判发现和确认人民的意志。因此，公民权利是国家权力存在的合法性基础，国家机关必须通过保护公民权利的行为来确证自己的合法性。国家权力的存续应该以公民权利的保障为出发点和归宿。由于国家权力的设立、运行都必须以一定财政支持为基础，公民必须履行纳税的义务。因为国家能够提供社会交往所需要的公共安全、社会秩序、物质条件和文化环境，所以国家是公民赖以生存的政治共同体、社会共同体和文化共同体，公民应该履行保卫国家、维护国家统一和民族团结、维护国家安全和利益、遵守国家法律等义务。由于滥用权利将会侵犯国家利益和其他公民的权利，所以不滥用权利也是公民身份内在的义务。从法理角度看，"权利关系暗含着责任关系，权利关系只有在承认对他人的责任关系之时才能得到同样的承认和尊重"①。

再次，公民身份确立一定的价值取向。自由是公民身份的重要价值取向。个人权利体现的基本价值是自由，在公共生活中的制度体现就是严格的权力控制程序和公正的司法救济程序。个人权利体现的基本价值是自由，它主要通过人身自由、经济自由和言论自由制度获得保障。洛克将财产权利作为公民身份的特征，系统地阐述了个人自由与公民身份的关系问题，掀起了以个体权利为公民身份内核的自由主义思潮；政治权利所体现的基本价值是民主，民主既是一种程序性价值，也是一种实体性价值，它主要通过现代资本主义国家代议制民主机制实现，其根本目的是通过政治生活的自主来实现私人领域的个人自由；社会权利体现的基本价值是公平，它主要通过各种社会保障与福利制度实现，其目的是为个人自由提供必要的物质保障条件。

自由建立在平等的基础上，公民身份确立平等的法律地位，为公民享有平等的自由权利提供文化支撑。"公民身份存在一定内在的逻辑，这种逻辑要求他所带来的各种利益必须得到更加普遍和平等的分配。"② 从事

---

① 曹海军：《论公民身份的二重性》，《学海》2008 年第 3 期。
② 〔美〕基思·福克斯：《公民身份》，郭忠华译，吉林出版集团有限责任公司，2009，第 3 页。

实上讲，公民身份发源于古希腊城邦时期，历经古罗马共和国时期、中世纪意大利自治城市时期、近代欧洲资产阶级革命时期、全球化不断深化时期，包容性不断增强，个体自由和地位不断提升。封建社会并不存在现代意义上的公民身份，历史演进过程中的公民身份是在反对封建等级制和专制君主的过程中逐渐形成的，它以普遍主义和平等主义作为自己的价值取向，主张只要满足法律上的消极条件就可以成为公民，不论阶级、民族、种族、肤色、性别、社会地位有何差异，每个公民都拥有平等的权利和义务，遵守和接受相同的规则。公民身份应该被理解为相关共同体中每个完全成员所平等享有的一系列权利，成为一个国家的公民也就意味着享有整个共同体成员都能享有的普遍权利。法律能够增进公民享有自由的程度，使公民共同、平等地生活在宪法和法律的各种规则之下，公民身份必然是存在于良好法律之下的一种地位。公民身份既是一种制度建构产物，也是观念演化的结果。公民身份不仅是权利与义务的总和，而且是情感和想象的载体，公民身份既具有法律属性，也具有文化属性。①

（二）公民身份的构成要素

古代社会没有普遍的公民身份与公民权利，古希腊民主政治和古罗马共和政治中的参与性公民身份只是那个时代的特例。随着罗马共和国的灭亡和帝国的形成，公民身份逐渐退化为国籍意义上的法律身份和帝王的臣民身份，公民则具有了臣民和市民的双重角色。② 在罗马帝国时代，作为市民的公民可以依据法律自由行动，并且受到法律保护，因而市民身份实质上是一种法律身份，而法律的存续则是为了保障公民在私人领域中的和平交往。中世纪以降，人们的角色认同是基督徒、上帝的子民和领主的附庸、臣属，公民身份几乎销声匿迹。只是到了中世纪晚期城市共和国的崛起阶段，参与性公民身份又重新出现。绝对主义国家形成之后，分散的城

---

① 参见〔英〕尼克·史蒂文森《文化与公民身份》，陈志杰译，吉林出版集团有限责任公司，2007，第87页。

② 〔美〕基思·福克斯：《公民身份》，郭忠华译，吉林出版集团有限责任公司，2009，第16页。

市市民、世俗贵族与僧侣贵族也随之归化为王权的臣民。① 随后，开放、扩张的市场经济消除了封建割据，推动了民族国家的一体化进程，公民身份开始成为一种民族认同的载体，公民为了获得财产的保护开始参与政治活动，公民地位带来的物质利益与公共权力的结合也就成为市民阶层支持现代国家的理性基础。

公民身份的产生过程是现代民族主权国家的形成过程，也是公民争取个人权利、政治权利和社会权利的过程。公民身份的市民要素、政治要素和社会要素以不同的速度发展，每一个都为其他方面的扩展搭建了平台。随着福利国家的建立，三者才真正开始齐头并进。② 公民的市民身份与个人自由是在 18 世纪确立起来的，公民身份的理性人角色和市民要素代表着自由的价值诉求，它们遵循自由主义原则的经济逻辑进入权力有限的政治国家，形成理性选择型的公民性格。公民的市民身份要素主要通过公民的民事法律权利表现出来，作为市民的个人拥有选择居住地方的自由、言论和宗教的自由，拥有财产和订立合法有效契约的权利，获得公正审判的权利，法律面前人人平等的权利，法院是保护公民这些自由权利的重要机构。在英国，公民的个人自由权利和法律面前平等权利在 18 世纪得以稳固地确立。在 18 世纪前，自由选择工作和选择居住地的权利是受到习俗和法律禁止的，法院通过一系列判决宣布对人口流动的限制既侵害了个体的自由权利，也对国家的繁荣造成了威胁，从而将个人从择业限制和迁徙限制中解放出来，赋予了个人自由选择工作、自由迁徙的权利。随着市场经济的发展，人们拥有自由选择雇主结成劳动关系的权利，逐步摆脱了人身依附关系，打破了身份等级的羁绊，享有自由迁徙的权利，从而扩大了个人权利的范围和形式，促进了公民之间的平等。

市民身份与个人自由是消除封建社会残余的文化力量，是公民政治身份与政治权利出现的必要基础。个体自治是民主治理观念与政治责任意识的前提，只有当个人被看作一个有能力自治的个体的时候，他们才有可能

---

① 〔美〕基思·福克斯：《公民身份》，郭忠华译，吉林出版集团有限责任公司，2009，第 22 页。
② 参见〔英〕安东尼·吉登斯《阶级分化、阶级冲突与公民身份权利》，熊美娟译，《公共行政论坛》2008 年第 6 期。

意识到自己所应该承担的政治责任。普遍的政治身份与政治权利是在 19 世纪逐渐形成的。[1] 公民身份的选民角色和政治要素代表着民主的价值诉求，遵循民主共和原则的政治逻辑进入民主国家，成就积极参与型的公民性格。公民的政治身份主要通过公民的政治权利表现出来，争取政治体系有更大的包容性和民主的参与空间，一直是自我管理的主导公民理念。17 世纪的英国开始出现了力争成为拥有选举权并对主权产生影响的选民运动。《人权和公民权利宣言》将公民界定为一个承载政治和法律意义的概念，使选民角色成为公民积极参与政治生活和拥有政治权利的主要承担者。[2] 当然，政治权利在 19 世纪之前被国家共同体中的少数特权阶级所垄断，因此政治权利的制度化过程在很大程度上并不是一个新权利的形成过程，而是旧权利的延伸和发展过程。即使在 19 世纪早期的英国，只有不到五分之一的成年男性享有选举投票权。在大多数西欧国家，政治公民身份在 20 世纪之后才以普遍选举权的形式完全实现。[3] 伴随着以竞争性政党政治为主的议会政治的发展，公民逐渐要求更加广泛地参与政治的权利。拥有公民的政治身份意味着每个政治共同体的成员都可以成为投票者，享有以直接政治实践的方式参与行使政治权力的权利。其中，主要包括公民的投票选举权，结社和参与政府的权利，它所对应的机构是议会和地方政府。

19 世纪是自由竞争资本主义的鼎盛时期，自由竞争经济活动导致了个人在经济关系和社会地位上的不平等，破坏了公民身份所包含的平等价值取向，那些在自由市场竞争中失利的人群几乎得不到任何资源支持或福利依靠。随着普遍选举权在 20 世纪的确立，有组织的工人阶级通过政治力量推动了福利的制度化进程，国家通过累进税、遗产税等方式为福利权利提供了经济基础，稀释和钝化了各种形式的不平等。众所周知，福利权

---

[1] 参见〔英〕安东尼·吉登斯《阶级分化、阶级冲突与公民身份权利》，熊美娟译，《公共行政论坛》2008 年第 6 期。

[2] 参见〔英〕巴特·范·斯廷博根《公民身份的条件》，郭台辉译，吉林出版集团有限责任公司，2007，译者序第 6~9 页。

[3] 参见〔英〕安东尼·吉登斯《阶级分化、阶级冲突与公民身份权利》，熊美娟译，《公共行政论坛》2008 年第 6 期。

利有助于减少因财富和社会地位不平等而在个人权利方面遭受的不平等待遇，公民身份只有在自由民主的福利国家中才能得到充分的、完整的体现。① 公民的社会身份主要通过公民的社会权利表现出来。公民的社会权利包括福利权利、文化权利和环境权利，与之相对应的是教育机构与社会公共服务体系。文化是个人归属于某个群体或共同体的纽带，文化诉求的尊重和文化取向的认同是安全价值实现的前提和基础，个体只有找到文化的归属才有实质上的安全感。现代国家必须以民族文化为基础，国家权力只有通过文化逻辑才能实现对社会的有效治理。发轫于罗马帝国时期和中世纪封建体制之中的臣民角色和文化要素代表安全的价值诉求，遵循安全需求的文化逻辑进入民族国家，确立起消极服从型的公民性格。虽然，组建工会、参与工业谈判和罢工的权利与财产权利、自由订立契约的权利有关联，但是，这些权利不是公民个人权利的延伸，而是一种依靠社会力量和国家资源支持的社会权利。② 这些权利的制度化安排旨在消除社会关系不对称所引起的实质上的不平等现象，在合理范围内和合理程度上实现社会正义。因此，国家通过法律对最低工资、基本生活保障、生活和工作环境保护、社会保险、教育培训等做出的相关规定，乃是保障社会主体生存权利和发展权利的制度安排。

在文化视野中，公民身份是由公民地位、公民美德和公民认同构成的。公民地位是公民身份的法律要素，它强调政治共同体中完全成员所平等拥有的权利和承担的责任。公民身份除了法律维度之外，还有道德维度。公民美德是公民身份的行动要素，意指公民主动承担公共义务的意愿和行为，也就是公民将公共利益置于私人利益之上的意愿。公民通过理性对话和公开讨论对自己的主张进行反思，是尊重、宽容不同价值主张的前提。在现代社会，公民不仅可以通过选举性政治活动和立法性政治活动来进行规范性对话，而且可以通过非正式的渠道对社会生活和公共生活进行

---

① 参见〔英〕安东尼·吉登斯《阶级分化、阶级冲突与公民身份权利》，熊美娟译，《公共行政论坛》2008 年第 6 期。
② 参见〔英〕安东尼·吉登斯《阶级分化、阶级冲突与公民身份权利》，熊美娟译，《公共行政论坛》2008 年第 6 期。

争议和对话，因此公民身份既包含对国家事务的正式参与，也包括对公共生活事务的参与。公民认同是公民身份的心理要素，它表达公民对共同体成员身份的认同情感。

新中国成立后，政府选择高度集中管理的计划经济模式，国家权力无所不在，国家职能无所不包，社会管理行政化，整个社会生活高度政治化，公民的私人空间极其狭小，导致了政治、经济和文化的高度同质化，个人的正当权益和合理要求得不到尊重和满足成为当时社会的主要问题。改革开放以来，市场经济不断发展壮大，市民社会有了长足的发展，私人领域与公共领域迅速分化，公民的私人生活极其丰富，利益多元化和价值取向多样化的多元社会基本形成，在个人自主性和能动性不断发展的过程中，公民的主体意识和权利意识逐渐增强，国家支配社会的关系模式逐渐发生变化。然而，公民的公共意识和公共精神并没有随着私人空间和公共空间的拓宽而得到相应的增长。

（三）公民身份与基本权利的体系结构

基本权利是宪法确认或推定的公民的最基本的、最重要的权利，它表明了公民的宪法地位，反映了国家权力与公民权利之间的相互关系，构成一个国家政治制度运行的基础。

基本权利体系的结构是由公民身份构成要素的结构决定的。马歇尔在《公民身份与社会阶级》一书中，将公民身份看作市民要素、政治要素和社会要素的有机结合。市民要素由个人所必需的权利组成，包括人身自由、言论自由、思想和信仰自由，拥有财产和订立有效契约的权利以及司法权利。在宪法上确立公民的这些消极权利旨在保护法律主体免受国家对自由和财产的非法干预。政治要素指公民作为政治实体的成员或这个实体的选举者，参与行使政治权力的权利。在宪法上确立这些政治参与权，旨在保证公民能够参与形成意见和意志的民主过程。社会要素是指从享有某种程度的经济福利与安全到充分享有社会遗产并依据社会通行标准享受文明生活等一系列权利，旨在给福利国家的公民提供最低收入和社会保障。显然，从公民身份的三种要素来看，公民身份包含个人权利、政治权利和社会权利。

三个公民身份之间的关系既有相辅相成的统一方面，也有彼此冲突的对立方面。就统一而言，公民的市民身份、政治身份是社会身份得以实现的前提条件，而公民的社会身份也为人们能够更为全面地行使公民的个人权利和政治权利提供了物质保障和社会资源。①18 世纪至 19 世纪英国公民身份权利从个人权利发展到政治权利的历史进程，在一定程度上为人们获取社会权利打下了坚实的基础。公民的市民身份旨在以消极的公民角色追求私人领域中的个人自由，公民的政治身份旨在以积极的公民角色主动参与公共事务、影响政治决策，公民的社会身份旨在要求国家提供基本的生活保障与合理的发展机会。德国的公民身份发展的历史说明，人们可以通过追求社会权利来实现社会正义，推动具有规范性的积极国家职能的发展，为人们更全面地实现市民的和政治的公民身份提供社会资源和物质资源，也可能产生同公民的个人权利和政治权利的冲突。进而言之，社会公民身份的发展可能反过来阻碍公民的个人权利和政治权利的发展，一些自然资源十分丰富的中东地区，可以通过给公民提供富足的物质生活而消解其政治民主的要求。而在一些贫穷的政治威权主义国家，社会权利更容易成为政治国家与市民社会的结合点，推动民生空间的开启和民主空间的关闭。②

基本权利的体系结构是由公民的交往关系结构决定的。人类各种共同体的社会关系模式决定了权利体系的结构。权利存在于关系之中，以国际权利公约为例，在法律上作为公民而得到承认的关系决定了公民的个人权利；对国家积极参与的政治关系产生了政治权利；互利与交换的经济关系产生了经济权利；融入民主社会的社会关系产生了社会权利；隶属某一社会的共同团体的文化关系产生了文化权利。公民的个人权利和政治权利是对抗国家的权利，它的作用首先是保护个人以对抗国家专断行为。而社会经济文化权利则是向国家要求的权利，它的作用是要求国家干预经济生

---

① 参见〔英〕莫里斯·罗奇《重新思考公民身份——现代社会中的福利、意识形态和变迁》，郭忠华、黄冬娅、郭韵、何惠莹译，吉林出版集团有限责任公司，2010，第 12 页。

② 参见〔英〕莫里斯·罗奇《重新思考公民身份——现代社会中的福利、意识形态和变迁》，郭忠华、黄冬娅、郭韵、何惠莹译，吉林出版集团有限责任公司，2010，第 12 页。

活、社会生活和公民的私生活，以便保障公民的社会安全，保障他们的子女能够受教育，等等。亦即这些权利授予国家权力。

公民的基本权利是与公民身份资格、公民主体性密切相关的概念。公民的主体性要通过全体公民拥有主权来体现，人民主权原则正是公民主体性的宪法表现。公民的主体性首先表现为公民的自主性，即自为性、选择性、创造性。公民的人身自由、经济自由和精神自由体现公民的自为性，公民的选举权、罢免权体现公民的选择性，公民的创制权和公决权体现公民的创造性；公民的主体性其次表现为人格尊严性，公民的人格、公民的隐私和公民的保全性要通过平等权、隐私权、生存权和发展权来体现；公民的主体性还要通过公民的监督权、修正权来体现。公民基本权利的结构性主要体现在公民权利的相互关系上，生命权、人格权、人身自由权、经济自由权、表达自由权是前提性权利，这些个人权利是以人性论与天赋权利为思想基础，独立于国家秩序之外的自然权利，因而属于自我肯定和保存意义上的基本权利；选举权、公职权、政党权、请愿权、公决权是公民政治身份应该拥有的基本权利，它们是公民处于国家政治秩序之内，参与公共事务处理、影响政治决策的权利，因此政治权利是公民自我表现意义上的、运用政治手段达到政治目的的权利；劳动权、休息权、保健权、生活环境权、社会保障权、工会权、罢工权、受教育权、文化活动权是公民社会身份应当享有的基本权利，属于自我实现和发展意义上的社会经济文化权利，是 20 世纪宪法逐渐确定并发展起来的保障性权利；提起申诉和控告的权利、获得国家赔偿和补偿的权利是获得法律救济的权利，是为了实现自我保障而衍生出来的一种基本权利，它们为权利保障体系提供自足和自我完结的内在机制。

我国宪法在基本权利体系建构中存在没有规定或者规定不全面或不明确的问题，因此要通过宪法解释和宪法修改进一步充实公民基本权利的内容，扩大其领域范围。应该在立法方面增加公民的创制权、复决权；在政治方面增加了解权或知情权，确认公民享有寻求、接受和传递各种消息与思想的自由权，确认公民自由决定自己的政治地位并自由谋求自己的经济、社会和文化发展的权利；在经济方面确认经济自由权、迁徙自由权、罢工权，确认公民享有公正和良好工作条件的权利，将安全卫生条件、晋升机会同等和带薪休假权纳入基本权利范畴；进一步丰富社会保障权利的内容，确保公民享有获得相当的生活水准权和良好的环境权。

同时要完善公民基本权利的宪法规范结构。公民基本权利的宪法规范至少应当包含权利的确认、保障和限制这几方面的内容，这样才符合完整性的要求。各国有关财产权的宪法保障规范通常包括三重结构：不可侵犯条款、制约条款和征用补偿条款。在我国宪法典中，制约条款和征用补偿条款没有规定公正补偿原则，保障条款也由于缺乏具体的内容规定不能提供足够的保护力度。在人身自由权利的保障方面，以苏联宪法为代表的"突出行使逮捕权力的司法主体"的人身权保护条款在明确保护人身自由的同时，规定逮捕应经法院决定或检察长批准，突出强调了行使逮捕权力的主体，由此称之为主体模式；以法国人权宣言为代表的"注重拘捕的法定条件和法定程序"的人身保护条款没有规定谁有权进行拘捕，只突出强调了法定条件和法定程序，故称之为程序模式。完善的人身自由规范结构应该是主体模式与程序模式的有机结合，因此，有必要通过宪法解释完善我国基本权利的宪法规范结构。

二　公民的市民身份与公民的个人权利

公民的市民身份决定了公民个人权利的性质和价值。个人权利是宪法确认的基本自由权利，旨在保护公民在私人领域享有最大限度的自主性。个人权利能够为个人带来自主，"权利给个人提供了空间，使之在免于其他个体或者共同体干预的条件下培养自己的兴趣和实现自己的潜能"①。法院是保护公民的市民身份和个人权利的权威机构。

（一）市民身份与个人权利的本质属性

公民的市民身份及其个人权利的取得，意味着公共领域与私人领域的

---

① 〔美〕基思·福克斯：《公民身份》，郭忠华译，吉林出版集团有限责任公司，2009，第47页。

分离、国家权力与个人权利的分离、政治与经济的分离。公共领域与私人领域的分离意味着个人在私人领域具有广泛的自治权利，在社会关系的产生、变化与消灭方面拥有最大限度的选择自由，国家应该尊重和保护个人的自由选择权利，"自治活动产生差异，而差异的事实保护和培育自治"①。市民身份以个人权利为中心，主张政府的职能主要是维护公共利益、维系社会秩序；国家在通常的情况下不能干预公民的个人自由，只有在出现危害个人的生命权、阻碍个人的基本能力的正常发展、破坏个人参与社会交往活动所必需的判断力的情形时，才可以对这些行为进行干预，以保护每个个体的自由选择权利。② 因此，通过契约自由实现自由选择的理念是市民身份和个人权利的文化精神，个人自由地安排自身的活动仍然是社会秩序的建构基础和制度安排的正当性依据。③ 与市民身份对应的是个人的程序性自由权和实质性自由权。程序性权利是指公民享有利用法庭系统并在其中接受公正对待的程序性权利。实质性权利包括表达自由权、人身自由权和经济自由权。

表达自由是指公民享有宪法和法律规定或认可的，使用各种方式和各种媒介表明、显示和公开传播自己的思想、观点、意见、主张、信息、知识、情感等内容，而不受他人干涉、约束的权利。因此，表达自由在广义上包括了言论自由、宗教信仰自由和信息自由。"表达自由是一项重要的价值，因为对多数人而言，这是他们能够过上完美和满意的生活的前提。"④ 当然，表达自由也是有法律边界的，"只有在社会成员不相互妨碍按自己认为合适的方式生活的社会中，表达自由才是可能的"⑤。世界各

---

① 〔美〕威廉·A. 盖尔斯敦：《自由多元主义：政治理论与实践中的价值多元主义》，佟德志等译，江苏人民出版社，2005，第 27 页。
② 参见〔美〕威廉·A. 盖尔斯敦《自由多元主义：政治理论与实践中的价值多元主义》，佟德志等译，江苏人民出版社，2005，第 31 页。
③ 参见〔美〕弗里德曼《选择的共和国：法律、权威与文化》，高鸿钧等译，清华大学出版社，2005，第 91~92 页。
④ 〔美〕威廉·A. 盖尔斯敦：《自由多元主义：政治理论与实践中的价值多元主义》，佟德志等译，江苏人民出版社，2005，第 39 页。
⑤ 〔美〕威廉·A. 盖尔斯敦：《自由多元主义：政治理论与实践中的价值多元主义》，佟德志等译，江苏人民出版社，2005，第 39 页。

国通过法律规定采取申报制、批准制和追惩制对集会、游行、示威自由给予一定的限制。

人身自由权是指公民享有人身和行动完全受自己自由支配，不受任何非法阻挠、限制、拘束的权利。人身自由不受侵犯，是公民最基本的权利，是公民参加各种社会生活和享受其他权利的先决条件。人身自由不受侵犯是早期资产阶级革命的基本要求之一，也是公民身份的内在要求，因而各国都将其作为宪法的重要内容加以规定。人格权不容侵犯是公民人身自由的重要表现，保护公民的人格尊严、名誉权、私生活秘密权是公民身份的必然要求。身体控制权也是人身自由权的重要内容，每个人都拥有性行为自由权、对体内过程医药干预的控制权、防范他人袭击的权利、防范环境污染和环境事故的权利。人身自由权还包括选择朋友、配偶和伴侣的权利。公民的住宅不受侵犯是公民人身自由权的延伸。任何机关或个人，非经法律许可并按照法律程序，不得随意侵入、搜查或者查封公民的住宅，更不得强行占有公民的住宅。通信自由是公民进行社会交往的基本权利，是公民传达自己的思想和信息、表达自己的意愿而不受任何非法限制的自由权利。

契约自由是经济自由的载体。具有经济理性的市民，为了满足自己的需要、实现自己的利益可以通过契约建立各种社会关系，行使自由选择的法律权利，并以自己财产承担法律责任。狭义上的经济自由权主要指财产与服务控制权，包括财产权和选择居住地点、职业和社会流动的权利以及成立工会、企业和政党的组织权。[1] 近代公民身份源自市场体制、支持市场体制的权利体系，财产权和人身自由权是公民权利的原始形态和个人权利的基础，使保护自己免受他人或国家权力的侵害，或者作为最后的依托，至少使家庭成为能够自我保护的壁垒。[2] 抑制个人自由的最严厉的手段是剥夺个人的财产权，没有财产支配权、使用权和处分权，人们也就失去了生存的动力和能力。公民与政府以契约的方式自愿联合起来组成国家

---

① 参见〔美〕托马斯·雅诺斯基《公民与文明社会：自由主义政体、传统政体和社会民主政体下的权利与义务框架》，柯雄译，辽宁教育出版社，2002，第 39 页。

② 参见郭忠华、刘训练《公民身份与社会阶级》，江苏人民出版社，2007，第 51 页。

的主要目的是保护他们的财产，因而政府主要的职责就是保护公民的财产，以弥补自然状态的不足。① 市民身份是在反对封建等级制和专制君主的过程中逐渐形成的，它主张每个公民不论阶级、民族、种族、肤色、性别、社会地位有何差异，都拥有法律上的平等权利和义务。因此，市民身份更为注重在不损害他人自由的前提下以等价交换的形式获取社会资源的机会。

总而言之，公民的市民身份建立在个人主义的自由文化意识基础之上，强调个人自由选择在经济生活和社会生活中的作用，主张任何人都有权利通过自由、开放的方式选择和创造自己的生活方式。② 自由主义文化思潮推动了政治国家与市民社会的分离，从而促成了公共领域与私人领域的分离、公法与私法的分离，进而为私人领域拥有不受国家干预的空间提供了观念支撑。权利体系与权力结构的分离、互动也为人们进行自由选择、公正解决纠纷提供了立法支持、执法依据和司法保障。③

（二）市民身份与个人权利的法律支撑

在等级身份主导的时代，个人的自由选择受到了身份关系的极大制约，社会留给个人极其狭小的选择空间，个人权利内容和范围十分有限。在家、国同构的社会结构中，独裁政府以家长式的作风处理社会问题，权力本位和秩序优位成了法律制定和实施的价值取向，等级身份成为确立权威、维系秩序的基本手段。④ 显然，建立在等级身份基础上的权威结构缺少必要的制衡功能，统治阶级拥有了无限的自由裁量权，人民在履行大量义务的同时却只拥有十分有限的权利。因为身份等级制度极大地限制了人们的角色转化和身份变动，所以传统社会是生活节奏和社会进步缓慢的封

---

① 〔英〕洛克：《政府论》（下），叶启芳译，商务印书馆，1996，第 18～33 页。
② 参见〔美〕弗里德曼《选择的共和国：法律、权威与文化》，高鸿钧等译，清华大学出版社，2005，第 10 页。
③ 参见〔德〕哈贝马斯《在事实与规范之间：关于法律和民主法治国的商谈理论》，童世骏译，三联书店，2003，第 656 页。
④ 参见〔美〕弗里德曼《选择的共和国：法律、权威与文化》，高鸿钧等译，清华大学出版社，2005，第 36 页。

闭社会。同时，社会的封闭性在一定程度上决定了传统社会是一种地方性社会，地方秩序安排建立在人们之间的直接文化交流基础之上，地方习惯和地方势力是维持传统权威的重要力量。

　　随着劳动力与资本的结合取代劳动力与土地的结合，人身依附关系逐渐为人身自由关系所取代，人类社会由植物时代进入了矿物时代，市场逐渐取代权力成为自然资源和社会资源的主要配置手段，市民身份也就成为权利诉求和秩序安排的人格基础。从整体上讲，市民身份强调人格的平等性，主张每个人都是自由的社会主体，都有选择自己生活方式和社会交往方式的权利。因此，不能再依靠身份等级和性格文化建立社会秩序，只能通过统一的人格文化和平等身份建构发展性社会秩序。西方社会在 19 世纪完成了从性格文化到人格文化的历史转型，实现了从生计和安全的需求向自我选择和自我表现的诉求之转变①，依据自己选择的方式去行动成为社会主流的价值观念。鉴于立法是一种价值选择和价值演绎活动，社会交往和经济交往的自由价值也就通过立法程序转化为市民身份所需要的法律权利。

　　在身份依附向身份自由的转化过程中，大众传播文化发挥出巨大的文化解构和文化建构作用。现代媒体无情地摧毁了地方性文化和等级秩序结构，削弱了面对面的文化交流功能，使得统治者无法通过隔离公众、制造神秘气氛来维护人治权威。② 不断进步的通信方式、交通方式和迅速发展的其他技术创造了新的社会交往方式、更广阔的交往空间和更丰富的交往内容，彻底地打破了传统社会的封闭状态，从而在提高社会流动性的同时为人们创造了更多的选择机会。③ 一方面，中央政府在传统社会向现代社会的演进过程中获得了必要的权力，建立在地方权力与地方文化基础上的权威逐渐被中央权威所取代；另一方面，在政治上没有统一核心的平行组

---

① 参见〔美〕弗里德曼《选择的共和国：法律、权威与文化》，高鸿钧等译，清华大学出版社，2005，第 51～52 页。

② 参见〔美〕弗里德曼《选择的共和国：法律、权威与文化》，高鸿钧等译，清华大学出版社，2005，第 243 页。

③ 参见〔美〕弗里德曼《选择的共和国：法律、权威与文化》，高鸿钧等译，清华大学出版社，2005，第 66 页。

织也是弱化地方权威和地方文化的强大力量。① 随着缓慢变化的传统社会被快速变革的现代社会所取代，国家只能依靠普遍、明确的法律规则权威来维护社会秩序，那种依靠习惯和个人权威来维系身份等级秩序的时代一去不复返了。此外，反对境况不可改变的文化观念和法律制度给予人们充分选择的机会，使选择的失败者能够再次做出选择。②

现代人生活在知识、信息和技术的世界里，技术进步创造了新的选择机会，导致了新的法律规则的产生。大量的新规则有可能导致自由的减少，选择机会和选择权利的增加却带来了更多的自由。发达的城市交通体系需要对人们的交通行为和通行权利做出合理的安排，从而促使国家制定了大量的交通规则。同时，发达的城市交通体系不仅给人们带来了改变工作种类、工作方式和工作地点的机会，而且给人们提供了改变生活条件、生活方式和生活环境的机会。快速发展的交通技术和通信技术不断拓展了可能性的范围，从而给人们提供了更多的自由选择机会。③

诚然，选择是有条件的，自由也是有边界的，法律正是通过对条件和范围的规定，在保证个人自由选择的同时防止侵犯他人的自由选择、防止危害公共利益和破坏公共秩序。④ 为了有效地保护个人的选择自由，有必要利用某些义务性规则和禁止性规则对权利进行合理的限定。高速发展的技术既可能给人们带来更多的选择机会和更多的自由权利，也有可能给人们带来更多的风险和更大的损害。社会分工的细密化、专业化决定了人们的生活在很大程度上依赖陌生人提供的社会服务，为了保证每个人在风险社会中仍然拥有控制自己生活的机会，防止自己的健康、财富和生活状态受到陌生人的侵害，我们需要借助市场的力量和法律治理的手段对陌生人的风险行为加以控制。因此，许多国家通过行政许可制度来保证陌生人生

---

① 参见〔美〕弗里德曼《选择的共和国：法律、权威与文化》，高鸿钧等译，清华大学出版社，2005，第 243 页。

② 参见〔美〕弗里德曼《选择的共和国：法律、权威与文化》，高鸿钧等译，清华大学出版社，2005，第 122 页。

③ 参见〔美〕弗里德曼《选择的共和国：法律、权威与文化》，高鸿钧等译，清华大学出版社，2005，第 78 ~ 79 页。

④ 参见〔美〕威廉·A. 盖尔斯敦《自由多元主义：政治理论与实践中的价值多元主义》，佟德志等译，江苏人民出版社，2005，第 39 页。

产的食品、药品和提供的社会服务符合安全和质量的要求。① 有关空中交通管制、能源使用和保护、无线通信频道的分配、动植物资源和自然生态环境的保护等方面的法律规定也是保证人们有序地利用稀缺资源、有效地解决利益冲突、保障自由共存的规则结构网络。② 此外，信息公开是自由选择的前提③，许多国家通过政府信息公开制度为人们的自由选择提供法律保障。因此，群体决策与个人自由选择必须在法律框架内加以整合，法律制度必须通过建立一定的刚性标准和稳固结构坚定地支持自由权和选择权的最大化。

（三）市民身份和个人权利的文化取向

自由选择是现代社会的主流文化现象，拥有市民身份的公民实质就是能够自主选择生活方式的文化主体。选择文化在相当程度上演绎了现代生活的意义，选择的概念、欲望和经验涵盖了现代生活的各个方面，从而将自由选择确立为现代法律的文化取向。④

交往模式及其价值取向决定了社会主流文化的性质和内容，而现代技术、知识和信息塑造了人们的生活环境，改变了人们的交往方式，影响了他们看待世界的方式，提高了他们的判断能力，拓展了可供选择的范围，增加了自由实现的方式和途径。交通、通信和制造诸方面的技术进步，帮助人们创造了一个无限可能的精神世界和日益丰厚的物质基础，推动人们建构了一个充满创新机遇和自由表达自己个性的文化世界，人们正在用技术、知识和信息的手段认识、界定和实现应有的自由权利。⑤ 借助日益发

---

① 参见〔美〕威廉·A.盖尔斯敦《自由多元主义：政治理论与实践中的价值多元主义》，佟德志等译，江苏人民出版社，2005，第 88 页。
② 参见〔美〕弗里德曼《选择的共和国：法律、权威与文化》，高鸿钧等译，清华大学出版社，2005，第 71～72 页。
③ 参见〔美〕弗里德曼《选择的共和国：法律、权威与文化》，高鸿钧等译，清华大学出版社，2005，第 89 页。
④ 参加〔美〕弗里德曼《选择的共和国：法律、权威与文化》，高鸿钧等译，清华大学出版社，2005，第 83 页。
⑤ 参见〔美〕弗里德曼《选择的共和国：法律、权威与文化》，高鸿钧等译，清华大学出版社，2005，第 70～71 页。

展的技术、知识和信息，人们从传统社会的身份依附和文化束缚中解放出来，享有了前所未有的自由。技术、知识和信息方面的进步为陌生人之间的互动提供了前提和基础。①

相关选择的存在决定了权利的内容和实现方式，没有选择的前提，权利也就失去了意义。② 选择与权利连接起来的意义在于让每个人成为自由的行动者，保证每个人都享有选择生与死、如何生与如何死的权利，享有自由思考、信仰宗教、自由表达的权利，享有选择工作方式、家庭模式和性伴侣的权利，享有选择信息获取、信息传播和信息保密的权利，享有选择休息方式和旅行路线的权利。③ 此外，个人权利的消极性质决定了隐私权的主要价值在于防止他人或政府干涉自己的私人生活，建立在个人的愿望、目标和需求之上的私人领域有利于实现个人的自由选择。④ 为了保证个人拥有最大限度的选择自由，当代法律对隐私的保护已经远远超出了个人空间的基本需要，极大地超越了维护个人私生活秘密的权利范围，要求国家消除不良记录也在某种程度上成为个人主张隐私保护的权利。

权利与选择的连接意味着社会关系的建立和变动必须以知情同意为原则。知情同意是个人自由选择的应有内涵，知情和同意作为自由选择的文化理念，已经广泛地渗透到整个法律制度之中，深刻地影响了整个权威结构，选择和同意已经成为合法性的构成要素。契约作为选择和同意的载体，已经取代传统习惯和道德观念成为缔结社会关系的有效工具。在现代社会中，宗教传统和血统、年龄等因素不再是强行限定人们社会地位的文化力量，契约自由为人们敞开了独立自主、自由选择的大门。在现代西方社会，一般社会规范和流行文化界定了法律的能量和意义，演绎了个人选

---

① 参见〔美〕弗里德曼《选择的共和国：法律、权威与文化》，高鸿钧等译，清华大学出版社，2005，第 80 页。

② 参见〔美〕弗里德曼《选择的共和国：法律、权威与文化》，高鸿钧等译，清华大学出版社，2005，第 112 页。

③ 参见〔美〕弗里德曼《选择的共和国：法律、权威与文化》，高鸿钧等译，清华大学出版社，2005，第 228 页。

④ 〔美〕弗里德曼：《选择的共和国：法律、权威与文化》，高鸿钧等译，清华大学出版社，2005，第 218 页。

择范围不断扩展所能勾画的理想蓝图和可能造就的生活现实。① 自由选择的文化理念借助法律媒介转化成为活力无限的社会制度安排。② 与此相适应，平等和自由的权利扩展到社会生活的各个领域，已经成为不可遏制的文化潮流。③

　　从某种意义上讲，社会秩序和文化环境在广阔的生物学界限内给社会生活的各个阶段赋予了不同的社会意义，安排了人们在不同年龄时段应该扮演的社会角色，给他们规定了相应的行为模式。在当今这个技术、知识和信息快速发展的时代，社会变化的急流正在冲击社会生活过程和社会角色的固有文化观念，在很大程度上模糊了人生各个阶段之间的界限，使得不同年龄的人处在一个重新界定社会角色和社会意义的持续过程中，从而对法律制度产生了广泛而又深刻的影响。生活过程和身份角色的变化正在改变利益和权利的分配模式，很多利益和权利流向了中年人和更年长者，许多国家颁行反对年龄歧视的法律，放宽了就业年龄的上限，延长了退休年龄，甚至废除了强制退休制度。由此带来的选择机会及其权利改变了人们对时光流逝和人生转折的原有感觉，人们开始意识到不应该随着时间的流逝而关闭自我选择的大门、剥夺年长者的选择机会，年龄也不应该像种族、性别或宗教那样阻止人们通过自由选择重新塑造自我。④

　　社会文化的变迁也改变了人们对婚姻的社会含义和价值功能的看法，自由主义文化将婚姻看成人们自由选择的合伙形式，个人有权选择是否保持婚姻的存续状态，如果婚姻关系一方当事人不能满足和丰富另一方当事人的生活，任何一方在道德上都拥有解散婚姻、重新尝试新的结合的权

---

① 参见〔美〕弗里德曼《选择的共和国：法律、权威与文化》，高鸿钧等译，清华大学出版社，2005，第 32 页。
② 参见〔美〕弗里德曼《选择的共和国：法律、权威与文化》，高鸿钧等译，清华大学出版社，2005，第 43～45 页。
③ 参见〔美〕弗里德曼《选择的共和国：法律、权威与文化》，高鸿钧等译，清华大学出版社，2005，第 58～59 页。
④ 参见〔美〕弗里德曼《选择的共和国：法律、权威与文化》，高鸿钧等译，清华大学出版社，2005，第 199～201 页。

利，而且这种道德权利逐渐被法律解释和司法判决所承认。① 自由主义的文化意识同样深刻影响了社会生育观念，是否组成家庭、是否生育子女已经成为许多国家社会文化承认的道德权利，单身母亲可以成为一些女性自由选择的一种社会存在形式，国家的福利系统会给予单身母亲某种形式的生存资助和安全保障。②

（四）市民身份和个人权利的司法保护

随着城市化的不断推进，农村的熟人社会逐渐转化为城市的陌生人社会，农村流行的非讼文化逐渐被城市的好讼文化所取代。宗教、道德、种族和文化传统传承的多样性，导致城市社会生活出现较低整合程度的问题，这就要求城市采用更多的法律控制手段来维系社会秩序。人们求助法律的目的在于试图摆脱社区的束缚，以期在家庭和邻里之间建立起一种自由、平等的交往秩序，他们可以利用法律赋予的权利和保障手段来挑战家庭和社区中控制他们日常生活的社会等级制度。③ 在家庭、教会和社区权威瓦解后，人们将解决纠纷、救济权利的希望寄托在法院身上，期盼司法权威能够填补教会、家庭和社区衰退后造成的权威空白。④ 诉讼发挥了挑战现存的权力等级结构的功能，起到了改变既有社会秩序的作用。⑤

现代法律制度本身也在鼓励和引导人们将纠纷提交法院处理。立法机关制定的法律规则、行政机关规定的法律服务政策和法院进行的司法改革都在鼓励和引导人们利用司法机制来解决他们所遇到的问题。立法机关通过有关法律规定政府有监督家庭生活和社区生活的职权和义务，要求政府

---

① 参见〔美〕弗里德曼《选择的共和国：法律、权威与文化》，高鸿钧等译，清华大学出版社，2005，第207页。
② 参见〔美〕弗里德曼《选择的共和国：法律、权威与文化》，高鸿钧等译，清华大学出版社，2005，第211页。
③ 〔美〕萨利·安格尔·梅丽：《诉讼的话语——生活在美国社会底层人的法律意识》，郭星华等译，北京大学出版社，2007，第232~233页。
④ 参见〔美〕萨利·安格尔·梅丽《诉讼的话语——生活在美国社会底层人的法律意识》，郭星华等译，北京大学出版社，2007，第26页。
⑤ 参见〔美〕萨利·安格尔·梅丽《诉讼的话语——生活在美国社会底层人的法律意识》，郭星华等译，北京大学出版社，2007，第237页。

为弱势群体提供法律服务方面的资助。作为最为有效的回应，法院系统进行了结构调整，为各个阶层的人们利用司法机制解决纠纷、救济权利、实现正义提供了方便。在 20 世纪的西方社会中，法院重新以一个公平正义捍卫者的身份出现，力图保护弱者免受强者的欺凌，法律成为人们对抗大公司和大企业的武器，司法是实现公平和正义的有力工具。[1] 现代法律发展趋势是将更多的义务强加于政府和大型组织机构，而将更多的权利赋予个人。[2] 在人们的政治理想中，个人自由依赖于法律的统治，依赖于一套权利体系和原则体系所带来的安全保障。公共权威的范围和领域、选举的时间和方式、公民所保留的权利都应该远离政治的侵扰，由宪法和法律加以规定。[3] 同时，市民意识也使他们清醒地意识到，如果没有一种中立的裁判权力蔑视立法机关越权侵害的权威，那么在立法机关的权威治理与独裁统治之间就没有什么阻碍了。[4] 出于对立法机关会超越人民为其设置的立法边界的担忧，对立法权进行有效制约的司法审查就逐渐成为现代公民的政治文化选择。

有必要指出，经济自由与人身安全、个人的自我定位密切相关，经济自由的司法保护与人身自由和表达自由的司法保护有着深刻的联系。住所和个人动产的安全所保护的不仅是隐私权和财产权，而且是为了保护某种有价值的生活方式所付出的时间和心思，经济安全与财产权为个人自由生存中某些最深厚、最有价值的方面提供了保护，财产权利和经济自由也就成为保障住所安全、维持自己珍视的社群和组织、坚持自由选择的生活方式的前提和基础。因此，法官应该审查有关自由经济活动和财产权方面的

---

[1] 参见〔美〕萨利·安格尔·梅丽《诉讼的话语——生活在美国社会底层人的法律意识》，郭星华等译，北京大学出版社，2007，第 240 页。

[2] 〔美〕弗里德曼：《选择的共和国：法律、权威与文化》，高鸿钧等译，清华大学出版社，2005，第 229 页。

[3] 参见〔美〕约翰·埃格里斯托《最高法院与立宪民主》，钱锦宇译，中国政法大学出版社，2012，第 35 页。

[4] 参见〔美〕约翰·埃格里斯托《最高法院与立宪民主》，钱锦宇译，中国政法大学出版社，2012，第 63 页。

立法，为个人自由选择提供更好的司法保护。① 另外，给社会主体第二次选择的正义观念也是人们利用司法审查程序挑战立法权威的文化基础。法院的审判权力所要维护的不仅是个人的既得权利，而且是在立法竞争中失败一方的利益，这是人们从宪法中找到的挑战立法行为的理由和依据。法院应该对没有从立法过程和立法结果中获得公平对待的人们抱有某种形式的尊重，应该通过对宪法原则和法律原则的合理解释来公正地对待这些弱势群体，力图通过司法审查权威建构以合理的自治和理性协商为基础的公共领域，促使多数人能够把少数人也看成与自己一样值得尊重的自由主义公民。② 法院在处理民事纠纷的过程中也尽可能地给做出错误选择的当事人重新选择的机会。在刑事案件的审理过程中，法院普遍坚持刑罚谦抑原则，多数法官给予初犯者特别宽大的处理，通过缓刑判决给初犯者避免监狱服刑的机会。③

　　总而言之，司法管辖范围的发展是自由观念、平等意识和国家权威不断扩张的结果。在一个由规则而不是由暴力统治的世界中，在一个力图实现平等自由美好理想目标的社会中，即使这些理想在实际生活中难以实现，法律仍然代表着权威。④ 具有浓厚权利意识的市民将司法审判看成自己作为公民有权运用的一种法律资源，他们把所遇到的问题通过自己的法律意识建构为权利要求，并以诉讼请求的方式提交法院处理。⑤ 他们通过对自己的市民身份的认知，认识到自己是自由表达权利、人身自由权利、经济自由权利的拥有者，意识到这些抽象权利的内涵和外延必须在司法判断中获得权威性的界定，他们知道只有借助司法裁判权威，个人权利作为

---

① 参见〔美〕斯蒂芬·马塞多《自由主义美德：自由主义宪政中的公民身份、德性与社群》，马万利译，凤凰出版传媒集团、译林出版社，2010，第 188～189 页。
② 参见〔美〕斯蒂芬·马塞多《自由主义美德：自由主义宪政中的公民身份、德性与社群》，马万利译，凤凰出版传媒集团、译林出版社，2010，第 189 页。
③ 参见〔美〕弗里德曼《选择的共和国：法律、权威与文化》，高鸿钧等译，清华大学出版社，2005，第 118～119 页。
④ 参见〔美〕萨利·安格尔·梅丽《诉讼的话语——生活在美国社会底层人的法律意识》，郭星华等译，北京大学出版社，2007，第 242 页。
⑤ 〔美〕萨利·安格尔·梅丽：《诉讼的话语——生活在美国社会底层人的法律意识》，郭星华等译，北京大学出版社，2007，第 242 页。

世界上存在的生活事实，才能以法律的形式确定下来。①

三 公民的政治身份与公民的政治权利

公民的政治身份要通过公民的政治权利来体现，参与政治活动、行使政治权利是人民主权的内在要求。政治权利是公民参与公共生活的权利，选举投票、立法和抗议活动是政治权利的外在表现形式。选举权包括选举政治代表、竞选和担任公职的权利；组织性的政治权利包括募集竞选基金、与议员进行提案磋商、提名政治候选人、为特定政策进行游说；公民在正式政治体制之内采取行动和开展抗议活动的权利属于组织上的政治权利。公民参与政治活动的权利还包括知情权，即公民有了解政府信息和进行政治查询的权利。② 我国公民依照宪法和法律的规定享有选举、被选举权、罢免权、请愿权、批评权、建议权、申诉权、控告权、检举权等一系列的政治权利。

（一）公民的政治身份与政治权利的宪法基础

公民的政治身份和民主权利是民主政治的前提。"在现代国家的形成过程中，争取政治成员资格的斗争是同通过确立公民权利与政治权利来建立一种人民主权的努力同步的。"③ 随着公民身份取代臣民身份，公民逐渐取得了一系列政治权利，进而成为国家政治生活的主体，人民主权的政治理念最终取代了君主主权的政治理念。"政治权利是人民主权的表现，政治共同体建立在人民主权的基础上，人民主权是现代国家的特质。"④ 完全的政治权利包括选举权利、担任公职的权利和参与其他政治活动的权利。

---

① 参见〔美〕迈克尔·布林特《政治文化的谱系》，卢春云、袁倩译，社会科学文献出版社，2013，第 99 页。
② 参见〔美〕托马斯·雅诺斯基《公民与文明社会：自由主义政体、传统政体和社会民主政体下的权利与义务框架》，柯雄译，辽宁教育出版社，2002，第 41 页。
③ 〔英〕戴维·赫尔德：《民主与全球秩序》，胡伟等译，上海人民出版社，2003，第 69 页。
④ 〔美〕基思·福克斯：《公民身份》，郭忠华译，吉林出版集团有限责任公司，2009，第 58 页。

人们争取公民身份的过程实质上就是人民主权原则、公民政治权利宪法化的过程。"公民身份通过确立人们在现代国家中的政治地位和法定资格为社会成员参与设计、制定和实施社会规则提供了身份基础。"① 公民的政治身份及其政治权利的确立意味着人权主权原则和代议制民主已经成为重要的宪法制度。公民身份在宪法中的确立,既是人与人之间平等关系的法律表达,也是组织社会公共生活、进行政治决策的制度安排。公民政治身份通过宪法安排的形式建立了公民个人独立的主体地位,它承认公民个体利益的合理性与公民之间关系的平等性,赋予公民参与解决利益分歧与冲突的资格,要求公民通过平等的对话、谈判和理性协商的方式处理个体之间的利益冲突以及公共利益与私人利益之间的冲突。民主是以自治为前提、以协商为基础、以多数决定为结果的一种政治形式。这种民主形式是稳定治理的重要基础,"民主是调解社会差异的唯一可能的手段,只有民主才能形成大多数人都能接受的政策决策。民主不是要实现普遍的真理,相反,它是要在不同的公民之间建立起关系"②。

毋庸置疑,私人领域的自由权利也是公民政治身份确立的前提条件,公民有了基本的人身自由、言论自由和信仰自由,才有可能有效地参与政治活动,才有可能真正拥有选择自己政治代理人的权利。③ 在现代社会中,财产是社会交往的基础,是身份独立的前提,需要依靠他人生存的人无法保证自己的意志自由,因而无法进行理性的价值判断,也就不具有理性讨论公共利益的能力。因此,民主法治国家应该是自由和平等的公民联合体,公民的政治身份应该与自由意志原则相联系,政治参与权利是公民政治身份的核心,这就意味着公民应该享有一系列参与政治活动、有效影响政治决策的权利。要有效地参与政治决策活动,公民就必须享有知情权、

---

① 周光辉、彭斌:《理解公民——关于和谐社会成员身份的思考》,《马克思主义与现实》2006 年第 6 期。
② 〔美〕基思·福克斯:《公民身份》,郭忠华译,吉林出版集团有限责任公司,2009,第 92 页。
③ 参见欧阳景根《作为一种法律权利的社会福利权及其限度——公民身份理论视野下的社会公平正义之审察》,《浙江学刊》2007 年第 4 期。

听证权和其他参与公共商谈的权利。① 西方国家的政府发现自己必须承认和满足公民对政府及其决策过程的知情权。②

公民的政治身份与政治权利是公民在政治活动中进行价值判断、实现价值选择制度化的基础。然而，"最困难的政治选择不是在善与恶之间做出选择，而是在善与善之间做出选择"③。因此，必须将一些最重要的价值确立为宪法价值，使其成为其他价值的评价标准和选择依据。"一部民主的宪法表达了由人民做出的决策，其目的至少是为了组织公共生活而将一些值得的目标、意志以及价值的子集抬高到其他问题之上。"④ 因为无法保证政治共同体独特的宪法价值总是与公共秩序的最低要求保持一致，也无法保证在两者发生冲突的时候，公共秩序一定屈从于宪法价值，所以宪法只能代表价值体系的部分序列；在现实生活中，宪法价值并不总是支配着个人的价值体系，私人在有些情况下会将其价值置于他们身份的核心位置，置于公民身份对他的要求之上；此外，宪法所优先确立的多元价值之间也会发生不可避免的冲突。因此，"宪法代表着公共秩序序列的一种权威的部分排列。它选择有意义价值的一个子集，把它置于首要位置，并让其他价值服从于它。这些受到青睐的价值于是就成为评价立法、公共政策甚至公共文化状况的标准"⑤。如果拟议中的宪法达不到现实性、一致性和协调性的最低要求，它将不会拥有权威。如果宪法不能在一个合理的时限内得到共同体内的广泛接受，它也无法获得权威。⑥ "如果一部宪法加之于公民身上的义务不至于沉重得难以承受，那它就是现实的；一部宪

---

① 参见〔德〕哈贝马斯《在事实与规范之间：关于法律和民主法治国的商谈理论》，童世骏译，三联书店，2003，第 661 页。

② 参见〔英〕莫里斯·罗奇《重新思考公民身份——现代社会中的福利、意识形态和变迁》，郭忠华、黄冬娅、郭韵、何惠莹译，吉林出版集团有限责任公司，2010，第 213 页。

③ 〔美〕威廉·A. 盖尔斯敦：《自由多元主义：政治理论与实践中的价值多元主义》，佟德志等译，江苏人民出版社，2005，第 45 页。

④ 〔美〕威廉·A. 盖尔斯敦：《自由多元主义：政治理论与实践中的价值多元主义》，佟德志等译，江苏人民出版社，2005，第 116 页。

⑤ 〔美〕威廉·A. 盖尔斯敦：《自由多元主义：政治理论与实践中的价值多元主义》，佟德志等译，江苏人民出版社，2005，第 89 页。

⑥ 参见〔美〕威廉·A. 盖尔斯敦《自由多元主义：政治理论与实践中的价值多元主义》，佟德志等译，江苏人民出版社，2005，第 90 页。

法如果其所代表的一系列价值不过于分化以致不能在同一个共同体内共存，就是一致的；一部宪法如果其基本纲领与共同体的道德情感相协调，与共同体所面临的形势相协调，就是协调的。"①

　　法律的制定过程实质上是宪法价值的演绎过程，法律价值是宪法价值具体化的结果。拥有政治身份意味着公民在法律制定和实施过程中具有价值选择主体的地位。由于每一个公民在私人领域有着自己特定的利益诉求和价值选择，因而公民对法律价值的判断和理解也必然存在分歧。理性和诚实的公民在法律领域可以得出各种截然不同的结论，证据也不足以消弭这些结论方面的分歧。法律领域普遍存在的合理分歧提出了一个既不由真理决定也不受专横意志驱使的合理决定的概念。解决这些分歧必须求助于司法裁决这样的决断机制，以期赋予某个合理的观点以权威性的力量。这种决断应该符合理性但也不是理性所必需的。因为在理性支配唯一结果的领域里，权威是多余的。也就是说，司法决断既体现理性又超越理性，在程序保障下的超理性判断仍然被视为权威性的选择。② 人类选择司法作为价值冲突的权威解决机制是必然的。"人类的理性仍是不能完全解决各种有意义的价值之间的冲突，人类理性的这种无能，表明解决争端的权力机制仍然是必不可少的。"③ 既然法律价值是从宪法价值推演而来的，那么只有通过对宪法价值的权威解释才能解决法律领域的价值分歧。鉴于法院宪法性判决是宪法含义的权威性表述，在法律世界里具有无可置疑的最高权威，只能通过宪法修正案加以改变。因此，在公众认为法院的宪法性判决有失公正、不是明智的价值选择的时候，他们能够以自己的代表能够采取的政治行动颠覆司法机关的裁判，从而使宪法性判决和宪法解释的过程变成一种可为整个政治共同体所共享的民主决策活动。④

① 〔美〕威廉·A. 盖尔斯敦：《自由多元主义：政治理论与实践中的价值多元主义》，佟德志等译，江苏人民出版社，2005，第89页。
② 参见〔美〕威廉·A. 盖尔斯敦《自由多元主义：政治理论与实践中的价值多元主义》，佟德志等译，江苏人民出版社，2005，第92页。
③ 〔美〕威廉·A. 盖尔斯敦：《自由多元主义：政治理论与实践中的价值多元主义》，佟德志等译，江苏人民出版社，2005，第91页。
④ 参见〔美〕约翰·埃格里斯托《最高法院与立宪民主》，钱锦宇译，中国政法大学出版社，2012，第126页。

公民身份随着全球化的深入获得了相应的扩展，对在区域政治共同体之上确立的区域公民身份也提出了相应的政治权利要求。只要区域联盟这样的政治共同体实行普遍主义的宪法原则，政治共同体的认同就应当主要依赖于植根于政治文化的法律原则，而不完全依赖于一个特定的伦理文化生活形式。虽然，民主自决权利旨在保护为公民提供具体情境的政治文化权利，但是，这并不意味着必须固守一个被赋予特权的文化生活形式。"在民主法治国范围内，多样的生活形式可以平等共处。但这种生活形式必须重叠于一个共同的政治文化，而这种政治文化又必须不拒绝来自新生活形式的碰撞。"①

（二）公民的政治身份与政治权利的价值目标

公民身份还意味着一个人在政治活动中的地位，而表征这种地位的是享有选举权，"选票一直是社会正式成员的一纸证书，其主要价值在于它能将最低限度的社会尊严赋予人们"②。公民能否享有普遍、充分的政治权利对于推动政党竞争、选出政治代表进行代议活动具有极其重要的意义。公民只有积极地参加选举活动、积极行使选举权利才能保证代议制民主选出的政治精英具有充分的代表性，才能保证决策的民主性。另外，政治权利是对消极自由权利的补充，公民通过政治代理人来管理社会并不是为了推卸自己的政治责任和法律义务，而是在保证公共领域与私人领域相分离的前提下，积极地参与社会公共生活，依法监督代表在宪法和法律规定的范围内活动，督促他们通过政治代理活动维护公共利益，确保公民在私人领域最大限度地享有自由选择的权利。

个人自由和权利依赖于特定的社会偏好、价值观念和法律结构。只有政治决策建立在政府与公民的商谈沟通基础上，才能保证政治制度既反映社会利益与价值的多样性，又能够实现社会利益与个人利益的和谐共存。

---

① 〔德〕哈贝马斯：《在事实与规范之间：关于法律和民主法治国的商谈理论》，童世骏译，三联书店，2003，第 680 页。

② 〔美〕莱迪·史珂拉：《美国公民权——寻求接纳》，刘满贯译，上海世纪出版集团、上海人民出版社，2006，第 3 页。

为了防止政治决策权和立法权落入势力强大的个别团体手中，防止他们利用国家机器来推进自己的特殊利益，国家应该建立在公民团体之间分配政治权力的民主制度上。民主意味着公民政治地位的提高和价值选择的多元化。与专制政府将自己与人民隔离起来相比，民主政府与人民的接触更加密切，政府能够与公民在政治生活中进行平等的交流，因而能够更加有效地回应人民的政治诉求。在政府与公民充分沟通基础上通过的法律一定是良性的规则，这样的法律不仅是人民意志的集中体现，而且是社会主流价值观的集中反映。这样的法律具有普遍性和清晰性特质，能够平等地适用于所有的社会行为。①

民主的核心问题是如何协调个体自治与集体自决之间的关系，如何有效地消解个体自治与集体自决产生的内在张力。人们发现法律对共同体基本价值的支持会危及自治所需的个体自由，取消法律对共同体基本价值的支持会危害集体自决所需要的社会凝聚力。② 自治是民主的前提，民主是个人选择和个人生活方式的体现，多数人不能也不应该染指个人权利的领地。宣布、支持和保护这些个人权利的公共机构具有一定的民主功能，司法审查具有意义深远和意味深长的民主底蕴，法院由此成为守护民主的公共机构。③ 因此，不能将法律所支持的民主简单地理解成多数人的政治决定，这种单纯的多数主义难以契合自治的价值，法律支撑的民主制度应该与公民整体的自治意志密切联系在一起，集体自决应该建立在对所有人开放的交流结构之上，公民可以在政治公共领域通过商谈的方式形成共同意志，通过对自主意志的相互尊重取代对权威的单方尊重，使法律成为个体意志与普遍意志有机结合的产物。因此，自治是民主政治的基本原则，人民共同管理自己，人民又各自管理自己。④ 民主价值的实现取决于民主政

① 参见〔英〕理查德·贝拉米《自由主义与现代社会：一项历史论证》，毛兴贵等译，凤凰出版传媒股份有限公司、江苏人民出版社，2012，第144~145页。
② 参见〔美〕罗伯特·C.波斯特《宪法的领域：民主、共同体与管理》，毕海红译，北京大学出版社，2012，第11页。
③ 参见〔美〕弗里德曼《选择的共和国：法律、权威与文化》，高鸿钧等译，清华大学出版社，2005，第48页。
④ 参见〔美〕罗伯特·H.威布《自治——美国民主的文化史》，李广振译，商务印书馆，2006，第47页。

治中的集体要素和个人要素两个方面的有机结合。参与性民主、回应性民主的商谈机制能够实现个人选择与集体决策的有机结合，"自由的个人形成民主的社会；民主的社会支撑着自由的个人；公民共同参与为他们共同的政治决定赋予了合法性，这种政治决定接着又把权力带回到他们个人生活中去"①。

　　民主价值体现在民主治理方面，平等的公民身份是人类治理的重要基础。"治理是一种内在的人类需要，它旨在创造和维持一种能够分配物质和文化资源的社会秩序。与公民身份密切相关的政治体现为一系列商谈、妥协、外交、权力分享等方法和技艺，通过这些方法和技艺，治理所遇到的问题可以以非暴力的方式得到解决。"② 公民身份的权利要素和责任要素决定了公民身份在民主治理中的重要价值，"通过将权利、责任和义务结合在一起，公民身份提供了一种公平分配和管理各种资源的方式，使公民共同分享社会生活中的利益和负担"③。公民的政治身份意味着他们不仅在法律上和政治上是平等的，而且他们的公民身份价值只有在公共生活中才能得到确认。公民身份要求公民融入公共生活、有效地参与和影响政治决策，达成协调和多元的容纳性认同，形成化解政治分歧的共识性治理模式。④ "公民身份强调的是一种缓和社会冲突的平等性地位。它意味着政治过程必须依据公开、透明、开放、客观的标准对待公民，任何专断性的做法都不符合公民身份的要求。"⑤

　　民主依赖于公民的美德。公民的美德主要通过参与政治活动、维护公共利益的理念和行为表现出来。"民主政体依靠的是公民自我引导和责任感，而不是单纯的服从。无论是在私下场合还是在公共场所，好公民都会

---

① 〔美〕罗伯特·H. 威布：《自治——美国民主的文化史》，李广振译，商务印书馆，2006，第47页。
② 〔美〕基思·福克斯：《公民身份》，郭忠华译，吉林出版集团有限责任公司，2009，第4页。
③ 〔美〕基思·福克斯：《公民身份》，郭忠华译，吉林出版集团有限责任公司，2009，第4页。
④ 参见闫辰、王海荣《理解公民身份：当代中国基层民主政治发展的一种新动力》，《理论月刊》2013年第10期。
⑤ 闫辰、王海荣：《理解公民身份：当代中国基层民主政治发展的一种新动力》，《理论月刊》2013年第10期。

为支持民主习惯和宪法秩序做些事情。"① 公民在很多情况下通过结成各种政治组织来影响国家的政治决策。基于自己的价值取向和利益诉求加入某一个组织是公民的政治自由权利，公民的政治身份意味着公民可以自由组织和参与各种政治团体，公民组织可以在宪法允许的范围内用合适的方式处理内部事务。虽然，公民组织的规范与决策结构可能会大大削弱公民个人的自由和自主能力，但是，这些团体不会违背个体的意志强行使其成为组织成员，或者规定某些条件使其事实上不能离开。② 退出某个组织也是公民结社自由权利的体现。"在富有意义的社会多元主义环境中，个人自由不仅受到退出权的充分保障，更为广阔的社会空间向那些渴望脱离原有团体组织的个人敞开着大门。"③

（三）公民的政治身份与政治权利的运作机制

在现代社会中，主要的政治结构和政府机构职能采取代议制模式。这种政治代理人代表选民对各种议案进行审议和表决的活动属于间接民主政治形式。随着现代化的不断深化，中国的公民身份进入了快速建构与发展轨道。为了消除政治竞争体制或缺给公民政治身份发展设置的障碍，我国应该逐步建立代议制民主框架内的政治竞争制度，推动国家问责制度的改革，为公民的政治自由和公民政治身份的建立与发展提供良好的政治条件。应该通过宪法的修改与完善途径，建立能够实施公民身份的法律和落实政治权利的公共生活方式，通过公共领域的自治实现私人领域和经济领域中的自由和权利。选举民主在全球治理中也具有重要意义，随着全球化的深入发展，"公民身份与民主相联系，全球公民身份应该在某些方面与全球民主相联系，至少与把某些有关权利、代表和责任的观念扩展到国际机制运行的民主化进程相联系，并且把某种机会给予那些生活受到管制的

① 〔美〕莱迪·史珂拉：《美国公民权——寻求接纳》，刘满贵译，上海世纪出版集团、上海人民出版社，2006。
② 参见〔美〕威廉·A. 盖尔斯敦《自由多元主义：政治理论与实践中的价值多元主义》，佟德志等译，江苏人民出版社，2005。
③ 〔美〕威廉·A. 盖尔斯敦：《自由多元主义：政治理论与实践中的价值多元主义》，佟德志等译，江苏人民出版社，2005。

各国人民，使之能参与领导人的选择"①。

公民的共同利益不是一个人或者少数人的利益，也不一定是多数人的利益，而是通过制度确认的公民的公认利益。这样的制度必须既能够防范消极误判的危险，也能够防范积极误判的危险，这就要求政府为公众开放所有可能的渠道，让他们就共同的、公认的利益直接相关的事务提出建议，同时也要求政府要通过选举制度确保每个公民拥有同样的投票权，并且能够自由地表明他们的立场。在这样的政治文化环境中，选举性竞争应当为任何潜在的关涉共同的、公认的利益之事务提供得到表达和倾听的机会，由公众做出最终的政治选择。尽管选举制度能够防止消极漏判，却不能有效地防止积极误判，选举制度无法阻止那些当选者从培育政策或追求政策的角度出发来行使权力；尽管公民不会成为政府应当说什么和做什么的创制者，但选举的地位赋予了有组织的公民一种间接创制政府的法律与政策的权力，他们可以决定谁将成为法律和政策的创制者或者至少可以决定谁将成为创制者的监督人。

当然，选举制度只能为公民提供间接的以集体方式控制当权者的手段，因而少数人的声音可能被忽视，其他因素的影响有可能不能有效地被屏蔽。为此，我们可以让公民享有对政府创制权的修正权，借助于程序性的、质询性的和上诉性的平行资源对政府的决策进行合理的修正，这样就可以有效地减少积极漏判出现的机会。对决策过程的限制体现在当代许多民主国家的各种程序机制中，包括法治、分权、公共决策需要提供理由、必须由两院批准立法、为某些决策设立法定机构、允许对政府的独立审计、保证信息自由，等等；此外，许多国家还采取一些措施让民众能够得到咨询，从而对政府行为的选择施加影响。公众可以通过对政府提议的各种事业计划进行相关的听证和质询、发表意见，公众的压力也能激发议会质询和调查政府行为。公众还可以通过司法程序和议会程序提出事后申诉

---

① 〔英〕巴特·范·斯廷博根：《公民身份的条件》，郭台辉译，吉林出版集团有限责任公司，2007，第 145 页。

这些上诉性资源来使政府行为置于事后的论辩之下。① "政府的决策不仅可以由司法部门来审查其合法性，而且也可以由行政法庭来检查其绩效，或者由监察部门的官员来调查某些更为普遍的抱怨是否应该得到支持。"②

在一定程度上，"完美的公民将会一心一意地以直接民主的方式而不是代议制民主的方式追求公共利益"③。在通常情况下，公共利益是通过公共事务表现出来的共同利益。在通信、交通高度发达的时代，公民不仅可以通过街道和广场的聚合方式对公共事务进行商讨，而且可以借助互联网络进行交流和讨论，共享相似的选择偏好，对共同关心的公共事务发表意见，从而对政府决策施加强大的压力。个人还可以通过他们所归属的团体来影响特定的共同事务，同时通过平行影响组织起来的利益集团在法律创制的过程发挥巨大的影响作用。它们既能通过对立法机关施加压力创制规范，也能通过集团诉讼经由法院创制规范。

民主的理想不是基于人民的所谓同意，不是政府的行为必须是人民意志的产物，而是基于政府的所作所为的可论辩性，重要的是保证政府行为必须经得起民众的论辩。论辩式民主强调民主政治机制要为法律的制定和实施创造一个经得住检验的选择环境，而不在于要求法律的制定和实施必须得到民众的意志同意。④ 这种论辩式民主应当表现为协商的过程和协商的结果，它要求政府的决策必须基于公认的共同关注的考虑；这种论辩式民主应当是包容性的政治过程，它要求为每个群体的成员能够对立法、行政和司法决定提出的抗议保留论辩空间。这就要求政府必须代表不同的利益群体，必须在共同体中建立畅通的论辩渠道，必须采取相应的措施防止商业组织和其他权势利益的影响；这种论辩式民主应当是回应性的政治过程，它必须回应针对政府提出的论辩意见，必须保证不同领域中的抱怨者

① 参见〔澳〕菲利普·佩迪特《共和主义：一种关于自由与政府的理论》，刘训练译，凤凰传媒出版集团、江苏人民出版社，2006，第385~386页。
② 〔澳〕菲利普·佩迪特：《共和主义：一种关于自由与政府的理论》，刘训练译，凤凰传媒出版集团、江苏人民出版社，2006，第386页。
③ 〔美〕莱迪·史珂拉：《美国公民权——寻求接纳》，刘满贯译，上海世纪出版集团、上海人民出版社，2006，第9页。
④ 参见〔澳〕菲利普·佩迪特《共和主义：一种关于自由与政府的理论》，刘训练译，凤凰传媒出版集团、江苏人民出版社，2006，第361~363页。

能够有效地行使申诉权。① 回应性民主机制力图借助于体现自决意识的审议程序来缓和个体意志与普遍意志的冲突。② 而司法审查程序为少数人的自由选择挑战多数人的集体决策提供了机会，从而为个体意志与普遍意志的协调提供了制度保障。

"公民不仅要有参与政治的机会与责任，也需要参与的资源。共同体有义务满足每个公民的基本要求。"③ 公民只有在一定政治环境和政治氛围中才能有效地行使政治参与权，公共领域为公民在政治对话过程中评价多种观点、提炼和修正自己的偏好创造了机会。因此，公民必须参与并影响一个非正式的、非官方的公共交往过程，在一个以自由和平等的政治文化为载体建构起来的公共领域里进行充分、有效的政治商谈，如此才能在一定程度上影响建制化的决策机制；公民只有广泛深入地参与各种政治活动，将各自的偏好和诉求置于公共论坛中进行公共审议和协商，才能保证公共决策的质量与合法性；扩大公民的政治协商有利于公民深入思考自己的利益诉求和价值选择，从而将公共政策建立在重叠共识的基础上。只有当建制化的意见形成过程和意志形成过程与非正式的公共交往发生相互作用时，公民的政治身份才能实现公共利益与私人利益的协调，才能保证公民通过公共领域的自主实现私人领域的自治。④ 许多国家的政府清晰地认识到，"只有通过改善政治参与的体制，个人与群体之间、主流文化与边缘文化之间存在的各种冲突才能得到有效的解决"⑤。民主协商和政治决策应该以达成共识和寻求宽容而非专断的排外政策作为指导⑥，"宽容是

---

① 参见〔澳〕菲利普·佩迪特《共和主义：一种关于自由与政府的理论》，刘训练译，凤凰传媒出版集团、江苏人民出版社，2006，第 362～363 页。
② 参见〔美〕罗伯特·C. 波斯特《宪法的领域：民主、共同体与管理》，毕海红译，北京大学出版社，2012，第 268 页。
③ 〔英〕奇斯·佛克：《公民身份》，黄俊龙译，台湾巨流图书公司，2003，第 163 页。
④ 参见〔德〕哈贝马斯《在事实与规范之间：关于法律和民主法治国的商谈理论》，童世骏译，三联书店，2003，第 670～671 页。
⑤ 〔美〕基思·福克斯：《公民身份》，郭忠华译，吉林出版集团有限责任公司，2009，第 44 页。
⑥ 〔美〕威廉·A. 盖尔斯敦：《自由多元主义：政治理论与实践中的价值多元主义》，佟德志等译，江苏人民出版社，2005，第 120 页。

一种美德，它维系着社会实践和政治制度，使表达自由成为可能"①。政策的制定应该依赖这些体现了既是选举的又是论辩的民主理想的制度，这些制度在防止国家违背共同的、公认的利益的同时，又能为扩大无支配自由的政策之产生提供便利。②

四　公民的社会身份与公民的社会权利

公民的社会身份体现公民在社会生活中的尊严和地位，作为国家的公民和社会共同体的成员，公民有权要求政府和社会保障自己拥有尊严的生活，国家和社会应该向其提供生存和发展所需的物质和文化方面的帮助。社会权利是公民要求政府和社会公众干预私人领域，以支持公民对维持经济生计和社会存在的权利。现代福利国家通过提供医疗卫生和家庭服务来保证公民有能力在社会中进行基本活动；通过初等、中等和高等教育援助，保证公民能够获得工作技能和文化参与的技能；通过转移支付保证工人、退休人员、残疾人、儿童、单亲家长以及其他公民获得经济生活来源；通过向残疾人、工伤人员以及权利受到某种损害的其他公民提供赔偿支付来保障他们获得必要的物质补偿。从金钱支付方面的分配权利到帮助公民具备社会活动能力、获得机会以及从国家获得补偿的权利，社会权利的范围非常广泛。③ 社会权利还包括参与私人领域决策的权利，例如参与工作决策的权利、参与资本运作决策的权利、参与医疗卫生和环境保护决策的权利。我国宪法学者将公民在经济、文化及其他社会生活方面的权利统称为公民的社会经济文化权利。

（一）公民的社会身份与社会权利的宪法化进程

公民的社会身份与公民的社会权利密切关联，公民社会身份的发展历

① 〔美〕威廉·A.盖尔斯敦：《自由多元主义：政治理论与实践中的价值多元主义》，佟德志等译，江苏人民出版社，2005，第153页。
② 参见〔澳〕菲利普·佩迪特《共和主义：一种关于自由与政府的理论》，刘训练译，凤凰传媒出版集团、江苏人民出版社，2006，第386页。
③ 参见〔美〕托马斯·雅诺斯基《公民与文明社会：自由主义政体、传统政体和社会民主政体下的权利与义务框架》，柯雄译，辽宁教育出版社，2002，第41页。

程也就是公民的社会权利的发展进程。公民的个人权利和政治权利宪法化的时间要早于公民的社会权利。《自由大宪章》《权利法案》《人身保护令》《王位继承法》等宪法性文件确立了英国公民的财产权利、人身权利和政治权利。1789 年通过的《美利坚合众国宪法》也主要确认了公民的个人权利和政治权利。生存保障权是最基本的社会权利，英国在 1601 年颁布的《济贫法》标志着民族国家开始从立法角度为其社会成员提供社会保障，实现了私人救助向政府救济的转变。1793 年颁布的法国宪法第一次出现了公民社会权利的雏形。1919 年的德国魏玛宪法规定"经济生活的秩序必须适合社会正义的原则，而所谓社会正义，则在于保障所有社会成员能够过上体现人的价值、体现人的尊严的生活"，承认公民社会权利的基本权利地位。1946 年的日本宪法规定："国民均享有最低限度的健康与文化生活的权利。国家应于一切生活部门，努力于社会福利、社会保障及公共卫生之提高与增进。"当然，公民社会身份及其社会权利是在与市场经济体系和社会阶级体系所形成的实质不平等的斗争中逐渐形成和发展起来的基本权利，20 世纪英国人开始追求享受最低经济福利和社会保障的权利。① 公民的社会身份及其社会权利的确立意味着人类进入福利国家时代。

《世界人权宣言》第 25 条规定："人人有权享受为维持他本人和家属的健康和福利所需的生活水准，包括食物、衣着、住房、医疗和必要的社会服务；在遭到失业、疾病、残废、守寡、衰老或在其他不能控制的情况下丧失谋生能力时，有权享受保障。"1966 年的《经济、社会及文化权利国际公约》规定，本公约缔约各国承认人人有权为他自己和家庭获得相当的生活水准，包括足够的食物、衣着和住房，并能不断改进生活条件；本公约缔约各国承认工作权；本公约缔约各国承认人人有受教育的权利；创造保证人人在患病时能得到医疗照顾的条件。

随着欧洲社会的变迁，开始出现了后民族国家的公民身份问题。1992 年的《马斯特里赫特条约》正式确立了欧盟公民身份，实现了对国家公民

---

① 参见〔英〕托尼·布莱尔《新英国》，曹振寰等译，世界知识出版社，1998，第 18 页。

身份的补充。尽管2001年《尼斯条约》认为欧盟所承认的基本权利是象征性和不具有法律强制性的权利,但不能否认欧盟所支持的个人权利已经扩展到1997年《阿姆斯特丹条约》中的一系列人权和《欧盟基本权利宪章》中的一系列社会权利这一事实。欧盟通过基本权利条约和宪章、司法系统、欧洲议会,对个人权利所做的总体性承诺,对于促进妇女和儿童的权利发展具有重要的意义。欧洲基本权利宪章保护公民在自己国家和其他欧共体国家就业的权利,保护所有公民不论在自己的国家还是作为移民工人都享有的获得医疗照顾与援助的权利、获得社会保障与援助的权利以及获得为他们的家庭提供经济、法律和社会保护的权利;欧洲基本权利承认公民具有获得合理和合适工作条件的权利、工作中的知情权和咨询权、集体谈判权和集体行动的权利、获得就业服务的权利、被不公平解雇时受到保护的权利;欧洲基本权利宪章承认和尊重与欧洲福利国家相关的社会保障和社会服务的权利。联合国人权宣言和联合国国际司法体系原则上为所有国家的权利体系提供了标准和道德背景。① "通过《社会宪章》,作为团体行动者的跨国公司和其他雇主对于作为雇员的欧共体公民的义务已经在欧共体内部实现制度化。但是,在团体行动者之间,尤其是欧洲区域私人组织(如跨国公司)与公共组织在环境权利和经济权利的问题上,也需要制定某些相应的规则。"②

在我国,晚清政府为了富国强兵、外患渐轻、内乱可弥、皇权永固,开始立宪尝试,出台了《钦定宪法大纲》《宪法重大信条十九条》,前者没有规定社会权利,后者没有规定权利义务。辛亥革命后资产阶级革命派组织制定的《中国民国临时政府组织大纲》和《中华民国临时约法》也没有规定公民的社会权利。1913年制定的《中国民国宪法草案》(天坛宪草)顺应世界各国的立宪潮流,对公民经济、政治和文化生活中的基本权利作了较《中华民国临时约法》更为系统和具体的规定,还将依法接受初

---

① 参见〔英〕莫里斯·罗奇《重新思考公民身份——现代社会中的福利、意识形态和变迁》,郭忠华、黄冬娅、郭韵、何惠莹译,吉林出版集团有限责任公司,2010,第191~195页。

② 〔英〕莫里斯·罗奇:《重新思考公民身份——现代社会中的福利、意识形态和变迁》,郭忠华、黄冬娅、郭韵、何惠莹译,吉林出版集团有限责任公司,2010,第200页。

等教育规定为基本义务，这就在中国历史上第一次通过公民的受教育权确认了公民的社会权利。此后《中华民国约法》（袁记约法）和 1923 年通过的《中华民国宪法》（贿选宪法）都沿袭了天坛宪草的模式，规定中华民国人民依法律有受初等教育之义务。1931 年 6 月 1 日公布施行的《中华民国训政时期约法》，在国民生计和国民教育部分规定了人民的社会权利。1936 年 5 月 5 日，国民政府公布的《中华民国宪法草案》在国民经济和教育部分规定了公民的社会权利。1946 年 12 月 25 日国民大会通过了《中华民国宪法》，不仅通过生存权和受教育权规定了公民的社会权利，而且在基本国策部分通过社会安全和教育文化规定了国民的社会权利。1934 年 1 月第二次全国工农兵代表大会修改的《中华苏维埃共和国宪法大纲》，通过规定最长工作时间、最低限度的工资标准、创立社会保险制度与国家的失业津贴、普及教育制度规定了公民的社会权利。1946 年 4 月 23 日陕甘宁边区第三届参议会通过了《陕甘宁边区宪法原则》，规定人民有免于经济上偏枯与贫困的权利、有免于愚昧及不健康的权利，从而确认了公民应该享有的社会权利。

1949 年 9 月 29 日，中国人民政治协商会议第一届全体会议一致通过了《中国人民政治协商会议共同纲领》，为新中国建立初期全国人民的共同奋斗目标和统一行动提供了政治基础，它在内容上相当于后继宪法的序言和总纲。① 共同纲领在经济政策和教育政策部分涉及公民的经济权利和教育权利，在某种意义上确认了公民的一部分社会权利。1954 年 9 月 20 日，第一届全国人民代表大会第一次会议通过了《中华人民共和国宪法》，在公民的基本权利和义务部分通过规定劳动权利、物质帮助权利、受教育权利和妇女儿童权利确认了公民的社会身份和社会权利。我国现行宪法分别于第 42 条、第 19 条和第 46 条、第 45 条、第 47 条规定了公民劳动的权利和义务、受教育的权利和义务、获得物质帮助权以及文化活动的自由权利。特定人的权利保护也是我国宪法规定的社会权利，现行宪法规定妇女的权利和利益受国家保护，婚姻、家庭、母亲、儿童受国家的保护，老人、青年和少年的权利受国家的保护，退休人员和烈军属的权利、华侨和

① 参见蔡定剑《宪法精解》，法律出版社，2004，第 17 页。

归侨的权利受国家的保护。

（二）公民的社会身份与社会权利的价值目标

公民的社会身份赋予公民拥有某种资源的权利资格。公民的社会身份是公民要求国家保障其生存和发展的权利资格。社会权利是保障人的生存和发展的权利，是公民享受公共教育、卫生保健、失业保险和养老金的权利。生存权和发展权乃是保障人格和尊严的内在要求，个人只有在物质上的需求和满足获得了保障，精神上的需求和满足才有可能实现；只有给予每个人一定程度和范围的社会保障，保证其适当的生活水准，他才可能具有人格和尊严。

从本质上讲，公民的社会权利乃是公民要求国家提供福利的权利，公民的社会身份保证了其享有最低水平的医疗、住房、教育和收入的权利。现代国家宪法规定的社会权利包括获得失业救济、疾病救助和年老退休补助等典型权利；这些补助既包括主要的收入补偿或救济，也包括由政府提供的寻找工作、职业技能培训以及医疗、教育和住房领域的公共服务。在较为发达的福利国家，公民有权获得由国家提供的儿童和家庭的资助服务。许多国家依据宪法以法律形式确认公民享有最低工资、基本生活保障和义务教育等方面的权利，因此基本的福利权利已经成为一种法律权利。政府不能利用行政法规和规章限制和剥夺公民的这些福利权利，如果政府没有履行保障这些社会权利的义务，公民可以诉诸法院维护自己应当享有的这些社会权利。

社会身份和社会权利的受益性，决定了社会权利需要通过国家的积极作为才能实现，因此社会身份和社会权利所追求的不是无干涉的自由而是无支配的自由。这种无支配自由的价值在于，"它不仅能够激发人们对政府应当是什么提出要求，而且能够激发人们对政府应当做什么提出要求"①。共和国就是一个必须遵循公民共同利益的国家。② "共和国不仅应

---

① 〔澳〕菲利普·佩迪特：《共和主义：一种关于自由与政府的理论》，刘训练译，凤凰传媒出版集团、江苏人民出版社，2006，第376页。
② 参见〔澳〕菲利普·佩迪特《共和主义：一种关于自由与政府的理论》，刘训练译，凤凰传媒出版集团、江苏人民出版社，2006，第378页。

该竭力消除对人们生活的支配，不仅努力减少对人们自由的这些威胁，而且还应该竭力增加人们享有不受支配之选择的范围和容易程度。它应该竭力减少诸如残障、贫困和无知之类对人们的无支配自由构成限制的因素的影响，即使它们事实上还没有对此构成威胁。换言之，它应该增进人们有效的无支配自由，而不仅仅是他们形式上的无支配自由。"①

社会权利是对个人自由权利和政治权利的补充，也是个人自由权利和政治权利的物质基础；保护每个人的选择，促进自由的最大化，仍然是现代福利国家法律的文化价值目标。社会保障权利的主体具有普遍性，任何公民在其基本生活陷入困境时都有权得到国家和社会的帮助，任何公民都有权享受国家和社会提供的公共福利。这种主体资格的获得不应因种族、民族、职业、性别和年龄等因素的不同而受阻却。任何公民只要处于需要社会保障的条件和状态下，就可以获得国家的援助。"从自由多元主义的立场来看，共同体的成员必须享有平等的社会最低权利，这些权利可以满足他们基本的需求，参与体现公民资格的活动。对能够为共同体做出贡献的成员，平等原则是以这样的形式履行的：人人平等地享有做出贡献和获得补偿的权利。对于那些由于年龄、身体、精神或情感的缺陷而不能为共同体做出贡献的成员，实施平等的原则需要社会最低权利的替代手段。"②这就需要共同体将选择置于公认的限制之下，采取一些政策使贫富差异限制在可接受的范围内，实施某些政策对财富的拥有和遗产的继承课以重税，以期在平等与不平等之间建立最恰当的平衡。③

社会福利是公民的社会身份应该具有的权利。公民享有的社会保险收益、养老金和最低生活标准不是国家的施舍和恩赐，它们是牢固的、不可剥夺的法律权利，也是坚定地支持一种独立生活方式的交换代价。食物、住所、交通和健康是行使权利、实现自由的基础，没有最低生活保障，弱

---

① 参见〔澳〕菲利普·佩迪特《共和主义：一种关于自由与政府的理论》，刘训练译，凤凰传媒出版集团、江苏人民出版社，2006，第 376～377 页。
② 〔美〕威廉·A. 盖尔斯敦：《自由多元主义：政治理论与实践中的价值多元主义》，佟德志等译，江苏人民出版社，2005，第 168 页。
③ 参见〔美〕威廉·A. 盖尔斯敦《自由多元主义：政治理论与实践中的价值多元主义》，佟德志等译，江苏人民出版社，2005，第 168 页。

者就不能充分享有许多基本的权利和完整实现许多宝贵的自由。为了保障公民的社会交往自由和社会交往安全，国家提供了社会治安、交通服务、交通管理、通信服务和通信管理方面的制度保障。为了支撑人们享有选择自己生活方式和选择自己命运的自由，国家通过税收和资本运作等手段为其提供必要的经济支柱、医疗服务和住房补贴。[①] 这些社会福利在扩大人们自由选择范围的同时，也明确了政府的责任，消除了制度安排方面的不确定性，减轻了人们的负担，让人们感受到了社会安全网络存在的重要价值意义。[②]

社会权利有利于促进社会公平正义的实现。社会权利随着人类文化的发展而发展，它以平等和自由为价值取向，体现人格尊严和人类社会的共同理想，是公民基本权利体系不可缺少的重要组成部分。为了保障处于弱势地位的当事人的自由选择权利，国家通过法律对工作时间、工作条件、休息期限、养老金、失业和最低工资做出规定，通过税收支付最低生活标准的制度安排获得西方国家各个阶层的文化认同。为了提供福利的物质基础和法律基础，为了保护小企业主、农场主、小商业者、店主和消费者的独立地位和利益，众多的规则束缚和限制着各种企业和组织的社会行为，防止它们在追逐利益的过程中做出破坏自由竞争秩序、损害公共利益的举动。[③]

有必要指出，公民身份指的是一个人在社会中的角色和位置[④]，它意味着一个人在社会交往中拥有的某种尊严，而"劳动和按劳取酬的机会是获得公共尊严的第一资源，因此也是一种社会权利"[⑤]。公民的社会身份

---

① 参见〔美〕弗里德曼《选择的共和国：法律、权威与文化》，高鸿钧等译，清华大学出版社，2005，第 77 页。

② 参见〔美〕弗里德曼《选择的共和国：法律、权威与文化》，高鸿钧等译，清华大学出版社，2005，第 127 页。

③ 〔美〕弗里德曼：《选择的共和国：法律、权威与文化》，高鸿钧等译，清华大学出版社，2005，第 74~75 页。

④ 参见〔美〕莱迪·史珂拉《美国公民权——寻求接纳》，刘满贵译，上海世纪出版集团、上海人民出版社，2006，第 4 页。

⑤ 〔美〕莱迪·史珂拉：《美国公民权——寻求接纳》，刘满贵译，上海世纪出版集团、上海人民出版社，2006，第 3 页。

内含有尊严地生活的价值取向，为公民提供失业救济和经济援助并不是社会权利的全部内容，增强公民生存和发展的能力、摆脱贫困处境也是社会权利应有的价值目标。

总而言之，公民的社会身份和公民的社会权利资格能够深刻影响公民的政治文化认同、缓解社会排斥、增进社会和谐，因而具有重要的社会整合功能。公民的社会身份和社会权利能够为公民提供基本的生活保障和社会交往方面的选择自由，这在一定程度上减轻了贫富阶层之间的利益分歧和价值冲突，促进了公民对政治制度价值功能的认同，从而能够保障公民充分参与政治活动，通过商谈沟通的方式合理地使用社会资源、公正解决纠纷、建构和谐发展的社会秩序。

（三）公民的社会身份与社会权利的实现机制

社会权利是维护人的尊严和价值所不可缺少的制度安排，国家不能通过宪法修正案或立法方式予以取消。在现代社会，如果没有国家组织和实施的社会保障，就不可能有效抵御现代社会的生存风险。只有通过宪法将社会保障转变为公民的基本权利和司法保护的法律权利，并将其确立为国家的责任或义务，才能有效地保障公民的生存、发展和人格尊严。公民的社会身份、资格和权利涉及公民社会身份的设定与获得、公民社会权利的保障与救济和公民社会权利的滥用与限制等法律问题。

公民的社会身份与社会权利在宪法和法律上的确立经历了一个漫长的历史过程。在传统社会里，种族、性别、出身、文化传统、宗教牢固地确定了个人在社会阶梯中的位置，传统法律借助国家强制力和文化控制力坚定地维护这种等级身份关系。按照这种身份等级安排权利、义务的法律体系成了不受传统文化质疑的制度机制。个人在这种法律制度和文化环境中几乎没有任何改变身份地位的希望。[1] 随着资本主义在封建社会里的孕育和成长，人身自由关系在市场经济取代自然经济过程中逐渐取代了人身依

---

[1]　参见〔美〕弗里德曼《选择的共和国：法律、权威与文化》，高鸿钧等译，清华大学出版社，2005，第 103～104 页。

附关系，个人逐渐成为独立的社会主体，成为拥有个人权利和政治权利的法律主体和政治主体。尽管公民的社会身份要求国家通过保障公民的生存权和发展权来保护公民有尊严地生活的权利，要求国家在资源分配和使用方面保证基本平等。然而，市场竞争、阶级结构、文化差异和社会地位导致的资源分配的不平等，造成了公民在现实生活中的身份不平等的后果。消除这些因素对公民身份平等的影响一直是民主政府努力的目标。

许多国家在公民社会身份的确立过程中，试图通过制定大量的法律规则来减轻和消除基于种族、文化差异的歧视。美国国会在 20 世纪致力于通过立法手段和保障法律实施的机制防止和消除这种社会生活中存在的歧视现象。联邦最高法院在 20 世纪 50 年代后开始采取司法裁判手段禁止种族歧视，1971 年后通过一系列宪法判决明确禁止性别歧视。有必要指出，尽管公民身份内含社会地位平等的价值取向，但是财产拥有方面的差别并不是一个单纯的法律问题。在财产拥有基础上产生的某种差别待遇或歧视，是西方社会中社会身份不平等的一种永久形式。立法机关可以通过法律、行政机关可以通过社会政策救助和庇护不幸者和贫穷者，力图尽最大能力或努力去保障他们能够拥有社会生活方面的尊严。当然，法律行动和政策实施可以在一定程度上改善弱势群体的生存和发展状态，但是，法律行动仍然不可能彻底消除因财富差距所带来的一部分人享有特权的情况。①人们在心理、观念和意识层面普遍认同合理差别的存在是法律制度不可避免的结果，社会文化也通过各种方式和机制强化着这种主流的意识形态。

社会权利既具有为公民个人权利和政治权利提供必要物质基础的价值，也具有限制经济自由和提升国家权力的功能。在西方社会身份制度和文化意识形态的建构历程中，自由选择仍然是建构现代福利国家方案、原则和制度背后的重要文化力量，政府通过权力结构和制度功能的自我重构促进了生活保障的期望与自由主义文化的有机结合，从而为自由选择和自我实现创造了前提条件。自由市场有可能扩大社会不平等的程度，增加社

---

① 参见〔美〕弗里德曼《选择的共和国：法律、权威与文化》，高鸿钧等译，清华大学出版社，2005，第 107 页。

会成本，国家必须进行合理的干预，以保证社会弱势群体享有基本公正待遇，为其生存和发展提供基本的保障。以福利国家的再分配政策为基础的社会权利，确实在一定程度上限制了经济自由，扩大了国家干预经济社会生活的权力。"现代公民身份的发展历史也可以部分被看作是一系列谈判和交易的过程，政治精英一方面维持了自己的权力和控制社会变迁所带来的各种影响，另一方面，通过让渡各种形式的权利，控制了社会运动所提出的各种要求。这一过程以社会权利的发展作为顶峰，20 世纪中期，许多欧洲国家都成为福利国家。"[①]

社会权利的内容与范围、实现方式和保障程度是同福利国家的建设紧密联系在一起的，现代福利国家正在由追求最低限度需求的平等向促进最大程度平等的方向转变。这意味着现代福利国家不仅要为公民提供大量的福利服务，而且要为其承担巨额的财政转移支付责任。社会权利依赖于各种各样的资源，它随着经济的成长而发展，随着经济的衰退而陷入困境。"权利背后都有资源的支撑，资源的匮乏也能约束权利"[②]，为公民提供经济保障、健康和教育的资源总是有限的，社会权利与资源限制之间的冲突是必然的，权利主体不可能无条件地提出相应的要求，国家也只能提供与经济发展水平相适应的社会权利保障，因此社会权利的司法适用存在一定的限制。

拥有劳动的机会和权利关系公民的人格和尊严，国家应该通过各种途径为公民创造更多的劳动就业机会。国家应该加大城市和乡村的基础设施投入，加快道路交通网络和通信网络的建设，指导产业结构调整，合理进行功能布局，在扩大内需、发展生产的基础上让更多公民的劳动权利得到实现。同时，国家不仅要对就业前的公民进行必要的劳动就业培训，而且要对公民进行继续教育和持续培训以便他们能够适应知识和技术发展对劳动者的要求，不断提高他们的就业能力和工作能力。此外，社会权利是一种受益性权利，职业安全的保障是社会权利的应有之意，当代法律应该重

---

① 〔美〕基思·福克斯：《公民身份》，郭忠华译，吉林出版集团有限责任公司，2009，第 21 页。

② 耿焰：《差别性公民身份与差别权利》，《政法论丛》2010 年第 4 期。

视基于时间的延伸而产生的权利价值，公务员、教师和工人经过一段试用期之后就应该享有保有职业的权利，从事一定职业达到一定时限后就应该有权获得最基本的养老保险待遇。

国家不仅要为弱势群体提供最低限度的社会福利，为失业者和无劳动能力者提供生活津贴和医疗服务，而且要为弱势群体提供培训以便为个人发展创造条件。现代福利国家充分意识到，维系基本公共秩序的条件在于：适度调控的市场经济，基本生活水平的社会保障，不仅能够提高经济竞争力而且能够增强守法意识与公民联系的教育体制。① "在西方社会，教育权还与自我发展的文化和意识形态以及职业伦理联系在一起。因此，它与最大限度地开发一个人的智慧和能力联系在一起；从更低一点层次来说，为他进入劳动市场提供培训，并充分使用各种机会与资源来达到这一目的。"②

基本生活保障还包括居住权方面的保障。许多国家将有房屋居住的权利作为社会权利，通过住房保障制度帮助经济困难的群体解决住房问题，通常采用建设廉租房和发放住房补贴等措施保证人人有房居住。为了保障公民的住房权利，我国采用了多种住房保障形式，村民可以在集体划分的宅基地上自行建房，城市居民中高收入者可面向市场购买商品住房，中低收入家庭和职工可以依靠住房补贴和公积金制度的援助来购房和租房，还可以购买经济适用住房，最低收入者可以租住政府提供的廉租住房。

---

① 参见〔美〕威廉·A. 盖尔斯敦《自由多元主义：政治理论与实践中的价值多元主义》，佟德志等译，江苏人民出版社，2005，第 89 页。

② 参见〔英〕莫里斯·罗奇《重新思考公民身份——现代社会中的福利、意识形态和变迁》，郭忠华等译，吉林出版集团有限责任公司，2010，第 211 页。

论英国早期普通法分权功能对
权利的保障

刘吉涛[*]

引　言

分权原则是近现代国家的一项基本宪法原则，对这一原则的不同解读与实践型构出了各国国家权力的结构体系。追溯历史，分权原则最初起源于古希腊，哲人亚里士多德在总结城邦国家雅典的分权实践时提出："一切政体都有三个要素构成的基础，即议事机能、行政机能和审判机能。"17 世纪英国思想家洛克在《政府论》中首次阐发了近代意义的分权原则，提出"立法、行政和外交"的三权分立思想。法国思想家孟德斯鸠则站在洛克的肩膀上进一步提出了"立法、行政和司法"三权分立的思想。其后，作为新兴国家，美国在建国时采纳了孟德斯鸠的观点，并将之写入本国宪法。凭借美国在国际上的影响力，"三权分立"思想逐步成为分权领域的主流话语体系，在不少人心目中"分权原则"等于美式的"三权分立"。与此相对，很少有人将分权与英国政体联系起来，尽管近代意义上的分权是首先在英国孕育产生的，在这方面的一个较为典型的表述是："孟德斯鸠所设计的任何仪表在英国的运用在今天只会给出令人困惑的读数。"[①] 关于这一点其实也并不奇怪：英国宪政体制确实没有向世人展示一个清晰的"三权分立"式的构图，相反它留给世人的印象恰似一张

* 刘吉涛，山东师范大学法学院副教授、法学博士。本文系中国法学会后期资助项目"分权与制衡：英国普通法人权保障制度的基石与灵魂 CLS（2015）D021"的阶段性成果。王凯新同学对本文亦有贡献。

① 〔爱尔兰〕J. M. 凯利：《西方法律思想简史》，王笑红、汪庆华译，法律出版社，2002，第 268 页。

"普洛透斯式的脸"（a Protean face），外观极为模糊，当人们仔细查看这张脸并试图解开隐藏在其表面背后的秘密时，往往会深感迷惑。① 英国的分权原则是经验理性的产物，是在社会演进中"自生自发"形成的，是自己摸着石头过河实践出来的，由于其外在表现形式过于模糊难辨，故而常遭世人误解。因此，很有必要从源头上对英国的分权原则仔仔细细地进行梳理研究，这也成为正确解读英国人权保障奥秘的一把钥匙。我们认为，英国的分权原则绕不开普通法这个话题，因为英国的法治与宪政无不是在普通法的基础上发展起来的，"普通法是（英国）最终宪法的基础"②，"在缺乏成文宪法的情形下，普通法必须为政府权力和合法行使提供持续的框架"③。分权原则作为英国宪政的一项核心原则自然离不开普通法的襁褓，本文试论之。

一 普通法分权功能的形成

回顾分权历史，古希腊的分权源于其民主政治实践，也可以说是古希腊"宪法"的产物，雅典城邦共和国在实际分配国家权力时，构建了三个主要国家权力机关，即平民大会、执政官和陪审法院，分别行使议事、管理和司法权力。亚里士多德将这种政体命名为混合政体，并认为这种政体具有的一个重要特征便是分权，即"不让任何阶级在政治方面获得寻常比例的超越地位"④。到了古罗马时代，罗马共和国不但继承了古希腊的民主政治制度，而且开始在抽象意义上思考分权原则，并清晰地体现在国家机构的设立上——元老院、执政官、平民大会这三个主要统治机构分别体现了"贵族政体因素"、"君主政体因素"和"民主政体因素"的分权与

① 此处化用博登海默在《法律哲学与法律方法》中引用的一个典故。原文是："正义有着一张普洛透斯似的脸，变幻无常，随时可呈不同形状并具有极不相同的面貌。当我们仔细查看这张脸并试图解开隐藏在其表面背后的秘密时，我们往往会深感迷惑。"参见〔美〕E. 博登海默《法律哲学与法律方法》，邓正来译，中国政法大学出版社，2017。

② Owen Dixon, "The Common Law as an Ultimate Constitutional Foundation," (1957) 31, ALJ240.

③ 〔英〕T. R. S. 艾伦：《法律、自由与正义——英国宪政的法律基础》，成协中、江菁译，法律出版社，2006，第 211 页。

④ 〔希腊〕亚里士多德：《政治学》，吴寿彭译，商务印书馆，1965，第 268 页。

制衡。后来，尽管罗马的共和政体被帝制所取代，但是罗马人的帝制与东方国家的皇帝制度相比还是不可相提齐论的——如果说东方国家的皇帝制度代表的是"绝对专制"，那么罗马人的帝制充其量不过是"相对专制"，因为其政体的混合特色并没有完全被消灭。

如果历史按常规节奏发展的话，古罗马帝国极有可能发展成"东方帝制"，当然也不排除较早地过渡到具有近代色彩的民主政体。然而历史是不能假设的，高度文明的罗马帝国最终出人意料的是被一个刚刚结束茹毛饮血的野蛮民族征服，于是西欧的历史不得不翻开另一个新的篇章。作为一个离岛，不列颠没有逃脱被征服的命运，罗马人离开后日耳曼人乘船而来开始建立自己的王国，英国进入了盎格鲁－撒克逊时代。进入不列颠的日耳曼人的发展阶段相当落后——正由原始性质的氏族公社向阶级社会过渡，尚没有建立起正式的统治机构，王国主要依靠"个人"进行统治，从结构上看权力的运作完全是碎片化的——权力依照习惯分配给"个人"——这体现的显然不是国家层面上的"分权"，因为这种把权力分配给"个人"的做法没有经过理性的逻辑上的思考，构不成一个相对完整的权力结构体系。诺曼征服之后，拥有较高行政管理天赋的诺曼统治者以武力为后盾建立起了强大的王权，并着手进行"权力整合"——将碎片化的权力凝结成一种系统性的权力并为这些权力的运行制定新的规则。这些新的运行规则英国人将之称为"普通法"，正如密尔松所言："普通法是在英格兰被诺曼人征服后的几个世纪里，英格兰政府逐步走向中央集权和特殊化的进程中，行政权力全面胜利的一种副产品。"[1] 由于历史条件的限制，诺曼政府虽然在西欧地区建立起了堪称最强大的王权，但是终究未能建立起一个像中国秦朝那样一个"大一统"的专制政权。相比之下，诺曼国王对权力的整合程度仍是相当有限的——诺曼征服之后的英国社会仍然是一个分权的社会。与盎格鲁－撒克逊时代不同的是，诺曼政府在分配权力的时候注入了逻辑性——实行分封制，把王国的土地和统治权分配给若干不同的下级臣属。下级臣属通过这种方式获得的权力既有私权因素（包

---

① 〔英〕密尔松：《普通法的历史基础》，李显冬等译，中国大百科全书出版社，1999，第 3 页。

括财产权、人身权等），亦有公权因素（包括司法权、参政权等），是一种公权与私权融合的权力。国王的下级封臣按照同样的原则进行再次分封，最终的结果是每位社会成员（从国王至维兰）都享有这种公权与私权融合的"个人治权"，差别在于不同等级的"个人治权"含金量有所不同。这种层层分封的最后结果是在英国构建起了一张网状的金字塔式的权力结构。英国国王处于金字塔的顶端，每个人的权力从根源上论都来自国王的恩赐，因此都必须效忠于国王。这种独特的英国式分封制度，使得权力的结构异常复杂，为此不同权力之间经常发生冲突，但是旧的习惯法显然无法承担起"定分止争"的任务，为了更好地界定权力和化解权利冲突，当时的英国社会急需一套新的法律体系，在这种历史背景下，普通法终于诞生了。由此可见，普通法产生于权力分立的社会，其主要的功能与目的之一便是为分权原则保驾护航。所以有学者认为："普通法形成的过程，就是不断地厘清臣民自由与国王及其大臣、地方长官的权力、教会权力与国王权力之间的关系的过程。"[1]

英国自盎格鲁－撒克逊时代起一直没有形成一部在全国范围内统一适用的法律，各地均适用当地的习惯法，不成文的习惯法在英国人心中具有很高的权威，盎格鲁－撒克逊诸王都声称尊重习惯法，按照习惯法进行统治，改变法律必须得到人民的同意。诺曼征服之后依然如此。随着王权的强大，国王加强统治的意愿不断增强，但是鉴于"立法"的观念在英国非常陌生，诺曼国王只能因势利导选择以司法的方式强化王权，派出他的法官到全国各地进行巡回检查，通过提供更合理的司法审判、更有力的司法救济等手段不断强化对地方的统治。王室法官在巡回地方时，其工作方式和我国古代的"钦差大臣"有着根本性的区别："钦差大臣"更强调"以权压服"，巡回法官则倚重"以理服人"——力求在法律的框架内公正地解决各种纠纷。巡回法官在审理案件时一般要遵循三个原则：一是维护国王的利益，二是尊重地方的习惯法，三是注入理性的思考。普通法就是在

---

① 秋风：《普通法宪政主义断想》，http://www.aisixiang.com/data/10648.html，最后访问时间：2017年12月27日。

体现这三个原则的司法判决中发展起来的。表面上看，最初的普通法毫无疑问属于"王室法"，是国王维护个人统治，扩张权力的政治工具，它的斗争对象是地方封建领主的司法管辖权，因此不免给人留下倾向于维护集权而非分权的印象；但本质上并非如此，普通法虽然帮助国王强化权威，但在火候的控制上和分寸的把握上却恰到好处，没有像专制帝国的法律一样不遗余力地强化权威，最终丧失独立的品格；相反普通法总是没有放弃约束王权这一点，在强化王权的同时又千方百计给予必要的限制，防止其进入完全失控的状态。这种情况当然不是国王所期望的，但是国王对此却颇感无奈，因为普通法毕竟不同于法典法，可以任意修改甚至摧毁重来，淋漓尽致地体现其个人意志。普通法是判例法，法律的原则和精神体现在无数判例当中，国王不可能也做不到对每个判例进行干预，自然难以将个人意志灌注其中。国王虽然有任命法官之权，但通过这一渠道已经不可能从根本上改变普通法，普通法已经深深地根植于英国社会，更何况英国的法官在完成职业化之后早已不甘心受国王的任意摆布，开始向着司法独立的更高目标迈进。所以普通法虽然以国王的名义产生，但是最终体现的确非国王个人意志，普通法的精神构造里还包含着社会大众的观念和情感因素。15 世纪英国法官福蒂斯丘在《论英格兰的法律与政制》一书中，将早期西欧社会划分为两种统治形式，一种是"国王的统治"，另一种是"政治且国王的统治"，前者是指国王可以凭借他自己制定的法律来统治他的人民，只要国王自己愿意，便可以向人民征税和别的赋役，无须得到人民的同意；后者是指国王只能凭借人民同意的法律进行统治，没有人民的同意，国王不得强加给人民任何义务。[①] 依据福蒂斯丘的观点，法兰西显然属于第一种类型国家，英格兰则属于第二种类型国家。由此可见，普通法与专制帝国的法律在本质上是不同的，后者是"法自君出"，普通法是全社会共同立法的产物，是一套"自生自发秩序"——法官所旨在服务或努力维护并改进的乃是一种并非任何人设计的不断展开的秩序，这种秩序

---

① 参见 Sir John Fortescue, *On the Laws and Governance of England*, Edited by Shelley Lockwood, Cambridge University Press, 1997。

是在权力机构并不知道的情况下且往往与该机构的意志相悖的情形下自我形成的，它的扩展会超出任何人以刻意的方式加以组织的范围，它也不是以服务于任何人之意志的个人为基础的，而是以这些个人彼此调适的预期为依凭的。① 在立法层面上，普通法的核心是程序法，实体法镶嵌在程序法的缝隙当中，通过程序正义保障实体正义。普通法强调程序的复杂性，使其易于保持独立。在司法层面上，普通法更像一个中立者，维护包括国王在内的全体社会成员的合法利益，无论国王、贵族还是某个权力机关，只要侵犯了公民的合法权利，普通法便会毫不犹豫地提供救济。总而言之，早期普通法虽然是国王扩张权力的工具，但是普通法并未完全被王权控制，从一开始就显示出其具有"超越性"的特质、具有维护分权的属性。"普通法本质上构成了一个道德判断的领域，它的生命力就是在公民与公民、公民与国家之间分配权力，保护个人不受外在强力特别是政府的干预。"②

二　普通法法学家对分权功能的认识

关于普通法的分权功能，历史上诸多普通法的专家对此亦有一定认识，他们虽未专门撰文对此深入研究，但在其著作当中或明或暗地蕴含着这种意识和观念，普通法传统下的分权制衡体制深受英国思想家所提出的分权理论的影响。

（一）格兰维尔

论到英国分权理论对英国普通法传统下分权体制的影响，就不得不首先提到格兰维尔。拉内弗·德·格兰维尔（Ranulf de Glanvill）是英国 12 世纪著名的法官和法学家，其代表作《论英格兰王国的法律和习惯》被誉为普通法的开山之作，在英国历史上首次对英国普通法做了系统的总结阐

---

① 〔英〕哈耶克：《法律、立法与自由》，邓正来等译，中国大百科全书出版社，2000，第 185 页。

② Sir J. Laws, "Public law and Employ law: Abuse of Power," *Public Law* 455, 1997, p. 455.

述。在《论英格兰王国的法律和习惯》一书中，格兰维尔概括了亨利二世司法改革的重要成果，总结了亨利二世改革在法律技术和法律规则方面的变革。在格兰维尔看来，亨利二世的司法改革扩大了国王的司法管辖权，确立了令状制度并设立了专门的司法机构，增强了王室法律的确定性和权威性，在英国形成了王权之下统一的司法权和司法体系，是英国法历史上的一次革命。具体到分权理论方面，格兰维尔在亨利二世司法改革的基础之上，总结和发展了"王权二分"的思想，在《论英格兰王国的法律和习惯》中，他写道："王权不仅当事武备，以镇压反对国王和王国的叛逆和民族，而且宜修法律，以治理臣民及和平之民族……"① 将国王的权力划分为司法审判权与政治统治权，可以说"王权二分"思想是英国分权理论的萌芽和开始，对之后英国分权理论和普通法的发展起到了重要的引领作用。

（二）布拉克顿

在格兰维尔之后，13 世纪中叶英国著名法学家布拉克顿（Henry De Bracton）总结了诺曼征服以来英国王权发展的历史，在诺曼征服以来英国王权变迁的基础上，强调了英国"国王在法律之下"的传统以及由基督神学发展而来的"君权神授"的观念，并由此发展出其独特的权力理论，更进一步发展了政治统治权与司法审判权"王权二分"的理论，标志着英国分权理论的进一步完善，对英国法律与宪政发展起到非常重要的作用。一方面，布拉克顿明确了国王的政治统治权也即治理权。国王所拥有的政治统治权或者说治理权是指国王手中掌握的对于王国事务的管理权。国王所享有的政治统治权的目的是更好地维护王国内的和平与安全，是"为使他的人民生活平静安乐……以使所有人不相互伤害、虐待、侵夺和残杀……"②，因此，在政治统治方面，国王拥有独裁的权力，并且他的权力是"绝对的"，任何人的权力不得高于国王的政治统治权，国王的政治统治权是不容置疑

---

① 〔美〕哈罗德·J. 伯尔曼：《法律与革命——西方法律传统的形成》，贺卫方、高鸿钧等译，中国大百科全书出版社，1996，第 561 页。
② 〔美〕C. H. 麦基文：《宪政古今》，翟小波译，贵州人民出版社，2004，第 62 页。

的。当然，在布拉克顿看来，国王的政治统治权虽然至高无上，但是，其范围和领域是有一定范围的，并且包含合法性、国王的权能以及王权的有限性三个方面。另一方面，布拉克顿进一步明确了与过往的政治统治权相分立的司法审判权。布拉克顿认为，"国王有个上司，该上司不仅在成就国王的上帝和法律中，而且在他的国王委员会（curia）中——在国王的同伴即男爵和伯爵中——有同伴者即有主人，因此，如果国王超越法律，同伴们应给他戴上笼头"①。除此之外，居民或臣民的传统权利也应当超越国王的政治统治权，属于司法审判权管辖的范畴。在司法审判权的领域之内，如果国王超出了法律或者贵族的同意，其权力将会受到相当的制约，正如布拉克顿的名言所说的，"国王不应服从任何人，但应服从于上帝和法律"②。同时，布拉克顿还主张以令状的形式限制国王的司法审判权，使王的权力进一步受到制约。

（三）福蒂斯丘

布拉克顿以后，15世纪的约翰·福蒂斯丘爵士（Sir John Fortescue）更进一步系统论述了"王权二分"的分权理论，福蒂斯丘将权力划分为"国王的统治"和"政治且国王的统治"。福蒂斯丘在《论英格兰的法律与政制》的开篇对"王权二分"的以上观点有着这样的叙述："有两种类型的王权，其中一种用拉丁语表示就是国王的统治（dominium regale），另一种被称为政治且国王的统治（dominium politicum et regale）。它们的区别在于，在第一种统治中，国王可以凭借其制定的法律来治理他的臣民。因而，只要他自己愿意，便可以向他们征税和增加其他负担（impositions），而不需要经过其臣民的同意。在第二种统治中，国王只能凭借臣民同意的那些法律治理他们，因此，没有他们的同意，就不能向其臣民征税和增加其他负担。"③ 一方面，福蒂斯丘的"国王的统治"与国家主权

① 〔美〕C. H. 麦基文：《宪政古今》，翟小波译，贵州人民出版社，2004，第57页。
② W. S. Holdsworth, "A History of English Law," *Methuen*, Vol. II, 1956, p. 253.
③ Sir John Fortescue, *On the Laws and Governance of England*, Edited by Shelley Lockwood, Cambridge University Press, 1997, p. 83.

密切相关，其主要表现形式就是立法权和行政权，是一种关涉"国家性的权力"，与布拉克顿的"政治统治权"或者"治理权"相类似。这种"国王的统治"权力应当是绝对的、不可侵犯的，任何人都不得限制"国王的统治"权力。另一方面，福蒂斯丘的"政治且国王的统治"的概念，与布拉克顿所划分的司法审判权类似。它是对国王治理权消极的、法律的限制，这种限制由国王誓词中所维护的臣民权利构成，没有法律的规定，国王不得限制和剥夺臣民的合法权利。正如福蒂斯丘明确指出的那样："此时，在我看来，这已经得到了足够的证明，即为什么一个国王'仅仅依靠国王权力'（by only royal dominion）统治他的臣民，而另一个国王'依靠政治且国王的权力'（by political and royal dominion）进行统治；这是因为前一个王国开始于君主的力量，并凭借君主的力量，后者则开始于同一君主之下臣民的渴望与联合。"① 不过，值得注意的是，17 世纪之前的英格兰传统政治中虽然潜蕴着司法审判权与政治统治权的两权分立理论，但是，这种理论还是原始的和模糊的。司法审判权与政治统治权两者之间的界限非但不十分清楚，而且彼此之间还时常会发生冲突，司法审判权经常受到政治统治权的侵扰。② 因此，无论是布拉克顿还是福蒂斯丘，其"王权二分"的分权理论在本质上还是中世纪的理论，对现代英国宪政体制的影响是有限的。

（四）爱德华·柯克

提到英国的分权理论，不得不提到的是 16 世纪英国詹姆士一世时期著名的法学家和大法官爱德华·柯克爵士（Sir Edward Coke），与布拉克顿和福蒂斯丘等法学家不同的是，他创造性地提出了限制王权和司法独立的独特的分权制衡理论。一方面，柯克打破了"王权至上"的神话，提出了富有创造性的权力制约理论，以规范和限制国王的权力。柯克认为，凡

---

① Sir John Fortescue, *On the Laws and Governance of England*, Edited by Shelley Lockwood, Cambridge University Press, 1997, p. 87.

② 李栋：《司法审判权与政治统治权两权分立理论的"知识考古"及其合理性评说——以英格兰"中世纪宪政主义难题"为线索》，《比较法研究》2011 年第 6 期。

是权力都应当受到法律的限制，如果权力不受限制，那么，这种不受限制的权力就极有可能被滥用。因此，他提倡在法律限制之下的议会主权至上。对于英国普通法，柯克认为，普通法是一个自主自生的完整体系，是理性和传统的产物，而不是国王权力的附庸，任何人都不应当自负地对其进行改变，国王也不能例外，国王不可以任意改变普通法的任何部分，也不能宣告以前的无罪为有罪，"每一个先例确实都有第一回；但当权威和先例缺乏的时候，在需要确立任何新东西，并使它不违背王国的法律之前，需要进行大量的思考；我是这样说的，因为，没有国会，国王不能改变普通法中的任何部分，也不能通过他的谕令创造出任何罪名，如果在此之前它不是一个罪名的话"①。不管是柯克坚持国王权力与法律界限的区别还是他注重普通法法庭的权威性，这些都为普通法中司法中心主义的确立奠定了基础。另一方面，柯克竭力主张司法独立，致力于使司法权真正成为与王权相抗衡的国家权力。柯克在与詹姆士一世的一次争论中说道："上帝赋予了陛下高超的天赋和卓越的才能，但您对英格兰的法律并没有研究。涉及臣民生命、财产、继承权等方面的诉讼，并非按照自然理性和世俗惯例来决断的，而是按照人工理性和法律程序来审理的。法律是一门专业，需经长期学习和实践才能掌握，在尚未达到专业水准之前，任何人都不能从事案件的审判工作。"② 柯克认为，法律是精妙而艺术的，是人工理性的产物而非自然理性的产物，司法权力必须由具有较高的职业素养，经过专门的职业训练的法官去行使，国王不得以王权利益对司法进行干预。

除此之外，柯克还倡导司法审查制度，通过司法审查限制议会的权力。他认为："在许多情况下，普通法将审查议会的法令，有时会裁定这些法令完全无效，因为当一项议会的法令有悖于共同理性，或自相矛盾，或不能实施时，普通法将对其予以审查并裁定该法令无效，这种理论在我

---

① Proclamations, 12 Reports 75, *Collected Writtings*, Vol one, p. 487.
② Proclamations, 12 Reports 65, *Collected Writtings*, Vol one, p. 481.

们的书本里随处可见。"① 但是，柯克关于司法审查的主张在英国并未得到实现，但为美国等其他国家建立类似制度奠定了理论根基。通过柯克的理论和努力，英国普通法法院体系的独立性逐渐提高，法律至上和司法独立精神逐渐在英国深入人心，并在法律与制度上得到保障，成为英国普通法的重要内容之一。

（五）约翰·洛克

中世纪过后的启蒙时期，英国 17 世纪著名思想家约翰·洛克（John Locke）真正将中世纪以来英国的权力分立理论予以现代化，促进了英国乃至整个西方国家现代分权制衡制度的发展。"光荣革命"之后，英国建立了议会主权制度，限制和削弱了国王的权力，改变了之前国王的政治统治权（治理权）不受限制的状况，议会取代了国王，成了最高权力主体，使得公共权力所有权与行使权相分离。在经历了"光荣革命"之后，洛克撰写并发表了《政府论》下篇，提出了其独具开创性的现代分权理论，把国家权力划分为三类，即立法权、执行权和对外权。首先，"立法权指享有权利指导如何运用国家的力量以保障这个社会及其成员的权力，也就是制定法的权力"②。人类在脱离自然状态之后，为了社会生活中的和平安宁并且保障私人所有权，首先需要制定法律，因此，立法权是所有国家权力的起点，也是基础和核心。由于立法权"就是为了保护社会以及（在与公众福利相符的限度内）其中的每一成员"③，加之它是每个人同意和授权的结果，所以立法权"不仅是国家最高的权力，而且当共同体一旦把它交给某些人时，它便是神圣的和不可变更的"。④ 立法权力应当由代表人民意志的议会行使。但是，洛克同时也认为，拥有最高权力的议会，其权力亦应当有所限制。其次，为了执行法律，国家权力需要有执行权和对外权。执行权是指"负责执行被制定和继续有效的法律"，对外权是指"包

---

① 〔美〕爱德华·S. 考文：《美国宪法的"高级法"背景》，强世功译，三联书店，1996，第 43 页。
② 〔英〕洛克：《政府论》（下篇），叶启芳、瞿菊农译，商务印书馆，1996，第 89 页。
③ 〔英〕洛克：《政府论》（下篇），叶启芳、瞿菊农译，商务印书馆，1996，第 82 页。
④ 〔英〕洛克：《政府论》（下篇），叶启芳、瞿菊农译，商务印书馆，1996，第 82 页。

括战争与和平、联合与联盟以及同国外一切认识和社会进行一切事务的权力"。① 从本质上说，执行权和对外权都是执行权的范畴，执行权和对外权来源于立法权并在一定程度上服从服务于立法权，但是执行权和对外权对立法权也应当有所制约。

洛克将权力划分为这三个部分的根本目的是实现权力的分立和制衡。洛克认为立法权属于集体掌握下的议会，这对于立法权来说是一个很大的制约，很大程度上防止了独断专行，除此之外，洛克将执行权和对外权与立法权分立，将制定法律和执行法律的权力分开行使，可以很好地防止权力的滥用。洛克的权力分立理论是在英国资产阶级革命后具体的历史文化之下的产物，本质上是英国传统的"二权分立"理论的发展和现代化，虽然存在譬如忽视司法权的瑕疵和缺点，但是分权理论的巨大飞跃和突破，对于英国和西欧宪政理论和实践的发展产生了巨大的影响。

（六）布莱克斯通

进入 18 世纪以后，英国法学家布莱克斯通（William Blackstone）对分权理论做了进一步的阐述和发展。布莱克斯通的代表作《英国法释义》一书系统阐述了英国的法律制度，并将中世纪以后盛行的古典自然法学说与英国的普通法结合起来，形成了独到的分权理论体系。布莱克斯通认为优秀的宪政体制应当拥有完善的分权制衡机制，他认为英国国家权力的运行也不例外，也应当具有完善的分权制衡体系。一方面，在布莱克斯通看来，国家权力应当是立法权、行政权和司法权分立：在国家权力中，立法权是最高的也是最核心的国家权力，应当由议会行使；行政权由国王享有；司法权由法院享有。立法权与行政权应当分立，不能由同一个个人或者国家机关掌握，这样才能保证立法机关不会给予行政机关过大权力，从而也就减少了行政机关破坏立法机关的独立性，进而侵犯公民的自由权的机会。同时独立的司法权的存在又可以成为对公众自由保护的另一方式。②

---

① 〔英〕洛克：《政府论》（下篇），叶启芳、瞿菊农译，商务印书馆，1996，第 90 页。
② 马翠萍：《布莱克斯通的宪政思想探析》，西南政法大学硕士论文，2008，第 2 页。

另一方面，布莱克斯通认为，在权力分立的基础上，立法权、行政权和司法权应当互相协调制衡：首先，立法权与行政权应当互相协调制衡，议会掌握立法权，但是议会不仅应当包括上议院、下议院，国王作为行政机关，也应当是议会的组成部分，从而可以让权力部分分立，使得这三方既可以相互制约使其不越权，同时立法权和行政权亦可以协调配合运转；其次，布莱克斯通认为，司法是相对独立的，但是立法与司法也不是完全对立的，其亦有重叠和配合，主要表现在议会上下两院有一定的司法特权。在这样的机制下，立法权、行政权和司法权就可以形成相互协调制衡的局面，以达到国家权力和谐运行的目标。

在分权理论方面，布莱克斯通较多地借鉴了前代和同时期思想家的分权理论，并在英国国情的基础上予以完善和发展，其分权理论对于英国国家权力体制的发展具有积极的借鉴意义

（七）戴雪

继以上思想家之后，19 世纪著名宪法学者戴雪（Albert V. Dicey）亦对分权理论有过颇多的论述。首先，戴雪在法学上最大的贡献在于第一次比较全面地阐述了法治概念。戴雪认为，法治具有三层意义："除非明确违反国家一般法院以惯常方式所确立的法律，任何人不受惩罚，其人身或财产不受侵害"；"任何人不得凌驾于法律之上，且所有人，不论地位条件如何，都要服从国家一般法律，服从一般法院的审判管辖权"；"个人的权利以一般法院提起的特定案件决定之"。① 戴雪在法治概念的基础上，认为实现法治，立法、行政和司法功能必须保持分立，但是，在立法、行政和司法分立的基础上，戴雪又极力倡导议会主权。戴雪认为，在国家权力当中，议会掌握立法权，其应当占据最高地位和具有绝对权威，其他权力应当来源和服从、服务于议会主权。但是，戴雪也认为，议会主权不应当是绝对的，在关于议会主权的限制这一问题上，戴雪阐明了政治主权和法

---

① A. V. Dicey, *Introduction to the Study of the Law of the Constitution*, Macmillan and Co. Limited, pp. 183 – 201.

律主权的划分理论，并且其认为政治主权应当高于法律主权并对法律主权予以限制：所谓的政治主权，就是指英国公民的最终决定权和公民的舆论，法律主权是指立法权，议会主权具有最高性和绝对性，但是，议会主权仅仅代表法律主权，其应当服从于英国公民的政治主权。除了政治主权对议会主权（法律主权）的限制以外，戴雪还认为议会应当受到社会伦理和社会公议的限制以及国家权力内部的诸多限制。戴雪的分权理论立足于法治，对传统议会主权理论进行了新的发展并注入了法治的血液，对英国宪政发展具有较强的指导意义。

总而言之，从格兰维尔、布拉克顿、福蒂斯丘、柯克、洛克、布莱克斯通一直到戴雪，从二权分立到议会主权，英国的分权理论在英国政治实践中一直沿着清晰的脉络向前发展，奠定了英国普通法下的宪政体制的理论基础，对英国政治文明产生了深远的影响。

三 普通法的分权功能及对权利的保障

（一）普通法的微观分权功能及对权利的保障

普通法的微观分权是指普通法在不同社会阶层之间进行的权利①分配、界定和给予相应的保障。英国社会基于其特殊的发展历程，权利的分配具有自发形成的特点，即英国人普遍认为他们的权利是与生俱来的，不是统治者赐予的，并且这种观念在英国社会一直根深蒂固，源远流长，在盎格鲁－撒克逊时代如此，到了诺曼征服之后依然如此，稍微有所变化的是，在盎格鲁－撒克逊时代权利的分配和界定主要依靠习惯法维持，在诺曼征服之后随着普通法的形成，英国社会权利的分配和界定主要依靠普通法维持。可见，我们此处所讲的普通法的微观分权并非凭空而来，而是有着深厚的历史背景与传统。另外，我们于此还需特别指出：普通法的微观分权不同于其他国家，例如集权国家的权利分配概念，这是因为在集权国家

---

① 此处的权利既包含公法上的权利，同时也包含私法上的权利，是一种综合性的"个人治权"。

中，以皇帝为首的统治者独占国家权力，他们为维系正常统治秩序也会分配给子民们些许权利，并通过立法予以保障；但是这种权利的分配不具有分权的意义，因为子民的权利是统治者赐予的，这种权利的地位是不确定的，统治者随时可以收回或者改变，当他们的权利受损时，是否能够获得救济还要看统治者的脸色。换言之，普通百姓的权利和统治者的权力不具有对抗性，因此这种权利分配模式不属于分权的范畴。而普通法下的微观分权，国王的权利、封建领主和自由民的权利是确定的，三者之间是可以对抗的，任何一种权利侵犯另外一个阶层的权利都是非正义的，都可以寻求普通法的介入，正义的一方甚至可以通过发起战争来维护其合法权利，并且这样的战争会得到整个社会的支持。我们熟悉的《自由大宪章》，其产生的直接原因就是约翰国王践踏臣民的合法权利，结果引发了一场针对国王本人的武装起义，迫使国王回到尊重臣民的合法权利的轨道上来。这意味着在英国，国王的权力和其他社会阶层的权利一样，不具有超越性地位，都要受到法律传统的约束，这就是普通法微观分权的精髓与核心。

具体而言，普通法的微观分权主要体现在两个层面。一是纵向的分权，即普通法厘定了国王的权利和臣民的权利，厘定了中央和地方的权力。二是横向的分权，即普通法厘定了国王和教会之间的权力边界。我们首先看一下普通法的纵向分权功能。关于国王和臣民之间权利的划分，在英国有两个重要的参照系，一个是源于久远的历史传统，这可能要上溯到比盎格鲁－撒克逊还要久远的时代，源于其日耳曼传统，例如在马尔克公社时形成的一些关于权利分配的惯例，这些惯例有的随着时代的变迁逐步淘汰，有的却一直获得保留。另一个参照系是进入封建社会之后，领主和附庸之间订立的"契约"，在契约当中约定了双方的权利和义务关系，例如领主有向附庸征税的权利，且数额是确定的，如果领主未经同意擅自征税，那就是对附庸合法权利的侵犯，附庸有向普通法院申请救济的权利。普通法对于国王和臣民之间权利的厘定实际上综合了以上两个重要参照系所确定的标准。在公权利领域（公权利是指人民参与国家管理和社会治理等方面的权利），在中央层面，英国一直遵循的传统是国王和贵族共同行使管理国家的权力，具体的形式在盎格鲁－撒克逊时代是库利亚大会，在诺曼征服之后是御前会议，凡是国王的直系封臣都有权参加这个会议，会议虽然由国王召集和主持，但是重要的决议须经共同协商做出，也就是每一位参会者都有权发表意见并参与决策，国王不可以抛开贵族实行个人统治，如果他这样做了，根据大宪章，贵族可以使用武力迫使国王回到正常的轨道上来。在地方层面，根据英国的政治传统，其实行的是地方自治，即地方上的重要事务由地方居民自行处置，国王一般不进行干预。国王在各地设立的郡长等公职的主要职责是维护国王在地方的利益，对于纯粹地方事务郡长主要负责召集地方会议协商解决，事情的最终处理决定由参会人员共同做出，非郡长个人所能定夺。庄园或者村社等基层社会单位事务的处理基本上也是如此，庄园由领主自行治理，国王不可妄加干涉，村社由村民集体参与处理重要事务。由此可见，在公权利的分配上，英国厘定得比较清晰，权利之间虽然有大小之分，但是不同权利确实并行存在，权利分配的格局是平面化的。如一种权利侵犯另一种权利，普通法会提供救济，例如领主侵犯了一个自由民的权利，自由民可以就此将领主告上法庭以恢复其受损的权利。在私权利方面，主要是关于土地、婚姻家庭等与财产有关的权利，均列入普通法的保护范围之内。对于英国人的私权利而言，大多数是在土地权利之上形成的或者与土地权利密切相关，例如监护权，其权利的本质还是着眼于对被监护人土地的实际控制，婚姻权亦是如此，至于保有、占有以及各种税收关系则与土地的关系更为直接和紧密，因此土地法是调整整个私权利的核心，而普通法就是在土地法基础上发展起来的一套综合性的法律体系。普通法对于私权利的保护方式侧重于救济，即私权利的实体内容一般由习惯法和封建契约确定，但是当实体权利遭到侵害的时候，普通法通过创造各种诉讼程序对之进行救济，例如早期普通法针对社会上各种典型的侵权行为创造出了许多专门的诉讼程序，对于快速恢复权利起到了关键作用。当然，普通法也通过处理社会上新出现的侵权行为不断确定新的权利或者对已有的权利进行重新界定，例如早期普通法不受理商人之间的争讼，后期逐渐将商法的内容纳入其调整范围。

　　普通法的横向分权功能主要体现在对国王和教会之间权力的厘定上。从宏观上看，中世纪英国存在两个并行的司法管辖权，一个是国王的司法管辖权，主要负责处理世俗事务争议；另一个是教会的司法管辖权，主要负责处理精神领域产生的争议。这两个司法管辖权之间互不隶属，并行存在，世俗司法管辖权以王室法院为最高审判机构，主要适用普通法；宗教司法管辖权理论上则以罗马教皇为最高审判等级，主要适用教会法。从历史上看，尽管基督教早在公元 9 世纪的时候就进入英国，但直到诺曼征服之后才确立独立的司法管辖权；此前，英国教会没有属于自己的司法系统，主要通过参与地方法院的审判体现对司法的干预。威廉一世在征服不列颠之后，作为对教会帮助其征服英格兰的回报，同意教会建立自己的司法机构，负责处理涉及灵魂的案件。教会的司法管辖权获得独立之后，下一步的目标便是寻求扩张，这不仅是由于权力的属性所致，在中世纪司法管辖权还意味着经济上的巨大收益。教会司法管辖权的存在与扩张毫无疑问是建立在对国王司法管辖权侵蚀与分割基础之上的，教会名义上管辖的是涉及灵魂的案件，但由于涉及灵魂本身即是一个模糊的概念，教会为了自身的利益，在实践当中尽可能地将其扩大解释，例如他们将"涉及灵魂的"解释为包括有信义保证的俗人契约、僧侣所犯罪以及许多其他的被世俗权威必然看作在本质上属于世俗的事项，但是国王和普通法法院的法官们对此有自己的看法。对于精神领域的理解不同，导致了认识上的分歧，在司法实践中必然产生司法管辖权的交叉与冲突，对于许多案件双方都声称拥有排他性管辖权。在国王与教会争夺司法管辖权的斗争过程当中，起决定性作用的是双方政治力量的对比关系，在国王比较强大的时候，斗争的天平自然会向世俗司法管辖权倾斜，例如在威廉一世时代，教会被国王牢牢控制；在国王比较弱势的时候，斗争的天平则会向教会司法管辖权倾斜，例如在斯蒂芬统治期间，英国教会的司法管辖权大大扩张，所有与教职人员有关的案件，不管是民事案件还是刑事案件，都归教会法庭管辖。亨利二世上台之后，便着力于从教会手中收复丢掉的司法管辖权，甚至不惜与教会发生激烈的冲突，最终夺回了部分司法管辖权。国王和教会司法管辖权的斗争一直延续到 15 世纪才结束，15 世纪英国通过宗教改革基本确定了教会法院和世俗法院之间的管辖权范围。在这场旷日已久的斗争过程中，政治力量的对比固然是决定因素，但它不是显性的因素，而是隐藏在斗争背后默默地发挥作用，在这场斗争中冲在最前面的是彼此法院所采用的法律，即普通法与教会法之间的斗争，普通法竭力维护国王的司法管辖权，教会法则竭力维护教会组织的司法管辖权，当两者经过斗争最后形成共识的时候，就确定了国王和教会的权力边界与范围，从而形成两大司法管辖权在政治上的分权与制衡关系。下面我们以圣职推荐司法管辖权之争为例略作解析。所谓的圣职是指在教会组织中可以享受圣奉的职位，获此职位者可以拥有一份稳定的地产和什一税收入，由于有圣奉的职位较少，因此圣职成为教职人士激烈争夺的对象。依据中世纪教会传统，要获得此种职位必须获得圣职推荐人的提名才行，圣职推荐人的这种提名权即为圣职推荐权。从表面上看，圣职推荐权是一种单纯的人事任命提名权，实际上在中世纪圣职推荐权背后附带巨大的经济利益，而且由于此种权利和地产权利具有紧密的联系，在社会上它和土地、房屋一样可以继承、转让，可见圣职推荐权是一种支配人和物的综合性权利。按照教会的主张，凡是涉及圣职推荐方面的案件属于教会事务理所当然归教会法院管辖，因为教会对神职人员具有垄断性司法管辖权。但是王室法院对此有不同的看法，法官们将有关推荐僧侣担任有利可图的教会官职的权利划为"世俗"的范围，普通法上一直将圣职推荐权作为一种财产权利对待，而审理涉及财产方面的纠纷案件是王室法院的权力。由于教会和王室同时主张对此类案件拥有司法管辖权，这样一来双方不可避免地围绕此类案件展开争夺司法管辖权的斗争，在斯蒂芬治下，英国发生内乱，王室衰微，社会失序，此类案件基本由教会法院审理。英王亨利二世上台执政之后，励精图治，建立了强大的王权，建立健全各种司法机构和制度，逐步扩张王室的司法管辖权，他于1164年召集全体贵族召开了一次会议，会上通过了《克拉伦登宪章》，其中第一条规定：涉及圣职推荐权的诉讼由郡守主持的普通法法庭裁决。在司法实践中王室法院还创制了最终圣职推荐权令（darrein presentment），专门用于解决关于圣职推荐权的纠纷案件，一般的做法是法院召集陪审团，由陪审团宣誓证明谁是争议中的教士职位的最近一次推荐人，法庭会参照最近一次圣职推荐做出裁决。从王室和教会两者之间关于圣职推荐权案件的司法管辖权之争可以看出，国王虽然凭借自己强大的权威获得胜利，但是这场斗争始终主要体现在法律的层面，先是通过普通法从法理上向对方展开攻击，由于圣职推荐权是一种依附于土地的权利，在客观上具有财产的属性，并且在社会上呈现可交易性，而普通法本身就是调整自由人之间财产纠纷的法律，因此普通法将圣职推荐权纠纷案件视为私人财产纠纷案件进行管辖无疑就具有了正当性。换言之，普通法通过法理上的论证使原本属于教会法院管辖的案件具有了可争议性，打破了教会法院对此类案件的垄断性司法管辖权。然后普通法通过提供更加合理有效的审判制度将案件吸引过来，从而在竞争中胜出。最后，虽然圣职推荐纠纷由普通法法庭裁决，但是普通法并没有包揽一切，凡是其中涉及有争议的教堂收入等，普通法还是会交由教会法院裁决。由此可见，普通法关于圣职推荐权纠纷案件的处理，不仅具有确定权利、救济权利的司法意义，在宪政层面也具有深刻的意义，它通过此类案件逐步划定或厘清了王室和教会的权力范围和边界，从而使自己本身具有分权的功能。

（二）普通法的宏观分权功能及对权利的保障

在论及国家权力划分的时候，我们最耳熟能详的理论是三权分立学说，此学说将国家权力视为立法、司法、行政三大权力的聚合体，并主张将这三大权力分配给不同的国家机构行使，由此构建起现代宪政国家的基本框架。但是早在中世纪，甚至更久远的时代，譬如自国家诞生的那一刻起，是不可能存在这样结构清晰的权力分配逻辑的，因为在大多数国家里，君主和国家常常被当作同一个概念来对待，例如中国古代就有"家天下"的概念，特别强调君主和国家一体的理论。很显然，在这样的国家中是不可能存在宪政意义上的"分权"现象的，所有国家权力都归君主一人独有，所谓的国家机关在本质上仅是君主的办事机构而已。因此只要不存在可以制约君主权力的机构或者团体，就不可能存在分权之可能性。但是英国是个例外，中世纪英国君主从未获得过绝对的权力，未从建立起个人的专制，在社会上始终存在一种可以与君主抗衡并制约君主的权力，这种权力被称为"法律权"，具体表现为普通法不是由君主创制的，君主非但不能修改或废除此法律，并且其个人行为还受此法律的约束，人们习惯性地将这种传统称为"王在法下"。在这种社会传统之下无疑是存在"分权"之可能性的，虽然在逻辑上未必清晰可辨。由此可见，在早期英国除了君主的统治权之外，还存在另一种具有独立性并且能够制约君主统治权的权力——法律权。所谓的法律权是指"发现、阐明、确认、补充、修正作为正当规则的普遍且一般法律的权力"，所谓的统治权是指"借助暴力、追求特定性目的的统治性权力"①。从学者对于法律权与统治权所下的定义出发，我们可以看到在英国早期社会这两大权力实际上是由不同的权力主体分开行使的，统治权毫无疑问是由君主掌控，因为君主负有保卫国家不受外来之入侵，维护王国和平，打击犯罪，保护臣民生命、财产等安全之责任，君主履行自己的义务所运用的权力即为统治权，这一点不只适用于英国，其他国家也大多如此，正如布拉克顿所言："在严格限定的狭义的统治权领域，国王不仅是惟一的掌门，而且理应掌握，也必须掌握为有效管理所必需的全部权力；他有权处理伴随或附带于统治权的一切事务"，否则"在法律中确立权利将是毫无意义的"。② 法律权，在此我们也可以将之理解为立法和司法相结合的一种综合性权力，而不仅仅是一种单一的司法权，因为在司法未获完全独立时单一的司法权是很难与君主的统治权相抗衡的。这种结合立法与司法的法律权，在其他国家是很少见的，因为在成文法国家立法权往往还是掌握在君主手中。由于君主掌握了立法大权，所以司法之权更易受其操纵，因为君主可以通过修改法律和撤换法官来控制司法，也就是说在这样的国家中是不可能存在"法律权"这种权力的。但是英国由于其特殊的社会传统和国家演变路径，在社会上形成并确立了这样一种特殊的权力——法律权。从立法上看，英国普通法的主要成分是历行久远的习惯法和法官在习惯法基础上创制的判例法，这意味着普通法是在统治权之外自由成长起来的一套法律体系，它获得了英国社会的普遍认可，即使拥有统治之权的君主也不得不承认它、尊重它。从司法上看，虽然法官由君主任命，但是法官的审判工作主要依据的是普通法，也

---

① 秋风：《立宪的技艺》，北京大学出版社，2005，第34页。
② 〔美〕麦基文：《宪政古今》，翟小波译，贵州人民出版社，2004，第62~64页。

就是说法官的真正上司是普通法，国王可以撤换法官，但是无论谁成为法官，他在审理案件时依据的还是普通法，这意味着在英国法官这个职位（职业）是独立的，国王无法像其他国家的君主一样通过任意修改法律干预或控制审判，更何况在英国除了法官之外，还存在一个更独立和不容易受控制的陪审团，他们也在行使部分司法权。所以，综合立法和司法的具体境况，我们可以看出在英国由立法和司法综合构成的法律权是比较独立的，是一种可以与君主的统治权并列的国家权力，正是因为存在这两种并列的权力，所以我们认为早期英国社会是存在宪政意义上的"分权"的。美国学者麦基文通过对布拉克顿著作的研究也得出类似的结论，只不过他提出的分权是指司法审判权与政治统治权两权的分立。

在论证存在"分权"这个逻辑之后，很多人不免会产生一个很大的疑问：在早期英国的这两种并列的国家权力之间是否存在固定的边界，当两者产生冲突的时候，通过何种方式解决呢，解决的依据又是什么呢？在这两种权力之中，法律权在本质上属于一种判断权，以追求公平正义为目标，天生具有保守性；统治权在本质上属于一种执行权，以追求速度和效益为目标，天生具有扩张性；所以在这两种权力的相处过程之中，统治权往往处于主动攻击的态势，即总是追求权力运用的最大自由化，结果往往导致权力的滥用；而法律权总是处于固守反击的状态，总是竭力保持自身的独立性，但是当统治权威胁到自身的独立性时或当统治权超越合法的范围时，法律权会毫不犹豫地进行反击，对统治权施加适当的约束，甚至将其关进笼子里。在英国，这两种权力虽然没有非常清晰的边界与范围，但是两者之间权力划分的大的原则还是存在的，并且被社会所承认，这个大的原则就是英国的普通法传统。因此当这两种权力产生矛盾或冲突的时候，双方主要不是凭借暴力，而是通过法律的手段进行斗争，具体的争议一般会通过普通法庭进行裁决，抽象的争议主要通过朝野双方辩论澄清，但是无论通过哪种方式，双方的用力点都是法律，都会竭力从法律中寻找对自己有利的论据。如果一方的论据优于另一方的论据，自然就会取得胜利，而且失败的一方也会接受这样的结果。由此可见，在英国以习惯法为母体的普通法具有一种超然的地位，其成为两种权力之争的裁判标准和依据。换句话说，普通法不仅仅是一种解决公民之间纠纷的法律，而且还是一种解决公权力之间纠纷的法律，正是在此意义上，普通法承担了"分权"的宪政功能。例如，在法律权与王权发生冲突的时候，特别典型的事件当属柯克与詹姆斯一世之间的冲突，当詹姆斯一世主张自己有权坐堂问案时，意味着君主的统治权向法律权发起了挑战，而以柯克为首的法官们则给予了坚决反击，在这场争论当中双方都以法律为武器向对方发起攻击，詹姆斯一世认为自己具有理性，可以理解法律的规定，因此自然可以胜任法官的职责。但是柯克法官指出，普通法不是一般的理性，而是一种特殊的理性——技艺理性，并且这种理性只有真正的法官才具有，詹姆斯一世虽然聪明博学，但是不具备这种特殊的理性，因此不可以坐堂审案。从冲突的结果来看，柯克虽然被詹姆斯一世罢免，但是柯克的主张最终取得了胜利，因为柯克比詹姆斯一世更加深刻和有力地阐释了普通法的本质属性，因而受到社会的普遍认可和拥护。詹姆斯一世的主张在其他国家是基本成立的，但是在英国却不可以，因为英国实行的是普通法，这种法律是在君主的统治权之外形成的一套法律体系，在社会上具有超越君主的权威性，因此当詹姆斯一世的主张被认为同普通法的本质属性相悖的时候，其挑战法律权独立性的企图必然遭到失败。因此，与其说是柯克击败了詹姆斯一世的挑衅行为，倒不如说是普通法的功劳，是普通法维护了法律权的独立性。再如，英国历史上始终不乏一些具有雄心壮志或追求独断专行的君主，他们为了满足成就霸业之需要或者为了最大限度地满足个人的欲求，对社会进行高压统治，无端增加税收或巧取豪夺侵害人民的权益。面对君主滥用统治权的情形，人们通常会群起而抗争，但在大多数情况下，人们抗争的手段不是借助暴力，而是通过法律手段维护自己的合法权利，即将争端交由普通法进行裁决，通过普通法恢复其权利。例如在1215年，当失地王约翰国王的横征暴敛引发人们的普遍不满时，人们发动了"武装起义"，但是起义的目的不是通过武力推翻约翰的统治，而是制造足够的压力迫使约翰签署大宪章，而大宪章的主要内容不外乎重申普通法的相关规定。再如在伊丽莎白一世时期，为了增加王室收入开始大量向社会出售各种贸易的垄断经营权和各种商品的专卖权，这种行为属于典型的滥用权力行为，侵害的是英国人民自由经营的权利和自由，引起了英国人民的广泛不满，人们一方面通过议会向国王施加压力，另一方面将之提交到普通法庭使之接受普通法的裁决。面对君主滥用权力的行为，普通法站在正义的立场上对专卖行为给予了否定性评价。在 1603 年的垄断案中，法院判决特许生产的任何产品的排他性权利损害了普通法和臣民的自由。1624 年的《反垄断法》又赋予据普通法对一切专卖行为进行审查的权力。除了专卖权之外，英国的君主还做过许多诸如此类的滥用权力行为，例如强行征税、强制借款、任意监禁等，这些行为对人们的人身自由和财产安全构成直接威胁，因此引发人民的普遍反抗，并最终通过借助普通法的力量对君主滥用权力的行为进行约束与规范。通过上面简短的论述可知，统治权本质上属于一种管理国家事务的行政性权力，在许多国家仅存在统治权一权，法律权从属于统治权，为统治权服务，未能独立，在这样的国家是不存在分权一说的。英国除了统治权之外，法律权也是相对独立的一种权力，它甚至相对于统治权而言具有超越性地位，不仅具有崇高的权威性，更具有约束和制约统治权的作用。英国法律权之所以具有如此效能，我们认为根源在于英国的普通法传统，在英国人的集体意识中，国王的统治权和人民的自由与权利都来源于普通法，"普通法是王国内共同权利的源泉"①，它记载着统治权和人民的自由与权利的内容与范围，就像 17 世纪时下院议员奥尔福德所说的那样："法律给国王多少权力，我们就给国王多少权力，再不能多。"② 就此普通法就具有至上性，成为界定权力冲突和权利边界的重要依据。对于英国宪政层面的分权问题，爱德华·柯克在关于权利请愿书的讨论过程中曾经说过这样一段话："所有我们请愿的是英格兰的法律，这种主权权力似乎是一种截然不同于法律权力的权力。我知道如何附加'主权'于国王个人身上，但这不是他的权力。同时，我们不能将主权权力留给他——我们从来没有拥有过它。"③ 柯克在这段话中

① Coke, Edward, *The Fourth Part of the Institutes of the Laws of England*, London, 1929, p. 97.

② 〔法〕基佐:《1640 年英国革命史》，伍光建译，商务印书馆，1985，第 45 页。

③ Commons Debates 1628. Ⅲ：494. //Perez Zagorin, "The Political Beliefs of John Pym to 1629," *The English Historical Review*, 1994, 109 (433)：884.

否定了主权权力，认为国王不拥有主权权力，因为主权权力是绝对的，在英国就不存在这种绝对性权力。对此英国著名宪法学者戴雪给出了更明确的观点，他在1885年出版的《英国宪法研究导论》中认为英国不存在专断独裁的权力。由此，依照柯克和戴雪的观点，英国自古以来除了国王的统治权之外，还应存在一种对国王运用权力进行监督与制约的权力，否则国王应当依据法律进行统治将成为一句空话，在英国这种监督和制约国王的权力其实就是我们所提到的"法律权"。

结　语

在现代社会，我们对法律已经形成了清晰的划分标准，依据不同功能将法律划分为宪法、民法、刑法、行政法、经济法等若干不同的法律部门，并据此建构成一国完整的法律体系。在这些法律部门中，宪法一般具有超越性地位，往往被视为一国的根本大法，例如我国宪法在序言中明确规定："本宪法以法律的形式确认了中国各族人民奋斗的成果，规定了国家的根本制度和根本任务，是国家的根本法，具有最高的法律效力。"宪法之所以重要主要体现在宪法内容的重要性上——它规定国家的根本制度和根本任务。所谓的国家根本制度主要是指宪法对国家的政权组织形式做了安排，即规定国家设立何种统治机构，这些机构行使何种国家权力，它们之间的关系如何等。换言之，宪法之所以重要是因为宪法承载了分权的功能，其他的法律部门则没有这种功能，因此其地位只能居于宪法之下，由此宪法获得了母法、根本大法之地位。遍览世界各国法律，大多数皆如此安排。当然凡事都有例外，英国的法律体系与上述情况就存在较大的差异。英国的法律体系当然也存在宪法这一部门，差异在于英国没有一部成文的宪法，其宪法内容从形式上看主要体现在其他成文法律、宪法惯例和司法判例当中，而从实质上论则大多源于英国的普通法。原因之一，作为宪法重要组成部分的成文法律其精神多源于普通法，例如为人们所熟知的《自由大宪章》《权利请愿书》《权利法案》《王位继承法》等成文宪法性法律的核心原则都源于普通法。原因之二，那些具有宪法性质的判例绝大多数产生于普通法院的判决，例如英国奴隶制的废除就是通过王座法院的一个判决实现的，法官曼斯菲尔德勋爵在萨默赛特一案的判决书中道："无论有那么不便，但总要有个决定，我不能说这个案件在英格兰法律之下是准许或认可；所以黑人是应该被释放。"这便宣布了奴隶制不存在于英格兰法律之下，那么拥有奴隶即等同非法行为。这一判决令英格兰境内的一万至一万四千名奴隶得到解放，亦表明了其他管辖区实行的奴隶制不等于在英格兰也同样实行。[①] 原因之三，宪法惯例虽然和普通法具有明显的区别，但是完全忽视两者之间的密切联系显然也是不够尊重历史事实的。普通法源于古老的习惯法，"宪法惯例也可以理解为一种在宪政实践中积累的习惯法，其精神气质与普通法具有高度的相似性"[②]。由此可见，英国普通法和英国宪法之间的渊源关系是何等的深厚，普通法在一定程度上可以称为"宪法性法律"，这种特质使普通法与其他国家的普通法律形成了鲜明的对比，这便是普通法具有分权功能并能够有效保障人权的根本原因。

---

① S. M. Wise, *Though the Heavens May Fall*, Pimlico (2005).
② 赵坤：《论英国宪法惯例的法治功能》，南京师范大学硕士学位论文，2012，第 9 页。

"通过司法判决塑造公众法治观念"
命题的困境及其消解

侯明明*

"通过司法判决塑造公众法治观念"命题有其内在的逻辑理路,其主要是针对现代法治观念与传统观念存在隔阂以及法治观念社会化的程度不高而提出的,其最终目的就是要在中国社会转型期实现价值观念的更新换代,由以前的传统观念变更为现代的法治观念。虽然这一命题的提出存在很大的价值,也有其自身的个案塑造特殊性、内在机理以及基本的运行模式①,但是,根据法律现实实践问题的存在或者概括法律现象的必要而提出某种命题固然是一回事,但如果命题从应然角度无法成立,或者从实然视野无法开展,不具有实践上的可操作性,那么命题的提出也是毫无意义的。所以,笔者接下来将在法治观念的可塑性与通过司法判决塑造两个维度来论证"通过司法判决塑造公众法治观念"命题具备理论上的可行性和实践上的可操作性,二者的兼备构成了"通过司法判决塑造公众法治观念"命题成立和开展的基本前提。但是,必须清晰的是,理论上的可行性和实践上的可操作性并非意味着此命题的全部,此命题依然面临着基本的三重困境,笔者将在第二部分对这些困境加以描述和阐释。最后,笔者试图从不同的认知路径对这些困境进行消解,以达到在"通过司法判决塑造公众法治观念"命题之意义因面临困境而不断式微的境遇下来重塑其原初形象和命题气质的目的。

---

* 侯明明,吉林大学司法文明协同创新中心博士研究生。

① 参见侯明明《"通过司法判决塑造公众法治观念"命题的逻辑理路》,《天府新论》2017年第 4 期。

一　法治观念的可塑性与通过司法判决塑造

（一）法治观念的可塑性：从法律意识到法治观念

谈及法律文化甚或法治文化的内涵，学界多有相异的论述。但是在浩瀚的理论当中，刘作翔教授的法律文化理论模型①具有很大的借鉴意义。刘教授把法律文化进行了类型化的划分：表层的法律文化结构和深层的法律文化结构。其中，表层的法律文化结构主要局限于法律制度、法律规范、法律设施等方面，其是一种可视化的制度、规范、设施、机构存在，并且构成了"通过司法判决塑造公众法治观念"命题展开的"物化"基础；法律文化的深层结构分为法律心理、法律意识、法律思想体系（如图 1 所示）。其中，法律心理（OA_1 与 OA_2 形成的封闭区域 A）是每一个智力正常、具有社会生活经验的大众都具备的、相对零散的不系统的关于法律、法律现象的朴素认识，常常表现为心中朴素的自然正义观以及传统的习俗、习惯，比如"杀人偿命""随便拿别人东西是不对的""欠债还钱""打官司是可耻的"，等等，其是一种非常初级的感性心理状态，这种朴素的心理状态往往是感性偏多、缺乏理性认识。② 法律意识（A_1B_1 与 A_2B_2 形成的封闭区域 B）是法律心理到法律思想体系的过渡阶段，其本身是一个复合体，这时的法律意识比法律心理要更成熟、更系统，但是相对于法律思想体系来说，其还是相对零散的知识。从目前的实践以及学界做过的社会调查

---

① 刘作翔教授的法律文化模型理论主要见于其在商务印书馆出版的《法律文化理论》一书，参见刘作翔《法律文化理论》，商务印书馆，2013，第 117 页及以下。

② 比如，普遍存在的家庭暴力，很多的男性认为殴打自己的妻子是自己的家事，也是很正常的，根本和法律没有关系，纯属自己的私事，甚或认为女性一旦嫁于男性就有一种"嫁鸡随鸡嫁狗随狗"的身份归属关系。当然，必须予以承认，法律心理中也有一些积极的心理，比如"欠债还钱"，其在一定程度上会促使当事人维护自己的合法权益。衣俊卿在《文化哲学十五讲》中，将文化分为自在文化和自觉文化，自在文化是一种由传统、习俗、常识、天然情感等因素组成的存在方式或者活动图式；自觉文化是以自觉的知识和自觉的思维方式为背景的存在方式和活动图式。显然，可以由此得出，法律心理就是一种自在的文化范围，与刘作翔教授的观点形成呼应。参见衣俊卿《文化哲学十五讲》，北京大学出版社，2004。

来看，这种法律意识往往是那些接受过非法学高等教育人士所具备的知识，比如"杀人者不一定判死刑""借给别人钱长时间不要可能不会得到法律保护""法院作出的判决不一定都是正确的""我有作证的义务""彭宇案作出的判决严重打击了助人为乐的优良传统""自己遇到许霆那样的情况，最好还是尽快联系银行"，等等。法律思想体系（B_1C_1 与 B_2C_2 形成的封闭区域 C）是受过专门法学教育的人士所具备的知识体系，其是以多门核心课程为中心的法学思想体系，既有实体法的具体规定，即"根据法律的思考"，也有实体法背后的法学理论素养，即"关于法律的思考"。比如，法官判案过程所运用到的知识、律师代理案件所体现的具体实体法知识，等等。法律思想体系往往是以法律思维的形式呈现，具体到司法领域，则是司法审判领域的法律知识，比如，司法判决文书的撰写知识、证据的采纳规则，等等。由此，可以观之，"从法律心理到法律意识，再到法律思想体系，是一个由法律感性认识到法律理性认识的渐进过程，它们一层比一层显像化、理性化、逐渐趋于成熟化"[1]（如图 1 中的 D 线所示）。并且，法律心理根本不需要刻意的塑造，其本身就是在社会这个大染缸中耳濡目染之后的一种自觉生发，但是因为法律心理隐含了很多的道德伦理，可以为法律意识的塑造提供从法律心理到法律意识转化的契机[2]，法律意识的塑造往往建立在自然生发的法律心理基础之上，更多表现为对法律心理的矫正[3]，但也不完全是，因为法律意识本身还囊括了一些负面意识，其是一个中性表达（下文还有论述）；法律思想体系是必须受过法学专门教育才能得以树立的知识体系，且这部分思想体系被法律职业共同体所"垄断"，一般的社会公众很难获得这种资源。虽然现代社会是一个狄冀（Duguit）意义上的"社会连带"关系，但也是一个涂尔干（Emile Durkheim）意义上的"分工社会"，各位社会成员各司其职，知识的掌握已经非常精细化，只能在辅助意义上去掌握自身领域以外的知识。所以，要求人人都是法律家、法学家是不现实的；只有

---

[1] 刘作翔：《法律文化理论》，商务印书馆，1999，第 119 页。

[2] 这种契机可能是正面的契机，也可能是负面的契机。正面的契机会进一步促进法律心理的发展，使其更加理性化，负面的契机使得转化多了一层思维闸门，需要更多的成本投入。

[3] 比如，"长时间不要钱很可能在起诉的时候就要不回来了"的法律意识就是对"欠债还钱"法律心理的矫正。

法律意识处于二者的过渡阶段，以一种非常不稳定的状态呈现，具有非常强的可塑性，而且这种法律意识的受众不需要受过高等教育，只要具备普通人智商，一般都能在塑造的环境中获得这种意识。这样一来，法律意识不但具备了可塑性的特点，而且其受众可以无限扩展到社会公众（除去法律职业共同体、法学家等专门从事法律业务或者法学研究的人员）的范围。一旦这种法律意识得以塑造，其对法治社会、法治国家的建设大有裨益。

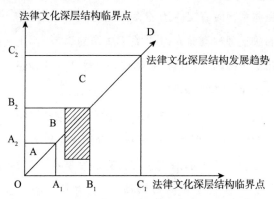

图 1　法律文化深层结构

　　说明：如图 1 所示，A_1、B_1、C_1、A_2、B_2、C_2 分别是法律文化深层结构的临界点，其中 OA_1 与 OA_2 组成的封闭区域 A 是法律心理；A_1B_1 与 A_2B_2 组成的封闭区域 B 是法律意识；B_1C_1 与 B_2C_2 组成的封闭区域 C 是法律思想体系。D 线表达的是法律文化深层结构之三者的发展趋势：逐步体系化。斜线阴影部分是法治观念区域，其与法律意识是一种包含与被包含的关系，本文的主旨就在于此部分观念的塑造。在此要予以说明的是，虽然笔者将法律意识、法治观念以及法律思想体系做出了各自的界域，但在实践当中，法律意识与法律思想体系以及法治观念与法律思想体系之间都是交叉的关系，亦即法律意识作为一个复合体，其本身亦有法律思想体系的部分内容，法治观念作为法律意识发展的高级阶段，亦与法律思想体系具有重合的内容。

　　行文至此，法律意识的可塑性已得到证成。但笔者强调的是法治观念（法治意识）的可塑性，这中间又是如何过渡的？刘作翔教授（不限于）[①]

---

　①　经过笔者的文献梳理，不仅仅是刘作翔教授如此认为，其实关于法律文化与法治文化的关系，学界有很多学者（不能说是共识）认为法治文化是法律文化的高级阶段，是一种正面价值的表达。还请读者不要误解，以为笔者没有做足资料收集的工作，笔者在此只是具体化地引用了刘作翔教授的观点。其他相似观点请参见陈仲《法律文化与法治文化辨析》，《社科纵横》2009 年第 9 期；张波《论当代中国法律文化的多样性及中国特色法治文化的生成》，《南京社会科学》2001 年第 11 期；马海兰《创新法律文化实现法治现代化》，《人民论坛》2014 年第 5 期等。

认为法律文化有正负价值的类型划分，既有专制时代的肉刑等落后野蛮法律文化，也有现代先进、文明、优秀的良法善治的正面法律文化类型。而法治文化则是一个充满正能量、正面信息的优秀的、先进的、文明的法律文化类型。① 如果以此作为理论模型推广到法律意识和法治意识（法治观念）的关系界域，那么由此也可以得出，法律意识是一个中性的概念，其本身不含有价值评判的色彩，而且有正面和负面意识之类型化存在。而法治意识（法治观念）则是现代社会追求法治与推崇法治信仰时代的公众层面的正面表达，其表现出来的是法治所显现的正面姿态与积极意识（如图1所示的斜线阴影区域）。至此，我们可用一句话来概括法律意识与法治意识（法治观念）之间的关系：法治意识是法律意识众多概念群中一个饱含人类现代社会法治追求与法治信仰的正面价值之意识表达，其亦是法律意识高级阶段的表达。② 所以，法律意识的可塑性证成也间接说明了法治观念（法治意识）的可塑性，而且这里塑造的法治意识（法治观念）因为是法律意识当中具有人类普遍的公平、正义、人权价值追求的部分，因而具有了塑造的价值，即值得塑造。甚或说，在塑造法治观念的过程当中，我们自觉地就把法律意识当中负面的意识和消极的价值进行了过滤与屏蔽。

（二）通过司法判决塑造：从自生自发到人为塑造

秩序本身来源有两种，一种是哈耶克（Friedrich August von Hayek）

---

① 参见刘作翔《法治文化的几个理论问题》，《法学论坛》2012 年第 1 期。
② 目前学界以法治意识作为主题的专著有两本，一本是柯卫的《当代中国法治的主体基础——公民法治意识研究》，第二部是柯卫与朱海波合著的《社会主义法治意识与人的现代化》，其中也表达了相似的观点；除此之外，很多的作品也表达了相似的观点。参见柯卫、朱海波《社会主义法治意识与人的现代化研究》，法律出版社，2010，第 84 页；夏丹波《公民法治意识之生成》，中共中央党校博士学位论文，2015；卓泽渊《法理学》，法律出版社，2009，第 69 页；吴高庆《论法治意识与法治》，《中共浙江省委党校学报》2002 年第 2 期；周义程、梁莹《公民参与态度与公民法治意识之成长》，《社会科学》2009 年第 10 期；刘勇《公民法治意识培养的内在逻辑及其路径——以社会主义核心价值观为视角》，《四川理工学院学报》2015 年第 1 期；孟书广、张迪《公民法治意识形成的机制及启示》，《人民论坛》2012 年第 36 期；焦艳芳《国家法治现代化与公民法治意识的培育》，《人民论坛》2014 年第 14 期等。

意义上的"自生自发秩序"①，这种秩序深深植根于民族的传统与精神当中，而且与其所生活的样态、环境相适应，但是具有较强的地方性经验色彩；另一种是人为塑造生成的秩序，这种秩序往往带有人为建构的属性，它立基于现代职业的高度精细化分工以及社会精英与普通大众的社会分层。二者可以归纳为哈耶克所阐释的"演进理性与建构理性"，虽然哈耶克从"无知"的知识观以及"理性不及"的立场出发批判了人为建构的存在，但是演进模式亦存在其弊端。首先，演进的时间成本往往大于建构的时间成本。在民族样态、环境、生活方式基础上得以自由生发、自我重塑与型构的过程，往往是异常缓慢的。法制现代化的步伐也使得二者本身的距离日益疏远甚或脱节，致使司法运行的社会成本大大提升，因此我们必须正视国家自上而下的法治建构力量。其次，哈耶克"自生自发秩序"的视角是将人作为一个类存在给予对待，忽视了现代社会的分层与分工。在人类存在的大概念之下，还有法律职业者与普通社会大众的区分，相似表面背后隐藏的是思维方式的差异。用一部分专业人士的司法产品去影响另外一部分社会群体的思维，不仅是快速适应现代法治社会发展的内在需求，更是这类群体适应现代社会、降低司法运作成本的现实需要。再次，哈耶克意义上的"自生自发秩序"由于带有很强的地方性色彩，很容易产生一种盲目乐观的普适化经验意识。② 最后，"自由生发秩序"虽在一定程度上契合了"在地"场景，但是其本身的发展方向是不可控的，其内容的自我型塑也未必是现代法治建设所欲求的。在此境遇下，如果将人为塑造加以抽离，不仅公众法治观念自生自发的轨迹很可能与现代法治所意欲彰显的良好法治生活轨迹相偏离，而且可能进一步造成现代法治观念社会化的进程放缓。所以，塑造的秩序介入尤其必要，特别是引导秩序的生成走向一种现代法治所欲求的样态。但是，这种人为的塑造并不是完全脱离

---

① 〔英〕哈耶克：《法律、立法与自由》（第三卷），邓正来等译，中国大百科全书出版社，2000，第 1 页。亦可参见邓正来《哈耶克的社会理论》，载〔英〕哈耶克《自由秩序原理》（上册），邓正来译，三联书店，1997，代译序第 7 页。予以注意的是，哈耶克使用过多个词来表达其内涵，比如，self-generating order, self-organizing order 以及 extended order。

② 参见周赟《自生自发理论的价值和限度》，《河北法学》2007 年第 2 期。

过去的传统，而是在一定程度续接传统的基础上加以矫正，达致形成一种新传统的目的。

而舒茨（Schutz）也曾提言，在所有人的心中都装有规则、社会对策和恰当行为的概念以及在社会各界中行动的信息。这些规则、对策、概念和信息给公众提供一种参考架构或者取向，借助此导引从容地行动于周围世界。① 这种规则、对策、概念化的观念可以来自长期的实践，也可以来源于间接经验的塑造。相对于公众来说，法律实践并非唾手可得，因为参与司法过程需要一定的成本，因而在此境遇下，间接经验的塑造显得如此恰当而必要。再者，"制度性法律文化体现了一个社会的立法者希望实现和达到的社会秩序状态和理想目标，但是这种状态和目标却常常会由于该社会的经济、政治条件和社会成员文化心理观念上的不协调使其难以实现"②。传统法律文化与现代法治文化的隔阂在打造一条鸿沟的同时，也暗藏着传统向现代创造性转化的契机。传统与现代法治观念的冲突与隔阂从微观上来讲，实际上是法律职业共同体与普通大众群体的思想裂痕。法律职业共同体由于受到专门的法学训练，基本具备了现代法治观念的素养与思维方式，而普通大众在时代变迁的推动下思想有所更新换代，但是仍有固化的朴素正义观与现代法治观念的格格不入，需要予以议论达成共识。而此路径则是以法官群体为主导，通过司法判决产品所蕴含的现代法治观念释放，营造塑造公众法治观念的法治文化氛围。

二 "通过司法判决塑造公众法治观念"的三重困境

（一）塑造的认同困境：司法判决认同危机

司法判决的正当性（合法性、可接受性以及权威性）③ 作为"通过司

① 参见 Schutz, *The Phenomenology of the Social World*, Ecanston, JL: Northwestern University Press, 1976. 转引自戴志鹏《司法判决是如何生产出来的——基层法官角色的理想图景与现实选择》，人民出版社，2011，第 179 页。
② 刘作翔：《法律文化理论》，商务印书馆，1999，第 273 页。
③ 参见侯明明《法治梯度系统下司法判决的正当性来源——基于纯粹逻辑思维与日常现实差异的言说》，《现代法治研究》2017 年第 1 期。

法判决塑造公众法治观念"的逻辑前提之一，如果其本身存在质疑，那么"司法判决对于当事人法律意识的修正不是培养出现代法治所要求的冷静、谦抑的品格和客观公正的判断能力，而是将其推入找关系、潜规则大行其道的人治深渊"①，而且很可能将"塔西佗陷阱"推向更加危险的境地。民主权利意识的增强已生发了众多的追问意义，从约翰·奥斯丁（John Austin）的"法律命令说"到约瑟夫·拉兹（Joseph Raz）的"通常正当化命题"，虽其本身已有较大的进步，但是这种系统信任的自愿放弃又被公众重新拾起，不再推定司法判决本身是合法、合理与充满正当化的。特别是在难办案件当中，公众交涉的观念日益高涨，尽管人们认识到这种交涉的成本在不断提高。为了提高难办案件中司法判决的可接受性，使受怀疑的程度得以减缓，司法开始以"一种流动的、特殊的'情景伦理'来修正整体的价值判断"②，比如某种程度的程序沟通，强调和解、调解，甚至允许当事人反悔与再反悔。但是由此一来，司法仍然遇到了"一人一是非"的新困境，当事人的任意性痕迹凸显，从而导致秩序的碎片化恶果严重。

　　这里所讲的"司法判决不被认同"至少可在两个层次上展开。第一是社会公众的不认可。这可能是由司法判决释放的法治观念与公众心中的自然正义观相违背或者有所偏差所导致。第二是法律职业共同体的不认可。对于第一种不认可的情况，绝大多数情况下是中国传统道德文化与现代法治文明之间的冲突造成的。传统文化作为中国古代秩序的缔造者与现代法治国家秩序的建立之间出现裂痕，这足以说明现代法治国家的秩序建构只是单一地依赖于中国传统文化资源已得不到足够多的支撑，其必须要在挖掘传统优势资源的同时，进行资源的创造性转化。不管这种转化是以"旧瓶装新酒"还是以"新瓶装旧酒"的形式，其过程对于公众法治观念的塑造作用却不可忽视。其或者是对传统观念部分内容的摒弃，或者是对传

----

① 戴志鹏：《司法判决是如何生产出来的——基层法官角色的理想图景与现实选择》，人民出版社，2011，第 199 页。
② 季卫东：《通往法治的道路——社会的多元化与权威体系》，法律出版社，2014，第 50 页。

统观念的部分改造，甚或是对其部分内容的整体吸收与认可，直接转化为国家认可的正统法治观念，从而具有了国家强制力的后盾。这样一来，就实现了从有到无、从旧有到新有、从无到有的法治观念塑造的结果追求。但是，在此过程中，最为担忧的是，如何处理好社会公众与司法判决本身塑造的状态所产生的隔阂与排斥，即如何跨越好传统与现代之间的鸿沟，况且这条鸿沟中间还有社会公众的抗拒力量，其具体表现为公众心中传统朴素的法律正义观对通过司法判决塑造公众法治观念得以体现出来的现代法治观念自然产生的排斥反应。如果中间能够架起一座桥梁的话，那么也许二者会实现正和性的角色沟通，在相互妥协中实现共存。第二种层次下的不认可，与第一种不认可不同，其反映的不是某种传统与现代的隔阂，而是对司法判决本身的合法性、可接受性以及权威性存在质疑。这种境遇下的不认可与第一种不认可从某种程度上讲，其产生的影响力与破坏力也许更大，其中可能暗藏司法不公、司法腐败等法治危象。如果任由这些现象肆意存在，"通过司法判决塑造公众法治观念"命题的提出不是在促进良法善治，而是在产生"为虎作伥"的负面法治效应。而我们所说的司法判决的正当性是要达到双方都认可的状态：普通公众的认可和法律职业共同体的认可。总而言之，即将司法判决所确定的正义与人们所设想的或者将来在头脑中所储存的正义相契合，这种契合可以是原本状态的自然契合，也可以是塑造之后的人为嫁接，但是契合之后都必须是健康的生长。

（二）塑造的实效困境：自主与牵制

"通过司法判决塑造公众法治观念"命题强调的是司法判决对公众法治观念的塑造，那么公众本身既有的法律心理以及法律意识对司法判决的作出具有塑造形式的影响力吗？司法判决的做出是否需要公众朴素正义观的介入？这又是需要我们解决的难题。德富林（Patrick Arthur Devlin）在论述公众道德观念时提到，允许和容忍道德观念随着时代的变化产生相应的代际变迁。① 但是道德标准发生变化的动力在哪？笔者认为司法判决的导引和塑造作用就是其一，甚至可以说是一个很重要的驱动力，因为它有国家的强制力作为后盾。2015 年，美国联邦最高法院以五比四的优势通过了同性恋合法化的决定，继而做出了承认同性婚姻的司法判决。在此判决之前，不管是立法还是道德层面都是争议纷纭，但是此司法判决的做出不仅给同性恋庞大群体以司法上的支持，而且也对非同性恋群体的婚姻观产生了冲击和碰撞，起到很大的型构作用。而在这个过程中，司法判决一直处于主导和主体地位，没有被所谓的"民意"牵引。

反之，可能有人也会怀疑，难道司法判决一点也不会接受舆论的干预？会的，特别是在中国司法现有的境遇下，舆论的诉求和愿望多多少少的会进入司法的视野当中。② 特别是在难办案件当中，道德考量和后果预测都会借助法律术语以及法律方法的形式，甚至成为创制个案裁决的规范依据。③ 这也在一定程度上反映了舆论与司法之间的紧张甚至冲突，也有学者将其归纳为法律人与非法律人的冲突。④ "在当代中国，最值得重视的是舆论实际上树立了作为话语而存在的权力或者规范，通过'从群众中来，到群众中去'的反馈回路在象征符号互动的场域里不断流布、扩张。"⑤ 但是困扰我们的是，舆论应该在多大程度上进入法官们的视野？又在型塑司法判决的过程中占多大的比重？

有很多关系以及权重还不是很明朗，但是我们必须要清楚的是，舆论不等于民意，而且很多舆论是被少数人所操纵的。退一步讲，即使舆论和民意出现了交叉甚至重合，完全可以借司法改革之东风，将民意通过制度

---

① P. Devlin, *The Enforcement of Morality*, Oxford University Press, 1965, pp. 17 – 19. 同时，通过一些案例的司法判决可以看出，公众的道德观事实上确实在发生变化。比如 2006 年成都市民张德军见义勇为被犯罪嫌疑人起诉案，因为一次正义之举却给自己引来了被诉之灾，这也打破传统道德上助人为乐受人爱戴、赞扬的观念。参见《2003—2012 年年度十大"维权类"法治案件》，http://news. xinhuanet. com/legal/2006 - 12/29/content_ 5544585. htm，最后访问时间：2016 年 7 月 22 日。

② 例如刘涌案的证据规则、许霆案中的法律适用、李昌奎案的改判。

③ 参见陈林林《公众意见在裁决结构中的地位》，《法学研究》2012 年第 1 期。

④ 参见孟涛《论当前中国法律理论与民意的冲突——兼论现代性法律的局限性》，《现代法学》2010 年第 1 期。

⑤ 季卫东：《通往法治的道路——社会的多元化与权威体系》，法律出版社，2014，第 128 页。

化的形式吸纳到司法的分析过程当中，实现对现有司法制度和程序的微调。再者，民众的观念具有被引导的必要性。因为现有的民众观念往往具有充满非理性、仇富心态、道德评价等色彩，而不是以一种现代法治观念去衡量一个人最终该承担什么责任，道德审判比比皆是。引导的最终目的就是实现公众从道德思维转化为法律思维。由此，不管是司法框架内的改革还是司法判决的积极主动导引，都显示出了司法判决的自主性和司法权运行的自治性。司法资源作为一种公共资源，司法个案产生的指引与每个公民息息相关，甚至能够引领塑造特定的公共生活规范。[1] 特别是案例法治文化模式（下文还有论述）的开展为社会建构出更加理性、开放与平等的公共议论空间，同时其也是多元社会聚合价值共识的有益平台。[2] 同时，也必须认识到，让公众融入法治社会的建设中来，使他们没有受过专门法学教育却能成为现代法治建设的融洽、协调、自觉的一员，如此一来，法治社会才有了坚实的基础。[3]

（三）塑造的供需困境：司法正义与社会正义的错位

根据对司法改革的经验脉络梳理，可以看出我国的司法改革大体呈现了"司法职业化—司法人民化—司法职业化"格局，亦即现在我国的司法走上了精英式的改革道路，越来越重视司法工作人员的司法素质和司法技术，提高司法效率，注重司法权威和司法公信力的提升，以期实现司法的现代化。[4] 司法职业化是一个群体被塑造的动态过程，也是一个司法知识不断被赋予特殊群体的过程，更是一个群体与另外群体相互分离、相互区别的过程。在这个过程中，一方面，特别是在司法现代化和法治化的改革背景下，法律精英主义的研究立场很容易成为学术研究的自觉选择，而这种选择很可能会背离社会大众的一般法律意识和司法正义观念。[5] 另一方面，虽然司法精英主义立场的普遍化和坚定步伐是司法现代化和现代法治

① 参见王旭《"回应型司法"更能粘合民心》，《人民日报》2013 年 9 月 27 日，第 5 版。
② 参见江必新、王红霞《法治社会论纲》，《中国社会科学》2014 年第 1 期。
③ 聂长建：《司法判决研究》，中国社会科学出版社，2011，第 94 页。
④ 参见侯明明《以司法回应时代：通过司法的社会治理》，《政法学刊》2015 年第 3 期。
⑤ 参见王国龙《守法主义与能动司法》，法律出版社，2013，第 40~41 页。

国家建设的必要因素和驱动力量，但是，西方的司法变迁史已经表明，这种立场只是一种"内在司法"面向的开展，而要真正地确保司法的正当性不产生危机，必须使社会普遍的参与不能缺位。①

同时，如果一味地强调司法的高冷与疏离，那么司法判决很有可能背离社会大众的基本司法欲求，出现一般性正义诉求的规范化表达与具体司法判决中个案正义诉求的鸿沟。"特别在应付许多新问题和力图保障一个正在变化的经济秩序中许多新产生的迫切利益方面，法律不符合人们对它的期望。这种情况产生于公认的理想对今天法院所受理的各种冲突的和重叠的利益不能提供满意的调整。"② 比如，司法判决是法官在根据原被告双方的证据出示、相关法律文书、举证责任等多因素的综合判断下而做出的。其中最为关键的部分就是证据的出示，如果没有证据证明对己方有利，那么很可能就会承担不利的后果。但是普通大众很可能不理解这一点，为什么明明是他威胁我签的借条，还要让我还他钱？③ 依现在的法治原则，法律事实与客观事实很可能相差甚远。在二者统一的情况下，做出的司法判决不仅具有规范意义上的正义，而且具有当事人个体意义上的正义。但是在二者相背离的情况下，司法判决仅仅可能只是符合规范意义上的正义，而不符合当事人心目中的正义。当诉讼中的当事人对司法判决的结果产生某种程度的不认可时，这种不认可可能是司法判决结果显示下的利益受损，也可能是司法判决理由下的观念释放与当事人头脑中业已形成的观念不相契合，亦可能是当事人自身所主张的权利与司法判决所彰显的一定意义上的共享价值与目标存在冲突。而不管是利益受损抑或是权利观念与价值体系相冲突，这些很可能导致上诉、申诉抑或信访，甚或群体事件的产生。

可见，司法正义与社会正义的错位本身既是"通过司法判决塑造公众

① 参见〔日〕棚濑孝雄《纠纷的解决与审判制度》，王亚新译，中国政法大学出版社，2004，第 246 页。
② 〔美〕庞德：《通过法律的社会控制》，沈宗灵译，商务印书馆，1984，第 7～8 页。
③ 其中将司法正义与社会正义冲突表现得最为淋漓尽致的则是"内蒙古农民收玉米被判刑一案"，它表现的是现代法治商业文明与传统农业文明之间的冲突，具体案情载 http://news.xinhuanet.com/local/2016-07/03/c_1119155160.htm，最后访问时间：2016 年 7 月 23 日。

法治观念"命题展开的契机，又是命题展开的困境。而二者的隔阂往往体现在难办案件当中，其本身的争议又常常体现在两个群体之间：法律职业者自身内部难以达成共识或者法律职业者与公众之间具有隔阂。前者的不一致是对法律知识以及社科知识理解与运用出现了争议；而第二种往往是司法正义与社会正义出现某种程度的偏离。第一种境遇的存在使法律职业群体内部对法律理解与知识运用得以纵向或者横向拓展，加深对法律逻辑与经验的语境化理解；第二种情形下的争议在一定程度上显示了司法领域法律知识与道德知识的不和谐状态，但是其本身可以转化为一种塑造的契机。正因为共识的未达成，所以法官在做出司法判决时完全可以抓住机遇，将法律正义与社会正义重新打包整合，做出一个综合性的考量，然后以最终的"过程性参与"以及"结果性宣示"来塑造公众头脑中未成型却亟待确立成型的法治观念。①

三 "通过司法判决塑造公众法治观念"困境的消解

(一) 参与主体的理性化

在自由主义的司法观念下，司法不仅仅要保持一定的独立性以监督和制衡政治，同时，出于防止广义政治化和维护中立性的考量，对于民众的参与也要保持一定的消极或者警戒的态度。正如韦伯（Max Weber）所言，民主主义可能削弱法律适用的形式合理性，具有损害近代社会中司法根本理念的危险性。② 所以，既不能过度地司法人民化，又不能完全脱离大众的普通理性，必须在二者之间找到一个平衡点。既要让普通人的大众观念进入审判合意的声音之中，又不能尽失法官的专业化和职业化特色。

网民与媒体对案件的关注及参与一方面虽然增进了社会对司法的接近

---

① 关于司法正义与社会正义错位的具体原因、类型等详细内容请参见侯明明《司法正义与社会正义的错位：类型、因素与启示——以热点案例为例证的分析》，《学术论坛》2017年第6期。

② 参见〔日〕棚濑孝雄《纠纷的解决与审判制度》，王亚新译，中国政法大学出版社，1994，第248页。

性，但是另一方面，极易引发网民以及媒体的感性参与，导致民粹主义司法。而且单个个体参与到案件的讨论中虽是个体的生动呈现，但是经过公共空间的传播和沟通，"民意"就会汇合成确定的"共识"，继而产生巨大的破坏或者建构作用。① 如果是积极地促进法治的进程，我们应该是张开双臂予以拥抱的②，反之，其对法治进程的阻碍影响亦是不可低估的。但是其影响的破坏与建设身份识别、界定本身就是一个复杂的过程。而且其方向在一定程度上具有不可控性。所以，我们与其"节流"还不如"治源"，从源头上导引民众在互联网时代下理性地参与案件。一方面，防止民粹主义司法。民粹主义司法在谋求案件裁判实质公正的同时夹杂着对现行法律制度的愤懑等多种民粹主义"私货"。③ 这从侧面反映出了公众参与司法的非理性和随意性。民粹群体往往借助传统媒体、现代自媒体进行舆论审判和舆论干涉，以非法律的标准作为审判的依据，以非法治的思维作为思考的方式。这就要求媒体要增强报道的责任感，以客观中立的态度去传播案件信息，而不是为了夺人眼球煽动民众成为激情狂热的奴隶。同时，我们得以铭记的是胡适先生曾经提言，如果人人只讲道德，谈高尚，那么最终这个国家可能会沦为一个虚伪的世界。当然，道德有其必要的和内在的约束力，却不是审判的最终依据。所以，公众要保持一颗审慎的、适度距离的心态去观察案情的实际情况和发展状况，在查阅相关的法律、法规的前提下再理性地评论案件，而不是仅凭一腔热血，率性为之。另一方面，尊重作为司法结果产品的司法判决。法律只有在被社会公众所接受的司法结构中被解释和适用，才可能会得到尊重，虽然在短期内未必如此，但是长远来看，这是必然的。④ 同时，理解和尊重司法判决是一个法治国家公民应有的态度和素质，保持一份对司法判决的敬意不仅是对法

① 参见袁岳《民意的公共价值》，《零点调查——民意测验的方法与经验》，福建人民出版社，2005，第 3 页。
② 像孙志刚案件，在公众的反映和强烈要求下，《城市流浪乞讨人员收容遣送办法》最终废除。
③ 刘练军：《民粹主义司法》，《法律科学》2013 年第 1 期。
④ 参见〔美〕亨利·J. 亚伯拉罕《司法的过程——美国、英国和法国法院评价》，泮江伟等译，北京大学出版社，2009，第 1 页。

官职业的尊重，同时也是对国家法律秩序的认同。当然，尊重司法判决不等于抛弃公民的上诉权和申诉权，此行为只是一种尊重前提下的不接受和权利行使，而不是对司法权威和司法公信力的全盘否定。

（二）司法判决的复合化生产

如果按照弗里德曼（Lawrence M. Friedman）和卡多佐（Benjamin Nathan Cardozo）的观点，把法官看作一个加工厂，那么法律、案件事实、情理、法理等因素输入则是原料，司法判决则是作为化合物的司法产品。[①]这里着重强调的是整体性的司法知识观，即司法判决不仅要符合法律之"合法性"，而且要符合情理之"可接受性"，构建以法律为基本架构的"准情酌理"裁判体系，实现裁判依据与裁判说理的二分，道德因素虽然不能成为裁判的依据，但是其可以成为法官在司法判决中裁判说理的论证资源，从而促进难办案件中的司法判决的复合化生产。虽然程序本位的合法性思维保守地完成了法律和政治上的任务与潜在要求，保证了司法制度运作的完整性和续接性，但是其对于有解决纠纷诉求的主体双方或者多方而言，有一种人为的忽略和缺失。而且这种处于缺失状态的关怀抹掉了法律的温度、温情以及价值追求，使法律陷入了一种纯粹理性的牢笼之中，甚至造成自然科学方法与思维在法学领域特别是司法裁判领域的滥用。对于科学方法和思维的万能信念致使人类对于理性盲目自信和过度崇拜。这种思维不恰当地运用于法律等人文领域，进而导致了对法律真实的误解。[②]而且这种泛科学的思维方式和方法不断地给社会科学的工作带来混乱。[③]过度注重法律适用的理性面向，而欠缺法律适用中的人文关怀与照顾，以及纯粹合法性的裁判安排极易造成司法判决的可接受性空间被排挤到无容身之地的尴尬局面。司法判决只有被社会大众、当事人以及法律职业共同

---

① 参见〔美〕卡多佐《司法过程的性质》，苏力译，商务印书馆，1998，第2页；〔美〕劳伦斯·弗里德曼：《法律制度——从社会科学的角度观察》，李琼英、林欣译，中国政法大学出版社，2004。
② 参见杨建军《法律事实的解释》，山东人民出版社，2007，第58页。
③ 参见〔英〕哈耶克《科学的反革命——理性滥用之研究》，冯克利译，译林出版社，2003，第4页。

体接受之后，才会真正地产生实效。①

（三）基本模式的完善

不管价值释放模式还是案例指导模式②，其本身存在很大价值的同时，还隐含了内在的缺陷，所以必须在此基础上实现模式的完善升级，以期达到在发挥基本模式优势的同时又弥补自身缺陷的目的。

1. 诉求回应模式

"个案审判—固化规则、原则—价值释放"之价值释放模式虽然在很大程度上已经体现了"通过司法判决塑造公众法治观念"的基本内涵，但是其没有体现出"具体案件语境的因素考量"和"公众参与的互动"，只是一种"己所欲而施于人"的单向贯彻。因此，提出"情境—文本—流行"的诉求回应模式，在坚持法律底线的基础上，既考虑"己所欲而施于人"，又要考虑"己虽欲但勿施于人"之情形，处理好"己欲与他欲"的关系，处理好司法市场需求与司法产品供给之间的匹配关系，既要回应当事人的诉求，又要回应社会大众的诉求，实现模式的完善与升级。

具体而言，"情境"强调的是司法生态环境和个案当中具体因素的存在，包括个案中证据的保存情况、当事人的法律心理、当事人接受调解的意愿、整个社会公众的法律意识水平、当事人在庭审中的参与度、社会大众对于案件的舆论影响程度、社会大众对于形式正义和实质正义的接受程度等，这些"情境化"的因素不仅会影响司法判决的做出情况，而且会影响到司法判决的塑造作用发挥。"文本"强调的是规范和司法判决文书本身，其不仅包括司法判决做出的蓝本依照，也包括司法判决文书中的"结果性宣誓"和"过程性论证"，即司法判决所确认和固化的规则、原则以及如何确认和固化如此规则、原则，其是"通过司法判决塑造公众法治观念"命题得以展开的基本坐标。"流行"强调的是司法判决的价值释放以

---

① 参见张斌峰、陈绍松《试论司法判决的合理可接受性》，《齐鲁学刊》2014 年第 1 期。

② 价值释放模式是指，通过司法判决将规则、原则所内含的价值进行释放；案例指导模式是指，最高人民法院发布的指导性案例之指导意义生成。参见侯明明《"通过司法判决塑造公众法治观念"命题的逻辑理路》，《天府新论》2017 年第 4 期。

及法治文化的社会化过程,其内含了两个阶段:第一,公众接受司法判决的塑造;第二,公众主体间的法治观念传播。通过"流行"过程,司法判决塑造了公众法治观念,法治观念的增长又使得当事人之间的合理对话成为可能,使得对话处于共同的法治话语体系当中,反而可能在一定程度上降低了利用审判的比率。至此,情境、文本、流行不再是单纯的词语,而是上升为一种动态的过程,其中混合了具体案件语境因素的考量和公众的互动。三者是依次承接的关系,情境是文本确立的前提,文本的确立必须要考量、权衡情境;文本是流行的内容,只有确立文本,流行才能开始启动;流行启动之后,又对情境形成反馈机制,进一步丰富、充实情境,三者形成良性循环。亦即,司法判决在塑造公众法治观念之后,法治观念水平又会影响接下来的司法判决的做出。①

而且,司法判决对于法治观念的塑造作用可以再形成反馈机制,实现二者之间的良性互动。在这种模式之下,不仅在"个案—规范"之间建立了良性的互动,将个案的本土经验上升为法律制度,同时,在"法院—个案—公众"之间建立了沟通契机。

2. 自主论证模式

在制定指导性案例制度之初,我们怀揣着一种美好的案例指导梦想,自信地以为指导性案例如果经历过法院审判、公众审视的洗礼,那么很可能会成为美国意义上的"超级先例"。在全社会中形成关于此类判决的共识,进而将其判决中的原则、规则抽象成为一种无形的法治观念,甚或法律信仰,由内而外地、润物细无声地塑造以及影响着社会公众的行为以及行为预期,但是事实并非如此,指导性案例的指导意义并未真正生成。

指导性案例的重要之处在于"指导",而且"指导"按照《关于〈案例指导工作规定〉实施细则》是"应当参照",但是,日常的司法实践表明,指导性案例几乎"无人问津",只有少数人民法院参照了指导性案例

---

① 在此必须予以注意的是,公众法治观念的已有水平对于司法判决的做出所产生的影响并非是决定性的,只是一定程度上的影响。这种影响的存在,在一定程度上消除了司法正义与社会正义之间的隔阂。其实,对于缓和司法正义与社会正义二者之间矛盾做出最大贡献的是"具体案件具体因素的考量"以及"公众的互动参与",其不同程度地体现在"情境—文本—流行"模式之中。

做出了判决，少数法院援引了裁判要点，少数法院援引了裁判案件的发布批次、编号等。① 亦即指导性案例所追求的"统一法律适用"效果并没有在司法实践中显现。所以，接下来我们的工作重心应放在指导性案例的适用阶段，逐步建立指导性案例适用的激励制度②以及规范地援引指导性案例，即从笼统的强调发挥指导性案例的指导意义，到具体案件的应当参照以及规范参照，实现法官、检察官、律师、当事人等多方主体的自主论证模式，即自主参照、规范参照、自主论证、协同推进。一方面，法官在司法判决当中要积极地回应诉讼参与主体的需求，努力实现"正面主动参照"与"反面被动参照"的二元模式格局。当法官发现在审案件与指导性案例相类似时，应当积极参照，并且将指导性案例之裁判要点作为裁判

---

① 具体的裁判文书请参见中国裁判文书网，http://wenshu.court.gov.cn/Index，内蒙古自治区乌海市海勃湾区人民法院（2014）乌勃民一初字第00089号民事判决书；上海市奉贤区人民法院（2014）奉民一（民）初字第1893号民事判决书，最后访问时间：2015年10月8日。因为有数据统计的不一致，关于细节的描述还请具体参见孙光宁《案例指导的激励方式：从推荐到适用》，《东方法学》2016年第3期以及安晨曦《最高人民法院如何统一法律适用——非正规释法技艺的考察》，《法律科学》2016年第3期。同时，孙海波博士通过实证的数据分析了现实的司法实践中是如何引用指导性案例的，以及影响指导性案例引用的原因，参见孙海波《论指导性案例的使用与滥用——一种经验主义视角的考察》，载舒国滢主编《法学方法论论丛》，2015，第223~241页。

② 学者孙光宁提出了如何进一步激励法官参照指导性案例以及如何进一步规范参照指导性案例的观点，并且提出可以将指导性案例单独作为裁判依据的大胆构想，参见孙光宁《反思指导性案例的援引方式——以〈关于指导性案例工作的规定〉实施细则为分析对象》，《法制与社会发展》2016年第4期。除了通过激励方式多样化的途径来促进法官参照指导性案例之外，提高未来潜在指导性案例的可适用性也是打破路径依赖、提高指导性案例适用率的重要举措，可以采用事前培育与事后推荐并举的方法。《关于案例指导工作的规定》第2条明确了指导性案例的类型，其包括社会广泛关注的、法律规定比较原则的、具有典型性的、疑难复杂或者新类型的和其他具有指导作用的案例。再加以对实践的关照，可以断定，指导性案例多多少少带有"难办"或者"疑难"的色彩，正是这种"难办"或"疑难"的特点表现才为"规则的重新提炼"与"规则的重新解释"提供了某种契机，在法律方法论的辅助下，这种契机得以彰显，进而形成了现有指导性案例制度下的"指导案例序号—关键词—裁判要点—相关法条—基本案情—裁判结果—裁判理由"模式。从这种类型化的模式可以看出，"指导性案例对现有法律规范及其适用进行了创造性扩展，内含着法官造法的因素，这也是借鉴判例制度或者先例制度精神的表现"。但是，如果我们在一个"难办"或者"疑难"案件未正式成为制度化的指导性案例之前，有意识地发现其因具备适用法律灵活、具有普遍推广意义等特色，而具有成为"指导性案例"的潜质，那么，这种有意识的发现可以继而发展成为有意识的培育，以一种"规则意义"的视角去处理此个案，努力打造出一个具有示范效应、值得同案推广、能够塑造时代正义观的司法判决。

理由加以引述、作为论证资源加以利用；当控（诉）辩双方在将指导性案例作为控（诉）或者辩护理由时，案件承办法官应当对其是否参照进行释明、加以论证，这一论证过程不仅进一步熏陶了当事人的法治观念，而且作为参照后的"新判决"也重申了指导性案例的内涵价值，再次释放给普通大众；另一方面，当事人在律师的帮助下，也要及时检索与自身案件相关的指导性案例，如果二者具有较大的类似性，也应该在自主论证的基础上，加以引述，作为自身诉求的强力支撑。

（四）践行案例法治文化实践模式

法治观念的形成依凭主体对法治信息和法治现象的反射、摄取，在大脑形成显影，最后形成法治的图像。只有亲眼所见、亲耳所闻具体案件后，这种法治观念的意识才会由内心自然萌发。[1] 只有经历过精英话语和大众话语长时间的相互进入和纠缠，中国的法治观念和法治精神才能生根发芽。同时，"使诉讼和法律获得生命的应该是同一种精神，因为诉讼只不过是法律的生命形式，因而也是法律内部的表现形式"[2]。如果说司法赋予了法律生命，那么审判过程和司法判决所彰显的法治观念与法治精神则让司法的生命得以呈现。而公众则是司法生命展示过程的看客和参与者。案例法治文化的实践模式就是提供一种让各方参与的场域，让利益相关者或者自愿加入者利用此场域进行议论，实现程序性和主体间的互动，将案例法治文化真正付诸实践。在议论中，一方面，得出带有各方参与痕迹的作为司法产品的司法判决；另一方面，将司法判决内含的法治观念在主体间传播，让当事人以及其他监督主体不同程度地参与司法判决做出以及价值释放的整个过程，实现中国语境下的法律精英与社会大众之间的扁平化沟通。通过"落细、落小、落实"的具体路径感知和领悟法治观念。同时，利用各种场合和时机，通过司法判决、以案讲法等途径形成培育法

---

① 参见贺日开《司法权威的宪政分析》，人民法院出版社，2004，第335页。
② 《马克思恩格斯全集》（第一卷），中央编译局编译，人民出版社，1995，第287页。

律文化的浓厚氛围，使得司法案例文化深入人心，弘扬司法理念和法治精神。① 具体而言，可以从以下两个路径来加以切入。

1. 程序性互动的最优与偏离

在中国当今大陆法系之职权主义色彩式微，而英美法系当事人主义增强的局势下，当事人参与诉讼的空间以及程度得到了前所未有的增长。其间的举证、质证、辩论等环节都会有当事人的发声，实现当事人、法官、律师以及检察官等多方主体之间的信息交换与沟通。而且这种信息性参与的质量从某种程度上最终促进了或者抑制了司法判决做出的效率和内容。② 所以，从这个角度来讲，当事人的参与已经内化为了将来司法判决本身的组成部分。事实的取得也是一个沟通理性的后果，是一个"主体间"认知、交流、交涉的结果。③ 法院审判的过程从实质上讲就是一个对话交流的过程，在此过程中实现信息传播不对称意义上的信息资源共享。辩方把犯罪嫌疑人罪轻、无罪的信息资料予以呈现，而控方则把有罪、罪重的信息资料予以展示，各自表示出自己"说"的姿态和倾向。最后由法官对二者的信息资料加以整合，甚至整合的过程是穿梭于事实与规范之间，在辩方信息和控方信息之间进行视界的交流。最终在"听"与"说"的对话交流系统中充分调动诉讼参与人（诉讼参加人）的积极性以及最终达成共识。④

"审判程序中最为突出的外观形态是矛盾的制度化，在这里，问题以对话、辩论的形式处理，容许相互攻击，这使得社会矛盾有机会在浓缩的、受控制的条件下显露出来。"⑤ 司法参与的剧场化不仅可以内化人们的理性精神和品质，减少感性的盲动参与，而且凸显程序和秩序观念，进

① 周强：《繁荣法律文化 弘扬法治精神》，载沈德咏主编《司法的文化述说》，法律出版社，2015，第 3 辑序言第 2 页。
② 如果对话的三方缺乏共通的认识框架，许多信息就不会得到对方的有效反应，或者由于对方的理解发生混乱而使信息交换和意思疏通难以成立，从而影响到法官做出司法判决的前期思维运转。参见〔日〕谷口安平《程序的正义与诉讼》，王亚新、刘荣军译，中国政法大学出版社，2000，第 79 页。
③ 〔德〕哈贝马斯：《在事实与规范之间》，童世骏译，三联书店，2003，第 286 页。
④ "听"即听别人说，是一种义务；"说"即让别人听，是一种权力或者权利。关于"听"和"说"的专门论述请参见聂长建《"说者"与"听者"角色转换——司法判决可接受性的程序性思考》，《政法论坛》2011 年第 2 期。
⑤ 季卫东：《法治秩序的建构》，商务印书馆，2015，第 30 页。

而培养公众遵守程序和秩序的自觉意识。① 通过司法判决的形成过程培育公众对于司法判决的一种同情式的理解，而不是一味地将责任推于法官自身，将法官置于一种"原罪"的邪恶境地。② "从象征意义上来看，当事人也因实质上参加了程序能够获得更高的心理满足。"③ 但是，必须予以注意的是，正当法律程序的良性运作以及程序正义的彰显确实对当事人特别是利益受损方④对司法判决结果的不满具有一定的消解作用，但是这种消解不能予以高估，如果过分强调了程序的作用，很可能就会忽视了对实质正义实现路径的探索。而且，从现实的司法实践来看，当事人对司法判决结果的不满往往会连带造成对程序正义的忽视，后果性的利益关注仍是首位的。⑤ 对于社会大众而言，特别是文化知识水平比较低的群体，其本身属于法律职业群体的外围，对于法律知识的既有水平也是一种"道听途说式"的朦胧印象。因此在面对一份真正的判决书的时候，他们的第一反

---

① 参见舒国滢《从司法的广场化到司法的剧场化——一个符号学的视角》，《政法论坛》1999 年第 3 期。

② 比如，昌平法官被当事人杀害一案，很多论坛的议论当中明显有一种"法官腐败、枉法裁判"的前见和偏见。

③ 〔日〕棚濑孝雄：《纠纷的解决与审判制度》，王亚新译，中国政法大学出版社，1994，第 259 页。

④ 大多数情况下，程序正义和实质正义是相互兼容的，程序正义往往会促进结果实质正义的实现。但是也有在某些情况下二者出现冲突的情况，即程序正义的实现并不代表实质正义的实现，这里的利益受损方就是指这种情况下的当事人。

⑤ 值得一提的是，泰勒在《人们为什么遵守法律》一书中用了调查问卷实证研究以及法律心理学的方法得出了程序正义与否是决定人们是否愿意服从司法机关裁决的主要因素，而且，他们在评价自己的诉讼经历是否公正时，考虑的也不是那些与结果是否有利于自己的因素。仔细阅读完泰勒教授的作品之后，就会发现，作者是从一种一般意义上以及纯粹意义上进行的考量，确实通常情况下，只要法官依法判案，遵守法定程序，那么裁判结果是可以接受的，并且也被认为是合法的、公正的。但是，还有一些特殊情况则是，法官是按照法律和正当法律程序进行审判的，但是当事人的实质正义却没有实现，这时候，如果再说当事人对结果是否有利于自己完全不考虑是不可能的，这一点我国法院的低执行率以及高上访率就可以体现得淋漓尽致。泰勒教授的结论看上去很美，却在中国的语境下颇值得人怀疑。其实，泰勒教授的问卷调研存在一个重大缺陷：泰勒自己也承认，没有区分"尊重法律"与"遵守法律"，这二者之间的关系在一定程度上可以理解为"应然"与"实然"的关系，即人们认为应该守法不等于实际上守了法，守法的理念认同与行动的轨迹实践二者之间很可能存在很大的差别，泰勒教授却对此没有区分。继而，如果把泰勒教授的研究拿到中国语境下，其是否适合中国的土壤仍是一个值得探讨的问题。参见〔美〕汤姆·R. 泰勒《人们为什么遵守法律》，黄永译，中国法制出版社，2015。

应不是法官的判决理由，而是判决结果，当判决结果对其本身是有利的时候，他们（甚至包括律师在内的部分法律职业共同体成员，尤其是胜诉方的代理人或者辩护人）在很大可能性上是不追问法官判决理由的合法性和正当性的；但是，当判决结果对他们不利的时候，他们才会进一步追问法官判决理由的合法性、合理性和正当性何在，进而找到上诉或者申诉的契机。由此观之，这种胜诉或者败诉而带来的利益分配以及心理的落差是当事人进一步追问司法判决中判决理由合法性、合理性的直接驱动力。我们致力于程序的设计，但是程序达致完美并非等同于获得实体性正确结果。二者总会存在或多或少的误差，这是在运行过程中人为的因素施加了影响以及制度本身运作的属性所致。因此，我们所能做的就是使程序维持在一个实现实体最大化的可能范围之内，但是同时，并不否认程序本身的独立价值。而且，从义务的角度来看，当某种程序的设计会阻碍寻求正确实体性结果时，会出现某种程度的偏离，如果这种偏离是基于双方合意基础上的共识或者这种偏离倾向于在司法判决中非获益的一方，我们从情理上可以给予某种程度的接受。

2. 培育司法判决的 "解释共同体"①

"徒法不足以自行"②，徒司法判决不足以塑造公众法治观念，还需要维系和解释司法判决的专业化团队——司法判决的 "解释共同体"。"通过解释者的记叙、阐释、说理以及宣传来争取更广泛的理解并形成共鸣效果。"③ 司法判决的 "解释共同体" 是衔接规范与事实、司法机关与市民社会的能动群体，是司法精英主义立场上的社会化行动，亦是法律制度文化得以社会化的过程。一方面，司法判决的 "解释共同体" 可以使得司法判决所确认的规则、原则、价值得以释放，而且释放主体（特别是基层法

---

① 对于 "解释的共同体（intepretation community）" 的解释，参见〔美〕理查德·A. 波斯纳《法理学问题》，苏力译，中国政法大学出版社，1994，第 257～258 页。同时，季卫东教授加以理解，提出了 "法律的解释共同体"，参见季卫东《法律职业的定位——日本改造权力结构的实践》，《中国社会科学》1994 年第 2 期。笔者在此基础上提出了司法判决的 "解释共同体"。

② 《孟子·离娄上》。

③ 季卫东：《通往法治的道路：社会的多元化与权威体系》，法律出版社，2014，第 230 页。

院、派出法庭、公安派出所、城乡司法调解组、城乡法律援助中心、律师事务所、法制新闻媒体评论人士等）是以一种通俗的、接地气的语言传播的，其破除了法言、法语自然状态下的排他壁垒，使得公众更加清晰、明了、直观地感受和接收司法判决释放的信息与行为能量①；另一方面，司法判决得以通俗化的理解之后，其本身反映出来的法治观念也会渗透到自生的民间秩序当中，成为公众法律生活的组成部分，进而完成高度专业化的司法判决知识向公众头脑中日常法治观念常识的转变。而在"法律知识—法律常识"这一转变的过程中，起轴心与纽带作用的则是司法判决的"解释共同体"。②

司法判决的"解释共同体"一方面要以一种理性的姿态研判司法个案判决的内在精髓和蕴含价值，承担司法判决社会化的职责，特别是实现指导性案例的社会化。虽然造成指导性案例从发布到参照出现鸿沟的因素是综合的，但是法官本身对指导性案例的重视程度和研读程度较低，显然在一定程度上助长了援引和参照的低效率化，甚或是无意识的忽略，所以在此境遇下，应加强法官、律师对指导性案例的研修与讨论，吃透其中的裁判要点与审理技巧，做到触类旁通，遇到类似案件能够及时、有效参照。另一方面，司法判决的"解释共同体"要关注司法判决在社会中的影响以及公众的反映程度，通过个案司法判决型塑公众法治观念，进而形成一种"通过司法判决凝聚法治文化共识"的时代格局。

---

① 正如张志铭先生所言，一般来说，判决书越是具有技术性、正式性以及充满演绎推理，当事人和普通公众阅读理解的可能性就越小，这样一来，说服当事人相信和接受司法判决以及审查司法判决合法性和公正性的功能，就只能提供律师的说明工作来完成。因此，从这个角度而言，律师是司法判决所面向的重要对象。参见张志铭《司法判决的结构与风格——对域外实践的比较研究》，《法学》1998 年第 10 期。

② 从十八届四中全会提出建立法官、检察官、行政执法人员、律师等以案释法制度以来，各地都在建立相应的以案释法制度。2016 年 9 月 27 日，北京市法宣办召开首都律师"以案释法"推进会暨行政执法人员"以案释法"宣讲团成立仪式大会，通过案件的宣传来实现普法的效果。虽然这里的宣讲团只由行政执法人员组成，但是已经在"以案释法"的道路上迈出了一步，接下来势必会相继成立队伍更加丰富、形式更加灵活的宣讲团，通过活生生的案例来透视法律以及其背后的法治观念。参见《首都律师"以案释法"工作推进会在京召开》，《民主与法制时报》2016 年 9 月 29 日第 142 期。

人权保障与软法关系探究

王瑞雪[*]

引 言

无论在国际还是国内法论域，随着公共治理的蓬勃发展，承担公共任务、治理功能的主体越发多元化，相应的，人权要义须嵌入整个治理网络，承担人权责任的主体亦日趋多元。"社会组织与人权""企业的人权责任"等议题，都是从这个角度阐发的。规范与秩序，是制度变迁中最值得关注的议题之一，人权责任分担与合作须是一个具有规范性的机制。而在该规范性机制中，软法则发挥着至关重要的作用。软法是指那些不能运用国家强制力保证实施的法规范，它是相对于硬法而言的，软法对日益兴起的公共治理、私人规制的崛起进行了法学理论回应。[①] 私人主体的崛起意味着在国家权威之外，在社会和市场中萌生的权威已经越发重要，硬法只是给这些规制与治理行为提供了边界，而具体的规范须依靠软法供给。在这样的理念下，任何团体、组织或制度——不管是或不是国家——都可以行使"法律"职能；法律被看成具有联结"职能的"一般规范准则。[②]

在公共治理的背景下，"人权责任主体多元化与软法"就成为"人权与法治"的子议题。国家与社会关系的变迁，行政法组织形态的变化，人权责任主体及其责任履行方式的变迁，规范形式的变迁，都在同一个通顺

---

[*] 王瑞雪，南开大学法学院讲师，南开大学人权研究中心研究人员，法学博士。本文是 2015 年度中国应用法学会软法研究会、北京大学软法研究中心青年项目"经济规制与软法"的阶段性研究成果。

[①] 参见罗豪才、宋功德《软法亦法——公共治理呼唤软法之治》，法律出版社，2009。

[②] 〔美〕弗里德曼：《法律制度——从社会科学角度观察》，李琼英、林欣译，中国政法大学出版社，1994，第 10 页。

的逻辑框架内得以相互印证。不具有强烈的等级性、并非依靠国家强制力的软法，强调自愿遵从与协商，以一种相互作用的方式，通过柔性的工具机制，对更广泛、更深刻的人权责任进行了整合。同时，人权与软法之间的关系，并非仅仅是一个目标与规范的问题。在国家与社会的合作关系中，在行政法组织形态多样化背景下，在人权责任日益深化、人权责任主体不断多元化的背景下，在规范的协商性、灵活性与合法性、正当性并重的要求下，软法是人权责任分担与合作的重要规范供给者，人权则是包括软法在内的整个秩序体系的核心价值。有鉴于此，本文将结合人权在公共治理背景下呈现的分担与合作的趋势和特点，阐述人权保障缘何诉诸软法，以及通过软法保障人权的不同维度。

一 缘何人权保障需要软法

公共治理的发展变迁带来了人权责任迈向分担与合作的趋势，带来了更大的规范难题，这些难题是在传统的人权与法治议题下所不曾遭遇的。我们必须考虑的是，人权责任从仅仅归于国家发展到相关私人主体亦在某些情境下承担人权责任，其立法路径选择为何？对此，著名宪法学者马克·图施耐特教授（Mark Tushnet）在美国法语境下提出了两种进路，其一是国家将由私人行使的社会权力有效控制起来，由负责法律解释方向的美国最高法院将人权保障的义务加诸私人主体，但这极有可能带来地方自治与私人自治被蚕食的巨大风险；第二条进路是直接让私人主体承担社会福利权的某些义务，却又获得了赤裸裸的将国家义务转嫁的批评，也容易让人质疑私人执行机制的效力与效率。①

这样的两难，正如庞德很早就指出的，模糊不清的义务具有很大的道德意义，却超出了法律的执行范围。② 将人权责任分担与合作的制度落实到正式立法框架中，无论选择哪条路径均需要艰辛的努力。不过，这种自

---

① Mark Tushnet, *The New Constitutional Order*, Princeton University Press, 2003, pp. 91 – 92, 99, 转引自〔英〕安德鲁·克拉帕姆《非国家行为人的人权义务》，陈辉萍、徐昕、季烨译，法律出版社，2013，第 703 页。
② 〔美〕庞德：《通过法律的社会控制：法律的任务》，沈宗灵、董世忠译，商务印书馆，1984，第 120 页。

上而下的立法路径虽艰辛漫长，但也取得了很大的进展。最突出的就是作为社会法分支的劳动法的兴起，企业的人权保障责任中最为基础的部分进入了立法。我们须看到，在人权责任分担与合作的视野中，一方面，国家之外的其他主体亦须在某些领域和情形下规范化地承担人权责任；另一方面，国家立法在向其他主体赋予人权义务时却须更为审慎，通过国家立法自上而下地向市场主体和社会组织课以任何一种新的强制义务在法律上都是颇难推进的，在经济学、政治学上也是需要无数论证的，于是这里就出现了更大的规范需求，如果立法过程漫长而不得，就可能出现规范赤字。此外，如果说普遍的尊重人权义务较容易解释，那么令政府之外的其他主体承担保障人权、发展人权的义务，立法路径就更为艰难了；即使进入立法，以司法为后盾进行强制性保障，也有可能收效甚微。"日益复杂的社会对法律的步步紧逼将继续维持下去，因为法律的有效回应还没有展开。"①

虽然立法维艰，但人权责任的分担与合作绝不能仅仅是空泛的理论主张，而须在法治的规范性体系下具体实现，否则治理体系将陷入宽泛脆弱的不稳定状态。其危机一方面是政府遁入私法，卸下诸多责任，另一方面是私人主体根据民法精神与契约自治，并不承担公共责任。即使政府以事后补救的方式承担了所有的不利后果，也并没有真正解决治理过程中的难题，"政府照旧不能克服信息不完备和扭曲、难以预期私人部门或者非政府组织的反应等固有的困境。作为唯一治理者时曾经失败的政府，在对治理机制开启、关闭、调整和另行建制时，其固有局限并未消失"②。在真

---

① 卢曼：《一种法律的社会学理论》，转引自〔英〕马丁·洛克林《公法与政治理论》，郑戈译，商务印书馆，2002，第 359 页。

② 治理的要点在于目标定于谈判和反思过程之中，要通过谈判和反思加以调整。就这个意义而言，治理的失败可以理解为由于有关各方对原定目标是否仍然有效发生争议而又未能重新界定目标所致。用国家或自组织替代市场并不能消除影响经济顺利运行的深层障碍。因为自组织没有用非资本主义的原则取代市场原则，也没有在市场与国家之间更谈不到在资本与劳动之间引进一个中性的第三者。它反而增加了一个资本主义的种种难题、矛盾和对抗其中包括常常以资本积累和政治合法性之间的冲突这一形式来讨论的那些矛盾得以充分表现的领域。参见〔英〕鲍勃·杰索普《治理的兴起及其失败的风险——以经济发展为例的论述》，《国际社会科学》2009 年第 2 期。

实世界的治理过程中，人权责任还是发生了减损或赤字。而有效的规范性虽然不能解决全部的问题，却是建立治理秩序、规范治理责任的最重要依托，这也或许是法学界为此问题提供的最重要的解决方案。

很容易可以分辨，这种规范性的法律机制，无论理论与实践，都首先指向了传统的规范——国家立法（也就是与软法相对的硬法）。然而，硬法不足以供给人权责任分担与合作语境下的规范需求。规范性的供给需要依托国家正式立法之外的渊源。由于强调层级性与国家强制执行力的硬法并不具有足够的规范供给能力，因此更强调自愿遵从与实际效果的软法成为建构其规范性的另外选择。不具有强烈的等级性、并非依靠国家强制力的软法，强调自愿遵从与协商，对徘徊在法律与道德之间的更广泛、更深刻的人权责任进行了整合。

软法对人权责任主体的规范作用与硬法是不能完全割裂的。一方面，软法的规范作用不同于硬法，却与硬法规范有着十分重要的关联，软法规范不能违反硬法规定，软法的规范作用与具体机制须符合相关领域法律的规定，同时软法的效力机制有时也与硬法相关联。软法与硬法作用场域、作用机制虽然不同，但彼此的互通联结仍然十分紧密，所以"软硬法混合"的进路才是适宜的。在这种情况下，软法规范须遵守宪法、法律的规定，是对软法规范提出的重要要求。软法对不同主体人权责任承担的种类、程度、方式的规范，必须满足法律划定的底线规定。事实上，软法与硬法的分工也大抵如此，硬法为人权责任设定底线要求与基本框架，软法旨在推动人权更高程度的实现。另一方面，虽然软法与硬法有所关联，但更重要的是，软法具有与硬法相互独立的空间，软法对人权责任的规范性不仅体现于在硬法的基础上提出更高的要求，还体现于在自上而下推行的硬法体系之外，软法自生于政府权威之外，对不同主体提出规范性要求。此外，同样不能忽视的是硬法向软法的流转，西方也有学者称之为"去立法化"（Delegalisation）进路，在一些政府让渡权威或希冀更多柔性治理、多元参与的领域，原本自上而下的硬性规范很有可能减弱并转换执行机制，成为软法规范。①

二 与人权相关的软法规范分类

人权论域下的软法规范庞杂，很难进行周延的分类。依据软法与人权的关系，人权论域中的软法规范大致可以分为两类，第一类是倡导人权理念、规定人权责任或协调人权领域合作的软法规范，亦即内容关涉人权的软法规范。内容关涉人权的软法规范又能大体三分，其一是整体性的、涉及各项人权的较为宽泛的人权规范；其二是对某一责任主体设定人权责任的软法规范；其三是就某一种基本权利进行规定的软法规范，规范内容中不一定提及"人权"字眼，而是直接对该种权利的保障进行规范。第二类是受人权影响与形塑的软法规范，其是一个更广的范畴，旨在软法规范制定中有人权因素的衡量与注入。从人权对行政法的形塑作用角度来理解人权责任的分担与合作，内在逻辑是将人权作为深嵌于宪制的核心价值，随着公法疆域的扩展而扩展。这一类规范在订立时考虑了人权的软法规范，不仅很有可能全文中没有"人权"字眼，甚至极有可能任何"权利"都没有在字面上体现，人权以一种理念与价值成为规则正当性的内在要求与条件。

根据软法的生成机制，人权论域的软法规范大致可以分为两类，第一类是由公权力主体发布的关于人权的非正式规则，亦即发布主体具有颁行硬法的权力，但以软法为规范工具来保障人权。这一类规范是一种自上而下的生成机制，其中又可以三分，其一是正式的国际政府间组织发布的与人权相关的软法规范，譬如联合国的有关规范；其二是正式的区域政府间组织发布的与人权相关的软法规范，譬如欧盟的有关规范；其三是主权国家的有权国家机关发布的与人权相关的软法规范。第二类是由私人主体发

---

① "去立法化"包括两个层次，第一个是从硬法向软法的转化，也称为有限的去立法化；第二个是从硬法与软法向非法律规范（non-legal norms）转化，称为完全的去立法化。See Terpan F. , "Soft Law in the European Union—The Changing Nature of EU Law," *European Law Journal*, doi：10. 1111/eulj. 12090（2014）.

布的关于人权的非正式规则，亦即发布主体不具有颁行硬法的权力，是由于其社会或市场中的权威而使其规则可以获得自愿遵从，这一类规范是在社会与市场论域中自生自发的。相应的，这一类规则也可以三分，其一是跨国私人治理主体发布的与人权相关的软法规范；其二是区域范围内的私人主体在共同体内获得自愿遵从的软法规则；其三是在一国范围之内，由私人主体发布的关于人权的软法规范。

更具体的，仅针对人权分担与合作框架下的软法规范进行分析，关涉人权的软法又可以粗略分为两类，第一类是设定不同主体人权责任的规范，包括政府与私人主体；第二类是协调不同人权主体如何承担人权责任的软法工具，包括如何沟通、协商、合作、制约，等等。从理论上而言，法律的本质在于其规范性，规范的合法性（Legality）是没有等级（Degree）的。也就是说，硬法框架下上位法优于下位法的规则在软法中并不适用，不仅政府可以向自身、向私人主体发布软法规范，私人主体也可以向政府发布软法规范，只要在相应的领域具有足够的权威性和影响力即可发挥效果。

三　软法对政府承担人权责任的规范

通过硬法来设定规则，可以简单理解为一个双向度的问题，以最典型的国家立法为例，如果国家通过立法设定了私人主体的责任与义务，那么至少具有两个向度的意义，其一，私人主体须遵守该法律；其二，国家负有保障该法律实施的义务。但如果以相同的视角来观察通过软法来设定人权规则，会发现这种双向度指向了一个悖论：其一，软法规定指向了被规定者可以自愿遵从的人权责任；其二，软法规定所指向的软法发布者往往并没有监督保障责任。这部分的责任似乎凭空蒸发了一般：各个主体不过是在执行与适用标准与规则，所以不应当承担责任；而私人的标准的制定者，又不过是在制定没有法律强制约束力的软法规则。即使规则是由政府制定的，也通常为行政机关制定的非正式规则，几乎逸于司法审查之外，且事后审查的方式对于其制定程序的透明度与合理性很难有实质性的影响效果。于是，在公私权威越发相互渗透的软法论域，反而有产生更严重的责任问题的疑虑。

解释这一疑虑还是要从软法本身的特性谈起，软法并非是自上而下强制实施的，所以虽然由于发布主体的权威性、共同体内共识程度、所包含的制约与激励因素等，在时间、地域、对象、事项等方面实际效果存在重大差异①，但软法规范的合法性总体来说是没有等级的，或者说并不是通过层级来区分的，这一点与硬法殊为不同。也正因为如此，不仅政府可以通过软法来进行自我规制与外部规制，私人主体也可以发布软法规范对政府与其他主体产生影响力。这种相互作用的规范方式，不是依靠有形的国家强制力自上而下，不拘泥于强制性的遵从与保障，而是发生在无形的公共治理网络中。② 这样的规范框架也是与权威分散后的监管难题相连的，自愿性与强制性相结合的规范体系才有可能解决合作所带来的监督与保障问题，才有可能给人权责任共担的网络提供规范。

（一）外部规范

论及软法有关人权的规定，人们最容易联想到的就是一系列国际软法文件，这类软法文件不胜枚举，最著名的有 1948 年的《世界人权宣言》、1972 年的《联合国人类环境宣言》（斯德哥尔摩宣言）、1993 年的《维也纳人权宣言和行动纲领》，等等。这些软法文件是对现代文明社会中人权保障的重要规范，并在很大程度上可以被视为对国际社会的一些基本共识的反映。然而，这些国际性的软法文件并非笔者关注的重点，这里希望关注的是对人权责任分担与合作具有明确规范性与执行机制的软法规范。

由于软法规范摆脱了自上而下的控制路径，因而对政府设定人权责任的软法规范，既有可能来自政府本身，也有可能来自私人主体。不过，虽然国家尊重私人主体的软法规范十分常见，但接受来自私人主体的软法规范的约束仍是较为少见的，需要从实践中精细地提炼与总结。

---

① 江必新：《论软法效力——兼论法律效力之本源》，《中外法学》2011 年第 6 期。
② 〔英〕安德鲁·克拉帕姆：《非国家行为人的人权义务》，陈辉萍、徐昕、季烨译，法律出版社，2013，第 31 页。

私人主体通过软法，对政府设定人权责任，很多发生在国际法语境下，譬如国际非政府组织软法规范对一国政府提出的规范性要求，也较多地发生在国内法语境中，主要体现在为政府行为设定法定之外的标准评价体系上。譬如美国国务院每年发布的人口贩运问题报告（US State Department's Trafficking in Persons Report）。从更广的意义上看，国内法语境下诸多非官方机构提出的关于政府治理的标准体系，也属于这类软法工具的范畴，譬如北京大学公众参与研究与支持中心发布的"中国政府信息公开评测指标体系"和中国政法大学法治政府研究院评选"中国法治政府奖"所遵循的指标体系就可以理解为对民众知情权的关切，这种指标体系与持续性的排名会对名列前茅的省市县有激励与褒奖作用，对排名靠后的省市县具有警示作用，总体而言，提供了一种通过声誉机制发挥作用的民间规范。

（二）自我规范

上文所述情形，是私人主体通过软法对政府设定规范的情形，另外十分常见的是政府向自己规定人权责任。在软法的论域下，这个问题更多地可以换化为政府通过软法进行自我规制，在更高的程度上履行人权责任的问题。之所以强调更高程度，是因为国家底线的人权责任是由硬法设定的，硬法是国家人权责任的基础框架，更高程度的人权责任实现，才是软法所主要关注的。

从规则制定的角度观察，一种人权类型从现实需求到进入政府的立法保护，通常都要经历一个软法的阶段，这也是软法的一种样态，即迈向硬法的软法，或者被称为硬法的"前状态"。一项规范从"无法"状态，到软法规范，再到正式颁布硬法的进路，几乎或多或少地存在于每一种权利的"入法"过程中，作为硬法前设的软法规范，或作为试行性规定，或作为试验性规定，或作为倡导性规定，是法治国家正式立法前的基本样态。值得注意的是，经过漫长法治发展过程的国家，这种样态的持续时间较长，权利发展更为曲折反复，这一过程更加显著；而法治后发国家由于立法"舶来"因素更多，这种样态的出现很多情形下并非是对权利应否进入立法存在争议，更多的是对具体制度的实施方式进行试验。总体而言，这一类软法是以硬法为发展目标的，虽然发挥着重要的作用，但并不是典型意义上的软法。典型意义的软法是灵活自愿的治理工具，并不以成为硬法规范为主要目标。

回到政府通过软法促进更高程度上的人权责任履行的角度，由于所涉规范众多，还是需要通过简单的分类来加以论述，这里暂且将其分为两类，第一类是倡导性的软法规范，第二类是作为协商与实施机制的软法规范。第一类倡导性的软法规范，"国家人权行动计划"可以提供一个讨论的范例。"从法律上说，国家人权行动计划属于政府关于人权保障的阶段性政策性文件，虽然本身并不像法律条文一样具有法律约束力，但是，它是落实尊重和保障人权的宪法原则以及相关法律法规的政策性措施，是结合政府职责和任务制定的国家规划，是宪法和法律在政府工作中的具体化。"[1] 第二类作为协商与实施机制手段的软法，通常具有明显的约束与激励要素。譬如在《中华人民共和国国民经济和社会发展第十一个五年规划纲要》以及《国务院关于落实〈中华人民共和国国民经济和社会发展第十一个五年规划纲要〉主要目标和任务工作分工的通知》（国发〔2006〕29 号）中，就将单位 GDP 能耗降低 20% 列为"十一五"规划 8 个"约束性"指标之一，同时作为干部考核的内容之一。将这些计划看作软法规范，并不仅仅因为它不具备正式的立法形式，而是这些计划实施所需要的大量行动，是在协商的基础上实现的，不是一刀切的、自上而下贯彻的，《国务院关于"十一五"期间各地区单位生产总值能源消耗降低指标计划的批复》（国函〔2006〕94 号）详细说明了各个省（区、市）的节能减排目标，这被认为是中央跟省一级政府经过长期协商所达成的结果；而各省（区、市）具体到各企业的层层分解下达，也同样是一种协商、协调的结果。[2] 这种通过协商的落实，需要耗费大量的时间，需要阶段性地调整目标与方法，需要不同地域、领域的区别对待，需要对环境权、发展权、私人财产权的保障进行时刻的平衡，在中央层级很难通过国家立法来概括性

---

[1] 柳华文：《具有软法性质的人权事业新蓝图》，《法制日报》2012 年 6 月 13 日，第 7 版。

[2] 韩博天、奥利佛·麦尔敦：《规划：中国政策过程的核心机制》，《开放时代》2013 年第 6 期。

解决，在地方层面也很难通过地方性法规来笼统对待，硬法是追究法律责任的利器，却难以仅通过法律应对复杂的行政管理实践；软法本身并不是以司法为中心的规范体系，而是强调治理与规制的过程与效果。软法的灵活性与协商性在此例证中获得了充分体现，但同时也表现出在一定情境下，与软法相伴的政府规制能够发挥作用仍须依靠"压力型体制"。① 在软法兴盛的欧盟就有学者指出，欧盟软法远比国际软法更加在科层制的阴影下，这使得软法规则的执行力更强。很多情形下，即使软法规范在形式上提供了可选择的遵从（so-called optional instrument），却已经具备了事实上的强制力。② 类似地，大国治理对软法的需求，也可以理解成在自上而下的科层制体系下，对灵活协商的治理手段的需求，不仅欧盟，美国③、加拿大④都有学者在这个意义上探讨软法。

在这个意义上的软法，并不是要偏废科层制，不是要在政府内部也完

---

① 关于我国地方环境治理在"压力型体制"下的激励机制，参见冉冉《"压力型体制"下的政治激励与地方环境治理》，《经济社会体制比较》2013 年第 3 期。

② Anne Peters, "Soft Law as a New Mode of Governance: A Legal Perspective," in Udo Diedrichs, Wulf Reiners and Wolfgang Wessels (ed.), *The Dynamics of Change in EU Governance*, Edward Elgar Publishing, 2011.

③ 美国著名行政法学者 Jerry L. Mashaw 曾撰写评论指出，在美国，2007 年发布的 13422 号行政命令，以及管理和预算办公室（OMB）随之一同发布的《良好指南实践》，是为了规范行政机构发布指南以实现良好治理的一项努力。但由于这种"软法"通常不会受到司法审查，也豁免于《行政程序法》参与性和透明度的要求。这些替代性的指导性文件，很大程度上改变了行政机构的规则。因此，该行政命令要求，行政机构的指南作为软法，如果产生了显著的经济影响，也将受到类似于《行政程序法》通告与评论程序的约束。此外，所有重要的指导性文件必须向管理和预算办公室、信息和规制事务办公室提交，并在行政机构的网站上公布。并且，规制机构必须订立年度规制行动计划，确保指南的发布是一个连续性的充分考虑的官方行为。但作者对此存有质疑，认为对指南这样的"软法"进行这样的程序性限制是不是一项明智的政策，是否会导致高昂的成本和效率的低下。See Jerry L. Mashaw, "Soft Law Reform or Executive Branch Hardball: The Ambiguous Message of Executive Order 13," 422, 25 *Yale J. on Reg.* 97, 2008.

④ 加拿大有学者即将加拿大联邦对各州责任的加强，类比欧盟对各成员国的控制，根据她的研究，在加拿大，公共年报机制（public annual reports）是促进各州加强责任承担的一种软治理方案，遵循一种共同制定远期目标—各地方分别实行—向公众报告的模式，由此共同可以对不同区域的执行情况进行对比。2003 年，加拿大成立了一个第三方规制机构 Health Council，每年对各地方医疗卫生状况发布年报，该委员会既有联邦代表，也有地方代表，既有专家，也有公众，它也成为政府与非政府机构对话的纽带。See Julie M. Simmons, "The Role of Citizens in the 'Soft Law' of Select Social Policy Areas in Canada and the European Union," 56 *Canadian Public Administration* 270 (June 2013).

全改变自上而下的活动方式，并非致力于将政府内部完全改造成扁平式，而是将政府内部运行中的协商机制、协调机制纳入法治化的视野中，将人权嵌入政府的内部运行与决策中，承认、鼓励、规范这样的沟通与协商，也可以理解为软法规范下的一种行政组织的法治化、行政过程的法治化。如果用严格甄别法律责任、通常最终指向司法审判依据的硬法来承担这样的任务，并不恰当，也不适合。

四　软法对私人主体承担人权责任的规范

由于私人主体中分类复杂，下文将主要讨论软法对企业设定的人权责任。一种情况是外部规范，譬如国际社会、政府、社会组织或其他企业，另一种情况是企业的自我规制，譬如企业自己发布的一些企业社会责任、企业人权责任的倡议和报告以及企业内部规范等。

（一）外部规范

国际社会对于企业人权责任的持续关注，多聚焦于劳工权与环境保护义务上。[①] 企业与人权的议题是一个充满悖论却必须推进的议题，一方面对于公司法来讲，企业保护人权往往会提高成本而不会增加企业收益的活动，颠覆了股东权益至上的理念；另一方面，对人权法而言，传统上国家对保护人权负有全面的义务，企业主动保护人权似乎冲淡了国家至上的原则。学界提出了"人权企业主义"（Human Rights Entrepreneurialism）的说法，并将其置于国家与市场的交界处，置于公法与私法的交界处。[②] 形成鲜明对比的是，二十世纪六十年代在联合国框架内倡导的规制跨国公司

---

① Oren Perez, "Private Environmental Governance as Ensemble Regulation: A Critical Exploration of Sustainability Indexes and the New Ensemble Politics," 12 *Theoretical Inq. L.* 543, 2011.

② 该学者指出，对于人权法，我们不应过分拘泥于所谓的公法与私法的分野，而是要直面全球化的两个面孔：一个是国际贸易不断扩张；另一个是人权理念不断加深影响。See Ralph G. Steinhardt, "Soft Law, Hard Markets: Comparative Self-Interest and the Emergence of Human Rights Responsibilities for Multinational Corporations," *Brook. J. Int'l L.* 933 (2007 – 2008).

的国际公约最终未能成型。相反，若干年后由联合国秘书长倡议的全球契约（Global Compact）却获得了成功：它没有约束力，并且在很大程度上没有效力渊源，联合国仅仅是为企业自愿承担人权、环境与劳工保护责任提供一个广阔的空间。① 《关于跨国公司与其他商业企业人权责任的相关规范》是联合国软法规范中极具代表性的文件之一，它通过对企业利害关系人进行广义解释，将人权责任广泛扩展到了企业。根据其规定，企业的利害关系人不仅包括股东，还包括企业所有者、工人以及他们的代表，还有其他受到企业行为影响的个人或团体。这里虽然着重突出了跨国公司，却并不限于跨国公司，"其他企业"的定义囊括了几乎所有形式的企业。② 同样十分重要的是 2011 年 7 月联合国人权委员会专门就企业的人权责任问题所发布的指导性原则。③ 该原则是联合国人权与跨国公司和其他工商企业问题秘书长特别代表（Special Representative for Business and Human Rights）六年工作的突出成果，也是为了执行其 2008 年提出的"保护、尊重、救济"（Protect，Respect，Remedy）的人权框架，旨在鼓励（而不是要求）企业遵守人权规则、承担企业责任。国际法学者 Justine Nolan 指出，与企业相关的侵犯人权领域（business-related human rights abuses）的软法规范数量众多，与很难向企业课以直接的法律义务密切相关。为了弥补法律空白，近二三十年来，针对企业的软法规范逐渐发展起来，同时亦应当警惕大量颁布规则给企业造成的过重束缚。④

社会与市场主导的软法治理也是为企业设定人权责任的重要方面。人

---

① 更为深入的讨论，可见 Viljam Engström, *Realizing the Global Compact*, Helsinki,（2002）。

② See "Norms on the Responsibilities of Transnational Corporations and Other Business Enterprises with Regard to Human Rights," http://berkleycenter.georgetown.edu/publications/norms-on-the-responsibilities-of-transnational-corporations-and-other-business-enterprises-with-regard-to-human-rights.

③ See "Human Rights Council, Human Rights and Transnational Corporations and Other Business Enterprises," UN Doc. A/HRC/RES/17/4,（6 July 2011）, www.businesshumanrights.org/media/documents/un-human-rights-council-resolution-re-human-rights-transnationalcorps-eng-6-jul-2011.pdf（last accessed 16 August 2012）.

④ Justine Nolan, "The Corporate Responsibility to Respect Rights: Soft Law or Not Law?" in S Deva and D Bilchitz（eds）, *Human Rights Obligations of Business: Beyond the Corporate Responsibility to Respect*? Cambridge University Press（2013）.

权非政府组织是对企业人权责任具有重要影响的私人主体，它们常常以扮演规制角色的公共利益集团的样态出现，而非仅是一种呼吁、宣传或者募捐机构。[①] 当代人权非政府组织在行动策略上已经产生了很大的改变，一方面，仍然没有放弃影响传统规制工具的努力，另一方面，也开始重视对私人的、软法的治理工具的关注。社会组织与企业被置于一种极为复杂的关系中，合作与竞争并存，它们既关注企业对人权的侵犯，采取对抗性策略谴责企业不负责任的行为，例如，它们通过各种形式的媒体收集和发布关于企业行为的信息，组织"点名与羞辱"运动，精心安排世界范围内的消费者抵制；另外，也建立自愿遵守的标准与认证体系，构建具有影响力的指标体系是私人规制者常用的约束企业人权责任的方式，譬如全球环境指数、富时社会责任指数与道琼斯可持续发展指数。总之，多种私人软规制方案的综合运用能够形成合力，促进某项人权标准积极与稳定的实施，很多情境下其效率并不低于公权力主导的硬规制。[②]

当然，公权力主导的也并不都是硬规制，软法治理模式在促使企业承担人权责任中扮演了越发重要的角色，这很大程度上是由于政府向企业提出人权责任要求，能够更加深刻地触及国家与市场边界问题，触及国家监管角色的问题，这样复杂的立法环境，也就更需要软法来推进制度化、规范化。在这个意义上，政府通过提供一种自愿性的认证体系来激励企业行为成为常用的治理工具。美国对纳米技术的监管就采用了自愿性认证体系的思路，加入政府自愿性认证体系的企业，应当向政府披露其产品安全指数、数据变量以及风险管理措施，接受政府监督下的安全测试。[③] 浙江省杭州市萧山区政府的自愿认证体系也是一个典型范例。萧山区政府发布的《企业和谐劳动关系

---

① 有学者指出，社会组织的人权价值包含三个层面：一是社会组织的存在本身就体现了结社自由这一重要人权；二是社会组织通过自身活动发展了其他人权；三是社会组织通过参与纠纷解决保障了其他人权。参见王堃《论社会组织的人权价值》，《广州大学学报》2015 年第 5 期。

② Oren Perez, "Private Environmental Governance as Ensemble Regulation: A Critical Exploration of Sustainability Indexes and the New Ensemble Politics," 12 *Theoretical Inq. L.* 543（2011）.

③ Gary E. Marchant, Douglas J. Sylvester and Kenneth W. Abbott, *A New Soft Law Approach to Nanotechnology Oversight: A Voluntary Product Certification Scheme*, 28 UCLA J. Envtl. L. & Pol'y 123（2010）.

标准（试点版）》，对企业提出了 8 个方面共 29 条要求，包括劳动合同、工资、社会保险、劳动保护、企业文化、民主管理、企业工会、企业党建等，这些要求基于法律又高于法律的底线标准。萧山区政府对申报"劳动关系和谐企业"进行公示、认证，授匾挂牌，并进行动态管理，每年进行审核。广州市也出台过这样的标准，《广州市创建劳动关系和谐企业、工业园区和示范区标准》创造了劳资和谐分级制度，分为劳动关系守法和谐企业标准（A 级标准）、劳动关系诚信和谐企业标准（AA 级标准）以及劳动关系全面和谐企业标准（AAA 级标准）；深圳市《深圳经济特区和谐劳动关系促进条例》则以条例的形式发布。但是萧山区不仅仅规定了这样一个标准，更是将其主动运用于实践，在政府的大力推行下，越来越多的企业开始更为注重保护劳动者利益。获得"劳动关系和谐企业"认证，成为对所有当地企业的一个软约束机制与激励机制。获得劳动报酬权、福利权、平等协商权都是劳动权的重要内涵，而劳动权又是生存权、发展权的核心权利，萧山区政府颁布的《企业和谐劳动关系标准》，作为一项软法实践，为保障劳动权权益提供了一道屏障。

（二）自我规范

除却外部规范，企业通过发布自身的人权行动规范与企业责任框架，进行自我约束，主动参与人权责任的分担与合作，也是晚近的重要趋势。外部规制与自我规制，并非分别将重点置于控制与自由之上，而是各自均须关注控制与自由这两个维度。企业的自我规制，意在为自身行为提出更高的标准和要求，并且规范地履行之。这既有利于企业自身的发展，也在很大程度上能够获得监管机构和消费者的认同。

在自愿性私人规制中，最"软"也是最基本的机制就是企业行为准则。企业行为准则和企业社会责任报告主要是向外部利益相关者说明企业社会与环境影响和企业人权责任承担状况的自愿行为。企业的行为准则可以采取许多种不同的类型和方式——其范围、标准、监督与执行机制往往都差别很大，既有可能只是某个企业的规范，也有可能被相关行业的诸多企业采用。同时，企业也可以接受国际组织、非政府组织或贸易协会已有的规范文本，或者独立起草或与其他利益相关者进行合作。这些被视为软法的规范，从范围来讲，涵盖了诸多企业相关议题，譬如企业治理、预防腐败、劳工标准、环境保护等，从含糊的声明到具体的承诺，形式内容多样。尽管有许多不同之处，但是这些准则核心的相似之处是：它们是由企业自愿遵守的，通常来说高于国家法律要求达到的水平。它们依赖于民间社会组织，利用市场机制监督与执行。这些私人规则制定者需要可靠的信息源以使其成为更强势的监管者。如果离开了关于企业环境实践、成就与目标的可信数据和比较性信息，"市场美德"将无法实现。①

须承认，要求企业做出单纯的利他行为是违反经济理性的，经济驱动在企业人权责任议题上是一个有瑕疵的驱动因素。因此，在企业社会责任的软法约束与企业利益之间寻求一个平衡非常重要，综合考量经济、环境和其他目标，通过增加员工认同感和塑成企业文化等手段，在组织和个人层面实现弱化经济诱因的良性循环。在这样的情境下，软法的灵活性成为能够与企业利益融合的重要因素。②

晚近许多企业出于与政府保持良好关系的考虑，出于更好声誉的建构以及建立行业内优势地位、打压同行竞争等考虑，开始主动在企业人权责任的框架下约束自己的行为，这往往意味着"超越（强制性义务的）遵守"。③ 早有研究企业社会责任的学者指出，确认这种责任的法律规范实为"软法"，它主要通过责任目标内化于企业的商业行为和治理结构之中，以实现企业的"自我管制"；通过保护利益相关者的实质性和程序性权利，提高利益相关者的谈判抗衡力量以实现市场的自发对抗；并以声誉机制和非政府组织的作用作为责任的实施机制的补充。④ 很多时候，声誉可以是

---

① Zvi IR, "You Are Too Soft!: What Can Corporate Social Responsibility Do For Climate Change?" 12 *Minnesota Journal of Law*, *Science & Technology* 527（2011）.

② Oren Perez, "Private Environmental Governance as Ensemble Regulation: A Critical Exploration of Sustainability Indexes and the New Ensemble Politics," 12 *Theoretical Inq. L.* 543（2011）.

③ Tim Bartley, "Certification as a Mode of Social Regulation 3（Jerusalem Papers in Regulation & Governance, Working Paper No. 8, 2010）," available at http://regulation. huji. ac. il/papers/jp8. pdf.

④ 周林彬、何朝丹：《试论"超越法律"的企业社会责任》，《现代法学》2008 年第 2 期。

一种软实力，用以塑成其他企业的行为，影响其他企业的运行模式。^①当然，这也引起了一些学者的批评，认为这些软法规范的生成只是一种对新市场秩序的回应，而不是真正面向需要保护的群体，没有真正面向人权，也被总结为伪善性。^②但这些批评在很大程度上是一种吹毛求疵，因为这些自我规制本来就是基于压力而产生的，很难是由于企业盈利的本身驱动性产生，这些自我规制也处在国家与社会的监控之下，既依靠其本身的自愿性实现，也由治理网络的其他主体监督其实现，尤其是受到公权力的监管。

尽管私人主体的人权承诺是自愿性质的，很难受到硬法的制约，但是政府倾向、公众意见、利害相关人，甚至国内外的非政府组织，都会就人权标准的适用向企业施加影响。行业之间的"趋同压力"也是其普及蔓延的重要原因。^③企业借由公私方案（public-private initiatives），如合作规制与协商协议（negotiated agreements）以及单方自愿守则（unilateral voluntary practices）如加入认证体系，接受行为准则并发布年度企业社会责任报告的形式，成为新型规制实践的积极参与者。^④

五　软法对人权责任合作的规范

人权责任的分担是合作的基础，规范地各司其职本身就是一种合作的样态，但那已经在前面两个部分详细讨论过了。这一部分重点关注合作过程中的协商与沟通机制，力图在规范的框架下讨论人权责任合作的协商与沟通机制，而不是内部的、随意的合作形式。规范的协商与沟通，是由多主体组成的治理网络有序运行的必要条件，是合作网络的权威性的保障。

如果希望将政府、市场和公民社会的相互关联又彼此独立的不同主

---

① Joseph S. Nye, Jr., "Soft Power: The Means to Success," *World Politics* 5 (2004).
② Lorenzo, Rocío Alonso, "Untangling the 'Transnational Social': Soft Affirmative Action, Human Rights and Corporate Social Responsibility in Brazil," *Focaal*, Volume 2010, Number 56, Spring 2010, pp. 49 – 61 (13).
③ 刘志云：《赤道原则的生成路径——国际金融软法产生的一种典型形式》，《当代法学》2013 年第 1 期。
④ Neil Gunningham, "Environmental Law, Regulation and Goverance: Shifting Architectures," 21 *J. Envtl. L.* 179 (2009).

体、不同领域，视为一个综合的、环环相扣的体系，那么其实是一种更多地通过软法或者更灵活的程序，来推动促进并规范协调过程的体系。在合作治理的许多情形下，政府都通过软硬兼施的方式，将人权注入整个治理网络中，一方面着重保障该领域所涉及的公众的广泛基本权利；另一方面注重该领域所涉企业的基本权利。一方面，在更柔性的机制中，公权力机构与被规制者之间的对话可以修正具体规则的不足，缓解确定性与灵活性之间的紧张关系；但另一方面，这样的协商也容易让行政机构陷入复杂的规制困局中，增加其被俘获的风险，提高工作难度。日本学者提出的"对话型行政法学"[①]、英国学者提出的"规制中的对话"[②]，在表达其优益性的同时，也都阐发了其可能的风险。在这个意义上，更加具有规范性的软法工具就更为重要，它们很多时候作为硬法措施的前摄工具出现，以避免随意性。譬如荷兰政府在规制企业行为时，创造了"遵从或解释原则"，要求企业"要么遵守，要么就解释为什么不遵守"，也就是说，尽管对推荐守则的遵守是自愿性的，但是企业还是必须对任何偏离行为进行解释。[③]这种软法实施机制不同于完全的硬法，也不同于完全的倡导性准则。这种遵从机制能够有效达到最低限度的统一性，但整齐划一的规范路径对于良好治理而言显然只是一种次优选择，于是，将灵活性更多地引入新的平衡选择中，以更有效地实现相关弱势群体的权利保障。[④]

总之，以硬规制为后盾的软治理，包括规制协商、自我规制，虽然在规则机制上还有待进一步发展，却是更佳的解决方案。这种软硬兼施已经超越了"科层制阴影"的意蕴。[⑤] 政府可以在监管手段中综合运用、自如

---

① 〔日〕大桥洋一：《变革中的日本行政法理论和体系》，田思源译，《清华法治论衡》第 9 辑。

② Julia Black, "Talking about Regulation," *Public law* (1998).

③ Nerantzidis, Michail and Filos, John and Tsamis, Anastasios and Agoraki, Maria-Eleni K., "The Impact of the Combined Code in Greece Soft Law: Evidence from 'Comply or Explain' Disclosures (December 10, 2013)," Available at SSRN: http://ssrn. com/abstract = 2366076 or http://dx. doi. org/10. 2139/ssrn. 2366076.

④ Hooghiemstra and Hans van Ees, "Uniformity as Response to Soft Law: Evidence from Compliance and Non-compliance with the Dutch Corporate Governance Code," *Regulation & Governance* (2011) 5, pp. 480 – 498.

⑤ See Adrienne Héritier & Dirk Lehmkuhl, "Introduction: The Shadow of Hierarchy and New Modes of Governance," 28 *J. Pub. Pol'y* 1 (2008).

切换，将通过契约的治理、利用合意（Consensus）与沟通，与强制性规制手段结合起来，促使企业在更高的程度上承担人权责任。值得注意的是，这种人权责任向企业的分担，反而对政府能力提出了更高的要求，政府的权威、诚信、责任机制、保障措施都越发重要。通常而言，私人规制是不能独立于公共规制而存在的，一项现实的任务不能仅依靠某个主体的行动，也不能只依靠某一种治理工具的运用，软硬结合的综合路径，才是实现人权目标的常态路径。

六　人权对软法的约束

软法中也有可能存在恶法，有可能会造成人权的减损。比如说，如果仅从形式上理解软法，将非正式的规则纳入广泛的软法范围中来，那么在讨论软法的规范性作用时，早已受到热议的"红头文件"就很难获得统一的定位。正如罗豪才教授所指出的，"软法可能是恶法的现实要求，我们必须将软法置于宪法之下，必须接受相关硬法框架的约束，满足法制统一、法律保留、基本权利保护、软硬法衔接等要求"。[①]

这些问题都在提醒我们，关注软法的正当性，将人权内核嵌入软法的设定与实施过程中，是非常重要的问题。将人的尊严的价值注入整个行政法过程中，是人权对行政法形塑作用的核心议题。在前文论述的基础上，将人权作为核心要素深嵌入软法制定与实施过程中，具有尤其重要的意义。一方面，无论司法审查如何发展，软法的制定与实施，都是较容易逸出司法审查之外的，软法的用武之处也更多的在治理过程，而非作为审查

[①] 罗豪才教授曾指出，"与硬法一样，软法本身也有善恶之分。我们在一般意义上所讲的软法是指通过广泛的民主协商和公共参与形成的，体现公共意志，具有柔性、可接受性等特征的'良'软法。但是现实并非总是如此，由于人类本性的缺陷等原因，软法在现实中也可能异化为'恶'软法。例如，社会共同体形成的自治性软法可能产生多数人'暴政'问题、负外部性问题；政府的计划、规划可能产生公众参与不充分，缺乏科学性和民主性的问题；裁量基准可能硬化从而产生压缩裁量空间使裁量僵化的问题；等等。软法可能是恶法的现实要求我们必须将软法置于宪法之下，必须接受相关硬法框架的约束，满足法制统一、法律保留、基本权利保护、软硬法衔接等要求"。罗豪才：《直面软法的问题》（代序），载罗豪才主编《软法的理论与实践》，北京大学出版社，2010，第1页。

的对象或依据。因此对软法而言，确保其尊重与保障人权的更重要机制或许还是在于过程控制。另一方面，当软法涉及对其他主体进行责任规范时，很容易陷入加重他人责任，推卸自己责任的思维中，即使政府也不是铁板一块，一些情况下不仅有内部的推诿，也有向外消弭责任的动机，这时，机制方法的设计必须具有合理性、正当性，综合考量不同的权利、权益，而不能以软性、不具备强制执行力为名，推行正当性欠妥的规范。在人权责任分担与合作的论题下，面对责任主体的扩张，有权威形成规则的主体，应当严格受到人权原则、规则的制约。但面对软法规范，人们很容易产生这样的疑问，范围极广，又被灵活性、协商、沟通、自愿等围绕的软法规则，作为一种规范工具，也有基本的程序要求吗？也有对侵犯人权的防范机制吗？人们很容易在这一问题上陷入纠结，一方面，如果没有程序性控制，那么软法又怎样避免对公民基本权利的侵犯的考虑，只在善治的维度上使用呢？然而另一方面，对软法的制定与实施进行过程控制，无论是增加科学性还是民主正当性考量，都很难对庞杂的软法规则进行统一的设定，这些程序的程度和保障，又成为新的问题，很有可能会束缚软法有效发挥作用，这宛如循环设问般的困境促使我们思考，人权应当如何注入软法规范？

围绕这一问题，著名的软法研究者荷兰乌特勒支大学 Linda Senden 教授及其合作者曾于 2012 年撰写过一份欧洲议会公民权利与宪法事务部门的政策报告，题为《欧盟软法制定程序中的制衡》。该报告指出，出于保护公民基本权利不受恣意行政规则的侵犯的考虑，基于促使非正式的规则符合正当性与善治的要求，欧盟软法须受到一定的程序性控制。[①] 而我国

---

① 尽管基础性条约对这一问题所涉甚少，但第一代机构原则（First GenerationInstitutional Principles）可以被看作已经囊括了对软法制定程序的控制，虽然缺乏精确性。第一代机构原则，主要是指欧盟条约中所规定的咨询（Consultation）、参与（Participation）、一致（Coherency）与有效（Effectiveness）。第二代机构原则是善治与良好行政原则（Second Generation Good Governance/Administration Principles），也包括对专家委员会（Comitology）的运用。在考虑程序控制要素的同时，作者也承认，在具体的软法制定过程中，更多的程序主义（Incremental Proceduralisation）要求是需要的，但更佳系统性的程序主义（systematic Proceduralisation）不应当牺牲灵活性。See Linda Senden, A. van den Brink, "Checks and Balances of Soft EU Rule-making," http://www.uu.nl/SiteCollecti--onDocuments/REBO/REBO_RGL/REBO_RGL_EUROPA/Rapport%20EP%20Soft%20Law%20Rule%20making.pdf.

的规范性文件形式多样，数量极多，呈现层级越低，数量越多，文件质量越参差不齐的状况。对这些政府发布的没有法律的外衣，却实际发挥着重要作用的规范性文件进行程序控制，也是晚近国内各省市法制机构的共同尝试，几乎每个省市都发布了关于规范性文件制定程序的规范。对公权力机关发布的软法规范提出过程控制的要求，已经成为普遍的做法。但对具有治理权威、扮演治理角色的私人主体发布的规则，也进行过程限制，是一个更难得到统一解决的问题，这些软法规范有没有底线的制定或实施要求呢？从理论上来说，虽然外包与分权大大提高了公共治理效率，许多程序和原则亦得以简化，但出于对公共事务民主性、责任性的维护，核心的程序性原则亦应当得以遵循。[1] 因为这些私人主体的权力可能是"软性的"，权威也可能是不正式的，但一旦承担公共任务，本质却是类似的。[2] 信息公开、听取意见这些核心的程序要素，应当对私人主体发布的软法规范也有约束。虽然在实践中，确保私人主体尊重利害关系人知情权、正当程序的权利较难得到监管，但软法的效用发生依靠的是自愿性，"当规则的形成并不仅仅依靠国家强制力时，权威就必须是开放性、参与性的，鼓励协商，说明理由，欢迎批评，将同意当作是对合理性的一种检验"[3]，如果一项由私人主体发布的规则，闭门造车、没有协商、独断恣意、科学性匮乏、民主性不足、程序不正义、可接受性极低，那么也就不会获得自愿遵从。

总之，软法在规范人权责任时，须遵循一定的限度。人权为人类生活织就了一个宽松的网络，在这个意义上，每个主体都应当承担一部分责任，但这样的责任必须是有限度的。软法对人权责任的规范，虽然比硬法更为灵活与可得，但也必须注意不能在希望保护某些人群的某些权利时，侵犯其他人的其他权利。

---

① PL Posner，"Accountability Challenges of Third Party Governance，" in L. M. Salamon（ed.），*The Tools of Government*，NewYork：Oxford University Press，pp. 523 – 551.

② 〔美〕丽莎乔丹、〔荷兰〕彼德·范·丽埃尔主编《非政府组织问责：政治、原则与创新》，康晓光等译，中国人民大学出版社，2008，第3页。

③ 〔美〕P. 诺内特、P. 塞尔兹尼克：《转变中的法律与社会》，张志铭译，中国政法大学出版社，1994，第111～112页。

整体来说，由于人权的分担与合作需要软法来提供规范性，因此软法的制定与实施对权利的实现与责任的行使都有极为重要的作用，所以软法更加不能是随意的，不能将理论与实践中无法通过硬法进行规定的内容不假思索地通过软法来推行。软法本身在致力于规范性的同时，必须不能偏废法的道德性，必须具备正当性或者说合理性，在对人权责任进行规范时，不能没有限度。一方面，国家既有尊重人权的普遍义务，也有保障人权的义务，还有发展人权的义务，既要避免个人自由受到侵害，又须防止和阻止他人对个人权利的侵害，还要对人权的满足与发展承担义务。这些都是宪法与国家立法中所规定的国家义务，似乎并不是我们的讨论范畴。但在具体的责任实施过程中，在软法所发挥作用的规制与治理实践中，政府责任的承担也须遵循人权原则，软法的要求也须有限度，否则这些超过限度的压力，还是会转移为一部分个体的权利损害。另一方面，在向企业设定人权责任的同时，就要区分哪些是尊重人权的责任，由于这一部分的责任设定，很容易溯至上位法的一些原则性规定，因此在尊重人权的维度上，企业人权责任的软法规范限度是较为宽松的。但是，在保障人权甚至发展人权的维度上，软法对企业设定规范就需要遵循更多的限制。应当充分发挥软法柔性、合作、协商的优势，而不是通过非正式性来恣意加重企业负担。

结　语

现代社会的公共治理离不开软法。在公共治理领域全面实施"依靠国家强制力保障实施"的硬法之治，既无必要，也不可能，还不合理。[①] 以现代公共治理的网络化结构为模型基础的人权责任机制，同样面临着相似的问题——硬法立法维艰且不足以对复杂的治理实践进行回应。软法能够在人权责任不断深化与扩展的背景下，情境化地对不同的微观论域的具体

---

① 罗豪才：《直面软法的问题》，载罗豪才主编《软法的理论与实践》，北京大学出版社，2010，第 1 页。

情形做出回应，对治理网络中的多元主体充分尊重并有效整合，并通过不同主体的协商沟通、规范之间的相互流转，促进更高程度的人权实现。

硬法框架与经典的以国家为中心的人权责任理论是相契合的，所有的人权相关立法都指向国家的相关责任与义务，管制模式采取自上而下强制实施的方式。而在软硬法混合的模式中，硬法起到框架性作用和保障性作用，致力于通过不同类型的人权入法、不断提高底线责任、加强监管与救济等方式，为人权实现提供了基础。软法在人权责任分担与保障的框架下，不通过等级与国家强制力来推行责任机制，而是通过合意与合作，通过多元化的软法工具来规范多元化的主体与行为，保持治理网络的良好秩序。这种相互作用的规范方式，直面权力、权威分散，国家中心地位下降后的监管难题，不仅政府可以通过软法来进行自我规制与外部规制，私人主体也可以向政府发布软法规范并产生影响力。

人权对软法的形塑，是对软法道德性的要求。由于人权的分担与合作需要软法来提供规范性，因此软法的制定与实施对权利的实现与责任的行使都有极为重要的作用，所以软法更加不能是随意的，不能将理论与实践中无法通过硬法进行规定的内容不假思索地通过软法来推行，软法本身在致力于规范性的同时，不能偏废法的道德性，须具备正当性、合理性，在对人权责任进行规范时，不能没有限度。

韩国弹劾制度的规范分析

孙汉基[*]

引 言

2017 年 3 月 10 日上午，韩国宪法法院在总统弹劾审判决定宣告中做出历史性决定，8 名裁判官一致决定："罢免被请求人朴槿惠总统"。宪法法院于 2016 年 12 月 9 日启动朴槿惠总统弹劾审判，92 天后，以宣告"罢免总统决定"落下了帷幕。

朴槿惠前总统是韩国宪政史上继李承晚之后第二个在任期内被国民轰下台的总统。1960 年"4·19"革命爆发，面对"3·15"选举舞弊民众抗议示威，李承晚不得不卸任。当时，韩国的宪政危机是通过暴力而非制度性方式得到解决的。相比之下，朴槿惠前总统弹劾引发的宪政危机是在宪法框架内通过民主方式得到解决的。国民对总统亲信崔顺实干政事件和权力腐败丑闻感到愤怒，通过烛光集会表达了对总统的愤怒。代表国民民意的国会提起了弹劾追诉，宪法法院最终引用了国会的追诉。通过由韩国国民建立起来的政治制度，按照规定的程序，民众以和平方式罢免了总统。这表明与"4·19"革命相比，韩国的民主主义在制度建设上不断得到完善。弹劾朴槿惠前总统，可以说是民主主义和宪政主义的胜利，然而，从国家角度来看，按照合法的程序选出的总统任期未满就被强制罢免，这是非常令人遗憾的。造成这一结果的原因可能是多方面的，但最主要的原因还是在于违反宪法和法律的朴槿惠前总统个人。

---

* 〔韩〕孙汉基（Son Han-ki），中南民族大学法学院讲师，法学博士。

一 韩国弹劾制度的概述

弹劾制度是指对于通过一般司法程序难以追究其职务上的违宪违法行为责任的行政部门高层公务员及司法部门的法官，由议会对其进行追诉、处罚或罢免。韩国宪法法院指出："弹劾审判是指当难以通过一般的司法程序或处罚程序对职务上存在重大违法行为的行政部门高层公务员或法官等拥有特殊身份的公务员进行追诉或处罚时，由议会对此进行追诉，从而加以处罚或罢免的程序。"[1] 弹劾审判制度则是指从高职位公职人员引起的宪法侵害中保护宪法的宪法审判制度。

这种弹劾制度起源于英国议会对君主进行制约的必要性[2]，1787年制定的美国联邦宪法首次规定了弹劾制度，之后陆续传播到世界各地，不仅在欧洲，在亚洲、非洲各国也产生了重大影响。

自1948年制定宪法以来，弹劾制度一直存在于韩国社会。随着政治形势的变化，宪法经历了九次修订，具体的弹劾对象、追诉机关及审判机关虽然存在变化，但是弹劾事由——"在职务履行上违反宪法或法律"并未发生改变。目前为止，在韩国被提案的弹劾案件共有十件，五件由国会大会处理，其余五件被废弃。其中，对弹劾追诉进行决议并进行弹劾审判的只有2004年的卢武铉前总统弹劾事件。按照追诉对象分类，对总统进行追诉的有两件，对大法院院长进行追诉的有一件，其余七件则是对检察总长或检察官的追诉。[3]

---

① 韩国宪法法院：2004.5.14.2004 宪 NA（弹劾审判）1。
② 据说弹劾制度起源于中世纪诺曼王朝时期的君主法庭"Curia Regis"。详细内容请参考韩国法院宪法研究院《韩国宪法裁判法注释》，2015年，第634页以下。英国的弹劾制度是"经历很多事件后基于政治惯例逐渐形成的制度，因此很难确定其准确的成立时间。但是，一般认为近代意义上的英国弹劾制度是从14世纪末爱德华三世时期（1327～1377）开始在理查二世时期（1377～1399）形成的。然后在1399年，由亨利四世对之前的先例进行取舍选择后使弹劾制度得以法制化并形成了弹劾追诉程序，从而最终确立了'下院追诉，上院审理'的弹劾审判原则。"详细内容请参见〔韩〕郑万喜《关于弹劾制度的比较宪法研究》，《东亚法学》第32期，第73页。
③ 韩国宪法法院：《宪法裁判实务提要》（第二修订版），第445页。

二　弹劾制度的功能及其效用性

(一) 弹劾制度的功能

在英国起源的弹劾制度虽然在各国形成、发展的过程以及制度的具体内容上存在一定差异，但是它们之间存在一个共同点，那就是它们都是基于限制以君主或总统为最高点的执行权力，即以限制行政部门的权力滥用的理念或原理为基础的。① 从弹劾追诉的主体来看，弹劾制度通过议会实现国民主权，议会所进行的弹劾追诉决议具有对弹劾对象代议性追究责任的意义。因此，弹劾程序的核心主体只能是议会。即便是像德国、韩国一样分离弹劾追诉和弹劾审判的权限，并将弹劾审判的权限赋予作为司法机关的宪法法院，整体弹劾过程也是议会权力和执行权力之间的对峙格局，司法机关只不过是从中做出公正判定的第三者。

议会具有弹劾追诉的权限，从这一点来看弹劾制度可以说是议会牵制和制约行政部门、司法部门的一种手段。但是，由于弹劾制度追究的并不是政治责任，而是法律责任②，所以议会通过弹劾制度对行政部门的国政进行制约的可能性非常有限，且对司法部门的权力制约并不是指基于宪法上的司法权独立对司法部门的审判作用进行权力管制，而是仅仅以违反宪法和法律为由对法官个人的惩罚，因此，弹劾制度作为权力制约手段的功能在现实中所占的比重并不大。③ 弹劾制度虽然是权力制约的手段，然而

---

① 〔韩〕金河烈：《宪法诉讼法》，博英社，2014，第 605 页。
② 韩国宪法第 65 条规定弹劾追诉的事由是"违反宪法或法律"，明确指出弹劾程序是法律责任。特别是韩国宪法第 65 条规定除"违反宪法"以外，"违反法律"也属于弹劾事由，这是因为行政部门及司法部门是否遵守立法部门根据宪法制定的法律的问题和是否遵守包括宪法上权力分立原则在内的法治国家原则直接相关。行政部门和司法部门遵守法律的义务也就是对宪法秩序的遵守义务。韩国宪法法院也指出"宪法为了履行作为宪法保护程序的弹劾审判程序的功能，在第 65 条中明示弹劾追诉的事由是'违反宪法或法律'，使宪法法院掌管弹劾审判，并规定弹劾程序不是政治性审判程序，而是规范性审判程序，由此，弹劾制度的目的是'以是否违宪为理由，而不是以政治性理由'罢免总统"。参见韩国宪法法院：2004. 5. 14. 2004 宪 NA（弹劾审判）1。
③ 〔韩〕韩秀雄：《宪法学》（第 4 版），法文社，第 1481 页。

当前弹劾制度的主要功能可以说是从高层公职人员引起的宪法侵害中维护宪法的保护功能。对此，韩国宪法法院表示，"韩国《宪法》第65条①规定了对执行部门和司法部门的高层公职人员的违反宪法或法律违反行为进行弹劾追诉的可能性，从而发挥警告并事先预防宪法违反行为的功能。另外，当遇到国民委任的国家机关滥用其权力，从而违反宪法或法律的情形，弹劾程序具有以国民的名义重新剥夺其权限的功能。即弹劾审判程序的目的和功能是当公职人员在履行职务的过程中违反宪法时，对其追究法律责任，从而确保宪法的规范力"。②

特别是在实行总统制的韩国，基于权力分立原则，总统在五年的规定任期内对国会不负有任何政治责任。而且，由于韩国没有国民召还制度，所以国民也无法直接追究总统责任。③ 因此，在韩国宪法上弹劾制度是唯一能够要求和贯彻总统等高层公务员遵守宪法和法律的宪法制度。

（二）弹劾制度的效用性

关于"作为法律制度的弹劾制度是否能够很好地发挥其功能"的问题长期以来都存在质疑。早期，德国的总统弹劾制度不仅在魏玛共和国没有

---

① 第65条：①总统、国务总理、国务委员、行政各部部长、宪法法院法官、法官、中央选举管理委员会委员、监察院长、监察委员及其他法律规定的公务员在履行职务中违反宪法或法律时，国会可对弹劾的追诉进行决议；②第1项规定的弹劾追诉应有国会在籍议员三分之一以上的提议，其决议需要有国会在籍议员过半数的赞成。但是，对于总统的弹劾追诉需要有国会在籍议员过半数提议和国会在籍议员三分之二以上的赞成；③受到弹劾追诉决议者暂停行使其职权至弹劾审判；④弹劾决定仅限于公职的罢免，但是，民事或刑事责任并不因此而免除。

② 韩国宪法法院：2004.5.14.2004 宪 NA（弹劾审判）1。

③ 对代议机关更加直接和民主的制约手段有国民召还（Recall）。即对于由选举选出的公务员中有问题的人员，在任期结束之前通过国民投票对其进行罢免的制度，又称为国民罢免、国民解职等。国民召还制作为直接民主主义的一种形态，一般是指以包括总统和国会议员在内的所有通过选举产生的公务员为对象的国民投票制，从历史上来看属于下位概念，主要适用为地域居民召还通过选举产生的地方公务员的居民投票制。自建国以来，韩国一直没有关于召还投票的规定，2006年5月24日在法律第7958号规定了关于居民召还制的法律并从2007年7月开始实施。弹劾制度和国民召还制度所追求的目的是相同的，但是它们的实现方式却有着很大的差异。前者是通过作为国民的代议机关的议会来追究责任，后者则是由主权者国民直接追究责任。但是，和在一些国家的地方自治团体所施行的居民召还制度不同，当前还没有全面实施国民召还制度的国家。

发挥实际作用，在基本法下也同样如此，因此，有人曾提出无用论，罗文斯坦（Karl Loewenstein）也曾主张弹劾制度的无用性。[1] 但是，弹劾制度作为国民主权原理的体现，是通过制约执行部门和司法部门保护宪法的制度，因此不能因为在现实中的实际运用事例过少而否认其有用性。当国家权力的主要负责人因违反宪法或法律等而扰乱宪法秩序时，通过剥夺其公职来矫正并恢复宪法秩序确有必要。另外，弹劾制度并不是只有通过弹劾被追诉人对其进行实际罢免才能发挥其功能，其存在本身就能够起到警告和预防的作用。即使未能达到最终决定，弹劾追诉的提案和决议过程本身也能发挥很大一部分代议性制约机制的作用。[2]

2004 年卢武铉总统的弹劾事件发生之前，弹劾审判制度在韩国只是名义上的制度。但是通过对卢武铉前总统以及朴槿惠前总统的弹劾审判可以看出，弹劾制度具有很大的现实效用。在韩国，总统行使着不受牵制的至高无上的权力，甚至被称为"帝王总统制度"，但是通过这两个弹劾制度的实际运用案件，弹劾制度不仅发挥了权力制约的功能，还起到了保护宪法的实质性作用。

弹劾制度的有用性程度根据政府形态存在差异。议会内阁制国家，可以通过内阁不信任制度追究行政部门高层公务员的政治责任，所以和没有对包括总统在内的高层公务员追究责任的制度性机制的总统制政府形态国家相比，其实效性相对较低。因此，实行议会内阁制的大多数国家都把内阁，即行政部门的公务员排除在公职人员弹劾对象范围之外。例如，在德国只有针对象征性国家元首联邦总统和法官的弹劾制度，在日本[3]和澳大利亚[4]则只有针对法官的弹劾制度。因此，弹劾制度在韩国等采取总统制的国家价值更高。在韩国，由于没有对总统或行政官员的不信任制度，执行权力的弹劾制度具有实用性和必要性。总的来说，弹劾制度和总统制政府的结构和运行原理有着一定的关联，总统制政府形态中的弹劾制度具有

---

[1] 〔韩〕郑万喜：《关于弹劾制度的比较宪法研究》，《东亚法学》第 32 期，第 644 页。
[2] 〔韩〕金河烈：《宪法诉讼法》，博英社，2014，第 616 页。
[3] 参见《日本宪法》第 64 条第 1 款规定。
[4] 参见《澳大利亚联邦宪法》第 72 条规定。

和议会内阁制的不信任制度相似的功能。[1]

三　弹劾的对象和弹劾事由

(一) 弹劾对象

根据韩国《宪法》第 65 条第 1 项和《宪法法院法》第 48 条的规定，能够成为弹劾对象的公职人员包括总统、国务总理、国务委员、行政各部的部长、宪法法院法官、法官、中央选举管理委员会委员、监察院长、监察委员以及其他法律规定的公务员。除此之外还有哪些公务员可以成为弹劾对象则属于国会的裁量事项，但是从弹劾制度的宗旨来看，难以通过一般的司法追诉程序或处罚程序进行处罚的高层公务员属于这一范围。[2] 以下对代表性的弹劾对象——总统和法官进行探讨。

1. 总统

从比较法来看，总统属于最典型的弹劾对象。特别是在像韩国一样采用总统制的国家以及由国民直接选举产生总统的国家，对总统的弹劾具有非常重要的法律及政治意义。因此对韩国来说，对总统的弹劾问题不仅要考虑弹劾制度的权力制约和宪法保护这两个主要功能，同时还要考量国会和总统两大权力之间的制约和平衡原理。

但是，在采用总统制的国家，总统是执政党出身，所以实际对总统进行弹劾一般都是反对党占据议会多数席位的情形。特别是随着政党国家化，立法权和行政权不断地相互融合，从而导致无法充分发挥基于传统的权力分立原理的相互牵制和均衡作用。不可否认，弹劾制度无法有效发挥其作为权力制约手段的功能。但是，弹劾制度作为宪法保护制度，在韩国除了犯有内乱或外患的罪以外，对于在职期间不受刑事上追诉的总统来说

---

[1] Baumgartner/Kada, "Checking Executive Power: Presidential Impeachment in Comparative Perspective," *Greenwood Publishing Group*, 2003, pp. 2 – 3.

[2] "其他法律规定的公务员" 有《警察法》第 11 条第 6 项的警察厅长，《关于放送通信委员会设置及运营的法律》第 6 条第 5 项的放送通信委员会委员长，《监察厅法》第 37 条、《选举管理委员会法》第 9 条第 2 号的检察官及各级选举管理委员会委员。

依然具有强大的权力制约的功能。①

2. 法官和宪法法院法官

法官在比较法上和总统一同属于主要弹劾对象。这是因为对非民主的权力的法律解释及其适用需要进行代议性管制。② 一般来说，很难通过选举对法官进行制约，且其身份能够得到高度的保障，大多数情形下都采用退休制或终身制，因此，通过议会对法官进行代议性管制可能是唯一的制约方法。

从司法权独立的视角来看，法官的弹劾制度将法官的身份保障作为其核心之一。一方面，弹劾制度是将法官或宪法法院法官等司法权力者从其职务上排除的方法；另一方面，如果不经过弹劾这一严格的程序，他们的身份能够获得特殊的保护，从而保障司法权的独立。法官的弹劾制度包含这两方面的宗旨。③

对于韩国来说，有争议的是对宪法法院法官的弹劾问题。在韩国，由宪法法院行使弹劾审判权会引起宪法法院对自身的案件进行审判的窘况。最终需要参照"任何人不得审判自己的案件"这一普遍性法律格言或根据审判的公正性和信赖性的观点进行重新考量。而且对宪法法院法官进行弹劾时，不得同时对三人以上法官进行弹劾追诉。这是因为当弹劾追诉被决议时法官将停止行使权限，这时就会无法满足宪法法院所要求的七人以上（共九人）的法定人数条件，从而导致弹劾审判本身无法存在。

（二）弹劾事由

韩国《宪法》第 65 条第 1 款和《宪法法院法》第 48 条将弹劾事由概括性地规定为"在履行职务中违反宪法或法律的情形"。

1. 职务履行的含义

这里的职务是指法制上所管职务的固有业务及在通常观念下与此相关的业务。④ 职务履行包括由所管职务所引起的意思决定、执行、管制行为，

---

① 参见《韩国宪法》第 84 条规定。
② 〔韩〕金河烈：《宪法诉讼法》，博英社，2014，第 607 页。
③ 〔韩〕郑宗燮：《宪法诉讼法》（第七版），博英社，2012，第 422 页。
④ 韩国宪法法院：2004. 5. 14. 2004 宪 NA（弹劾审判）1。

是指把法令中规定的抽象的职务具体地表露在外部并实现。因而，除了纯粹的职务行为本身，还包括具有职务行为外形的行为。总而言之，与职务履行无关的行为无法成为弹劾的事由，私生活原则上不具有职务关联性。另外，就任职务之前或离职以后的行为也不属于弹劾的事由。当总统为弹劾对象时，从当选到就任的这一期间所发生的行为无法成为弹劾事由。①

2. "违反宪法或法律的情形"的含义

韩国宪法法院表示，这里的宪法除了成文宪法规定，还包括根据宪法法院的决定形成确立的不成文宪法。② 但是从弹劾制度的宗旨来看，一些学者认为根据法治主义原理，以违反宪法惯例为由罢免公职的做法难以被容许，因其缺乏像成文宪法一样的法律明确性和稳定性。③ 与成文宪法不同，宪法惯例是不具有民主正当性的、由宪法法官所产生的宪法解释的结果。然而和法律等其他规范不同，宪法具有抽象性的特征。其作为各政治势力间妥协的结果具有高度的政治性，所以并没有详细规定所有的事项，而是选择了简略地做出规定的立法技术，通过解释才能实现明确化和具体化。虽然从法治国家的法律明确性的角度来看，宪法惯例并不是毫无问题，但是宪法惯例的依据是宪法所具有的本质属性，且成文宪法并不能规定所有的事项，从这一点来看，作为弹劾审判制度的基准的宪法应当包括宪法惯例等不成文的宪法解释。

法律不仅包括国会制定的形式意义上的法律，还包括和形式意义上的法律具有同等效力的条约④以及作为国家紧急权行使的紧急命令、紧急财政经济命令等。⑤ 即，此处的法律只包括国会制定的形式意义上的法律以

---

① 韩国宪法法院: 2004. 5. 14. 2004 宪 NA（弹劾审判）1。
② 韩国宪法法院: 2004. 5. 14. 2004 宪 NA（弹劾审判）1。
③ 〔韩〕金河烈:《宪法诉讼法》，博英社，2014，第 626 页。
④ 第 6 条: 根据宪法缔结、公布的条约及普遍得到承认的国际法规具有和国内法同等的效力。
⑤ 第 76 条: ①限于因内忧、外患、天灾、地变或重大的财政、经济危机，为了国家的安全保障或维持平安的秩序有必要采取紧急措施，并且没有多余的时间可等待国会召开时，总统可做出最低限度的所需的财政、经济处分或就此发布具有法律效力的命令。②限于在有关国家安危的重大交战状态，为了保卫国家需要采取紧急措施，并且无法召开国会时，总统可发布具有法律效力的命令。

及和形式意义上的法律具有同等效力的条约和命令。值得注意的是，属于法律的下位规范的行政法规等是由总统、总理、各部部长等直接规定的，因此不属于这里所讲的"法律"。①

由于弹劾事由仅限于违反宪法或法律的情形，故不当的政策决定或政治上的无能所导致的行为等并不能成为弹劾的事由。另外，违反宪法和法律主要是指在履行职务时超越宪法和法律上的权限或未履行作为或不作为义务的情形。

3. 弹劾事由的限制与否

韩国《宪法法院法》第 53 条第 1 项规定"弹劾审判请求有理由的情形，宪法法院应当宣告罢免被请求人相关公职的决定"。与此相关，应当把违反宪法或法律的所有情形视为具备弹劾事由，还是应当根据弹劾制度的宗旨等限制性地做出解释，存在争议。

《宪法》第 65 条第 1 项未对弹劾事由做出任何限制，对此，有观点认为，是否对弹劾对象的违宪、违法性的职务相关行为进行弹劾追诉的问题应当由国会做出判断，宪法法院作为司法机关对弹劾事由的大小也进行判断的做法并不合适（无限制论）。与此同时，还有人认为，弹劾追诉决议形成后自动停止权限的行使，且由于弹劾决定的结果是罢免，因而把所有违宪、违法行为视为弹劾事由并不合理，而是要把弹劾事由限制为对宪法和法律的"重大"违反（限制论－重大性论）；认为由于宪法法院法规定，"弹劾审判请求有理由的情形"应当做出"罢免决定"，因此应当区分弹劾追诉事由和弹劾决定事由，并把后者限定为"具有可将罢免正当化的重大法律违反行为的情形"，从而决定是否进行罢免，这时可以通过公职人员的法律违反行为的重大性和罢免决定所引起的后果之间的法益衡量做出决定（限制论－追诉、审判事由分离论）；认为应当把《宪法》第 65 条第 1 项的"违反宪法或法律的情形"限制为"具有足以罢免的违反宪法或法律的行为的情形"（限制论－追诉、审判事由综合论）。②

---

① 韩国宪法法院：2004.5.14.2004 宪 NA（弹劾审判）1。
② 〔韩〕金河烈：《宪法诉讼法》，博英社，2014，第 627~629 页；韩国宪法法院：《宪法裁判实务提要》（第二修订版），第 448~449 页。

对此，宪法法院对过去的卢武铉前总统弹劾事件的判决如下。

"《宪法》在第65条第4项中规定了'弹劾决定仅限于公职的罢免'，《宪法法院法》第53条第1项中则规定了'弹劾审判请求有理由时，宪法法院应当宣告罢免被请求人的相关公职的决定'，但是在这里却存在如何对'弹劾审判请求有理由时'进行解释的问题。

"从字面上可以把《宪法法院法》第53条第1项的规定解释为在《宪法》第65条第1项的弹劾事由被承认的所有情形下宪法法院自动做出罢免决定，但是当被请求人的法律违反行为得到确认时，根据这种解释，宪法法院需要在不考虑法律违反程度的轻重的前提下做出罢免决定，如果以职务行为引起的所有琐碎的法律违反事由为理由进行罢免的话，这种做法违反与被请求人的责任相适应的宪法处罚的请求，即法益衡量的原则。因此，《宪法法院法》第53条第1项的'弹劾审判请求有理由时'并不是指所有违反法律的情形，而是指足以将公职人员的罢免正当化程度的'重大'法律违反情形。

"由于'法律违反是否重大'或'罢免是否正当化'的问题无法通过其本身进行判断，所以是否做出罢免决定是通过公职人员的'法律违反行为的重大性'和'罢免决定引起的效果'之间的法益衡量决定的。基于弹劾审判程序的本质是宪法的保护和维持这一点，'法律违反行为的重大性'是指'宪法秩序的保护角度上的重大性'。因此，应当同时衡量'法律违反在多大程度上对宪法秩序产生否定性影响'和'罢免被请求人时所产生的效果'，从而决定是否具有弹劾审判请求的理由，即是否进行罢免。

"然而总统作为国家元首和行政部门首脑处于重要的地位（《宪法》第66条），且总统是通过国民的选举被赋予直接民主正当性的代议机关（《宪法》第67条），其政治性功能和比重和其他能够作为弹劾对象的公务员相比具有本质性差异，这种差异在'罢免的效果'上也体现出根本性的不同。

"对总统的罢免决定具有在任期内重新剥夺国民通过选举对总统赋予的'民主正当性'的效果，职务履行的中断所引起的国家损失和国政的空白是毋庸置疑的，不仅如此，甚至还可能导致国论的分裂现象，即支持总统的国民和反对总统的国民之间的分裂和反目可能会引起政治混乱。因此，当总统成为弹劾对象时，通过国民选举被赋予的'直接民主正当性'及'关于职务履行的持续性的公益'的观点应当成为做出罢免决定时被考虑的重要因素，对总统的罢免效果如此重大，使罢免决定正当化的事由也应具有相应的重大性。

"一般情况下，总统以外的其他公职人员的罢免决定所导致的效果比较小，所以相对轻微的法律违反行为能够将罢免正当化的可能性比较大，与此不同，由于总统罢免的效果之大，做出罢免决定时应有超越这之上的重大法律违反。

"关于'足以罢免总统的重大法律违反'很难做出一般性规定，但是，一方面，弹劾审判程序是禁止公职人员的权利滥用以保护宪法的制度，另一方面，罢免决定剥夺总统被赋予的国民的信任，这两个观点被认为是重要的判断基准。即，弹劾审判程序的最终作用是保护宪法，从这一点来看，只有当总统的法律违反行为在宪法保护观点上具有重大意义，如被要求通过罢免决定保护宪法并恢复受损的宪法秩序，罢免决定才能够得以正当化。从总统是通过国民的选举被赋予直接民主正当性的代议机关这一观点出发的话，只有当存在对总统赋予的国民的信任在任期内足以被重新剥夺的程度的法律违反行为，从而失去国民的信任的情形，才能被判断为存在对总统的弹劾事由。

"具体而言，通过弹劾审判程序最终想要保障的宪法秩序，即'自由民主基本秩序'的本质内容是由法治国家原理的基本要素——'对基本人权的尊重、权力分立、司法权的独立'和民主主义原理的基本要素——'议会制度、多党制度、选举制度'等构成的，由此看来，足以要求罢免总统的'宪法保护观点上的重大法律违反'作为损害自由民主基本秩序的行为，是指积极违反构成法治国家原理和民主国家原理的基本原则的行为，'背叛国民的信任的行为'甚至包括不属于'宪法保护观点上的重大法律违反'的其他行为类型，除了损害自由民主基本秩序的行为，行贿受贿、腐败、明确损害国家利益的行为也是其典型的例子。"①

由此可见，韩国宪法法院采用的是限制论中的追诉、审判分离论的立场。

四　弹劾的追诉和审判

（一）弹劾的追诉

弹劾程序始于弹劾追诉的提案。弹劾追诉需要国会在籍议员三分之一以上的提案，对总统的弹劾追诉则需要有国会在籍议员半数以上的提案。②

弹劾追诉的决议需要获得国会在籍议员半数以上的赞成，对总统的弹劾追诉决议则需要获得国会在籍议员三分之二以上的赞成。③ 对总统的弹劾追诉和弹劾决议的法定人数要求之所以比其他弹劾对象高，是因为在总统制国家，总统所拥有的政治性、法律性地位及弹劾的波及能力是其他公务员无法与之相比的。通过国民的直接选举其任期而获得保障的总统因国会的追诉和宪法法院的决定在任期结束前被罢免，意味着国民通过选举所行使的审判权提前被国会和宪法法院代替行使，进一步来说，如果国会的追诉是以大多数国民的舆论为前提，对总统的弹劾实际上意味着国民自下而上的抵抗，弹劾制度是最后的补充性的权力限制手段及宪法保护手段，而不是经常被运用的制度。④

当存在弹劾追诉的决议时，国会议长应立即把追诉决议书正本送达作为追诉委员的法制司法委员长，并把副本送达宪法法院、被追诉人以及其所属机关的部长。⑤ 收到正本的追诉委员必须向宪法法院请求弹劾审判。

当国会对弹劾追诉进行决议，追诉决议书被送达时，被追诉人直到宪

---

① 韩国宪法法院：2004.5.14.2004 宪 NA（弹劾审判）1。
② 参见《宪法》第 65 条第 2 款规定。
③ 参见《宪法》第 65 条第 2 款规定。
④ 韩国宪法法院：《关于弹劾审判制度的研究》，2001，第 146 页。
⑤ 参见《国会法》第 134 条规定。

法法院的审判为止暂停行使其权限①，拥有任命权的人员不得接受被追诉人的辞职申请或将其免职②。如果承认这种辞职或免职，那么，通过确认高层公务员的法律违法行为并禁止这种法律违反行为的重复，从而对宪法和法律进行保护的弹劾程序的意义将消失，罢免违反宪法和法律的高层公务员并禁止其在一定期间内担任公职的弹劾决定的效果也会丧失。但是，关于没有任命权者的总统是否可以辞职的问题却存在对立的见解。肯定说认为，当存在对总统的弹劾追诉决议时，没有能够接受总统的辞职申请或对其进行免职的任命权者，而且并不存在禁止其辞任的明确规定，总统辞任后就任其他公职的可能性也几乎没有，所以基于弹劾决定所产生的禁止就任公职的罢免的效果对于总统来说不具有多大意义，因此主张总统可以自发性地辞职。③ 与此相反，否定说主张为了保障弹劾制度的实效性，即使是总统也不得辞职。④ 笔者认为肯定说更为妥当。对于总统而言，当总统辞职时，宪法法院的弹劾审判也会终止。

（二）弹劾审判

国会法制司法委员长成为追诉委员向宪法法院提交追诉决议书，弹劾审判由此开始。⑤ 在这里，关于弹劾审判程序的性质存在争议，弹劾审判程序虽然和刑事审判程序或处罚程序存在相似的部分，但是弹劾审判程序是具有与之不同的、固有的目的和功能的宪法审判程序。在弹劾审判程序中，所有审判程序的普遍因素、宪法审判程序的共同因素、刑事审判的要素以及处罚程序的要素并存。因此，为了充分发挥弹劾审判这一宪法审判制度的意义和功能，应当合理地分配和协调不同的各程序要素。⑥ 只是，

---

① 《韩国宪法》第 71 条规定："总统缺位或因事故而不能履行职务时，依照国务总理、法律规定的国务委员的顺序代理其权限"。因此，当总统为被追诉人时，由国务总理代理行使权限。

② 参见《宪法》第 65 条第 3 款规定，《宪法法院法》第 50 条规定，《国会法》第 134 条第 2 款规定。

③ 〔韩〕李准一：《宪法学讲义》（第 2 版），弘文社，2007，第 1175 页。

④ 〔韩〕金河烈：《宪法诉讼法》，博英社，2014，638 页。

⑤ 参见《宪法法院法》第 49 条规定。

⑥ 韩国宪法法院：《宪法裁判实务提要》（第二修订版），第 453 页。

基于优先适用关于刑事诉讼法令的立法宗旨①、弹劾审判程序是导致罢免被追诉人公职的重大结果的程序、通过刑事诉讼程序明确追诉事实是对被追诉人程序性基本权利的保障这几点，首先适用关于刑事诉讼的法理可以说是弹劾审判的原则。

获得六人以上法官的赞成时，宪法法院可做出弹劾决定。② 当"弹劾审判请求有理由的情形"，宪法法院宣告罢免被请求人相应公职的决定。③ 当被请求人的相应公职在宣告决定之前已被罢免时，应驳回审判请求。④

宪法法院的弹劾决定具有以下效力：第一，被请求人通过弹劾决定的宣告被罢免公职，但是民事或刑事上的责任并不因此而被免除⑤。第二，根据弹劾决定被罢免的人员自决定宣告之日起五年内无法成为公务员。⑥ 另外，通过弹劾决定被罢免的人员在取得律师等专业资格时也受到一定限制。⑦

五　韩国弹劾制度存在的主要问题以及改善方向

当前，关于弹劾制度只有韩国《宪法》第 65 条（国会的弹劾追诉权和其决定的效力）、第 111 条第 1 项和第 3 项（宪法法院的弹劾审判权），《韩国宪法法院法》第 48 条至第 54 条（弹劾审判程序），《国会法》第 130 条至第 134 条（弹劾追诉程序）等规定，并不具有独立的弹劾相关法。所以在对卢武铉前总统进行弹劾时，由于这种立法的不完备以及过去宪法法院对弹劾审判经验的空白等原因经历了很多困难。目前韩国依然处于立法不完备的状态，今后应当制定独立的弹劾相关法或者在《宪法法院法》或《国会法》中补充有关弹劾程序和效果的内容。

---

① 参见《宪法法院法》第 40 条规定。
② 参见《宪法》第 113 条第 1 款规定；《宪法法院法》第 23 条第 2 款第 1 项规定。
③ 参见《宪法法院法》第 53 条第 1 款规定。
④ 参见《宪法法院法》第 53 条第 2 款规定。
⑤ 参见《宪法》第 65 条第 4 款规定；《宪法法院法》第 54 条第 1 款规定。
⑥ 参见《宪法法院法》第 54 条第 2 款规定。
⑦ 参见《律师法》第 5 条规定；《专利代理人法》第 4 条规定；《税务师法》第 4 条规定；《注册会计师法》第 4 条规定；《公证人法》第 13 条规定。

其中，在立法方面需要改善的部分主要如下。

（一） 在弹劾事由中明示“重大的法律违反”

应解释为只有在“履行职务过程中‘重大地’违反宪法或法律时”才能进行弹劾追诉，对总统的弹劾则需要和一般公务员区别对待。宪法法院也明确指出，《宪法法院法》第 53 条第 1 项的“弹劾审判请求有理由时”并不是指所有违反法律的情形，而是仅限于能够将公职人员的罢免正当化的程度的“重大”法律违反的情形。但是，为了消除因此产生的争议，应当通过立法予以解决。这并不意味着必须修订宪法，也可以在《国会法》和《宪法法院法》中进行明确规定，或者通过制定“关于弹劾审判的法律”做出明文规定。

（二） 明示弹劾事由的实效

考虑到由弹劾追诉可能引发的混乱，应当明文规定弹劾追诉的时效。对此，可以参考德国立法例[1]规定追诉机关应当自知道总统存在弹劾事由之日起三个月内进行弹劾追诉以及制定一般公务员和法官的处罚事由发生之日起两年或三年为时效的相关法律。[2]

（三） 废止停止行使权限作为弹劾追诉决议的效果

仅仅依据弹劾追诉自动停止行使权限的立法例非常少见。国会的弹劾追诉相当于刑事诉讼中的公诉，在宪法法院的罢免决定做出之前停止履行职务则相当于使被提起公诉的被告人在获得有罪判决之前受到不利待遇，这种做法和韩国《宪法》第 27 条第 4 项规定的无罪推定原则相矛盾。但是，通过制定或修订法律无法完全解决这一问题，应当对《宪法》第 65 条第 3 项进行修改，也可以像美国或法国一样在弹劾决定做出之前继续履行其职务。但是在极端情况下也需要立即停止职务履行，所以像德国一样

---

[1] 参见《德国联邦宪法法院法》第 50 条规定。
[2] 参见《国家公务员法》第 83 条规定，《法官惩戒法》第 8 条规定。

通过宪法法院的裁量判断是否停止履行职务的做法是比较妥当的。[1]

（四） 引入集中审理制

弹劾审判在任何情形下也不得超过《宪法法院法》第 38 条的审判期限（180 日）。因现实性的原因，长期以来都把第 38 条的审判期限规定解释为和书面不同的训示规定，但是至少弹劾审判是需要遵守这一审判期限的。在韩国，被追诉人在宪法法院做出决定之前将停止行使权限，在这种情形下，应当迅速消除这种非正常的国政空白状态，然而，180 日的期限却过于长久。因此，有必要制定出与一般审判期限规定不同的关于弹劾审判期限的特别规定。设定一个现实中可能的最短期限（例如 30 日），同时需要一个将民事诉讼程序的集中审理[2]义务化的立法。在即使被弹劾（追诉）也不会被停止行使权限的美国，1988 年下议院对 Bill Clinton 总统进行弹劾（追诉）后，上议院推迟了所有议案并利用 18 天的时间对弹劾审判进行了集中审理，最终做出了无罪判决。

（五） 明示弹劾追诉的取消程序

对卢武铉前总统的弹劾追诉被决议后，国会又自行撤回了弹劾追诉，并提出了解决问题的方案。韩国《宪法》或《宪法法院法》并未对弹劾追诉的撤回做出明文规定，因此，关于国会是否可以撤回弹劾追诉的问题存在争议。德国《联邦宪法法院法》第 52 条第 1 项规定 "做出判决宣告之前经过追诉机关决议可取消弹劾追诉"。在韩国没有任何关于这一问题的规定，因此存在肯定的见解和否定的见解。肯定说主张，在宪法法院做出决定宣告之前国会可以取消弹劾追诉，这是因为《宪法法院法》第 40 条[3]规定的适用于弹劾审判的刑事诉讼以及民事诉讼中分别承认公诉的撤销

---

① 参见《德国联邦宪法法院法》第 53 条规定。

② 参见《民事诉讼法》第 272 条规定。

③ 第 40 条（适用规定）：关于宪法法院的审判程序，除本法拥有特别规定的情形以外，在不违背宪法审判的性质的限度内适用民事诉讼相关法令。在这种情形下，弹劾审判适用刑事诉讼相关法令，权限争议审判及宪法诉愿审判同时适用《行政诉讼法》。

（《刑事诉讼法》第25条）和诉讼的撤销（《民事诉讼法》第266条）。①

与此不同，否定说之所以否定取消追诉主要有两大原因：第一，在韩国没有像德国一样的明文规定；② 第二，国会的政治判断无法拘束宪法法院，如果对诉讼的撤销予以承认，那么可能会引起弹劾制度被国会多数派滥用的情况发生。③

笔者认为否定说更为妥当。既然弹劾追诉已通过国会正式向宪法法院提出了请求，通过对包括总统在内的高层公务员的违宪违法行为进行确认，从而罢免他们的公职的做法更加符合作为宪法保护制度的弹劾制度的宗旨，同时还具有通过禁止撤销诉讼使国会更加慎重地对弹劾追诉进行决议的优点。

（六）弹劾审判的方式

韩国《宪法法院法》第53条规定："弹劾审判请求有理由的情形，宪法法院应当宣告罢免被请求人相关公职的决定。当被请求人的相应公职在决定宣告之前已被罢免时，宪法法院应驳回审判请求。"当弹劾审判请求有理由时，宪法法院将做出罢免被追诉人公职的决定。由此，宪法法院不得不根据是否有审判请求的理由在罢免决定和驳回决定中做出选择。在德国，联邦宪法法院对总统是否故意违反基本法或其他联邦法律进行确认，从而做出有罪判决或无罪判决，当做出有罪判决时，由于规定了"联邦宪法法院可以宣告联邦总统解除职务"④，因此，在做出有罪判断时并不是一定要做出罢免决定。不难想象，有时也会存在做出有罪判断后并不做出罢免决定，而是令总统自行应对政治性、道义性责任的情形。需要注意的是，这种对弹劾事由的判断和罢免决定进行分开考虑的情形仅限于对总统的弹劾。⑤ 这是因为若想很好地体现弹劾制度的宗旨，把存在违宪、违法行为的公职人员排除在公职以外是理所当然的事情。然而，总统拥有国政最高负责人的身份，通过国民的直接选举产生的总统比任何人都具有

---

① 〔韩〕金河烈：《宪法诉讼法》，博英社，2014，第605页。
② 〔韩〕金玄星：《关于撤销弹劾审判请求的批判性考察》，*Justice*第98期，第56页。
③ 〔韩〕张永洙：《总统弹劾的宪法争议及我们的课题》，《高丽法学》第42期，第66~67页。
④ 参见《德国基本法》第61条第2款第1项规定。
⑤ 韩国宪法法院：《关于弹劾审判制度的研究》，2001，第175页。

民主正当性，因此，对于总统的罢免应当极其慎重。由此可见，即使被认定为违反了宪法和法律，像德国一样对宪法法院赋予可以根据违反的轻重程度做出罢免决定的裁量权的做法是妥当的。

附：韩国宪法法院朴槿惠弹劾案件决定文的主要内容

2017年3月10日上午，韩国宪法法院在总统弹劾审判决定宣告中做出历史性决定，8名裁判官一致决定："罢免被请求人朴槿惠总统。"宪法法院于2016年12月9日启动朴槿惠前总统弹劾审判，92天后，以宣告"罢免总统决定"落下了帷幕。宪法法院的决定在宣告同时生效，处于停职状态的朴总统立即被罢免总统职务，恢复普通国民的身份。此决定的意义在于，在大韩民国五千年历史中，国民首次作为国家的主人，以合法和平方式罢免最高权力者。

争议焦点的归纳

2016年12月9日，韩国国会以234票赞成通过朴槿惠前总统弹劾诉追议案，赞成票数远超通过弹劾案所需的法定票数200票。在国会提交的共13个弹劾诉追事由中，宪法法院概括出5个弹劾诉追争议焦点：①秘线组织干涉国政，违反国民主权主义；②总统滥用权限；③侵犯言论自由；④是否违反生命权保护义务；⑤收受贿赂。

1. 是否具备形式要件

（1）是否有特定的诉追事由

宪法第65条第1款规定的弹劾诉追事由是"公职人员在履行职务中违反宪法或法律"，这里所说的法律并不局限于刑事法。但是，宪法自不必说，在很多情况下，非刑事法律的规定不像刑事法那样具有具体性和明确性，因此，不能像刑事诉讼法中的公诉事实那样，要求特定的弹劾诉追事由，只需在诉追议决书上具体记载可以让被请求人行使防御权，宪法法院确定审判对象的事实关系即可。

（2）国会议决程序是否违法

1）除非国会的议事程序有明显违反宪法或法律的缺陷，否则应本着分权原则尊重国会议事程序的自律权，国会法第 130 条第 1 款规定，国会提交弹劾诉追议案时，国会自行裁量是否对其事由等进行调查，因此，国会未对弹劾诉追事由进行单独调查，或者在国政调查或特别检察官的搜查尚无结果的情况下对弹劾诉追议案进行议决，不能视为该议决违反宪法或法律。

2）国会法没有明文规定，对弹劾诉追议案进行表决之前必须经过讨论。

3）按不同诉追事由分别提起弹劾诉追议案，还是将多个诉追事由放在一起，提起一个弹劾诉追议案，这由提起诉追议案的议员们的自由意思决定。

（3）8 名裁判官能否做出弹劾审判决定

宪法第 111 条第 2 款和第 3 款规定，宪法法院由 9 名裁判官组成，其中 3 名由总统任命，3 名由国会选出，3 名由大法院院长提名。从立法、司法、行政三大部门同等参与的宪法法院组成方式来看，原则上应由 9 名裁判官组成的裁判部做出宪法裁判，这一点毋庸置疑。

但是在实践中，由于裁判官因公出差、患病、裁判官退职后任命后任裁判官之前出现空缺等各种事由，一些裁判官不能参与裁判的情况不可避免。如果每当这时候都不能进行宪法裁判，宪法法院的保护宪法功能会受到严重制约。基于此，宪法和宪法法院法明确规定，为了在裁判官缺员的情况下，宪法法院的保护宪法功能不被中断，7 名以上裁判官出席就能审理案件并做出决定。即，宪法第 113 条第 1 款规定，宪法法院做出法律违宪决定、弹劾决定、政党解散决定或关于宪法诉愿的引用决定时，须经 6 名以上裁判官赞成。宪法法院法第 23 条第 1 款规定，须 7 名以上宪法裁判官出席对案件进行审理，第 36 条第 2 款规定，撰写决定书时，须经"参与审判的"全体裁判官签名盖章。

2. 弹劾要件

（1）在履行职务中违反宪法或法律

宪法明确规定，弹劾诉追事由是"违反宪法或法律"，宪法法院负责弹劾审判，将弹劾程序规定为规范性审判程序而不是政治性审判程序。弹劾制度是体现任何人不得凌驾于法律之上的法治原理，保护宪法的制度。总统由选民直接选举产生，罢免总统可能会造成严重的政治混乱，但这是国家共同体为了保护自由民主的基本秩序而必须付出的民主主义的成本。

宪法第 65 条规定，总统在"在履行职务中违反宪法或法律"是弹劾事由，其中"职务"是指，在法制上属于所管职务的固有业务和社会通念上与之相关的业务，这个概念不仅包括依照法令做出的行为，而且还包括在总统的位置上为履行国政而做出的所有行为。而且"宪法"不仅包括明文宪法规定，而且还包括依照宪法法院的决定形成并确立的不成文宪法，"法律"包括形式性意义的法律和具有同等效力的国际条约和普遍承认的国际法规等。

（2）违反宪法或法律的严重性

宪法法院法第 53 条第 1 款规定，"弹劾审判请求理由成立时"，宣告罢免被请求人决定。但是，总统罢免决定是在总统任期中剥夺国民通过选举赋予总统的民主正当性，可能会造成国政空白和政治混乱，给国家带来巨大损失，必须要慎重。因此，弹劾总统的前提是总统的违法行为对宪法秩序造成了负面影响和危害严重，通过罢免总统得到的保护宪法利益远远大于罢免总统造成的国家损失。即，"弹劾审判请求理由成立时"是指，总统严重违反宪法或法律，足以将罢免总统正当化。

3. 对允许私人干涉国政和是否滥用总统权限的评价（认定）

（1）违反公益实现义务

被请求人将崔顺实推荐的多个人选任命为公职人员，其中一些公职人员起到帮助崔顺实牟利的作用。而且，被请求人指示从私营企业筹集资金设立 MIR 和 KSPORTS，并利用总统的地位和权限要求企业出资。

被请求人主张并不知晓崔顺实谋求私利的事实。但是，即使被请求人不知晓这些事实，但作为总统为了特定企业的利益而滥用其权限是客观事实，依然违反宪法和国家公务员法等。

（2）侵犯企业的自由和财产权

宪法第 15 条以企业的自由运营为内容，保障企业经营自由。宪法第 23 条第 1 款保障所有国民的财产权。宪法第 37 条第 2 款设定了必要时依照法律限制基本权利的界限。

总统在财政与经济领域享有广泛的权限和影响力，财团设立过程和运营情况并不正常，这些综合起来看，被请求人要求企业出资后，相关企业必定感到必须答应这个要求的负担和压力，并且担心如果不答应，可能会在企业运营或解决未解事宜时遭到损失，实际上很难拒绝被请求人的要求。如果企业难以自行决定是否接受被请求人的要求，那么被请求人的要求实际上是具有拘束力的行为，而不是期待任意的合作的单纯的意见或劝告。

未依照法律制定将公权力介入正当化的标准和要件，没有公开设立财团，而是秘密动用总统的权限，要求企业向财团法人出资，被请求人的这些行为侵犯了相关企业的财产权和企业经营自由。

（3）违反保密义务

国家公务员法第 60 条规定，公务员对履行职务中获知的秘密负有保密义务。保密义务是基于公务员是全体国民的服务者这一地位而承担的义务。总统在做出高层的政策性决策的过程中，获知很多重要的国家机密，因此总统承担保密义务的重要性高于任何公务员。

由于被请求人的指示和默认，很多文件被泄露给崔顺实，其中包括总统的日程、外交、人事、政策等方面的内容。这些信息与总统的职务有关，如果公开，有可能危害行政目的，实质上具有保密价值，因此属于职务秘密。尽管如此，被请求人指示或放任这些文件泄露给崔顺实，这违反了国家公务员法第 60 条的保密义务。

4. 对是否滥用公务员任免权的判断（否定）

请求人主张，被请求人指示对妨碍崔顺实谋求私利的一些公务员进行问责性人事调动，免除刘震龙（时任文化观光体育部部长）的职务，逼迫一级公务员递交辞呈，从而侵害职业公务员制度的本质，滥用公务员任免权。但此案中的证据不足，难以认定上述事实。

5. 对是否侵犯言论自由的判断（否定）

被请求人对青瓦台文件泄露做出批判性发言等情况综合起来看，可以说被请求人对《世界日报》关于郑润会文件的新闻报道表明了批判性立场。但仅凭被请求人表明上述立场，不能认定被请求人侵犯《世界日报》的言论自由。

6. 是否违反生命权保护义务等（否定）

（1）是否违反生命权保护义务

被请求人作为行政部的首长，承担着为了让国家忠实履行国民生命与身体安全保护义务而行使权限、履行职责的义务。但是不能认为，发生国民的生命受到威胁的灾难，就立即产生被请求人直接参与救援活动等具体而特定的行为义务。"世越号"事件造成很多国民死亡，被请求人的应对措施有欠妥、不合适的一面，但很难以此认定被请求人违反生命权保护义务。而且缺少相关资料，难以认定被请求人在"世越号"事件中违反生命权保护义务。

（2）是否违反诚实履行职责义务

总统"诚实履行职责的义务"属于宪法的义务，但是与"保护宪法的义务"不同，并不是规范性地贯彻其履行的义务，因此原则上难以成为司法判断对象。宪法第65条第1款将弹劾事由局限在"违反宪法或法律时"，宪法法院的弹劾审判程序是从法律角度判断弹劾事由是否存在，因此，"世越号"事件当天被请求人是否诚实履行职责本身不能成为诉追事由，故不能成为弹劾审判程序的判断对象。

7. 是否罢免被请求人（认定）

被请求人向崔顺实转达了含有公务秘密的国政文件，将非公职人员崔顺实的意见秘密反映到国政运营中。被请求人的这些违法行为不是暂时的、片面的，而是从被请求人就任总统开始持续了3年以上。

而且被请求人为私人用途滥用国民委任的权限，从结果来看，这为崔顺实谋求私利提供了帮助，这些是积极而反复进行的。尤为重要的是，被请求人利用总统的地位，动员国家机关和组织，从这一点来看，其违法程度非常严重。

总统被国民直接赋予民主正当性，受委任行使主权，总统应依照宪法和法律合法行使其权限，除须保障安全的职务之外，应透明公开地履行公务，接受国民的评价。但是，被请求人允许崔顺实干涉国政并彻底隐瞒了这个事实。被请求人曾多次受到质疑，被指运营国政时征求秘线组织而非行政部门或总统办公室等官方组织的意见，但被请求人每次都否认，并且对质疑行为表示了谴责。

如上，被请求人对外彻底隐瞒崔顺实的存在，允许崔顺实干涉国政，导致基于分权原理的国会等宪法机构的牵制功能与舆论等民间的监视功能无法正常运作。被请求人不顾国会和舆论的指责，不但没有纠正错误，反而隐瞒事实，惩处相关人员，最终造成了根据被诉人指示行事的安钟范、金钟等公务员因与崔顺实合谋犯下滥用职权、妨碍权利行使罪，涉嫌腐败犯罪被羁押起诉的重大事态。被请求人允许崔顺实干涉国政，滥用国民委任的权限帮助崔顺实等人谋求私利并彻底隐瞒这些事实，损害了代议民主制原理和法治主义精神，严重违反总统的公益实现义务。

崔顺实干涉国政等问题曝光后，2016 年 10 月 25 日，被请求人发表首次对国民谈话，向国民致歉，但是谈话内容中关于崔顺实干涉国政的时间和内容等与客观事实不符，缺乏诚意。在第二次对国民谈话中，被请求人表示将最大限度配合查明真相，并接受检察官的调查或特别检察官的搜查，但实际上其并没有配合检察官或特别检察官调查，也拒绝对青瓦台进行搜查，对被请求人的调查未能实现。

如上，对于自己违反宪法和法律的行为，被请求人不但没有为恢复国民信任而努力，而且对国民做出毫无诚意的道歉，也没有履行对国民的承诺。从此案诉追事由和被请求人的这些言行来看，被请求人并没有表现出保护宪法的意志。

综上，被请求人违反宪法和法律的行为是背叛国民信任的行为，从保护宪法的角度来看，是无法容忍的重大违法行为。被请求人的违法行为对宪法秩序的负面影响和波及效应很大，通过罢免被国民直接赋予民主正当性的被请求人得到的保护宪法利益远远大于罢免总统造成的国家损失。

8. 结论

全体裁判官一致决定，罢免被请求人的总统职务。

基本权利水平效力研究在中国

连雪晴*

引　言

　　传统宪治理念以自由主义为出发点，制定基本权利规范的目的在于控制国家公权力，防止国家公权力肆意侵害公民权利，也即基本权利垂直效力。伴随着社会经济飞速发展，基本权利的侵害主体不再局限于国家公权力，个人、大型公司、行业工会以及各类非法人组织均成为可能的权利侵犯者，宪法不得不面对私法规范无法解决的基本权利私人侵害问题。宪法可否对私人关系进行直接调整，抑或是需要通过媒介才可触及私人关系，是任何当代国家宪法均无法回避的问题，基本权利水平效力研究在回应现实问题的基础之上应运而生。基本权利水平效力也可被称为基本权利的私法效力或者第三人效力，其理论目的指向基本权利在私法关系中的运用。目前各国在这一问题上的取向并不一致，具有代表性的德国与美国在此问题上有着不同的处理模式，德国由基本权利的客观价值秩序功能衍生出基本权利的水平效力，美国则通过判定行为是否属于"政府行为"而将问题转换为传统基本权利效力问题。两种不同模式在处理私法未能解决的基本权利侵害问题时，均取得了一定的成效。但应当明确的是，德国式与美国式权利处理模式均同自身宪法解释的理论、方式、指向密不可分。在处理我国相关问题时，绝不可能完全照搬任何一国的处理模式，因为中国式权利作业体制有着独特的宪法背景、政治环境以及传统力量的影响，盲目照搬的时代早已远去，对比分析德国式与美国式基本权利水平效力解决路

　　* 连雪晴，山东大学法学院博士研究生。

径，提炼成熟的处理规则，减少不必要的争论，才是可能的研究方向。

一 实例的推动：基本权利水平效力问题在中国的兴起

2001 年，最高人民法院关于"齐玉苓诉陈晓琪等以侵犯姓名权的手段侵犯宪法保护的公民受教育的基本权利纠纷案"（以下简称"齐玉苓案"）的批复在法学界"吹皱一池春水"。在没有宪法法院、违宪审查机制的国内背景下，宪法（规范文本、宪法价值抑或宪法元素）能否被法院在审判案件过程援用？支持派与反对派分别在各类法学核心期刊发表见解，争鸣之声不绝于耳。而早在齐玉苓案之前，法学界已经就宪法能否在法院审判过程适用开始了一系列争论，实践中早已涌现出大量实例。最高人民法院 1955 年《关于在刑事判决中不宜援引宪法作论罪科刑的依据的复函》（2012 年废止），1986 年《关于人民法院制作法律文书应如何引用法律规范性文件的批复》（2013 年废止）以及 2009 年《关于裁判文书引用法律、法规等规范性法律文件的规定》均（间接或直接）规定宪法规范不能在法院判决中被引用。最高人民法院 1988 年的《关于雇工合同应当严格执行劳动保护法规问题的批复》认为"对劳动者实行劳动保护，在我国宪法中已有明文规定，这是劳动者所享有的权利，受国家法律保护，任何个人和组织都不得任意侵犯"，最高人民法院直接援引宪法否定"工伤概不负责"的法律行为效力。学术界的讨论具有一定的滞后性，但也不是价值无补的。反对援引宪法判案的观点主要集中于两类：一类观点以为宪法是公法，而不是私法，宪法是调整人民与国家、国家机关与国家机关之间关系的法律，所以是法律的法律，不具有直接的法律效力；另一类观点认为，我国采用人民代表大会制度的政权组织形式，法院的地位从属于权力机关，如果普通法院拥有解释宪法和监督宪法实施的权力，就会造成法官造法的后果，与我国整个宪法体制不符。[①] 而占绝对数量的学者认为宪法具有司法实践的适用性，可以直接适用于具体事实，主要出发点有

---

① 参见王禹《中国宪法司法化》，北京大学出版社，2005，第 3 页。

二：一是宪法作为国家根本法，不仅调整公法领域，其调整领域亦涉及私法；二是1955年批复和1986年批复虽然可以被文义解释为不允许法院在审判时援引宪法，但是通过批复措辞的温和性，可以理解为最高法院并没有完全排除宪法在刑事或民事中的适用。① 最高人民法院关于齐玉苓案的批复可谓将长久以来理论与实践脱轨的"法院能否援用宪法判案"问题推向高潮，宪法司法化（宪法私法化）学说一时间喧嚣尘上。然而在学界争论走向尘埃落定之时，最高人民法院于2008年宣布废止齐玉苓案件的批复，"法院能否援用宪法判案"问题再次引发争议。② 虽然该批复甚至使得有学者对此问题持悲观态度③，但实证研究发现：齐玉苓案批复对于地方法院的影响力有限，地方法院在司法实践中仍不断援用宪法。法院大多在民事判决中援用宪法，在个别刑事判决和行政判决中亦有援用宪法的可能。④ 地方法院在实践中的趋势性援用宪法必然有其实施逻辑，但法院能否援用宪法⑤的核心问题究竟在何处？

由此现象我们可以试探性得出一个结论：虽然齐玉苓案批复被废，但基本权利水平效力或第三人效力在实践中有一定数量的存在，基本权利的水平效力并没有因为批复被废止而终止。法学界对于这一问题的探讨不仅具有理论架构作用，更具有实践指导可能。探究基本权利水平效力没有因为批复被废止而终止的原因，自然逃离不开基本权利水平效力的内涵与可

① 具体观点可参见甘藏春《我国宪法在改革中的适用》，《北京大学学报》（哲学社会科学版）1986年第3期；王磊《试论我国的宪法解释机构》，《中外法学》1993年第6期；费善诚：《论宪法的适用性》，《法学家》1996年第3期；刘连泰《我国宪法规范在审判中直接适用的实证分析与评述》，《法学研究》1996年第6期；胡锦光《中国宪法的司法适用性探讨》，《中国人民大学学报》1997年第5期；周伟《宪法在审判实践中的适用问题研究》，《内蒙古社会科学》（汉文版）2000年第4期；谢维雁《论宪法的司法化》，《西南民族大学学报》（哲学社会科学版）2000年第12期。
② 《法学》2009年第3、4期特设专题讨论"废止齐玉苓案'批复'与宪法适用之关联"，众多宪法学界重量级学者都对齐玉苓案以及宪法司法化问题发表意见。
③ 参见马岭《齐玉苓案"批复"废止"理由"析》，《法学》2009年第4期。
④ 邢斌文：《法院如何援用宪法——以齐案批复废止后的司法实践为中心》，《中国法律评论》2015年第1期。
⑤ 绝对数量的法院判决在援引宪法时指向宪法基本权利规范、价值，因而本文将着重关注点置于宪法基本权利规范，但就问题含括而言，法院能否援引宪法基本权利规范需要在法院能否援引宪法的大框架内讨论。

能的边界。在这一问题上，德国与美国采取了不同的处理方式，德国突破性提出新的理论——由客观价值秩序衍生的基本权利水平效力，而美国则通过"政府行为"的转化，将此问题转为传统问题处理。

二 德国模式的提倡者：基本权利水平效力的间接适用方式

基本权利水平效力的研究，本质上为宪法解释的问题。水平效力是德国宪法理论中经常使用的概念，伴随德国宪法基本权理论发展而来，是指基本权利能否在平等的私人主体间适用，它意味着私人主体可以基于宪法基本权利对其他私人的行为进行限制，宪法基本权利可以适用于私人之间的法律关系。[①] 基本权利第三人效力理论解决的是基本权利是否（ob）能在私人之间产生上述对抗或主张效力，及如何（wie）产生和产生哪些（welche）效力的问题。[②] 倘若肯定基本权利具有水平效力，那么其效力也可以分为直接适用（基本权利规范可以直接适用于私人关系）与间接适用（基本权利规范通过民法概括条款进入私人关系）。

以历史变革的视角来看，宪法关于基本权利的规定，在于保护人民的基本权利免遭国家权力的肆意侵害，目的在于控制公权力。基本权利规范在设定之初并不指向私人行为，但传统理论随着情势更变而出现了相对性修改。1919 年德国《魏玛宪法》第 118 条规定："所有德意志人民在普通法律限制之范围内，均有以语言、文字、刊物、图书或其他方法自由表达其意见之权利；任何工作条件及任何条件，均不能妨害此项权利，任何人皆不得阻碍此项权利之行使。"根据该规定，作为基本权利的言论自由不得被任何私人关系设限。该宪法第 159 条规定："为保护及增进劳工条件及经济条件之结社自由，无论何人及何种职业，均应予以保障。规定及契

---

① Kara Preedy, "Fundamental Rights and Private Acts-Horizontal Direct or Indirect Effect? -A Comment," 8 *Eur. Rev. Private L.* 125.

② Rüfner, Grundrechtsadressaten, in: Isensee/ Kirchhof (Hrsg.), Handbuch des Staatsrechts der Bundesrepublik Deutschland, Band V, Heidelberg 1992, § 117, S. 551.

约之足以限制或妨碍此项自由者，均属违法。"也即私人契约不得限制以劳工运动为目的的结社自由。《魏玛宪法》第一次将基本权利的约束对象指向私人契约，基本权利得以进入民法私人关系。但限于特定的历史背景与政治环境，该条款虽然得以宪法确认，成为基本权利理论的转折点之一，但未能在实践中"掀起波澜"。第二次世界大战结束后，德国《基本法》并没有延续《魏玛宪法》第118条规范，但在第9条第3项（保护并促进劳动与经济条件之结社权利，应保障任何人及任何职业均得享有。凡限制或妨碍此项权利为目的之约定均属无效；为此而采取之措施均属违法）保留了《魏玛宪法》第159条的规定。但《基本法》最为中心的条款不在于第9条，而在于第1条的规范："人之尊严不可侵犯，尊重及保护此项尊严为所有国家机关之义务。因此，德意志人民承认不可侵犯与不可让与之人权，为一切人类社会以及世界和平与正义之基础。下列基本权利拘束立法、行政及司法而为直接有效之权利。"这也意味着，基本权利的约束对象再次被强调为国家公权力（立法权、行政权及司法权）。

历史的车轮可能有过倒退，但从未停止前进。社会结构在三次工业革命的刺激下开始变迁，传统平等的私人关系开始被打破，具有明显优势的团体或个人开始成为基本权利侵犯的主体。在《基本法》生效的第二年，即1950年，德国联邦宪法法院宣判著名的吕特案，就基本权利是否得以在私法关系中适用发表观点：法院亦承认《基本法》并非一个"价值中立秩序"，基本权利的规定，就是要建立一个"客观价值秩序"（objektive Wertordnung），以强化基本权利之适用力。法院以为民事法内的"概括条款"，诸如"善良风俗"，就可以用来实现宪法基本权利对民事关系的影响。[①] 也即，基本权利作为主观权利在私人关系中没有直接效力，但作为客观价值秩序的基本权利对私人关系具有辐射性效力。通过法院解释，基本权利规范被间接地通过民法条款适用于私人关系，也即肯定了基本权利水平效力的间接影响。此后联邦宪法法院相关判决未能再就此问题进行阐释，吕特案成为德国基本权利水平效力理论的代表性案例。吕特案所代表

---

① 陈新民：《德国公法学基础理论》（上卷），法律出版社，2010，第364页。

的德国宪法法院对于基本权利水平效力的间接影响说，也成为学界批判的对象。① 但多数学者观点以及宪法实务界仍然遵循吕特案所确立的基本权利水平效力的间接影响说，基本权利规范只有在极个别例外情况下可以直接适用（如《基本法》第 9 条第 3 项）。总结前述，基本权利具有水平效力是德国学界及实务界普遍认可的命题，但主流观点认为基本权利水平效力通过间接影响方式得以实现，直接影响方式只在特例中出现。

相似的法律背景使得德国法学研究近年来在国内有着显著提高的影响力。近年来关注德国基本权利水平效力范式的学术文章主要集中于三种类型：第一，梳理德国基本权利水平效力类型与理论发展史；② 第二，从基本权利功能价值出发研究基本权利水平效力问题；③ 第三，从宪法与私法的交叉视角论述基本权利水平效力问题。④ 但三种类型的学术文章只是技术的诠释方法不同，其实质是殊途同归。三种类型的学术研究试图树立德国式基本权利水平效力间接影响模版，"套用"德国式模版来解决国内本土问题。有学者提出批判观点，"基本权利间接效力理论在法律适用、实践后果、理论逻辑等方面存在诸多缺陷。法律适用上，该理论宣称基本权利仅仅间接适用于私人领域，实质上是在民法概括条款'包装'下的变相直接适用。在实践后果上，该理论将本来约束国家权力的基本权利适用于私人之间，对私人自治构成较大威胁。在理论逻辑上，该理论认为人的尊严的客观价值专属于宪法，忽视了人的尊严乃是整个法律秩序的共同准

---

① 例如 Leisner 教授认为基本权利规范可以直接被法官引用，Schwabe 教授认为基本权利在公法性质的法内与私法性质的法内，具有同一性质的效力，参见陈新民《德国公法学基础理论》（上卷），法律出版社，2010，第 365 页。

② 参见张巍《德国基本权第三人效力问题》，《浙江社会科学》2007 年第 1 期；梁君瑜：《聚焦基本权利之第三者效力理论——以基本权利之二重性质对该理论的影响为切入》，《研究生法学》2013 年第 4 期；许瑞超：《德国基本权利第三人效力的整全性解读》，《苏州大学学报》（法学版）2017 年第 1 期。

③ 参见张翔《基本权利的双重性质》，《法学研究》2005 年第 3 期；陈征：《基本权利的国家保护义务功能》，《法学研究》2008 年第 1 期；田芳：《个人性自由决定权的边界——以德国宪法基本权利衍射效力理论为基础》，《南京大学学报》（哲学人文科学社会科学版）2016 年第 4 期。

④ 参见王涌《宪法与私法关系的两个基本问题》，《私法研究》2002 年第 1 期；张翔：《基本权利在私法上效力的展开——以当代中国为背景》，《中外法学》2003 年第 5 期；张红：《基本权利与私法》，法律出版社，2010。

则。对公私法二元结构的偏离，则是该理论的根本问题所在"。① 法学界德国范式地位的提升与诸多德国背景学者的努力密切相关，德国范式自有严密的逻辑体系与严谨的权利作业范式，但这样的基本权利作业范式离不开独特的社会条件与人文环境，片面性援引德国基本权利水平效力间接适用理论来解释当下中国法院出现的判决援引宪法问题，只能从一定程度上为成型问题寻得一种答案，却难以归纳出适用于中国当下问题的原则。然而这样的方式近年以来统领法学界研究，使得众多实践问题得不到理论的支撑，凝练实践问题中的理论原则具有一定的困难性，但这一困难性应当是激励法科学者进行学术研究的动力，而非学术研究的阻力。

三　美国模式的对比者：国家行为的界定

将目光转至美国，基本权利理论并没有德国式基本权利"客观价值秩序"功能，基本权利如若可以在私人间发生效力，只得借助政府行为（state action）定义的扩张。政府行为通常指国家机关对个人权利进行侵害的行为，侵害主体包括立法机关、行政机关以及司法机关。宪法是原则上不能用来调整和解决私人团体间的权利义务关系的，但是如果该私人团体的行为在形式上和国家有直接的或间接的联系，或者在本质上和国家存在联系，即可认定为国家行为，仅仅指向于国家公权力的宪法因之就能被用来解决私人间的争端。② 作为判例法系国家，基本权利在私人关系中的运用的规则是通过一系列案件确立的，而下文将以编年式的讨论方式试图清晰地论述这一过程。1803 年，美国联邦最高法院通过马伯里诉麦迪逊案将违宪审查权纳入职权范围，任何涉及宪法基本权利的案件，将在联邦最高法院得到最终裁决。在 1833 年民权诸案（civil rights cases）中，联邦最高法院审议了宪法第 13 条和第 14 条修正案，多数意见认为该修正案是禁

---

① 李海平：《基本权利间接效力理论批判》，《当代法学》2016 年第 4 期。
② 刘志刚：《宪法"私法"适用的法理分析》，《法学研究》2004 年第 2 期。

止州政府行为的，个人对于个人权利的侵害行为不是修正案的约束对象。[①]
私人行为被排除在宪法规范的约束范围之外，但哈伦（Harlan John Mar-
shall）大法官不同意多数意见。哈伦大法官认为，为公共提供膳食处所的
所有人是"州政府代理人"，而不是私人。在公共职责和功能方面，这些
处所是受制于政府规章的。[②] 哈伦大法官通过州政府行为（state action）
原则将私人侵犯公民基本权利的行为纳入宪法规范对象，但实际上也阻碍
了私人寻求宪法保护私人被第三人侵犯的基本权利的可能性。然则私人行
为在何种情况下可以被视为州政府行为？联邦最高法院在审理类似的案件
时围绕三个问题进行：一是活动是否属于"政府职能"；二是政府是否卷
入私人活动很深，以致政府应对私人行为负责；三是政府是否曾批准或授
权（或可能极力鼓励）某项受质疑的行为，从而对该行为负责。[③] "政府
职能"判定在 1944 年 Smith v. Allwright 案[④]中尤为凸显。联邦最高法院判
定，授权一个政党限制初选资格的权力就是对一个州政府行为的授权，政
党相当于履行州政府的功能。其后 1953 年的 Terry v. Adams 案[⑤]同样印证
了这样一种思路：选举管理是州政府行为不可分割的部分，相关政党或私
人如果在州政府不履行职责时进行选举管理，该行为构成了政府行为，受
到宪法基本权利规范的约束。"深深卷入"问题则相当于政府实质进入私
人关系中，如 1961 年 Burton v. Wilmington Parking Authority 案[⑥]中联邦最高
法院判定 Burton 私人咖啡馆与公有停车场之间存在相互依生（interdepend-
ence）的处境，并且公有停车场与私人咖啡馆存在互惠互利情况（咖啡馆
顾客可能将车停放在停车场，停车场顾客也可能去咖啡馆就餐），因而法
院认定公有停车场管理处行为构成了一个州政府行为。"批准或授予"问

---

① 109 U. S. 3（1883），e. g. It is State action of a particular character that is prohibited. Individual
　invasion of individual rights is not the subject-matter of the amendment.
② 郑贤君：《基本权利原理》，法律出版社，2010，第 190 页。
③ 〔美〕杰罗姆·巴伦、托马斯·迪恩斯：《美国宪法概论》，刘瑞祥等译，中国社会科学
　出版社，1995，第 294 页。
④ 321 U. S. 649（1944）.
⑤ 345 U. S. 461（1953）.
⑥ 365 U. S. 715（1961）.

题则在 1948 年 Shelley v. Kraemer 案①判决中体现：当州法院确认私人契约中歧视性条款有效时，州法院的确认行为构成违反反歧视原则的政府行为。这一阶段基本权利规范能否适用于私人关系问题与黑人平权运动密切相关，绝大多数代表性案例围绕着美国宪法第 14 条修正案中的平等保护原则展开，但随着社会环境的变化，这一理论指向范围逐步扩大，受到了更多的批判。

首先，state action 指向范围不局限于州政府行为，也将联邦政府行为纳入理论含括。1995 年 Lebron v. National R. R. Passenger Corp 案件②中，全美铁路客运公司不允许展示 Lebron 设计的具有政治性因素的公共广告。联邦最高法院在判决意见中分析全美铁路客运公司的任命规则（总统任命公司董事会 9 位成员中的 6 位，交通部长任命第 7、8 位，第 9 位则由其余 8 位任免），因而全美铁路客运公司行为具有政府行为因素，得以适用言论自由规范的约束。其次，政府行为界定的模糊性与不确定性，任何私人都有可能通过法院解释而成为政府。Charles Black 教授认为，政府行为已然成为美国法律中最重要的问题，这一问题再多的争论也不足为过，直到在政府行为的概念和功能上形成一个正确的共识。③ 判定一项行为属于政府行为还是私人行为并不是一项容易的工作，法院在此过程中拥有着无可比拟的裁量权。联邦最高法院的判例限定美国宪法的适用对象，法院通过普通法系传统类比方式，在模糊的界限中将行为归纳于政府，或者归纳于私人。④ 而这样的类比方式使得法院在后续的判例中面临逐步加大的工作难度：如何运用类比的方式，使新案件与旧判例相得益彰，或者保持协调一致性。甚至有学者批评道，法院多年来不确定性的司法裁量使得政府行为理论成为随意堆放的"先例动物园"（precedent zoo）。⑤ Mark Tushnet

---

① 334 U. S. 1 (1948).

② 513 U. S. 374 (1995).

③ Charles L. Black, Jr., "Foreword: 'State Action', Equal Protection and California's Proposition 14," 81 *HARV. L. REV.* 69, 70 (1967).

④ G. Sidney Buchanan, "A Conceptual History of the State Action Doctrine: The Search for Governmental Responsibility (pt. 1)," 34 *HOUS. L. REV.* 333 (1997).

⑤ Ronald J. Krotoszynski, Jr., "Back to the Briarpatch: An Argument in Favor of Constitutional Meta-Analysis in State Action Determinations," 94 *MICH. L. REV.* 302 (1995–1996).

教授认为，私人行为总是（always）可以以某种方式被政府因素干预。问题的关键在于，国家在私人行为中的影响方式是否可以被定义，以及是否可以对私人施加类似的国家义务。国家行动问题是美国宪法法理上最棘手的问题之一，最常见的论述是将国家行为定义描述为"概念灾难区"。① 定义国家行为应该从整个宪法体系入手，而非单一的规范文本。杰罗姆·巴伦等人总结的政府行为界定的三类问题并不足以涵盖所有的裁判对象，最高法院判例具有极强的塑造性②，导致法律具有不稳定性，个案差异较大。

我国学者在探究美国式处理方案时，往往基于德、美两国比较视角。③ 德、美两国相关理论最为显著的区分在于：只有当私人行为具有政府行为因素时，美国宪法基本权利规范才得以在私人关系间适用，否则基本权利规范对私人关系并无约束力，基本权利效力依旧是垂直而非水平的。该理论的根本出发点在于限制国家公权力，避免国家公权力肆意扩张，侵犯私人行为空间，避免宪法对于市民社会的过度干预。而在德国，无论私人行为是否存在国家因素，基本权利规范都可以在私人关系中产生效力，无论是间接模式还是直接模式。美国模式反映出传统国家–社会二元对立论的自由主义理念，防止国家公权力对于私人空间的侵害。而德国模式则反映出自由主义向福利主义转变的趋势，个人不仅仅对抗国家公权，个人也可以要求国家公权提供条件与救济以维护自身权利。无意臧否两类理论，任何一项学术理论均无法脱离现实土壤而束之高阁，能够有效解决各国具体

---

① Mark Tushnet, "The Issue of State Action/ Horizontal Effect in comparative constitutional law," 1 *Int'l J. Const. L.* 79（2003）.

② 美国联邦最高法院此后陆续形成了判断国家行为的三原则理论：共生关系标准（the symbiotic relationship test）、公共职能标准（the public function test）、国家强制标准（the state compulsion test），以 Brentwood 判决为代表的判断国家行为的"纠缠标准"（entwinement），但始终未成"定型"的标准。See M. M. Cooper, "Dusting Off the Old Play Book: How the Supreme Court Disregarded the Blum Trilogy, Returned to Theories of the Past, and Found State Action through Entwinement in Brentwood Academy v. Tennessee Secondary School Athletic Assn," 35 *Creighton L. Rev. 913*, 2001 – 2002.

③ 例如焦洪昌、贾志刚《基本权利对第三人效力之理论与实践——兼论该理论对我国宪法司法化的指导意义》，《厦门大学法学评论》2003 年第 1 期；张千帆：《论宪法效力的界定及其对私法的影响》，《比较法研究》2004 年第 2 期；郑贤君：《公法价值向私法领域的再渗透——基本权利水平效力与契约自由原则》，《浙江学刊》2007 年第 1 期；钱福臣：《德、美两国宪法私法效力之比较》，《求是学刊》2013 年第 1 期。

权利侵害问题的理论，才能称得上"特色"理论。

四 中国问题：法院如何援引基本权利规范

法律具有独特性，但法律更具有开放性与包容性，在各国"独特"理论中寻求共性，可以发现，虽然基本权利如何在私法关系中应用的逻辑不尽相同，但宪法基本权利可以适用于私法关系，是一个不受争议的肯定性的命题。而这也与我国学界目前的主流观点相一致：在没有宪法法院、最高人民法院保持沉默的背景下，基本权利规范可以适用于私法关系。而这一观点形成的背后，至少有三个问题需要回答：第一，基本权利规范是否属于裁判规范？第二，如果答案是肯定的，法院通过何种途径援引基本权利规范？第三，法院在援引基本权利规范时，会不会行使实际的宪法解释权？

回答之一，基本权利规范属于裁判规范。做出这一结论判断的前提问题是裁判规范本身是什么？裁判规范本质是法律规则，具体表现为法律语句（法条），但法律规则与法律语句并不存在完全对应的情况，因为法律规则需要符合构成要件与法律效果，缺少法律效果的法条在法学方法论上称为"不完全法条"，而具备构成要件与法律效果的法条在法学方法论上称为"完全法条"。① 以我国《宪法》第 13 条"公民的合法的私有财产不受侵犯"为规范分析样本，这一条款只陈述公民享有财产权的事实，但没有论述侵害财产权的损害后果，如果需要进行法律裁判，则需要依赖具体的部门法法条，如《民法通则》第 117 条（侵占国家的、集体的财产或者他人财产的，应当返还财产，不能返还财产的，应当折价赔偿。损坏国家的、集体的财产或者他人财产的，应当恢复原状或者折价赔偿。受害人因此遭受其他重大损失的，侵害人并应当赔偿损失）。法律中的诸多法条，其彼此并非只是单纯并列，而是以多种方式相互牵涉，只有透过它们的彼

---

① 关于不完全法条与完全法条的论述，参见〔德〕拉伦茨《法学方法论》，陈爱娥译，商务印书馆，2004，第 132 ~ 144 页。

此交织及相互合作才能规整。① 法律规则整体的形成不仅依赖于完全法条，也依赖于不完全法条，也即，裁判规范的形成不仅包括完全法条，也包括不完全法条。通过对《宪法》第 13 条、第 33～49 条的规范分析可得，绝对数量的基本权利规范属于不完全法条，可以归入裁判规范的"法群"。那么作为公法裁判规范的宪法，可以调整私法关系吗？我国现行宪法长期以来被划分为公法，作为公法的宪法能否调整私法关系，也成为学界探讨的焦点之一。传统公法理论反对宪法对私法关系的调整，但"宪法已经不再是纯粹的公法，宪法已经在某种程度上具备了私法的性质，从而其在私法领域的效力问题似有重新考虑的必要"。② 宪法具有辐射整个法律世界的纲领性作用，"宪法必须加以法律化，宪法必须和民法、刑法等这些部门法一样，看作是法律的一种而不仅仅是政治纲领性文件"。③ 宪法只有被具体化才具有实际的意义，根据宪法序言的规定，宪法是人民法院审判活动的根本准则；法院负有维护宪法尊严、保证宪法实施的职责；如果"依照法律"时只讲形式的法律，认为若根本法的条款没有通过法律被具体化，就不可以约束人民法院，那么根本法的最高法律效力又如何体现？人民法院如何维护宪法尊严、保证宪法实施呢？④ 宪法并不因为被具体化而失去对法律的控制权，"因为法院在适用法律时不可避免地有一个法律解释的问题，法律依照宪法而制定，在必要情况下就需要依照宪法来解释具体法律。由于法院是将宪法作为解释法律的最后也是最可靠的依据，因而法院通常不是也不应该把宪法作为直接的裁判依据，直接的裁判依据还是法律，所以我们称之为'宪法的间接适用'"。⑤ 所以，"宪法是公法，但它并非不能调整私法关系，尽管调整私法关系不是宪法的主要任务"⑥，

---

① 〔德〕拉伦茨：《法学方法论》，陈爱娥译，商务印书馆，2004，第 144 页。

② 张翔：《基本权利在私法上效力的展开——以当代中国为背景》，《中外法学》2003 年第 5 期。

③ 强世功：《宪法司法化的悖论——兼论法学家在推动宪政中的困境》，《中国社会科学》2003 年第 2 期。

④ 韩大元：《以〈宪法〉第 126 条为基础寻求宪法适用的共识》，《法学》2009 年第 3 期。

⑤ 海亮：《在现行体制下法院仍应间接适用宪法》，《法学》2009 年第 4 期。

⑥ 王磊：《宪法实施的新探索——齐玉苓案的几个宪法问题》，《中国社会科学》2003 年第 2 期。

基本权利规范具有对私法关系的调整功能，基本权利规范可以在司法裁判中被法院适用，只是需要技术性的适用方式，"最重要的还是加强民事立法，进一步将宪法规定具体化"①，而非直接适用。

回答之二，法院援引基本权利规范时必须有其他法条的配合，不完全法条无法"单独裁判"。正如回答之一的论述，基本权利规范只论述侵权行为，并没有涉及法律后果，法院无法直接援引基本权利规范进行裁判，必须援引其他部门法具体法条，从而形成一个完整的裁判规则。宪法凭借私法上之基本规范，将基本权利之精神引入私法领域，用以保障宪法性权利的实现。私法的基本规范将宪法规范内化于私法规范之中，从而实现了宪法对私法的间接效力。② 随之而来的问题是，任何部门法也无法穷尽现实中法律侵权现象，当没有部门法具体条文可以配合基本权利规范使用时，法院能否直接依据基本权利规范进行裁判？"保护公民利益不受其他公民或非政府团体的侵犯，主要是普通立法的任务；如果立法并未作出具体规定，法院不宜直接适用相关的宪法条款"③，虽然基本权利规范无法被法院适用直接裁判，但可以通过部门法中概括条款"解救"宪法，如民法中公序良俗、诚实信用等条款。"基本权利对民事法律行为效力的影响是基本权利进入民法场域的重要管道。这种影响不是通过基本权利对民事法律行为的直接适用实现的，而是通过公法性强制规范和公序良俗原则发挥其影响。"④ 因此，在规范的设置和安排上，除了要妥当处理民法内部的规范设计和制度安排外，还必须在民法中铺设通往其他法律的管道。⑤ 以《民法通则》第7条（公序良俗条款）为例，基本权利规范的精神和价值可以通过这一条款调整私法关系，处理民法规范没有明确规定的权利侵害行为。民法一般条款的设立，有利于基本权利水平效力的间接实施，

---

① 王伟国：《齐玉苓案批复之死——从该批复被忽视的解读文本谈起》，《法制与社会发展》2009 年第 3 期。
② 许中缘、刘宇：《论宪法对私法的规范效力》，《中共中央党校学报》2008 年第 2 期。
③ 张千帆：《论宪法效力的界定及其对私法的影响》，《比较法研究》2004 年第 2 期。
④ 刘志刚：《基本权利对民事法律行为效力的影响及其限度》，《中国法学》2017 年第 2 期。
⑤ 钟瑞栋：《"私法公法化"的反思与超越——兼论公法与私法接轨的规范配置》，《法商研究》2013 年第 4 期。

"既不会让宪法'大材小用',取代民法规范;也不会让宪法权利虚置,成为'空空的佩剑'"。① 当然也有学者提出反对意见,认为基本权利的间接适用是"舍近求远",间接适用本质上还是通过基本权利规范裁判具体私法关系,与直接适用并无差异。② 应当厘清的是,无论是直接适用还是间接适用,根源在于承认基本权利规范对私人关系的影响力,只是适用技术稍作调整,而这一调整在于面对新问题与旧理论龃龉时采用更为平和的方式进行"改变",减少直接适用新理论造成的冲击与矛盾。进一步的问题是,基本权利规范适用于私法关系,是不是意味着"只在存在法律保留的情形中,对基本权利进行法律行为上的限制才是被许可的",③ "以一个宪法来决定全部法律关系的弊端,抹杀私法存在的作用与功能"④,危及现代社会的基础——私法自治?私法自治被认为"体现了民法最基本的精神"⑤,"私法自治的本质是划定私人活动的基本空间,限制国家权力对于私人生活的过度干预,其哲学理论的基础是奉行个人自治的自由主义"。⑥ 多数秉持基本权利水平效力侵害私法自治观点的学者认为,"公民不拥有国家的权力,但要在公民 - 公民的私法关系中承担公民 - 国家关系中的原来由国家承担的'受约束'的义务"。⑦ 传统市民社会理论认为国家与社会是高度分离的二元对立,宪法不应触及私人自治领域,但"单纯限制公权不是确保个体自由之合适手段,对自由的真正保障还需运用公权之手以遏制一部分人对另一部分人自由权利的侵害与践踏"。⑧ 在现代社会财富

---

① 刘连泰、左迪:《宪法权利间接水平效力的类型》,《厦门大学学报》(哲学社会科学版) 2013 年第 5 期。

② "以适用民法条款为名而实际运用宪法条款,又似有掩耳盗铃、自欺欺人之嫌。因为这种情况下与基本权利发生'直接效力'没有根本上的区别。"参见张翔《基本权利在私法上效力的展开——以当代中国为背景》,《中外法学》2003 年第 5 期。

③ 〔德〕克劳斯 - 威尔海姆·卡纳里斯:《基本权利与私法》,曾韬、曹昱晨译,《比较法研究》2015 年第 1 期。

④ 徐振东:《宪法基本权利的民法效力》,《法商研究》2002 年第 6 期。

⑤ 王利明:《负面清单管理模式与私法自治》,《中国法学》2014 年第 5 期。

⑥ 任喜荣:《"支撑"、"互释"与"回应"——民法典编纂中的宪法观与问题意识》,《法学评论》2016 年第 5 期。

⑦ 钱福臣:《解读阿列克西的宪法权利规范水平效力理论》,《北方法学》2012 年第 3 期。

⑧ 王希:《原则与妥协:美国宪法的精神与实践》,北京大学出版社,2000,第 380 页。

不均衡分配的背景下，强力私人第三方对公民权利的侵害可以造成难以估量的损失，如果此时仍旧放任私人自治原则故步自封，部门法规范没有明确的公民权利无法在受到侵害后得到应有的补偿，固守私人自治将造成强势私人方对弱势私人方毫无忌惮的侵害。基本权利水平效力的间接适用并不否认私人自治原则，"目的就在于对私法领域的适当修正与规范，而不是要打破私法领域的自身调整规则与调整方法"。① 绝对的私法自治将造成绝对的权利滥用，基本权利的间接水平效力也并没有改变私人关系中权利持有者对权利持有者的关系，没有强加国家保护义务于私人关系主体，"私人自治本身而非其限制是宪法保障，并因此是水平效力的目的"。②

回答之三，在没有宪法法院、违宪审查机制不尽完备的法律背景下，法院能否援用宪法的重要争论点在于地方法院是否通过援用宪法行为肆意扩大职权——宪法解释权。法院援引宪法"意味着主张将现在由全国人大及其常委会行使的宪法监督实施权和全国人大常委会行使的宪法解释权转移到各级法院手中，意味着可以对全国人大或其常委会的立法进行合宪性审查，意味着最高国家审判机关取得与最高国家权力机关相同或平等的宪法地位。一句话，意味着根本改变我国的政权组织体制"。③ 法院援引宪法必然会面临宪法解释的境况，法律解释贯穿于法律的适用过程："一是由于法律文本的模糊性或者不确定性，必然使其处在一种开放的结构之中。二是规范与事实间的不对称性，规范并不能涵括事实，因此必然运用相应的法律方法弥合二者的间隙……三是法律与社会发展的不同步性以及人类认识论上的局限性……四是法律适用本身就意味着理解和解释。"④ 法院如果在裁判理由、论证中引用基本权利规范，势必需要对被引用的规范进行一定程度的解释，而我国宪法明确规定宪法解释权归属全国人大及全国人大常委会，如果普通法院可以对基本权利规范进行解释，则有"司法抢滩"的嫌疑。我国《宪法》第 62 条规定全国人民代表大会监督宪法

---

① 田喜清：《私法公法化问题研究》，《政治与法律》2011 年第 11 期。
② Robert Alexy, *A Theory of Constitutional Rights*, Translated by Julian Rivers, Oxford University Press Inc., 2002, p. 363.
③ 童之伟：《宪法司法适用研究中的几个问题》，《法学》2001 年第 11 期。
④ 李秀群：《宪法基本权利水平效力研究》，中国政法大学出版社，2009，第 180 页。

的实施，第 67 条规定全国人民代表大会常务委员会行使解释宪法、监督宪法的实施的职权，宪法解释权、违宪审查权被赋予全国人民代表大会常务委员会。地方法院在援用基本权利规范的过程中，势必需要对具体规范的适用予以解释，地方法院在无声中"借用"本属于全国人民代表大会及其常务委员会的宪法解释权，势必造成权力运行的滥用。然而具实证考察，宪法规范出现在我国司法判决书中主要有三种情况：①出现在当事人的主张中，这通常与法院观点没有直接的关系；②出现在法院的说理过程中；③作为裁判依据。① 这三种情况中，第一种与地方法院宪法解释权无关，第二、三种也通常不涉及宪法解释，而是直接援用宪法规范。实证分析的结果证明，虽然存在地方法院肆意扩大职权、滥用宪法解释的可能性，但实践中只有极少数法院进行过合宪性解释。2016 年，最高人民法院《人民法院民事裁判文书制作规范》规定：裁判文书不得引用宪法和各级人民法院关于审判工作的指导性文件、会议纪要、各审判业务庭的答复意见以及人民法院与有关部门联合下发的文件作为裁判依据，但其体现的原则和精神可以在说理部分予以阐述。该规范的生效，意味着民事判决中不再会出现引用基本权利规范作为裁判依据的情况，但基本权利规范的原则与精神依旧对民事审判产生效力。通过实证分析可知，几乎没有普通法院在援引基本权利规范时对基本权利规范做出合宪性解释，法院通行的做法是在说理阶段援引基本权利规范的价值或文本，以阐明判决的公正与合理。法院在实践中"巧妙"躲避当下宪法解释权归于全国人大及其常委会背景中的设计，虽然实践中并没有法院提请全国人大常委会解释宪法，但法院在适用宪法时遭遇困境，现行制度允许最高人民法院提请全国人大常委会解释宪法，"可行的只能是最高法院向全国人大常委会提出解释申请，人大常委会解释后，再由法院做出案件判决"。② 因此，宪法解释的担忧可以在现行制度框架内得到较为有效的解决，司法权僭越的问题也只是理论的担忧。

---

① 冯健鹏：《我国司法判决中的宪法援引及其功能》，《法学研究》2017 年第 3 期。

② 张翔：《基本权利在私法上效力的展开——以当代中国为背景》，《中外法学》2003 年第 5 期。

通过对上述三个问题的争论与回应，多数学者走向同一个论点：在私法无法调整侵害公民基本权利行为时，基本权利规范可以通过间接方式适用于私法关系。但这一论点的背后，仍然需要理论的更新与制度的完善。

结语：新时代与旧理论的纠缠

在没有宪法法院、没有宪法诉讼机制存在的当下中国，宪法"私法"适用问题比德国、美国更加复杂与困难，飞速发展的经济带来公民权利观念的迅速觉醒，而觉醒的权利意识与不完备的法律制度存在抵触，宪法对权利的承诺因部门法对权利的部分保障而未能实现。权利侵犯事件激发起学术热点，通过对中国知网主题检索的数据（见图1）① 分析，基本权利水平效力作为实践案例带动的学术热点，在2001年至2007年呈现整体上升趋势，三类主题检索数据均于2007年达到顶峰，随后呈现波动下降趋势。如此趋势背后反映的是最高院2001年批复被废止后学界的"失落感"，学界热点因司法机关的明确废止而失去关注。但值得乐观的是，基本权利与私法关系的讨论自2003年起一直居高地位，反映出权利意识的增强与核心问题的把握。宪法规范中涉及国家政体的规定，并不需要可否在私人关系中适用的激烈讨论，宪法规范能否被适用的核心问题在于基本权利规范可否调整私法关系。2011年基本权利与私法的讨论达到一个顶点，甚至超越最高院批复被废止前的文献数量，进一步分析这301篇文献，绝对数量的文献来源数据库为"博硕士论文数据库"，这反映出学者的争论在积累到一定总量时，在校学生对这一问题的把握更为顺畅，易于梳理学术争论的观点与脉络。然而，近五年里基本权利与私法关系的文献数量呈现下降趋势，也值得深思：基本权利水平效力问题是否因得到肯定而无须再赘，还是缺乏公权机关支持的问题在旧理论的缠绕下失去活力？

---

① 该表的数据检索方式采用"主题检索"，因中国知网2000年以前文献数据库不充分，且学界对基本权利水平效力的关注兴起于2001年齐玉苓案的最高院"批复"，所以本表的起点年份为2001年。同时，中国知网的数据库也无法全面收录学界文献，所以此表的统计结果并非完全精准，仅试图描绘这一问题争论的大概趋势。

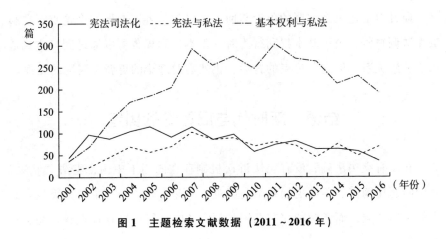

图 1　主题检索文献数据（2011～2016 年）

基本权利水平效力的间接适用虽然得到了多数学者支持，但基本权利水平效力理论也面临着新问题，强大私人团体对公民基本权利的侵害可能远超普通私人，基本权利规范不仅需要调整平等的私法关系，更需调整地位悬殊的私法关系。虽然全球化对 17 世纪中期后形成的主权国家冲击很大，但我们也看到，在日本、韩国等所谓的"虎经济体"（Tiger Economics）中，国家甚至卷入了全球经济竞争，很难分辨国家与企业的角色。① 随着经济全球化的加深、非国家集体行动者的兴起，传统私法规范无法全部回应强力私人侵犯弱势公民基本权利时的问题。基本权利的"横向"效力，尤其是基本权利是否不仅对政府机构而且对私人施加义务的问题，在跨国的范围内，较其在通常的国家范围内出现了更引人注目的维度。② 越来越多的国家将基本权利水平效力问题的讨论置于私人双方地位不平等的预设条件下，但我国目前学界的讨论仍然集中于地位均等的私人双方，造成这一境况的原因至少有两点：其一，基本权利水平效力问题兴起于"齐玉苓"案中最高院的"批复"，而齐玉苓案的焦点在于陈晓琪（普通私人）对其基本权利的侵害；其二，旧理论对新问题的纠缠繁重，中国人独

---

① 谢鸿飞：《论法律行为生效的"适法规范"——公法对法律行为效力的影响及其限度》，《中国社会科学》2007 年第 6 期。

② 《匿名的魔阵：跨国公司中"私人"对人权的侵犯》，泮伟江译，载〔德〕贡塔·托依布纳《魔阵·剥削·异化——托依布纳法律社会学文集》，泮伟江、高鸿钧等译，清华大学出版社，2012，第 184 页。

特的"排外"思维模式难以迅速接受新兴理论、技术，基本权利水平效力作为一个在域外备受肯定的理论，在我国仍处于初期的争论阶段（虽然主流学者持肯定态度），更难谈及基本权利水平效力后续的强势私人方问题，旧有理论对新兴问题的发展纠缠繁密且沉重。

另一个需要明确的问题是，我国处于法制改革落后于经济发展的阶段：大型国有企业、跨国公司侵害公民基本权利的可能土壤已经存在，相关理论仍处于后进阶段，但法律后发国家的国情也为理论减轻了可能的障碍。对于当代中国而言，并未完成近代立宪主义的课题，中国仍是个"权力社会"，政治占有绝对的主导性，"政治国家"始终压制着"市民社会"，二者对峙的结构尚未形成。① 基本权利水平效力在德、美是一个完全基于公民 – 国家二元对立基础下的命题，我国没有与德、美相同的二元对立基础，这使得原本基本权利水平效力适用的最大阻碍——宪法只能约束国家——在我国现实背景下阻碍能力较轻，基本权利水平效力适用的可能性增强，这也是我们可以对这一问题保持乐观心态的原因。虽然国人固有的守旧思想对新兴理论纠缠沉密，但我国因为独特的发展模式，基本权利水平效力适用的理论阻碍比德、美更为"羸弱"，基本权利水平效力适用在实践中更易追平德、美等国，甚至可能超越个别国家。当然这一乐观希望的前提是提炼实践中的真问题，而不是围绕着无意义的问题进行争论。

---

① 张翔主编《德国宪法法院案例选释：基本权利总论》，法律出版社，2012，第47页。

论国际人权法上的健康权与《基本医疗卫生法》的起草

饶　浩*

引　言

　　健康之于人类的重要性不言而喻。然而，健康权的兴起却是二战以后的事情。[①] 二战后，随着世界各国对战争的反思，经济和科技的迅猛发展，人类疾病谱的变化，以及各国人民人权意识的高涨，健康权获得了国际社会前所未有的关注[②]，并且对各国的卫生立法发挥了至关重要的作用。

　　在我国，随着医疗卫生体制改革的日益深入，尤其是《"健康中国2030"规划纲要》的出台，健康在国家战略层面的价值和意义已经成为全社会的共识。然而，对于是否要将政策层面的"健康"转化成法律层面的"健康权"，立法机关仍然犹疑不定，这一点在《基本医疗卫生法》的起草过程中体现得尤为明显。[③] 从立法机关的角度来看，这种担忧来自健康

---

　*　饶浩，清华大学法学院 2016 级博士生。

[①]　See Tobin J., *The right to health in international law*, New York: Oxford University Press, 2012: 06.

[②]　之前无论是学术还是政治领域，很少将健康与人权联系在一起。但事实上二者存在三重联系：第一，健康政策对人权的保障有重要影响，因为没有健康就无法享有其他人权；第二，人权保障的好坏直接关系到健康，比如刑讯逼供、非法拘禁等侵犯人权的现象直接损害公民的健康；第三，健康和人权在促进人类福祉这一核心问题上，二者具有互补性。也正是因为上述三种联系，健康权才得以作为一项基本人权日益被各国所重视。See Gostin L. O., Lazzarini Z., *Human Rights and Public Health in the HIV/AIDS Pandemic*, (1998). Fletcher Forum of World Affairs 22 (1), pp. 125 - 134.

[③]　在草案出台之前，有关部门为免引起太大争议，一直在考虑是否要删除健康权的相关规定；草案出台之后，立法机关对草案中的"健康权"规定仍然表示担忧，认为规定这样一项新的权利是否有其依据，并要求有关部门予以说明。为消除立法机关的疑虑，参与《基本医疗卫生法》起草的学者呼吁用"健康权"凝聚医改和卫生立法的共识，参见王晨光《保障公民健康权　医改须形成更高共识》，《光明日报》2015 年 10 月 24 日，第 010 版。

权本身所具有的不确定性，以及由此而衍生出来的一系列可能的后果。具体来说，可以分为两个层次的问题：其一，国际人权法上的健康权究竟包括哪些内容，是仅指公民有权平等地获得基本医疗卫生服务，还是指"人人有权享有最高且能达致的健康标准"？如果是指前者，那么在我们国家事实上已经建立了基本医疗卫生服务保障制度的情况下，是否还有必要规定健康权？如果是后者，那么我国目前的社会经济发展水平，能否负担得起如此高标准的健康保障？其二，贸然将健康权写入《基本医疗卫生法》，是否会导致民众期待过高，政府因此而面临大量健康权诉讼的风险？

有鉴于此，本文以"国际人权法上的健康权"为中心，旨在厘清健康权所具有的规范内涵和法律构造，回应健康权立法过程中的争议。在此基础上，进一步分析健康权立法在中国的意义和价值。本文的内容安排分为两部分，前半部分从国际人权法的角度梳理健康权的历史脉络，分析健康权的规范建构过程，界定其内涵和外延；后半部分立足于我国《基本医疗卫生法》的起草，研究健康权在我国卫生立法中的正当性和必要性，并提出具体的立法建议。

一 健康权的历史演进：基于国际人权法视角的考察

（一）健康权的兴起及其人权地位的确立

健康权之所以能成为一个国际人权法的问题，直接得益于各国对二战的反思。二战期间，数以万计的生命直接被战火剥夺，种族屠杀、人体试验和细菌战更是臭名昭著。而且，各国在备战期间发现，国民之健康素质强弱与否直接关系着本国的生死存亡。基于对上述种种问题之反思，各国开始谋求在卫生、健康领域的国际合作，以确保各国人民之福祉与国家之间的和平。在这一宏大背景之下，健康权迅速走进了国际法的视野。

最早涉及健康权内容的国际条约是 1945 年 6 月 26 日签订的《联合国

宪章》，该宪章第 55 条（丑）规定，为造成国际间以尊重人民平等权利及自决原则为根据之和平友好关系所必要之安定及福利条件起见，联合国应促进国际间经济、社会、卫生及有关问题之解决。① 该条款的内容由中国和巴西在 1945 年的旧金山会议提出，并获得一致通过②，其重要意义在于健康的价值在国际法上首次得到强调，为健康权的提出埋下了伏笔。其不足之处是该条款较为原则和笼统，只强调了国际卫生领域的合作，对于具体的健康权内容没有涉及。而且，该条款中的健康价值仅在于具有"维持国际友好、和平关系"的工具理性，主体价值未得到彰显。

继《联合国宪章》之后，1946 年《世界卫生组织宪章》在序言中明确提出，享受最高且能达致之健康标准为人人基本权利之一（The highest attainable standard of health as a fundamental right of every human being），不因种族、宗教、政治信仰、经济或社会状况之差异而有所不同。各民族之健康乃获致和平与安全之根本，且需仰赖于个人间与国家间之通力合作。③ 与《联合国宪章》第 55 条（丑）相比，《世界卫生组织宪章》的序言首次肯定了健康权作为一项基本人权的地位，因而具有重大意义。不过，序言中的健康权只能理解为世界卫生组织的目标和愿景，尚未形成具体的制度规范，因而对各成员国并无客观上的约束力。

在《世界卫生组织宪章》明确承认健康权的基本人权地位之后，1948 年的《世界人权宣言》将公民权利和政治权利，以及经济、社会和文化权利纳入宣言之中，并在第 22 条中肯定经济、社会和文化权利是个人尊严和人格发展之必须。在此基础上，该宣言第 25 条提出"人人有权享受为维持他本人和家属的健康和福利所需的生活水准，包括食物、衣着、住房、医疗和必要的社会服务"④，明确肯定了健康之于个人尊严和人格发

---

① 《联合国宪章》，http://www.un.org/en/sections/un-charter/chapter-ix/index.html，最后访问时间：2017 年 12 月 25 日。

② "WHO First Ten Years," http://apps.who.int/iris/bitstream/10665/37089/14/a38153_eng_LR_part1.pdf，最后访问时间：2017 年 12 月 25 日。

③ "Constitution of the World Health Organization," http://www.who.int/governance/eb/who_constitution_en.pdf，最后访问时间：2017 年 12 月 25 日。

④ 《世界人权宣言》，http://www.un.org/zh/documents/udhr/，最后访问时间：2017 年 12 月 25 日。

展的价值。与《世界卫生组织宪章》的序言一样,《世界人权宣言》中的健康权条款仅有宣示性意义。而且,该条款将健康权作为维持一定生活水准的手段,但事实上赋予公民工作权可能比赋予健康权更有利于保障生活水准,这就使得该条款对于健康权的意义大打折扣。尽管如此,《世界人权宣言》的意义仍然不容抹杀,因为它不仅为包括健康权在内的人权保护提供了普遍适用的示范标准,而且对各国的法律制定产生了深远影响。

为了进一步阐明《世界人权宣言》中的人权内容,赋予其法律约束力,联合国于 1966 年以条约的形式将《世界人权宣言》的内容落实为《公民权利和政治权利国际公约》(以下简称《政治权利公约》) 和《经济、社会及文化权利国际公约》(以下简称《经社文公约》)。根据《经社文公约》第 12 条规定,本公约缔约各国承认 (Recognize)① 人人有权享有能达到的最高的体质和心理健康的标准。同时,明确列举了四类国家应当逐步履行的义务。② 应当说,《经社文公约》是与健康权有关的最为重要的国际条约,该条约第 12 条之规定为健康权的规范内容奠定了基础,并对签约国具有国际法上的拘束力。该条约的制定有一个重要的理论支撑,即不同人权是互相依存、不可分割的,对健康权的违反必然也侵犯其他人权,反之亦然。因此,健康权作为人权存在,不是孤立的,而是与其他"构成健康基础"(underlying determinants of health) 的人权有着不可分割的联系。据此,该条约第 12 条规定中的健康权内容已经超出健康服务、产品和设施本身,食物、饮水和一定标准的生活保障也被纳入健康权的范畴。当然,《经社文公约》只是大致地勾勒出健康权的轮廓,对于健康权的内涵和外延,仍然缺乏清晰的陈述,这也给健康权条款的实施带来了巨大的挑战。

除了上述条约中规定了健康权之外,《消除一切形式种族歧视国际公

---

① 有学者认为,条款中使用的是"Recognize"一词,而非"Adopt"或者"Establish",仅仅表明各国认识到健康权的存在,而不是明确肯定健康权的效力,这大大削弱了该条款的约束力。See Jamar Steven D. , "The International Human Right to Health," *Southern University Law Review Vol.* 22, no. 1 (1994), pp. 1 – 68.

② 《经济、社会及文化权利国际公约》, http://www.un.org/chinese/hr/issue/esc.htm, 最后访问时间:2017 年 12 月 25 日。

约》(1965)第 5 条、《消除对妇女一切形式歧视公约》(1979)第 11 条第 1 款、《儿童权利公约》(1989)第 24 条、《残疾人权利公约》(2006)第 25 条等规定,分别根据特殊人群的身心健康特点和需要,也对健康权做出了具体规定。

此外,受多边公约的影响,区域性的国际条约也纷纷对健康权做出了相应规定。比如,《欧洲社会宪章》(1961)第 11 条规定了卫生保健权(the right to health protection)①;《美洲人权公约关于经济、社会和文化权利领域的附加议定书》(1999)第 10 条规定了健康权(right to health),第 11 条规定了健康环境权(right to a healthy environment),第 12 条规定了获得食物的权利(right to food)②;《非洲人权和民族权宪章》(1986)第 16 条规定了个人有权获得可达致的最高身心健康之标准(the right to enjoy the best attainable state of physical and mental health)③。

(二) 健康权的发展:从国际法到国内法

从健康权的历史来看,健康权作为一项基本人权,其发展路径具有先国际法后国内法的特点,即主要先由国际法承认,然后才逐渐被各国所认同和接受。④ 随着健康权在国际人权法中的地位日益巩固,尤其是在世界卫生组织(简称世卫组织)的推动之下,越来越多的国家将健康权写进本国宪法。⑤ 根据 Eleanor D. Kinney 和 Brain Alexander Clark 教授 2004 年对二战后世界各国宪法的统计分析,目前世界上有超过三分之二的国家在宪法

① "European Social Charter", http://www. coe. int/en/web/turin-european-social-charter/charter-texts,最后访问时间:2017 年 12 月 25 日。
② "Additional Protocol to the American Convention on Human Rights in the Area of Economic, Social and Cultural Rights", http://www. refworld. org/cgi-bin/texis/vtx/rwmain? page = publisher &publisher = OAS&type = &coi = &docid = 3ae6b3b90&skip = 0,最后访问时间:2017 年 12 月 25 日。
③ "African Charter on Human and Peoples' Rights", http://www. achpr. org/instruments/achpr/#a16,最后访问时间:2017 年 12 月 25 日。
④ 参见王晨光《论以保障公民健康权为宗旨打造医药卫生法治的坚实基础》,《医学与法学》2016 年第 1 期。
⑤ 参见蒋月、林志强《健康权观源流考》,《学术论坛》2007 年第 4 期。

中规定了健康权。① 联合国人权委员会在 2008 年也做了一项统计，全球至少有 115 个国家在宪法中规定了健康权（right to health）或者健康照护权（right to health care）。并且，至少有 6 部宪法明确规定了健康权的相关义务，比如规定国家提供健康服务的义务或者相应的财政支出义务。②

就具体规定来看，各国宪法并没有完全照搬国际人权法上的健康权条款，而是根据本国的社会经济状况、政治体制和价值观念等因素，最终决定是否规定健康权，以及规定到何种程度。③ 各国宪法中的健康权具有不同的特点。就权利性质来看，大多数国家规定了社会权意义上的健康权，也有部分国家规定了自由权和社会权相结合的健康权，比如意大利和保加利亚。④ 而在社会权意义上的健康权方面，有的国家偏重于公共卫生，有的国家重视医疗保障，前者如印度宪法第 47 条的规定，后者如俄罗斯联邦宪法第 41 条的规定。就权利的可诉性来看，一些国家虽然没有赋予健康权以可诉性，但这些国家的健康权保障水平并不差，比如英国和澳大利亚。⑤ 而有一些国家虽然肯定了健康权的可诉性，但实际效果并不令人满意，甚至导致医疗卫生资源分配的扭曲，反过来加剧了社会的不公，比如巴西等国家。⑥ 就权利的内容来看，有少数国家在宪法中明确规定了免费医疗，比如意大利和俄罗斯。当然，这里的免费也并非是无条件的免费，

---

① 他们把这些健康权条款大致分为五种类型：目标型（aspiration）、授权型（entitlement）、国家义务型（duty）、方案纲领型（a programmatic statement），以及参照条约型（referential）。授权型条款比例最高（占 38.7%），国家义务型条款次之（占 38.1%），方案纲领型占 26.3%，目标型占 11.3%，参照条约型仅占 4.6%。See Kinney, Eleanor D., Clark, Brian Alexander, "Provisions for Health and Health Care in the Constitutions of the Countries of the World," *Cornell International Law Journal Vol.* 37, no. 2 (2004), pp. 285 – 356.

② Office of the U. N. Commissioner for Human Rights, Fact Sheet No. 31, "The Right to Health: Fact Sheet (June 2008)," http://www.ohchr.org/Documents/Publications/Factssheet31.pdf, 最后访问时间：2017 年 12 月 25 日。

③ See Kinney, Eleanor D., "The International Human Right to Health: What Does this Mean for Our Nation and World," *Indiana Law Review Vol.* 34, no. 4 (2001), pp. 1457 – 1476.

④ 参见曲相霏《外国宪法事例中的健康权保障》，《求是学刊》2009 年第 4 期。

⑤ See Tobin J., *The Right to Health in International Law*, New York: Oxford University Press, 2012: 06.

⑥ See Biehl J., Petryna A., Gertner A. et al., "Judicialisation of the right to health in Brazil," *The Lancet Vol.* 373, no. 9682 (2009), pp. 2182 – 2184.

而是需要受到很多条件的限制。①

与国际人权法相比，各国宪法中的健康权条款更为务实。在《世界卫生组织宪章》、《经济、社会和文化权利国际公约》、《残疾人权利公约》、《儿童权利公约》、《美洲人权公约》和《非洲人权和民族权公约》等国际条约中，都存在"最高且能达致的健康标准"（highest attainable standard of health）这一表述，但各国宪法之中则没有类似说法。这种表述差异的背后，实际上折射出各自对健康权定位的不同。作为国际人权法中的健康权，如果要想更好地发挥对各国卫生立法的示范作用，就不能仅仅停留在高蹈的理想之上，而必须明确自身的规范内涵，提供一个更加务实的健康权表述。

二　健康权的规范建构：从政治修辞到法律规范

（一）健康权内涵之界定

在国际社会上，对健康权的认识始终存在两种取向：一种是极端理想主义者，他们高举人权的大旗，认为健康权在道德上具有正当性和必然性，建立一个概念明确、逻辑一致、内容具体的健康权对于提升各国民众的健康保障水平至关重要；另一种是极端悲观主义者，他们认为健康权概念缺乏一致性、可定义性、政治可行性、经济可持续性，以及可诉性，因此要想建立一个公认的健康权概念注定是徒劳无功的。很显然，健康权的发展历史表明，它既非理想主义者所描述那样具有某种历史和道德的必然性，也不像悲观主义者所认为的那样无可救药，只是一个空洞的政治口号和修辞。建立一个概念清晰、逻辑一致的健康权规范，不仅在理论上是可

---

① 关于免费医疗大致存在三种理解：第一种观点认为，不存在所谓的免费医疗，因为"天下没有免费的午餐"，任何医疗卫生服务的提供都是建立在要么缴税，要么缴医保的基础之上，最终都需要纳税人埋单；第二种观点认为，通过事前征税筹集资金，以补供方的形式提供基本医疗服务才是免费医疗，而通过事后缴纳保费筹集资金，以补需方的形式提供基本医疗服务则不是免费医疗；第三种观点认为，无论是征税或者缴纳保费，补供方或者补需方，只要公民在接受基本医疗服务时无须缴费，就是我们所说的免费医疗。一般来说，只要符合"接受医疗服务时不缴费"的要求，就是通常所说的免费医疗。

欲的，在实践中也是可行的。

根据 1946 年的《世界卫生组织宪章》的规定，健康不仅为疾病或赢弱之消除，而且系体格、精神与社会之完全健康状态。与此相对应，健康权是指人人享受最高且能达致之健康标准。以今天的眼光来看，世界卫生组织之所以采取近乎乌托邦式的方式去定义健康权，不仅仅是基于对医学技术进步的信心，相信可以通过各国政府之通力合作建成一个更加健康的"新世界"，更为重要的因素是当时新成立的世界卫生组织急需一套价值理念作为自己的行动指南，夯实自己的合法性基础。事实上，健康权兴起之初，作为一种话语策略和政治修辞，它通过"最高且能达致之健康标准"这种激动人心的表述，不仅为世界卫生组织本身提供了愿景和目标，也成功地引起了各国政府的重视，为健康权的基本人权地位奠定了基础。但是，也正因为这种激进而理想化的表述，使得各国在健康权立法问题上常常望而却步，从而构成健康权进一步发展的障碍。因此，自二十世纪六十年代以来，世界卫生组织一直在思考如何将理想化的健康权转变成一个实际可操作性的权利，而 1966 年的《经社文公约》则是这一转折的关键。

根据《经社文公约》第 12 条的规定，健康权包括卫生保健领域和卫生条件领域，前者包括医疗照护、卫生保健预防、儿童保健、家庭节育服务、孕前孕后卫生保健、精神保健服务，后者包括清洁用水、充分营养食品、充分卫生设施、环境的健康、职业卫生、与健康有关的信息等。一方面，《经社文公约》考虑到各国可利用资源和社会发展的差异性，因而允许各国逐步推进健康权的实现；另一方面，这给不少国家提供了规避义务履行的借口，使得健康权作为一项人权的地位受到影响。

为了推动健康权的进一步发展，世界卫生组织在 1978 年的阿拉木图大会中提出初级卫生保健（Primary Health Care）运动，要求到 2000 年实现人人健康的目标。大会通过的《阿拉木图宣言》重申了健康权作为一项人权的重要地位，强调政府对人民健康负有责任。宣言还要求各国政府重视公共卫生和疾病预防，并遵循平等和非歧视原则，注重对特殊群体健康权的保护。鉴于各国发展情况的差异，在强调国际卫生合作的基础上，宣言根据发达国家、中等发达国家、最贫困国家的不同，提出了不同的最低健康权标准。① 显然，《阿拉木图宣言》的目标是鼓舞人心的，但是如何确定最低健康标准仍然是一个难题。

为了进一步澄清健康权的定义，以便于实际操作和运用，经济、社会和文化权利委员会在 2000 年通过了一项关于健康权的 14 号评论。根据该评论，第一，健康权不能理解为使人健康的权利，它既包括自由也包括权利。第二，健康权包含两部分，及时、恰当的健康照护和健康的基础条件，其中后者包括获得安全的饮用水和充分的卫生，充分提供安全食品、营养和住房、健康职业和环境条件，获得有关健康的教育和信息，包括性和生育健康的信息。第三，缔约国为实现上述健康权所建立的相关保障制度，必须具备可获得性（availability）、可及性（accessibility）、可接受性（acceptability）、品质保障性（quality），即通常所说的 AAAQ。具体而言，可获得性是指医疗机构、医疗产品和医疗服务的供给数量充足；可及性包括非歧视性（non-discrimination）、地理上的可近性（physical accessibility）、经济上的可负担性（affordability），以及信息的可获得性；可接受性是指医疗服务的提供必须遵循医学伦理，尊重文化和性别差异，以及生命周期的规律；品质保障性是指提供医疗服务必须科学，在医学上被认为恰当、安全。第四，14 号评论规定，健康权作为一项基本人权，政府必须承担三类义务——尊重义务（respect）、保护义务（protect）、给付义务（fulfill）。其中，尊重义务要求政府不得妨碍公民获得医疗服务，不得实施歧视政策；保护义务要求政府采取立法等措施保障公民从第三人处平等获得医疗服务，限制第三人侵犯公民健康权的行为；给付义务则要求政府在政治体制中承认健康权，采取积极的措施实现健康权。②

结合上述健康权的内容演变，我们可以从以下三个方面来把握健康权的规范内涵。

首先，健康权的客体不仅包括个体的健康，也包括群体的健康。因

---

① See Leary V. A. , "The Right to Health in International Human Rights Law," *Health and Human Rights Vol.* 1, no. 1 （1994）, pp. 24 – 56.

② See CESCR General Comment No. 14, "The Right to the Highest Attainable Standard of Health," http://www. ohchr. org/Documents/Issues/Women/WRGS/Health/GC14. pdf, 最后访问时间：2017 年 12 月 25 日。

此，不仅公民个体享有健康权，群体也享有健康权。关于群体健康权的问题，《经社文公约》第 12 条以及 14 号评论中提到的权利主体都是针对个人，这显然是对健康权规范的不足。健康权之兴起即肇始于公共健康之需要。最早涉及健康权问题的《联合国宪章》第 55 条（丑），其目的便在于谋求国际社会之合作，以促进卫生等问题之解决。尤其是到了全球化的今天，全球公共卫生治理问题日益严峻，各种传染性疾病带来的公共卫生问题，已经严重危害个人健康。因此，强调群体健康权，对于预防疾病，促进和维护公民健康具有重要意义。①

其次，从消极的层面来看，健康权的内容包括三部分，要求政府恪守尊重义务：一是政府不得干预公民对健康权的享有，二是政府应当遵守平等和非歧视原则，三是政府不得实施伤害公民健康的行为。② 该部分的权利内容主要是针对健康权的自由权成分而言，强调公民有支配自己身心健康的自由、身心健康和人格尊严不受非法侵犯，以及享受平等保护等。政府是否履行了上述义务，很容易判断，因而这部分的健康权可诉性较强。

最后，从积极的层面来说，健康权的内容应明确肯定公民的权利诉求（claim），强调政府的保护义务和给付义务。具体而言，包括两部分权利内容，一部分是公法意义上的权利，一部分是社会权的内容。就公法权利而言，健康权的客体是公民从政府获得健康信息和健康保护的权利。该类健康权主要包括获得健康信息的权利、要求政府履行健康保护的权利。就社会权层面而言，健康权的客体是公民从国家或社会获得医疗卫生服务或产品保障的权利。该类健康权主要包括获得基本医疗服务保障的权利、获得基本公共卫生服务保障的权利、获得基本药物保障的权利、获得基本医疗保险的权利、获得医疗救助的权利等。此外，根据国际法的一般定义，

---

① See Meier, Benjamin Mason, "The Highest Attainable Standard: Advancing a Collective Human Right to Public Health," *Columbia Human Rights Law Review Vol.* 37, no. 1 (Fall 2005), pp. 101 – 148.

② See Jamar, Steven D., "The International Human Right to Health," *Southern University Law Review Vol.* 22, no. 1 (1994), pp. 1 – 68. Meier, Benjamin Mason, Fox, Ashley M. "Development as Health: Employing the Collective Right to Development to Achieve the Goals of the Individual Right to Health," *Human Rights Quarterly Vol.* 30, no. 2 (2008), pp. 259 – 355.

构成健康基础条件的内容也应当属于健康权的范畴，比如公共卫生权（如获得安全的饮用水和充分的卫生，获得安全的食品、营养和住房、健康职业和环境条件，获得有关健康的教育和信息等）。

总体而言，关于健康权的界定，它经历了一个从模糊到逐渐清晰的过程，基本实现了在"最高且能达致"的理想与"最低限度"的义务之间的平衡。如果说《联合国宪章》还只是就健康权表达了一种国际合作意向，《世界卫生组织宪章》也只是陈述了一种健康权的理想，那么 1966 年的《经社文公约》则直接面对现实，为健康权的定义提供了基本框架，使得健康权的实施和评价具有可能。在此基础上，2000 年的 14 号评论又进一步明确了健康权的内涵，最终为健康权的实施以及司法上的适用奠定了基础。① 也正是因为健康权的内容变得越来越清晰，健康权才有可能在各国卫生立法中发挥越来越重要的示范作用。

（二）健康权属性之厘清

关于健康权性质的认识，国内学界主要存在民事权利说、公法权利说、社会权利说以及混合权利说等。② 民事权利说旨在强调任何人不得侵犯公民对自身健康的自由支配，因而是一种传统意义上的消极自由权。③ 公法权利说的核心在于强调行政机关对公民健康的保护义务。④ 社会权利

---

① 当然，健康权的界定仍然存在一些不足。首先，并非所有国家都批准了《经社文公约》，因此健康权的实施在已经批准通过和没有批准通过《经社文公约》的国家之间存在差异。其次，《经社文公约》内部的结构障碍，导致缺乏一个具有约束力的先例制度。比如 2000 年的 14 号评论对健康权的解释，可能被国际法和国内法用来定义健康权的范畴。而在 2002 年，联合国人权理事会任命的健康问题特别报告员又进一步阐释了健康权的概念。尽管二者对健康权的规范内容大体一致，但二者之间存在的差异也导致了健康权概念的不清晰。最后，各国内部政治、经济和文化条件的约束，使得健康权在各国的实施状况有所不同。See Stone, Lesley; Gable, Lance; Gingerich, Tara, "When the Right to Health and the Right to Religion Conflict: A Human Rights Analysis," *Michigan State University Journal of International Law Vol.* 12, no. Issues 2 and 3 (2004), pp. 247 – 312.
② 参见邹艳晖《健康权的权利性质界定》，《济南大学学报》（社会科学版）2015 年第 1 期。
③ 参见李一娴《健康权保护问题研究——以侵权法为视角》，《云南大学学报》（法学版）2014 年第 5 期。
④ 参见邹艳晖《行政机关对公民健康权的给付义务》，《兰州学刊》2016 年第 10 期。

说是指公民有权从国家获得与健康保障相关的产品和服务。① 混合权利说则认为，健康权兼具自由权和社会权以及公法权利三种属性。②

从更宽泛的角度而言，健康权的性质根植于健康权的内容之中，因而构成健康权内涵的必要组成部分。过去学界对健康权性质的认识主要停留在消极的自由权层面，对其社会权属性方面的认识严重不足。近年来，随着我国医疗卫生体制改革的推进，社会权层面的健康权日渐受到重视。实际上，健康权本身具有多重属性，同时具有消极权利和积极权利的特征。经济、社会和文化权利委员会在 2000 年的 14 号评论中就指出，对于健康权，国家负有尊重、保护和给付义务。③ 这三类义务对应的恰好是健康权所具有的自由权利、公法权利和社会权利三种属性。而且，我国基本医疗卫生法草案也接受了这种观点。草案第 15 条第 2 款明确规定，"国家和社会依法实现、保护和尊重公民的健康权"。值得注意的是，与 14 号评论不同，草案将健康权的实现义务放在了最前面，尊重义务放在了最后面，这说明草案更加重视或者优先处理社会权层面的健康权问题。

（三）违反健康权保障义务之判定标准

对于健康权的自由权部分，仅仅要求政府履行其消极的尊重和保护义务即可，因而其判断标准较为明确。但对于社会权部分，因其要求政府履行积极的实现义务，比如提供充足的医疗卫生保健服务、住房、用水和食品等，这不仅与政府主观的政治理念和担当意识有关，而且需要以客观的经济资源为支撑。④ 如前所述，《经社文公约》第 12 条规定允许这部分内容在政府的能力范围内，逐步予以实施。换言之，资源的有限性决定了健康权的实现只能逐步推进，而不可能是一蹴而就。由此导致的问题在于，

---

① 参见陈云良《基本医疗服务法制化研究》，《法律科学》（西北政法大学学报）2002 年第 5 期。

② 参见黄清华《健康权再认识——论健康权的民事、社会和政治权利属性》，《社会科学论坛》2016 年第 1 期。

③ Office of the U. N. Commissioner for Human Rights, Fact Sheet No. 31, "The Right to Health: Fact Sheet (June 2008)," http://www.ohchr.org/Documents/Publications/Factssheet31.pdf, 最后访问时间：2017 年 12 月 25 日。

④ 郝铁川：《权利实现的差序格局》，《中国社会科学》2002 年第 5 期。

为了避免逐步实现性成为政府的借口，就必须建立一套判定政府是否履行了健康权保障义务的客观标准。

1987 年经济、社会和文化权利委员会报告起草人菲力普·阿尔斯顿（Philip Alston）指出："每一权利必须有最低的标准，缺少这一标准就会妨碍缔约国义务履行。"三年后，该委员会发表了"一般评论 3"，其中第 10 段中指出，"确保最低的实质权利实现的一个最低核心义务，是每个缔约国必须要做的"①。2000 年经济、社会和文化权利委员会在 14 号评论中规定了最低限度健康权的核心内容（"core content" referring to the minimum essential level of the right），这些核心内容包括两类：第一类，必需的初级卫生保健、最低限度且必需的营养食品和清洁、安全的饮用水、必需的药品；第二类，政府必须在公众参与和决策透明的基础上，制定并且实施公共健康战略和行动计划，同时定期检查，建立监控指标和学习标杆，以监测健康战略实施，对弱势群体的健康予以关注。② 为保障上述健康权的实现，经济、社会和文化权利委员会建立了外部救济和报告制度，要求缔约国按照要求定期汇报本国健康保障的基本情况。如果缔约国不愿最大限度使用其资源以实现健康权，就是违反了公约第 12 条的义务。③

在实践中，经济、社会和文化权利委员会在判断政府是否违反健康权保障义务时，还会结合以下五点内容进行综合考虑。

第一，政府应尽可能创造条件，比如立法或者增加财政投入等手段，促进和提升公民的健康权保障水平。如果与发展水平类似的国家相比，一国政府在医疗卫生领域的财政投入过低，可以作为认定政府未能很好履行健康权保障义务的重要根据。

第二，政府不得采取倒退的措施，即随意降低健康权的保障水平。按

---

① See Alston Phillip, "Out of the Abyss: The Challenges Confronting the New U. N. Committee on Economic, Social and Cultural Rights," *Human Rights Quarterly Vol.* 9, no. 3 (1987), pp. 332 – 381.

② See "WHO Health and Human Rights," http://www. who. int/mediacentre/factsheets/fs323/en/，最后访问时间：2017 年 12 月 25 日。

③ See "CESCR General Comment No. 14: 'The Right to the Highest Attainable Standard of Health'," http://www. ohchr. org/Documents/Issues/Women/WRGS/Health/GC14. pdf，最后访问时间：2017 年 12 月 25 日。

照新财产权的理论，政府基于法律通过各种方式给付的利益，比如医疗卫生服务等，公民一旦受领便具有财产权的地位，政府不得随意削减。[1]

第三，坚持非歧视性原则，尤其是要突出对少数民族、贫困人群、妇女等弱势群体的保护（give particular attention to all vulnerable or marginalized groups）。[2] 非歧视性原则并非对各国政府的外在形式要求，而是构成履行健康权保障义务的前提性条件。如果政府在履行健康权保障义务过程中，没有遵循非歧视性和平等保护的原则，即使政府没有违反最低限度的健康权义务，那也应当认定构成对健康权实质义务的违反。

第四，尊重各国在履行健康权条款义务上面的差异性。各国的政治体制、经济水平，以及价值理念都有差异，相应的卫生政策也各有不同。我们不能故意忽视这种客观存在的差异性而贸然指责他国违反健康权保障义务，同时，政府也不能以差异性为借口，拒不履行最低限度的健康权保障义务。

第五，根据《联合国宪章》第 55 条规定，健康权的逐步实现，也是国际社会的义务，政府在履行健康权保障义务过程中应谋求国际社会的通力合作，积极参与全球健康治理。

三 健康权的实现路径与《基本医疗卫生法》的起草

（一）健康权立法的必要性

荷兰学者 Toebes 曾指出，健康权的实现，需要国际社会的外部救济，但更重要的是各国国内可以通过立法和司法予以落实。[3] 然而，在我国的《基本医疗卫生法》起草过程中，关于是否要借鉴国际人权法上的健康权，

---

[1] See Reich, Charles A., "The New Property," *Yale Law Journal Vol.* 73, no. 5 (April 1964), pp. 733 – 787.

[2] See Bambra, Clare, Debbie Fox, and Alex Scott-Samuel, "Towards a politics of health," *Health promotion international Vol.* 20, no. 2 (2005), pp. 187 – 193.

[3] See Leary, Virginia, "Brigit C. A. Toebes, the Right to Health as a Human Right in International Law," *Netherlands Quarterly of Human Rights Vol.* 18, no. 1 (March 2000), pp. 137 – 139.

实施健康权立法，却引起巨大争议。从立法内部的讨论过程来看，主要存在三种观点。

第一种观点认为，政府事实上已经在逐步落实人人享有基本医疗卫生服务的目标，没必要通过专门规定健康权的方式将其上升为法定义务。换言之，政府能做多少算多少，一旦健康保障成为法定义务，政府的回旋空间会受到挤压，甚至有可能陷入福利陷阱之中。

第二种观点认为，我国宪法已经规定了健康权，通过释宪、立法、执法和司法救济等方式，也能实现保障公民健康的目标。按照这种观点，能把健康权写进《基本医疗卫生法》最好，不能写的话，也能接受。

第三种观点认为，《基本医疗卫生法》必须将国际人权法上的健康权作为最高宗旨，以此凝聚我国医疗卫生体制改革的共识，奠定医疗卫生治理法治化的基础。

本文赞同第三种观点，认为将国际人权法中的健康权写进《基本医疗卫生法》，既有正当性，也有必要性。理由如下。

第一，健康权立法是保障公民健康的内在需要。在我国宪法层面，虽然有不少与健康权有关的条款①，但其仅有宣示性意义，并不具备可诉性的特征，因此无法直接用于保障公民的健康权。在具体法律层面，因为缺乏明确的健康权规定，因而公民健康的保障主要依赖于政府的公共政策，政府的责任主体地位没有得到强调。如果公民健康的保障仅仅靠政策，而不是靠法律，那么公民所享受的健康保障便只是政府的一种恩惠（favor）或者说是特权（privilege），而非一种权利（right）。一旦遭到侵犯，公民根本无法获得有效的救济。

第二，不同人权之间的相互依存性，决定了法律必须明确规定健康权。人权是人之为人的基础，这就决定了人权的不可分割性。众所周知，

---

① 根据焦洪昌教授统计，我国宪法中涉及健康权的规定可分为三类，第一类是公民健康不受侵犯（第 33 条第 3 款、第 36 条第 3 款）；第二类是公民在患病时有权从国家和社会获得医疗照护、物质给付和其他服务（第 33 条第 3 款、第 45 条第 1 款）；第三类是国家应发展医疗卫生事业、体育事业、保护生活和生态环境，从而保护和促进公民健康（第 21 条、第 26 条第 1 款）。参见焦洪昌《论作为基本权利的健康权》，《中国政法大学学报》2010 年第 1 期。

健康权是公民享有其他权利的前提和基础，既然我国法律对宪法中的其他人权都有具体规定，那么没有理由不将健康权纳入普通立法之中。换言之，实施健康权立法，有利于全面提升我国人权保障水平。

第三，实现由政策治国向法律治国的执政理念的转变。在法律中明确规定健康权，有助于推动国家将健康放在优先发展的战略地位，并为公共卫生政策的制定提供法律依据，实现公共卫生政策的稳定性和可预期性。① 回顾我国的历次医疗卫生体制改革，无不沿着政策先行、以政策代替法律的惯常路径。医改主要靠政策推动，这已经是社会各界都默认的事实。"政策治国"的优点在于灵活易调整，但其最大的弊端在于科学性和民主性不够，政府可以随时调整甚至取消与健康保障相关的政策。② 这种通过政策"恩惠"来促进和保障公民健康的治国理念，无法保障政策的连续性和稳定性，损害了公民的预期，与当前我们国家提倡全面依法治国的理念格格不入。当今世界上大多数国家在制定公共卫生政策的过程中，都强调健康权的核心作用。③ 因而，实施健康权立法，明确政府的法律义务，有助于政府走出政策治国的误区④，实现医疗卫生领域的法治化治理。

第四，履行国际法义务，为参与全球公共卫生治理提供法律基础。我国早在1997年就正式签署了《经社文公约》，并于2001年由全国人大常委会正式批准该公约。也就是说，通过国内立法来落实健康权，既是对本国民众的一种承诺，也是履行国际法义务的体现。而且，二战以来，建立在主权国家基础上的健康权保障模式已经被证明存在致命的漏洞。当前，保障公民健康权的问题已经超出了主权的边界，越来越依赖于国际合作。

---

① 以权利为基础的健康保障比以政策为基础的健康保障更稳定，对政府更具有约束力。See Qureshi S, Owusu-Dapaa E., "The International Human Right to Health: What does it mean for Municipal Law in Ghana and Pakistan," *Journal of Political Studies Vol.* 21, no. 1 (2014), pp. 315 – 334.

② 加拿大在面临财政压力的情况下，单方面撤销了对特定难民的医疗保障，这表明以政策为基础的健康权保障模式不牢靠。See Evans A., Caudarella A., Ratnapalan S. et al., "The Cost and Impact of the Interim Federal Health Program Cuts on Child Refugees in Canada," *PloS one Vol.* 9, no. 5 (2014), e96902.

③ See Alicia Ely Yamin, "Beyond Compassion: The Central Role of Accountability in Applying a Human Rights Framework to Health," *Health and Human Rights. Vol.* 10, no. 2 (2008), pp. 1 – 20.

④ 参见杨雪冬《走出"政策治国"》,《决策》2013年第5期。

因而，健康权的立法与实施，不仅仅是一国主权范围之内的事情，也是全球健康治理的一部分。

第五，将健康权写入基本医疗卫生法，有助于提升我国的健康保障水平。经学者实证研究，健康权规定并非一种纯粹的政治修辞，而是有着实际的政策形成功能。① 法律上明文规定健康权，客观上构成政府对国民健康保障的庄重承诺。为维持自身的合法性，政府在政策制定过程中，必然会将健康权纳入重点考虑范围，从而最终有利于促进公民健康权的实现。

（二）健康权诉讼风险之否定

如果说我国实施健康权立法势在必行，那么接下来要讨论的问题便是健康权诉讼的风险问题。在《基本医疗卫生法》起草过程中，有关部门担心健康权立法会导致民众期待过高，动辄诉诸司法来实现自身的健康权，进而给政府造成巨大的压力。关于这一问题，可以分为两个层面来回答。

其一，健康权是否具有可诉性？这一问题至少包含两层含义：第一层含义是指作为宪法上的健康权是否具有可诉性，第二层含义是作为一项积极的权利，健康权是否具有可诉性。从宪法角度来说，基本权利理应具有直接效力，这在发达国家已少有例外，且许多第三世界国家也群起效法。时至今日，基本权利的直接效力已成为世界性的一项惯例。② 因此，对于大多数在宪法上承认健康权的国家，健康权无疑具有可诉性。然而，这在中国是个例外。如前所述，我国宪法上的健康权并不具备可诉性，因而无法通过宪法来直接实现对公民健康的保护，这也是《基本医疗卫生法》必须明确规定健康权的重要理由之一。从积极性权利的角度来说，健康权创设的是一项积极的国家给付义务，不同于以往的消极保护义务，这是构成健康权可诉性的最大障碍。然而，正如森斯坦教授所言，如果一种权利不能获得司法执行，就不能被认为是一项权利。创设司法上不可执行的积极权利，似乎只是具有象征性的无意义行为，或者只是没有牙齿的政治热

---

① See Kavanagh M. M., "The Right to Health: Institutional Effects of Constitutional Provisions on Health Outcomes," *Studies in Comparative International Development* Vol. 51, Issue 3, pp. 328 – 364.

② 周永坤：《论宪法基本权利的直接效力》，《中国法学》1997 年第 1 期。

望。而且，如果公民不能依据基本权利提起诉讼，则处于优势地位的国家机关因缺乏外在强制力，其履行义务的动力会不足，进而导致社会权实际上只是国家的恩惠①，这显然与现代法治社会的人民主权原理相悖。现代社会的法律是一种双向运行模式，法律不仅作为国家自上而下运行的治理社会的工具，法律也是人民据以维护自身权利的根本。② 因此，无论从理论上，还是实践上，肯定健康权的可诉性都是现代社会的必然要求。③

其二，健康权立法是否必然会导致大量诉讼？对这一问题应当理性看待，不宜过分夸大健康权诉讼的风险。首先，就我国的情况而言，我国宪法上的健康权并不具有可诉性。《基本医疗卫生法》若能规定健康权，那也只是表明健康权诉讼在制度上具备了可能性而已。其次，我国的健康权诉讼只能是行政诉讼，但我国现行《行政诉讼法》第 12 条对行政诉讼受案范围有明确限制。因此，是否会导致健康权诉讼泛滥，关键还要看相关配套法律如何规定。最后，我们可以通过法律设定健康权诉讼的前提条件、准入门槛，这样既可以避免因为健康权缺乏可诉性而违背了最低限度的人权保障义务，又可以避免给政府和法院以过重的压力。而且，从国外的经验来看，如果能够做好基本医疗保障制度建设，那么健康权诉讼便只能存在于极少数的情况之下，政府根本不用担心公民滥用健康权诉讼。

四　健康权的立法建议

（一）现有法律制度之不足

虽然当前我国并没有专门规定健康权的法律法规，但与公民健康保障相关的立法不少。因此，对现行法律中与健康权相关的规定做一番梳理和

---

① 杜承铭、谢敏贤：《论健康权的宪法权利属性及实现》，《河北法学》2007 年第 1 期。
② 关于法律的可诉性特征，必须具备以下条件：第一，有明确行为模式和权利义务规范；第二，有相应的法律后果；第三，有相应的程序保障。参见王晨光《法律的可诉性：现代法治国家中法律的特征之一》，《法学》1998 年第 8 期。
③ 关于社会权的可诉性问题，参见龚向和《论社会权利、经济权利的可诉性——国际法与宪法视角透析》，《环球法律评论》2008 年第 3 期；郑智航：《论适当生活水准权的救济》，《政治与法律》2009 年第 9 期。

分析，不仅可以为基本医疗卫生法的制定提供制度参考，还有利于新旧法律之间的衔接，避免不必要的法冲突。我国现行法律的规定对社会权和自由权层面的健康权都有涉及，但无论是在理念还是具体制度上，都存在一些根本的不足。

第一，健康权的定位有误。在具体的部门法中，没有突出健康权的主体价值，而是将其作为促进社会经济发展的手段。比如我国《劳动法》《职业病防治法》等法律，都将健康权的保障作为"促进社会经济发展"或"促进经济发展和社会进步"的手段。可以说，当下我国对健康权保障的不足，与这种定位有莫大关联。因为如果仅仅将健康权定位于工具价值，那么势必影响对健康权保障的制度设计，也就难以实现保障公民健康的目的。

第二，对特殊人群的健康权保障不足。比如，《未成年人保护法》第3条明文规定未成年人享有生存权、发展权、受保护权、参与权等权利，却没有将健康权列入其中；《残疾人保障法》的立法目的中，也没有提及对残疾人健康权的保障问题，具体条文中也缺乏对残疾人的医疗保障的规定。此外，至今我国尚没有一部法律规定对贫困群体的医疗保障，很多问题的解决还是完全靠政策，这与全面依法治国的战略显然格格不入。

第三，健康权的保障没有贯彻平等和非歧视原则。以《社会保险法》为例，该法第3条规定社会保险制度应坚持广覆盖方针，而非全覆盖。我们说，健康权作为一项人权，它应当具有普遍性，其权利主体应当是"人人"，而非"某些人"或"大多数人"。尽管经过几轮医改，我们的医疗保险覆盖范围极大地提高了。但是，我们是人民当家作主的社会主义国家，而不是"大多数人民"当家作主的社会主义国家。因此，对健康权的保障，不能满足于大多数人享有医疗健康保障，而应做到"一个都不能少"。此外，城乡之间和不同职业群体之间的医疗健康保障差距，也是当前我国社会不平等的主要表现之一。我国医疗保障之所以存在明显的不公平，这与当前我国的健康保障制度有必然联系。根据我国《社会保险法》的规定，我国医疗保障分为城镇居民、城镇职工和新农合三类，这种板块式的分割必然导致不同群体之间的不平等。而且，依据该法规定，各类医疗保险的统筹层次仅在县一级行政单位，统筹层次不高也是导致难以实现公民健康平等保障的一个重要因素。

第四，国家在保障健康权方面的义务和责任规定得不清晰，很多规定仅具有宣示性意义。我国的《未成年人保护法》《残疾人保障法》《妇女权益保障法》《母婴保健法》等，都有涉及健康保障的问题，但是很多都属于象征性立法，不具有法律约束力。法律条文中要么没有明确规定责任主体，要么没有为责任主体提供配套的资源去履行义务。政府在肯定自身责任的问题上，经常采取模糊的做法。以《母婴保健法》第 2 条规定为例，根据该条规定，国家发展母婴保健事业，提供必要条件和物质帮助，使母亲和婴儿获得医疗保健服务。在该条款中，使用的是"发展"一词，而非"确保""保证"，或者"应当""有义务"等词。"发展"一词意味着，国家对母亲和婴儿的医疗保健并没有立即实现的义务，这里为政府逃避责任提供了借口。2007 年震惊一时的李丽云案件，便充分说明我国政府在履行健康权核心义务方面还存在很大的不足。

第五，与健康权相关的实体性规范较为粗糙，程序性规范不被重视。我国立法的指导思想至今仍然停留在"宜粗不宜细"的年代，因此很多实体性规范十分粗糙，回避了很多实质性的问题。比如，《社会保险法》中对新型农村合作医疗保险制度，仅仅规定了国家建立并完善这一制度，但是对具体保险制度，比如缴费、待遇支付、管理办法等问题，完全没有涉及。这种粗糙规定的背后体现了政府的权宜之计和对现实的迁就，但本质上是放弃了通过法律对医疗卫生体制改革进行顶层设计的责任和担当，最终导致制度在部门利益的博弈和撕扯中充满了不确定性。除了实体性规范不足之外，程序性规范也同样问题严重。尽管很多卫生立法中规定了公民的权利，但是并没有相应的程序性规定去保障这种权利。比如，《传染病防治法》中规定了政府的信息披露义务，但对于政府没有公布或者公布不规范的情况，没有具体的程序规定保障公民的知情权。

第六，对私法上的健康权利规定不够全面。当前我国私法上规定的患者健康权利，散见于《侵权责任法》《医师法》《医疗机构管理条例》《护士条例》等，这些法律规定的不全面，而且重复规定的部分还相互冲突，这对患者的权利保障极为不利。反观国外，自 20 世纪 60 年代起，就开始了轰轰烈烈的患者权利运动，各国和地区开始纷纷制定相应的患者权利法案，比如《世界医学会关于患者权利的里斯本宣言》（1981）《促进欧洲患者权利宣言》（1994）《欧洲患者权利约章》（2002）《美国患者自主决定法》（1990）《芬兰患者地位与权利法》（1992）《以色列患者权利法》（1996）《冰岛患者权利法》（1997）《挪威患者权利法》（1999）《伊朗患者权利规章》（2002）等。当前我国医患关系正处于由传统的医师家长主义向以患者为中心的模式转变，这就必然要求法律对此做出回应。很显然，当前我国的法律无法满足患者权利的需要，亟待通过新的立法对患者权利做出全面的规定。

上述种种理念和制度之缺失，根源在于我们对健康权缺乏正确的认识。过去我们在以经济建设为中心的过程中，把健康当成手段，忽视了健康的主体价值。对于公民健康的保障，主要靠政策而不是靠法律，政府的责任主体地位严重缺失。在制度设计上，没有严格遵循平等和非歧视原则，城乡医疗保障水平差距较大，对老年人、残疾人、儿童和孕妇等特殊群体的健康保护不足。健康权是一项基本人权，关乎个人人格与尊严，关乎千家万户的幸福，这不仅是国际社会的共识，也应当成为我们起草基本医疗卫生法的共识。诚如学者所言，坚持以健康权作为我国卫生立法的最高宗旨，不仅有助于完善现有的法律制度，而且对于推动我国医药卫生法治建设，以及医疗卫生体制改革都具有重大意义。①

（二）《基本医疗卫生法（草案）》的评论与建议

《基本医疗卫生法》的起草自 2014 年底开始，由全国人大法律委员会牵头启动，于 2016 年底形成初步的法律草案。目前，《基本医疗卫生法》已更名为《基本医疗卫生与健康促进法》，这一变化主要是因为起草工作小组在立法后期根据习近平总书记关于卫生和健康系列讲话重要精神，对

① 参见王晨光《论以保障公民健康权为宗旨打造医药卫生法治的坚实基础》，《医学与法学》2016 年第 1 期。

立法思路做了调整和完善，更进一步突出了健康在国家战略和卫生立法层面的价值。与立法前期的草案相比，后期的制度设计转向以更加注重预防为主，而不是围绕医疗为主，这彰显的是一种大健康的理念。总体而言，草案的规定不仅是对国际人权法上健康权的承认，也是对我国宪法上健康权条款的具体落实，对于促进我国人权保障具有进步意义。

从草案的具体内容来看，既有对现行法律制度的补充和完善，同时也有一些新时代的新特点。首先，权利本位色彩浓厚。草案旗帜鲜明地肯定了健康是人的基本权益，并在第二章以"公民的健康权利与义务"为题，总共规定了 10 项公民健康权利，在形式上等同于一部"权利法案"，这种写法是其他法律所没有的。其次，健康权的核心作用得以凸显。草案在第二章规定健康权，在结构上具有承上启下的作用。所谓承上，就是将第一章总则规定的基本原则、理念落实为具体的健康权利；所谓启下，就是第二章以下分则所有章节的具体制度和规则设计，都是为了实现第二章所规定的健康权利。因此说，健康权对整个公民健康权利制度设计具有决定性作用，是整个基本医疗卫生立法的核心。最后，权利内容丰富。草案第二章首先肯定国家和社会依法负有实现、保护和尊重公民健康权的义务，明确了健康权所具有的社会权和自由权属性。然后，分别从社会权和自由权角度规定了 10 项公民健康权利。尽管草案并没有完全吸纳国际人权法上的健康权内容，而是根据自身的实际情况有所取舍，比如安全的饮用水、充足的食物等内容就不在草案范围之内，但在基本理念和内涵上还是与国际人权法上的健康权相当契合。

不过，《基本医疗卫生法》的起草也有一些不足，并且有待于全社会在健康权层面形成更高的共识。其一，立法机关对于是否要在法案中规定健康权仍然没有做出最终决断。尽管全国人大已经对草案进行了一审，但从立法机关内部反映的情况来看，最终是否会保留健康权规定依然存在变数。其二，对于政府责任的规定有待进一步强化。健康权和政府责任是保障公民健康的两大基石，草案虽然明确了公民享有健康权，但对于政府责任的规定仍然较为笼统和模糊，不够明确。比如，前期的草案有"国家应当根据国民经济的发展状况逐步提高对公民健康的保障水平"之类的表述，但目前公布的草案则删除了这一规定，这实际上是对政府责任的一种弱化和倒退。其三，在强调政府负有保障公众健康的义务同时，缺乏对公权力的制度约束，可能会导致个人自由被不当限制。比如草案第 19 条规定国家通过公权力的行使来保障公众健康时，公民有义务配合，但并没有规定"不得超出必要限度"。这里实际上涉及公共健康利益与个人利益权衡的问题，换言之，国家可以基于公共健康利益对个人健康自由施加一定的限制，但是这种限制必须是必要且成比例的，这才符合法治的理念。其四，缺乏公众知情参与的权利规定。无论是健康权的保障，还是健康入万策理念的落实，其共同前提都是以公众的知情参与为前提。草案没有规定公众从有权机关获得健康信息的权利，实属制度设计上的一大疏漏。

结　语

健康权的兴起肇始于国际法，但最终要靠国内法落实。当前世界各国都在进行医疗卫生体制改革和相关的卫生立法，其目的无非是要促进和保障公民健康权的实现。我国自 2009 年实行新医改以来，已经走过七个年头。无论是在公共卫生治理方面，还是在医疗保障的覆盖面和保障水平方面，我国的医疗卫生体制改革都取得了显著的成就。但是与此同时，一系列成就的背后仍然存在许多尚未解决的问题，我国的医改也随之进入了深水区和攻坚期。究竟如何突破这一困境，这需要政府的责任和担当。光靠政策推动医改的老办法行不通了，依法治国时代下的治国理念需要政府从台后走到台前，积极肯定自身保障公民健康权的责任，用法律去解决医疗卫生体制中的博弈问题。应该说，无论是就人民的需要而言，还是就政府治国理念的转变及其执政的合法性来说，在立法中明确规定健康权，都是新时代发展之必须，并且不以人的意志为转移。

规范与实践：选举法在县乡人大直接选举中的实施状况及完善建议

——以 2016~2017 年 S 省 D 区县乡人大换届选举为样本

闫　然　陈亦超　俞莎莎[*]

引言：探索当代中国国家成长中选举法实施的内在逻辑

法律的生命在于实施，良法得到良好的实施是亚里士多德对于法治的经典界定，在建设社会主义民主法治国家的过程中，选举法的实施是建立民主法治国家的必要条件。在中国特色社会主义法律体系已经形成，中国法治建设的重点从"有法可依"转向"有法必依"的时代背景下，选举法的实施状况特别是在县乡两级的实施状况问题已顺理成章地成为我国选举制度法治化建设的核心问题，其得到良好实施是现代国家选举制度建设的基础，是现代国家民主法治建设的关键。我国选举法在县乡两级的实施不仅是一个告别传统法律治理形态的过程，而且是一个超越现代西方国家法律治理形态的过程。探索当代中国国家成长中的选举法在县乡层面实施的适应性和有效性，是选举法制度体系在当代中国建成之后所面临的重要

* 闫然，全国人大常委会法工委工作人员，法学博士；陈亦超，全国人大常委会法工委工作人员，中国政法大学人权研究院博士生；俞莎莎，全国人大常委会办公厅秘书局工作人员，法律硕士。本文作为"2016—2017 年县乡人大代表换届选举情况调研——山东省 D 市 D 区直接选举的调查"研究项目的重要组成部分，得到了刘建国、罗鑫煌等的支持，特此致谢！本文所持观点及立法建议，属于个人研究，不代表任何机构的官方意见。

课题。县乡人大换届选举作为人民代表大会制度的重要组成部分，直接关系到 2000 多个县级政权，3 万多个乡级政权，对于国家基层政权建设有着十分重要的意义。但是就目前而言，与选举法立法层面的完备相比，选举法的实施状况并不尽如人意。如何保障选举法得到良好的实施，尤其是选举法在直接选举层面——县乡两级得到有效的实施，已经成为当前和今后相当长时间内中国法治建设的艰巨任务，迫切需要法学界进行理论诠释与实证研究。

在新中国成立后较长的一段时期内，选举研究只是作为各级人民代表大会内部的实务工作加以总结探讨。国内外学术界对县乡两级人大代表直接选举的系统研究是从 1979 年选举法制定以后开始的。关于选举法在县乡人大直接选举的实施问题，相关研究主要包括学界的实证定量分析与选举制度层面的程序研究两个层面，前者集中于人大代表结构与选民态度评判中的分析研究，后者集中于对选举法在某地整体的实施状况。

国外学界中，最早研究、关注我国选举法在县乡两级实施状况的是美国政治学学者。根据检索，1982 年 Womark 在当年出版的 *Asia Survey* 中，发表了题为《1980 年的中国县级选举：民主现代化的经验》[1]，分析了 1979 年选举法在中国县级领域的实施状况；Andrew J. Nathan 在其英文著作 *Chinese Democracy* 中，用了一章篇幅研究了 1980 年人大代表直选中北大、复旦等高校的实施情况。20 世纪 90 年代以后，一批在美国的美国和中国政治学和社会学学者通过在国内进行抽样调查和社会访谈，撰写了一批对我国选举法实施状况实证研究的英文著作，对于后来的国内学界研究具有重要的借鉴意义，其中包括 Kevin J. O'Brien（1994）、史天健（1990）、陈捷（1995）等[2]。国内学界中，自 20 世纪 90 年代以来，我国一些政治学、法学和社会学学者开始尝试用实证研究方法进行人大制度和人大选举方面的

---

[1] Womack，B.，"The 1980 County-Level Elections in China: Experiment in Democrati Modernization.，" *Asian Survey* 22（3），1982，pp. 261 – 277.

[2] 雷弢：《参与的逻辑——北京选民选举心态与参与行为追踪研究》，香港晨钟书局，2009，第 6 页。

研究，并发表了一批研究成果，有力地促进了选举制度的研究。一些学者从人大选举程序和制度的客观层面展开[①]，蔡定剑等人在《中国选举状况的报告》中对于 2001 年基层选举状况进行了深入调查分析[②]，中国社会科学院史卫民、刘智等人就十余年前的县乡人大代表选举的程序进行了分析，并通过数据调查研究先后出版了一系列研究成果[③]；另一批学者选择直接对选民这个选举主体做了定量调查及针对候选人进行了深入研究，雷弢、孙龙自 1993 年起采用抽样调查方法对北京市选民进行了长期跟踪研究。[④] 综览当前学界的研究现状，可以看出，对选举法在县乡两级实施状况的研究，学界已经取得了一定的成果，但目前尚存在明显的不足，尚缺乏在 2015 年最新一次选举法修改后对于县乡换届选举实施状况的系统性研究，具有深入研究的空间。关于选举法的实施，目前既有成果主要集中于对选举法实施的整体研究，其中选举组织机构的实施主要作为选举法整体实施的一部分内容，尚缺乏从宪法概念出发，具有针对性的、以选举组织机构为专门研究对象、将换届选举每个阶段单列出来进行探讨的综合研究，从理论和实践层面抽象出选举各组织机构在实施运行中的一般性原理、特征和规律的论著，尚付诸阙如。

总结国内外学术界的相关研究成果，通过对现代国家选举组织运行与选举法实施之间的关系研究，解释当代中国选举法实施的生成与发展，可以揭示出这样一个命题：没有现代国家的成长，就没有有效的选举法实

① 相关学者的研究成果可见袁达毅《县级人大代表选举研究》，中国社会科学出版社，2008；袁达毅：《乡级人大代表选举研究》，中国社会科学出版社，2008；袁达毅：《中国选举制度建设中的若干问题研究》，中国社会科学出版社，2016；周叶中：《选举七论》，武汉大学出版社，2012；周其明：《选举程序研究：中国选举制度存在的问题与前瞻》，中国政法大学出版社，2014；何俊志：《制度等待利益——中国县级人大制度模式研究》，重庆出版社，2005。

② 蔡定剑主编《中国选举状况的报告》，法律出版社，2002。

③ 包括史卫民、雷兢璇《直接选举：制度与过程——县区级人大代表选举实证研究》，中国社会科学出版社，1999；史卫民：《公选与直选——乡镇人大代表选举制度研究》，中国社会科学出版社，1999；史卫民、刘智主编《规范选举：2001－2002 年乡级人民代表大会代表选举研究》，中国社会科学出版社，2003；刘智：《数据选举——人大代表选举统计研究》，中国社会科学出版社，2001 年版等著作。

④ 雷弢：《参与的逻辑——北京选民选举心态与参与行为追踪研究》，香港晨钟书局，2009。

施。本文研究的核心问题就是通过运用实证研究和规范研究的方法系统研究我国选举法的整体实施与选举组织机构具体实施中的理念与制度问题，探索解决选举法在县乡实施中的问题困难以加以完善。为此，本文试图用现代国家成长和法律实施这两个核心概念来总结，通过深入选举组织机构内部程序的调查研究，分析和把握我国选举法实施状况的历史经验、模式选择和发展方向。第一，价值层面，从国家建设与选举法实施之间的整体关系角度去理解我国国家成长中的选举法实施的发展路径，把握当代中国县乡两级选举法实施中的问题；第二，理论层面，深入剖析当代中国国家发展中选举法实施的具体面相，及选举法的整体实施与选举组织机构具体实施中的理念与制度问题，兼顾系统总结我国选举法实施之理论基础；第三，政策层面，翔实分析国家转型过程对中国选举法实施的影响，对选举法实施中遇到的新挑战、新问题提供有说服力的分析；第四，方法层面，超越传统对于代表结构等选举静态模式化的研究，力求从选举法发展的现实状况出发去研究和解释当代我国县乡两级的选举法实施，从实然取向角度研究当代我国选举法的实施。通过以上概念分析，本文在下文的分析中力图通过选举过程与选民态度的经验分析，以 S 省 D 区为切入口，揭示我国选举法实施与革新的内在逻辑，进而把握现代国家转型过程中我国选举法实施的内在特征和发展趋势。

一 被调查地区的基本情况

S 省 D 区辖 2 个镇（黄河涯镇、二屯镇）、4 个街道（天衢、新华、新湖、广川）、49 个城市社区、53 个农村社区、131 个行政村、59 个居委会。面积 231 平方公里，耕地面积 14 万亩。需要说明的是，由于市经济技术开发区及运河经济开发区不是一级行政区划，在本次县乡人大代表换届选举中，由 D 区统一组织协调居住在市经济技术开发区、运河开发区选民的换届选举工作。因此，本次调研中的 D 区县乡人大换届选举工作也包括了市经济技术开发区及运河经济开发区 6 个乡镇、2 个街道的选举组织工作。除特别说明外，在选民登记及其他的相关统计数据中，均包括这两个开发区的数据。选择 D 区作为研究县乡人大直接选举的调研对象，是因为它作为 D 市的中心城区，其人大代表换届选举工作开展得较为规范有序，其中不乏一些优秀的经验和做法；而同时作为进行直接选举的县级地区，其人大代表的换届选举与国内其他区县又具有一定的共性，具有典型的代表意义。笔者于 2016 年 9 月至 2017 年 1 月全程深度参与了 D 区人大代表换届选举的实际工作，便于展开全方位的调查研究，掌握真实可靠的第一手材料。

（一）调查对象及样本概况

结合 D 区地域及布局特征，笔者针对 2016～2017 年 D 区第十七届人大代表的换届选举工作，向多个镇街的选民进行了大规模的问卷调查，以了解此次县乡人大代表换届选举工作的整体状况、各阶段的具体进展及选民的选举心理、认知与评价。此次问卷调查作为"2016—2017 年县乡人大代表换届选举情况调研——S 省 D 市 D 区直接选举的调查"研究项目的重要组成部分，拟达到以下目的：一是有针对性地收集与 D 区直接选举工作相关的各类信息，包括选民的基本信息、选民参与选举的基本情况及其对此次选举工作的主观评价等，为本文研究提供第一手的数据支持；二是在数据统计分析的基础上，进行选民经济、文化、利益等因素与选举行为的相关性分析，为进一步优化选举行为、完善选举制度提供政策借鉴。此次问卷调查的样本源自 D 区下辖的三个街道，包括新湖街道、广川街道、新华街道的选民，由笔者通过入户调查、走访社区、街头方便抽样等方式获得，同时也委托了一些社区工作人员发放部分问卷。2017 年 1 月 5 日至 1 月 15 日，共发放 155 份问卷，回收 155 份，其中有效问卷为 152 份。通过对被调查对象的个人因素的分析，本次调查中受访选民的基本特征为：年龄主要集中在 26～60 岁，职业以事业单位、企业员工、自由职业、公务员为主，教育程度大多为中等教育，政治面貌以共产党员和群众为主，月收入在 801～5000 元的人群。具体信息见表 1。

表 1　受访选民的基本特征

单位：%

年龄分布	占比	职业分布	占比	教育程度分布	占比	政治面貌分布	占比	收入分布	占比
未填	4.6	未填	6.6	未填	4.6	未填	7.9	未填	4.6
25 岁以下	7.2	公务员	7.9	不识字	1.3	共产党员	48.7	800 元以下	3.9
26~40 岁	44.1	事业单位	20.4	小学初中	11.2	共青团员	7.2	801~2500 元	63.8
41~60 岁	37.5	企业员工	17.1	高中中专大专	52.0	民主党派	0.7	2501~5000 元	24.3
61 岁以上	6.6	农民	2.0	大学以上	30.9	群众	35.5	5000 元以上	3.3
合计	100.0	自由职业	18.4	合计	100.0	合计	100.0	合计	100.0
		其他	27.6						
		合计	100.0						

由表 1 可知，年龄分布上，被调查对象的年龄主要集中在 26~60 岁，占总样本的 81.6%，基本符合我国选民的年龄结构。职业构成上，被调查者的职业主要以事业单位、企业员工、自由职业为主，三者占 55.9%，其次为公务员、农民。这一职业分布覆盖了社会职业的主要方面，也基本反映了 D 区的职业分布状况。需要指出的是，一是农民人数仅为 3 位，是因为样本源自中心城区，农民比例很低，在发放问卷的三个街道中，仅有新华街道属于城乡接合；二是样本中其他职业人数最多，占总样本的 27.6%，部分被调查者补充填写了具体职业，主要集中在居民自治组织、社区工作人员、离退休人员等，这和我们发放问卷的方式，即入户调查、走访社区、委托社区工作人员发放等有一定关系。教育程度上，被调查者以中等教育程度为主，具体而言，高中、中专、大专学历最多，大学以上次之，而后依次是小学、初中和不识字，这也基本符合我国国民当前的受教育程度结构。政治面貌上，被调查者中共产党员和群众的数量最多，两者共占 84.2%。收入分布上，对被调查者的月收入水平进行分析可知，801~2500 元的下中等收入人群占到样本的 63.8%，2501~5000 元的上中等收入人群占 24.3%，而 5000 元以上和 800 元以下的高低收入人群比例很低，这和被调查地城镇居民人均可支配收入水平基本相符。

（二）技术路径与研究方法

县乡人大代表选举是公民有序参与政治活动的制度化参与形式，是研究观察我国社会民主发展进程的最好窗口之一，因而选举法在县乡两级直接选举中的实施状况也被认为是衡量我国社会民主现代化的重要指标之一。单纯研究选举理论，或单纯研究选举操作安排，或者单纯研究选民态度评价，都不足以揭示选举法实施中诸多体制、机制的相互联系和制约的关系，应当把它们作为一个整体去研究。目前的研究现状不能满足选举法实施制度机制建设的需要。一是选举结束后评价研究较多，而选举程序等其他方面研究较少；二是孤立性研究某个地区选举情况的较多，联系性的研究较少；三是局部研究比较零散，缺少整体性的、全局性的、前瞻性的研究。

技术路径层面，本文研究拟分为选举法在县乡两级实施的一般制度层面与选举法领域各选举组织部门、选民群体参与实施的具体实践两个层面。制度层面主要包括，我国选举法的整体实施与各选举组织机构具体实施中的理念与制度问题，探索解决选举法在县乡实施中的问题困难，并通过专题调研抽象概括出相关实施问题：哪些是法律有规定基层操作有困难的，哪些是法律有规定基层操作缺乏更具体指引的，哪些是法律没有规定基层操作缺乏依据的。参与层面主要包括区县、各街道、各社区三级层面下组织部署、选区划分、选民登记、候选人的提名推荐、投票选举等换届选举工作的主要工作环节和具体做法，选民参与选举的实际情况及其对此次区人大代表换届选举工作的真实看法。

在研究方法上，本文拟立足选举法，着眼于选举法学与宪法学、政治学和社会学等学科之间的关系，从不同的角度，分层次、有重点、逐层展开分析、解读选举法的实施问题，既顾及国家选举体制层面的问题，又着眼相关选举组织机构实施层面的问题。从宏观层面分析解读出相关选举法实施过程中所面临的诸种问题。在具体操作层面，本文通过文献研究、资料收集及问卷调查等方法，对 2016～2017 年新一轮的县乡人大换届选举进行深入的调查，在现有资料的基础上，进一步搜集整理相关的文献资料，进行分析综合，并结合调研地区地域及布局特征，以具体调研地区县乡人大的换届选举实施过程中所面临的热点问题为着眼点，逐层展开分析，以了解此次县乡人大代表换届选举工作的整体状况、各阶段的具体进展及选民的选举心理、认知与评价。

为了客观真实地反映调查对象的实际情况，同时为了尽可能地搜集、整合真实信息及民众关注，笔者和各机关选举工作人员、不同背景和来源的选民等各类人士进行了大量的讨论沟通，提取了选举工作的焦点和关注点，并在问卷选项设置中得到了补充体现。问卷的内容主要包括以下几个部分：一是选民参加选举的基本情况（8 题），包括选民是否参加及原因、选举获知渠道、对选举结果的评价等；二是候选人提名和确定阶段的情况（7 题），包括选民对候选人提名和确定的认知及评价、对当选候选人的态度等；三是介绍候选人阶段的情况（5 题），包括选民对候选人情况的了解程度及方式、对现行介绍方式的满意度及看法等；四是投票选举阶段的情况（7 题），首先对投票情况进行摸底，接着进一步调查投票依据及其对投票行为的认知、主观意愿和评价，并辅以开放式选项对问卷未囊括的内容进行补充和调查；五是选举认知与评价情况（9 题），从对现行选举制度的满意度、与自身利益的相关度及对人大代表的理解、对选举制度改革的评价来调查选民的认知状况；六是被调查者的基本信息（7 题），包括年龄、性别、职业、教育程度、政治面貌、居住地、月收入等。问卷设计上，调研问卷采用了结构化和开放式的问题设计。对于结构化的问题，采用不同的分类变量方式进行测量。对于开放式的问题，按照回答中关键词出现的频率进行测量。在问卷调查结束后，笔者对各题目进行描述性的统计分析，主要采用的统计方法包括：一是频数分布分析，通过频数分布表了解各变量的数据分布特征；二是交叉分析，就是通过交叉列表反映两个分类变量之间的频数分布关系。笔者主要对被调查者的各个基本信息和其他选项之间的频数分布关系分别进行了分析。

（三）选民参加选举的基本情况

1. 参选情况呈现"三高"：参选率高，满意度高，认同度高

被调查者中 94.1% 的人参加了换届选举，参选率很高；对于选举结

果，也就是正式当选的代表，69.7%的被调查对象表示很满意，27%的被调查对象表示基本满意，两者相加占总人数的96.7%，选民满意度高；67.1%的选民表示本次选举结果很客观公正，基本客观公正的则占29.1%，而认为不太客观公正的选民仅有2位，同时并没有选民表示选举结果很不客观公正，选民对于选举结果的认同度很高。被问及下届选举继续参选度时，91.4%的选民愿意参加下一届人大代表选举，不愿意参加的仅有1人，而认为无所谓的占7.2%，这表明选民继续参选的比例很高。

2. 参选意向明确，原因集中于希望选出真正代表民意的人大代表

对参加选举的143名被调查者进行进一步分析可知，85.3%的选民参选原因都是希望选出真正代表民意的人大代表，而领导动员或组织要求去的占9.1%，例行公事没想那么多的占4.2%，值得注意的是，还有1名被调查对象是有补贴奖励才参选的。总体来说，选民的参选意向都是比较明确的，但被动参选的情况亦存在。而对未参加选举的9名被调查者进行原因分析可知，选择委托他人投票、不了解候选人、想选的人没法当选这三个原因的分别有2名，还有两名分别是因为没人通知和没有想选的人。由此，若要进一步提升参选率，选举工作层面可适当加强对候选人的介绍宣传及鼓励候选人开展自我推荐，另外，确保投票选举的选民知晓率也是调动选民积极性、提升参选率的途径之一。

3. 参选获知途径集中，单位组织发挥实质作用

选民获知投票通知的途径主要集中于社区居委会、村委会等居住地通知和单位通知，分别占64.5%和28.9%，而网络、报纸等传媒的宣传作用很小，仅占1.3%。在直接选举中，社区单位等组织是通知选民投票的重要途径，同时也确实发挥了实质性的作用。若要进一步加大通知的覆盖率，借助网络、报纸等第三方传媒可能也是一种有效的方式。

二 选举过程：选举法实施状况的直接呈现

（一）选举工作的组织部署与机构设置

2016年7月22日，S省十二届人大常委会第二十二次会议通过了《S

省人民代表大会常务委员会关于 S 省县乡两级人民代表大会代表选举时间的决定》和《S 省人民代表大会常务委员会关于 S 省县（市、区）新一届人民代表大会代表及常务委员会组成人员名额的决定》，根据会议决定，S 省县乡两级人民代表大会换届选举工作于 2016 年 12 月 31 日以前完成，D 区人民代表大会代表名额为 242 名。

1. 党委领导部署

根据宪法、法律和相关决定的规定，中共 S 省委转发了《中共 S 省人大常委会党组关于做好全省县乡两级人民代表大会换届选举工作的意见》，就具体实施方案做出部署。根据上级部署，2016 年 8 月 30 日中共 D 市委转发了《中共 D 市人大常委会党组关于做好全市县乡两级人民代表大会换届选举工作的意见》，并召开全市县乡两级人大换届选举工作学习班，部署全市具体选举工作。学习班结束后，D 区人大常委会党组以汇报提纲的形式向区委做了书面汇报，并上报了《关于区、镇两级人大换届选举工作意见的请示》。D 区委及时批转并下发了《中共 D 区委关于批转〈中共 D 区人大常委会党组关于做好全区区、镇两级人民代表大会换届选举工作的意见〉的通知》，对换届选举的指导思想、时间、代表结构、代表素质等提出了明确要求。同时，D 区委成立了 D 区换届选举工作领导小组。各镇街也都成立了由党委书记任组长的领导小组，确保换届选举在党委的集中统一领导下依法有序进行。

2. 建立选举工作机构

2016 年 11 月 3 日，D 区十六届人大常委会第三十七次会议召开，依法任命区、镇两级选举委员会，做出有关决定。会议决定 D 区人大换届选举工作于 2016 年 9 月上旬开始至 2017 年 1 月中旬结束，审议表决通过了《D 区人大常委会关于区镇两级人大换届选举的决定》《关于成立 D 区选举委员会的决定》《关于成立各镇选举委员会的决定》《关于确定新一届镇人民代表大会代表名额的决定》《关于区镇两级人大换届选举工作的实施意见》。

（1）成立选举委员会

依照选举法和 S 省县乡两级人大选举实施细则，结合 D 区的实际情况，区、镇两级成立选举委员会，负责主持本级人大代表的选举工作，两级选举委员会设立办公室。区选举委员会在区委和区人大常委会的领导下，主持区人大代表的选举。经区十六届人大常委会第三十七次会议通过，区选举委员会由 15 人组成，主任由一名区人大常委会副主任担任，副主任由区委组织部副部长和区人大常委会办公室主任担任，委员由宣传、统战、财政、公安、民政、工青妇等部门负责同志共 12 人担任。区选举委员会下设办公室，办公室设在区人大常委会，负责换届选举的日常工作，由区人大常委会人代室主任兼任办公室主任。选举委员会办公室下设秘书组、组织组、宣传督导组。根据选举法第 10 条规定，选举委员会职责主要包括三个部分：一是在选举准备阶段，划分选区、分配代表名额、组织选民登记、确定选举日期等工作；二是在提名确定代表候选人阶段，了解核实代表候选人情况，确定正式代表候选人；三是在投票选举阶段，主持投票选举、确定选举结果的有效性。

此外，根据选举法第 9 条第 2 款的规定，12 月 23 日，选举委员会对被确定为正式代表候选人的选举委员会组成人员进行了调整，10 人辞去选举委员会委员的职务。上述人员辞职后，未补充任命选举委员会组成人员。

（2）各镇街成立选举工作指导组

各镇、街道办事处成立选举工作指导组（其中镇选举工作指导组与镇选举委员会为一套班子），作为区选举委员会的派出机构，由区选举委员会任命，负责指导本辖区区级人大代表的选举工作。选举工作指导组由各镇街党委书记任组长，人大主席（工委主任）、副书记任副组长，镇街纪委、宣传、党群办、党政办、司法所、工青妇及辖区内派出所负责同志为成员。选举工作指导组下设办公室，负责各镇街代表选举具体组织事务工作。

（3）各选区成立选举工作小组

选区设立选举工作小组，负责组织本选区的选举工作，组成人员由本级选举委员会任命。选举工作小组成员主要由选区所在地社区书记及相关社区干部组成，得益于对基层情况的了解，选举工作小组在选民登记、提名推荐候选人、选举投票等工作中起到重要作用。

（4）选民小组

选区下设若干选民小组，由选民推选组长，主要承担选民登记和投票日当天的投票站工作。区属各部门、单位、企业和驻区的中央、省、市单位均成立三至五人的选举工作组，由一名主要领导任组长，并配备专（兼）职人员负责选举工作。各级选举小组工作人员共计达 800 多人，与区选举委员会、镇街选举工作指导组、各选区选举工作小组一道，组成了县乡人大换届选举有效的四级工作体系。

3. 召开选举工作会议

11 月 4 日，D 区选举委员会第一次会议召开，会议审议通过了《D 区选举委员会关于本级人大换届选举工作的实施方案》、《D 区选举委员会办公室下设各组负责人名单及工作职责》、《D 区各镇、街道办事处选举工作指导组人员名单》、《D 区选举委员会关于 2016 年区镇两级人大换届选举宣传教育工作意见》、《D 区选举委员会关于划分选区和选民登记阶段工作的安排意见》和《D 区十七届人大代表名额分配方案》。在换届选举工作中，选举委员会主持和组织本级人大代表的各项选举工作，有力地保障了人大换届选举工作的顺利进行。D 区 2016 年换届选举工作选举委员会共召开 8 次会议，共通过 20 份选举委员会文件落实会议决定，相关议题内容见表 2。

表 2　D 区选举委员会文件议题内容

	时间安排	主要内容
第一次选举委员会会议	11 月 4 日	D 选字〔2016〕1 号关于本级人大换届选举工作的实施方案 D 选字〔2016〕2 号 D 区选举委员会办公室下设各组人员名单及工作职责 D 选字〔2016〕3 号 D 区各镇、街道办事处选举工作指导组人员名单 D 选字〔2016〕4 号关于划分选区和选民登记阶段工作的安排意见 D 选字〔2016〕5 号关于人大换届选举宣传教育工作的意见 D 选字〔2016〕6 号关于区十七届人大代表名额分配的通知
第二次选举委员会会议	11 月 14 日	D 选字〔2016〕7 号关于启用区镇选举委员会印章的通知 D 选字〔2016〕8 号关于选区划分的审查报告 D 选字〔2016〕9 号关于选区划分的批复 D 选字〔2016〕10 号 D 区各选区选举工作小组成员人员名单

	时间安排	主要内容
第三次选举委员会会议	11 月 29 日	D 选字〔2016〕11 号关于选民资格审查的批复 D 选字〔2016〕12 号关于提名推荐代表候选人和确定正式代表候选人的安排意见
第四次选举委员会会议	12 月 5 日	讨论关于推迟换届选举向区委的请示 D 选字〔2016〕13 号关于代表初步候选人的批复
第五次选举委员会会议	12 月 5 日	关于推迟区镇两级人大代表换届选举日期的公告
第六次选举委员会会议	12 月 15 日	D 选字〔2016〕14 号关于重新确定人大代表换届选举日期的决定 D 选字〔2016〕15 号关于初步候选人的审查报告
第七次选举委员会会议	12 月 23 日	D 选字〔2016〕16 号关于区十七届人大代表正式候选人的审查报告 D 选字〔2016〕17 号关于投票选举人大代表的安排意见 D 选字〔2016〕18 号 D 区第十七届人大代表选举办法 D 选字〔2016〕19 号关于投票选举人大代表的安排意见
第八次选举委员会会议	1 月 3 日	D 选字〔2016〕20 号关于确认代表选举结果的批复

（二）代表名额分配与选区划分

代表名额分配和选区划分是换届选举的基础性环节。根据 D 市公安局统计数据，截至 2016 年 9 月，D 区及两个开发区总人口 664651 人，其中 D 区 422187 人，市经济技术开发区 163289 人，运河开发区 79175 人（此数据与选民登记最终统计数据有差异）。D 区选举委员会按选举法规定的代表名额分配原则，并根据三区人口数分配代表名额，D 区 153 名，市经济技术开发区 59 名，运河开发区 30 名。按照法律规定的选区划分原则，并参照上届选区划分情况，D 区合理划分选区，全区共划分 103 个选区。按选区的大小，每个选区分配代表 1 至 3 名，为区人大代表的顺利选举奠定了基础。

1. 主要环节

（1）分配代表名额

根据 S 省十二届人大常委会第二十二次会议《关于 S 省县（市、区）新一届人民代表大会代表及常务委员会组成人员名额的决定》，D 区人民代表大会代表名额为 242 名，代表名额与上届相同。11 月 4 日，D 区选举委员会第一次会议通过《关于区十七届人大代表名额分配的通知》，确定各镇街代表名额和结构比例（详见表 3），由各镇街在完成选区划分后将代表名额分配至各选区中。为了保证当选代表结构比例符合要求，D 区选举委员会专门召开会议，制定工作意见，对各选区应选代表的结构比例提出了具体要求。在这次划分选区和分配代表名额工作中，D 区选举委员会把全部代表名额一次性分配到了选区，根据上级要求不再预留代表名额，坚持法律性和科学性。11 月 12 日，各镇街选举工作指导组将各选区代表名额具体分配方案连同选区划分情况报区选举委员会审查。

表 3　D 区十七届人大代表名额分配情况

单位：名

| 代表名额 | | 代表结构 | | | | | | | | |
| | | 性别 | | 民族 | | 政治情况 | | | 组成情况 | | |
	总数	男	女	汉族	少数民族	中共党员	民主党派	群众	工人、农民和其他劳动者	干部	知识分子
二屯镇	7	5	2	7		4		3	5	1	1
黄河涯镇	22	15	7	22		14	1	7	14	4	4
天衢街道办事处（含工业园）	19（含武装部 1 名）	13	6	19		12		7	12	4	3
新华街道办事处（含工业园）	31	21	10	30	1	19	2	10	20	6	5
广川街道办事处	33（含预备役旅 1 名）	23	10	32	1	21	2	10	22	6	5
新湖街道办事处	41（含消防大队 1 名）	29	12	40	1	26	3	12	28	7	6
市经济技术开发区	59（含军分区、武警支队各 1 名）	41	18	58	1	38	3	18	38	11	10
市运河经济开发区	30	21	9	29	1	19	2	9	20	5	5
合计	242	168	74	237	5	153	13	76	159	44	39

（2）划分选区

11月4日，D区选举委员会第一次会议通过《关于划分选区和选民登记阶段工作的安排意见》，确定选区划分和选民登记的原则、方式及具体规定；11月7日，召开D区选区划分和选民登记阶段工作会议，通知部署各镇街选区划分和选民登记工作，确定本阶段工作的具体时间节点和注意事项。选区划分按要求完成后，11月12日，各镇街选举工作指导组将选区划分情况和选区设立选举工作小组情况报区选举委员会审查；11月14日，区选举委员会第二次会议通过《关于选区划分的审查报告》，确定D区十七届人大代表共划分选区103个（不含驻D部队），其中，D区各镇街共划分为63个选区，市经济技术开发区各镇街共划分为27个选区，市运河经济开发区共划分为13个选区。会后全区各镇街将选区划分情况及选区设立选举工作小组情况、选举日和选民登记时间在11月15日前予以公布。

2. 具体做法

（1）代表名额分配中的原则与特例

代表名额分配的基本原则是各选区每一代表所代表的人口数大体相等。D区及两个开发区总人口664651人，人大代表名额为242名，平均2746人产生1个代表，根据最终确定的选区划分情况，在代表名额分配中每个代表所代表的人口数应掌握在2600～2821人，但在各镇街具体划分选区时，因地缘和人口因素，并无法严格控制在2600～2800人，以新华街道为例，其最终选区划分的结果为2000～3300人。

在具体操作中，主要有两种特殊情况。一是针对少数民族聚居的选区，区选举委员会根据选举法和代表法规定，相应考虑每一代表所代表的人口数适当减少，例如考虑到新湖街道的北营社区（1927人）和小锅市社区（2943人）有少数民族，尽管北营社区人数低于2700人的平均标准，但还是各分配1个少数民族代表名额给两个少数民族社区选区。二是D市学院选区的处理，D市学院两万多名师生，根据人口比例，本应有7～8个代表名额，但是考虑到两万多名学生中多为本科生，一年到三年之后多数就会离开本选区，由学生担任代表的话会给日后代表履职造成不小的困难。

而教师职工中已有部分担任了市人大代表，再分配给一个单位那么多名额恐带来新的不平衡。在统筹考虑之后，区选举委员会最终确定由户口在学校的 5100 名师生组成学院选区，共有 2 个代表名额，对于未迁入学校集体户的学生，在随后的选民登记阶段不再主动要求其将选民资格转移至学院（具体见表 4）。

表 4　各镇（街）选区划分及代表名额分配情况

	选区数（个）	代表名额（名）	人口总数（人）	每个代表代表的人口数（人）
二屯镇	3	7	18206	2601
黄河涯镇	8	22	59826	2719
天衢街道办事处	6	19	51720	2722
新华街道办事处	14	31	85060	2744
广川街道办事处	12	33	91709	2779
新湖街道办事处	20	41	115666	2821
市经济开发区	27	59	163289	2768
市运河经济开发区	13	30	79175	2639
合计	103	242	664651	2746

（2）选区划分的具体标准

根据选举法规定，在选区划分中，选区可以按居住状况划分，也可以按生产单位、事业单位、工作单位划分。D 区选区划分中主要分为三种：第一种是农村选区，人口结构相对比较简单，根据区选举委员会数据，全区共 32 个农村选区，分配代表名额数 72 名，人口较少的几个社区村委会联合划分选区，人口较多的社区村委会单独划分选区或划分多个选区；第二种是城市选区，在城区可以按照社区居委会管辖的范围划分；第三种是单位选区，按照行业或者单位划分，凡是能够产生 1～3 名代表的较大机关、团体、企事业单位和一个系统的几个单位在一个辖区的，可单独划分选区，中央、省、市驻区单位的选区可大一些，且尽量单独划分。

在具体操作上，各个镇街按社区划分为主，按照单位划分为辅。以新华街道为例，街道人大工委工作人员在访谈时提出，划分标准的主要考虑因素是地缘因素和人口因素。一是地缘因素，主要是不稳定社区（村）的选举问题。对于果子李、常王等因拆迁、村委会领导变动等各种历史原因较不稳定的社区（村），通过与其他较为稳定的社区、村庄合并为一个选区，保证相关选区的选举工作顺利平稳开展。二是人口因素，划分包括：一个是多村合一，例如于官屯村（1429 人）、陈公村（2140 人）、于庄村（568 人）等单一村人口不够的合成一个选区；第二个是一村分二，包括邹李社区（11700 人）、德苑社区（13067 人），因为人数过多超出了 3 名代表所能代表的人数上限而划分成两个选区，邹李社区分为东西两个选区，德苑社区分为南北两个选区。根据以上选区划分的具体原则，辖内 14 个选区中有 1 个机关选区、8 个城市选区、5 个农村选区，其中 5 个农村选区是由邻近社区、村联合组成选区，4 个城市社区单独成立选区，还有 2 个社区因人数过多，各被拆分为 2 个选区。对于多村合一选区，存在跨社区的选区工作难以协调的情况。如果选区和社区（或者单位）管辖范围一致的话，工作比较好开展；如果不一致的话，就很难协调工作。例如广川街道的大东关社区，选民数量过多，而小东关选区选民数量很少，所以将大东关社区的部分单位和居民划分到小东关选区。但是由于这些选民不在小东关社区的管辖范围内，在选举工作中不太配合，小东关社区工作较难开展。

（三） 选民登记与资格审查

根据 D 区换届选举工作总体部署和有关法律规定，D 区选民登记工作自 2016 年 11 月 15 日开始，至 25 日全部完成。根据 D 区选举委员会统计，D 区及两个开发区总人口 665133 人（与前述公安局统计数据有出入），18 周岁以上人口 445285 人，其中精神病人等不能行使选举权的 577 人，被停止行使和剥夺选举权的 4 人，长期外流等没有参加选民登记的 5049 人，准予行使选举权的 335 人，经各选区选举工作小组、镇街道办事处工作指导组初步审查，依法具有选举权的选民 439655 人。根据工作安排，D 区于 11 月 30 日以选区或选民小组为单位张榜公布选民名单，对错登、漏登、重登情况及时予以纠正，并在选举日前对迁入、迁出、死亡等情况予以补登或除名。

1. 主要环节

（1）准备阶段

11 月 4 日，D 区选举委员会第一次会议通过《关于划分选区和选民登记阶段工作的安排意见》，确定选区划分和选民登记的原则、方式及具体规定；11 月 7 日，召开 D 区选区划分和选民登记阶段工作会议，通知部署各镇街选区划分和选民登记工作，确定本阶段工作的具体时间节点和注意事项；11 月 15 日，在完成选区划分和选举工作小组设立工作后，各镇街选举工作指导组将选举日和选民登记时间的公告连同本辖区选区划分等情况张贴公布，正式开始选民登记。

（2）实施阶段

选民登记的实施主要依靠各选区中的城市社区居民委员会、农村村民委员会进行。选区划分基本以社区为单位进行，根据走访了解，各社区、村委会在接到选民登记工作布置后，利用上届选民名册和 2016 年 10 月人口普查登记数据，借助村干部、小区物业、社区信息员等工作渠道形成初步选民名单，运用社区、村组干部人熟底子清的有利条件，通过走访入户对初步登记的选民花名册进行认真核对，重点核查权利行使特殊人群和有无错登、漏登、重登问题，然后再正式填写选民登记册。

（3）汇总阶段

选民登记完毕后，以选民小组为单位，依法审查选民资格，经选区选举工作小组复核后，报各镇街选举工作指导组，由各镇街汇总后于 11 月 27 日前报区选举委员会审定。11 月 29 日，区选举委员会第三次会议审定通过，11 月 30 日以选区或选民小组为单位张榜公布选民名单，并通知选民及时查看，对错登、漏登、重登的情况及时进行纠正。

2. 具体做法

（1）选民登记的方式

D 区选民登记主要分为补充登记与重新登记两种方式。在具体做法上，D 区农村选区以补充登记为主，D 区城市选区及两个开发区各选区一般是重新登记。

第一种补充登记。凡是上届选举时登记的选民名册保存完整的选区，以上届选民登记名册为依据，将上次选民登记以后年满 18 周岁的、自其他选区迁入的、恢复政治权利的选民，核查准确后，进行补充登记。然后将迁出本选区的、死亡的和依法被剥夺政治权利的人，核查准确后，从选民名单上除名。据了解，目前 D 区农村选区，人员结构相对简单，同时因村集体逢年过节发放福利的需要，村委会多保留完备的村民名册，多采用补充登记方式。这同选举法"一次登记、长期有效"的精神相一致，同时也大大减少了选民登记的工作量。

第二种重新登记。凡是上届选举后选民登记名册保存不完整或区划调整较大的选区，这次重新进行了选民登记。在调研中我们了解到城市选区自上届选民登记五年时间内人员变动较大，人口流动增多，采取补充登记进行删减的方法已难以适应目前形势，故在城市选区多采用重新登记的方法。

（2）选民登记的地点

D 区选民登记的主要原则是，有单位的在单位登记，没单位的在户籍所在地登记。机关、团体、事业单位的工作人员及企业职工、在校学生，在所在单位的选区登记；城区社区居民和农村居民在户口所在地登记。

（3）选民资格的审查

选民登记工作中，基层社区的一大工作就是对于特殊选民资格的审查。根据法律规定，被判处有期徒刑、拘役、管制而没有附加剥夺政治权利的，正在取保候审或者被监视居住的，以及正在受拘留处罚的应属于准予选民登记人员；无法行使选举权利的精神病患者不列入选民名单。对此，区选举委员会协同各镇街、社区把好选民资格审查关，协调公安、"两院"对特殊人员是否有选民资格进行确认。本次选民登记，D 区共有 322 名被判处有期徒刑、拘役、管制而没有附加剥夺政治权利的监狱服刑人员在赵虎街道完成选民登记；同时对 577 名无法行使选举权的精神病患者和智障人员，经医院鉴定或患者家属确认，不列入选民名单。

（4）流动人口的转入与转出

处理流动人口登记，D 区采取"对头挤"的办法，一头是户口所在地，把长期在外人员的姓名、出生年月日列出清单，开出证明，发给其工作单位依法登记；另一头是工作单位，让没有户口的人员，到其户口所在地索取证明信。对于外来流动人口转入本选区的，D 区本次换届选举时取消了上届规定的居住满 1 年的要求，规定在户籍地取得选民资格证明即可在所在选区进行登记。本届因为在 D 区当地参选等原因共迁入 D 区各选区的约 10 人。而转出至外省市进行选民登记的人员共计约 140 人，主要包括户籍未转入外地高校的在校学生（约 60 人）、作为代表候选人在工作地参加选民登记的（3 人）、户籍在 D 区但长期在外工作的公司员工（约 70 人）三种情况，较之 D 区作为流动人口输出区来说，在实际选民登记工作中，流动人口转出登记比例并不算高。

（四）代表候选人的提名与组织考察

在代表名额分配和选区划分阶段，D 区选举委员会确定代表名额分配方案为 D 区 153 名，市经济技术开发区 59 名，运河开发区 30 名。进而通过前期摸排、提名推荐、候选人考察等环节，全区共提出初步代表候选人 345 名，确定正式代表候选人 338 名。

1. 主要环节

（1）前期摸排推荐

根据 D 区选举委员会《关于提名推荐代表候选人和确定正式代表候选人的安排意见》，提名推荐代表候选人工作于 12 月 1 日至 12 月 13 日展开（后因推迟选举又将推荐代表候选人日期延后至 12 月 23 日），但前期对于代表候选人的摸排推荐工作自 9 月开始就已经作为换届选举的重中之重在选区划分、选民登记等工作之前进行。主要包括：一是组织部门下派职务代表名单；二是区人大会同各镇街人大工委推荐履职优秀的连任代表；三是各镇街党委摸排推荐辖区内优秀先进人物；四是工会、共青团、妇联推荐各领域优秀人员。11 月 19 日，各镇街综合下派代表、推荐连任代表及辖区先进人选，根据应选代表名额向区选举委员会上报推荐代表人员名单；11 月 25 日区选委会组织召开代表候选人推荐有关工作的培训会议，强调代表结构比例，依法推荐各阶层的优秀人员作为代表候选人，配合好党委，把好代表的政治关、素质关和结构关。

（2）提名推荐代表候选人

11月29日，各镇街在已报送的名单基础上，根据差额比例要求报送新一批代表候选人名单；经组织部门代表资格考察后，12月3日，各镇街根据确定的名单，分别由各政党、社会团体、10人以上选民联名等形式在各选区提名推荐后，上报至区选举委员会；12月15日，D区选举委员会召开第六次会议，通过了关于初步代表候选人的审查报告。

（3）初步代表候选人考察

根据中央和省、市、区委要求，人大换届要全过程加强党的领导、全方位加强人选把关、全天候加强换届风气监督。为加强对人大代表候选人的审核把关，切实防止"带病提名"，D区委决定，对市县乡三级人大代表候选人开展考察工作，根据《市县乡三级人大代表人选考察工作方案》，区级人大代表人选委托镇街党委考察，区委组织部派员联系指导，镇人大代表人选由镇党委考察。根据工作安排，11月30日区人大将初步代表候选人名单报组织部，由组织部门牵头完成包括差额候选人在内的所有初步代表候选人的资格考察相关工作。

（4）确定正式代表候选人

12月23日，区选举委员会第七次会议根据选区分配的代表数在第一轮推荐的基础上，根据省选举实施细则第35条规定的具体差额比例，正式候选人应多于应选代表名额的三分之一至一倍，确定正式代表候选人共338人。并于12月23日将两级正式代表候选人名单及代表候选人的基本情况，按选区分别张榜公布。

2. 具体做法

（1）提名推荐主体

根据D发〔2016〕15号文件要求，党委组织部门会同有关方面提出代表候选人初步建议人选。县乡人大配合做好提名工作，推荐履职优秀的代表参加连任。党委统战部门会同有关方面做好党外代表候选人的提名推荐工作。代表候选人的产生方式是由党委领导，人大主管，人代室做大量的具体工作，最终确定候选人。具体操作起来是，通过各政党、人民团体、镇街推荐，区人大汇总并根据结构比例筛选出候选人的初步人选，提出一个候选人草案，由党委来决定。本次换届选举中，一是组织部门下派职务代表约 84 人（详见表 5）。二是区人大会同各镇街人大工委推荐履职优秀的连任代表（约占总数的 1/3）。对于连任代表的推荐原则，首先是政治素质好、履职热情高、履职能力强，其次是本届履职情况：曾被评为优秀的，同时综合镇街人大及人代室掌握的出勤、提出建议等考核情况。三是各镇街党委推荐辖区内优秀先进人物（约占总数的 1/3）。对于新提名代表候选人，镇街党委主要综合考虑镇街经济社会发展情况，对为镇街发展做出重要贡献的企业负责人、事业单位人员予以重点考虑。四是工会、共青团、妇联推荐各领域优秀人员（7 人），其中共青团提名推荐 3 人，妇联提名推荐 2 人，工会提名推荐 2 人。

表 5　D 区各镇街区人大代表名额分配情况（不含两个开发区）

单位：人

	天衢街道	新华街道	新湖街道	广川街道	黄河涯镇	二屯镇
代表名额	19	31	41	33	22	7
职务代表	9（4+5）	10（7+3）	12（9+3）	12（9+3）	8（5+3）	4（1+3）
一般代表	10	21	29	21	14	3

注：括号内数字为下派到各镇街的区级职务代表 + 各镇街自身职务代表。

（2）代表结构比例

根据中央及 S 省文件要求，在本次换届选举中要依法保证代表的广泛性和代表性，对于代表比例结构要做到"一上升一提高一从严一保证"，即新一届人大代表中基层代表特别是一线的工人、农民和专业技术人员代表的比例应当有所上升，妇女代表的比例应当有所提高，党政干部担任人大代表的比例继续从严掌握，少数民族代表和归侨代表要按照法律规定予以保证。同时对企业负责人担任人大代表要统筹兼顾，防止比例过高。党政干部、企业负责人不得挤占工人、农民和专业技术人员代表名额。对于中共党员与非中共党员的合理比例，中共党员代表一般不超过 65%。在提名代表候选人时，妇女代表候选人一般不低于 30%，为避免大量妇女代表候选人被作为差额对象，根据 D 市人大的细化要求，妇女代表当选比例应不低于 22%。注重推荐部分政治素质好、履职热情高、履职能力强的本届代表参加连选，约 1/3。除个别因工作需要外，上下级人大代表之间，同级人大代表与党代表、政协委员之间一般不交叉。通过周密细致的工作，准确认定代表候选人身份，进一步优化代表结构。

（3）代表候选人考察

D 区代表候选人考察采取发布预告、民主测评、个别谈话、征求意见、综合评价、集体面谈（与考察人见面并签订承诺书）等方式。①每个代表候选人民主测评、考察谈话人数不少于 20 人。②审查档案和个人有关事项。考察组审查代表人选档案，重点审核"三龄二历一身份"，以及是否存在涂改、造假等问题。科级及以上干部的，还要核查其个人有关事项报告。③征求意见。区委组织部就代表人选名单书面征求纪检（监察）、信访、综治、法院、检察院、公安、审计、人社、住建、计生、环保、安监、税务、工商、金融等 16 个部门的意见。人选是党员的，要听取党员、基层党组织的意见。人选为党外人士的，要听取所在单位党组织或所在党派、团体意见。人选为非公有制经济人士的，要征求企业党组织、非公企业党建工作机构的意见。人选是社会组织人士的，要征求所在社会组织党组织、监管部门、上级党组织和新社会组织党建工作机构的意见。继续提名的，要听取人大常委会党组或人大主席团的意见。④与代表人选面谈并签订承诺书。听取其是否有需要向组织上报告或说明的重大问题、重要事项。要求其现场签订承诺书。除具体身份和职业身份，还包括是否拥有外国国籍，是否拥有国（境）外永久居留权或长期居留许可，是不是华侨等情况。通过征求区人社局、区法院、区卫计委等相关部门的意见，共有 10 位代表候选人存在违反计划生育政策问题，1 名代表候选人在法院失信被执行人（老赖）名单中，52 个企业代表候选人中有 46 名代表候选人涉及企业员工劳动合同及养老保险缴纳等人社方面的问题。对此，区人大经与各部门商议，将计划生育问题限于 2012 年以后发生的；对于代表候选人所经营企业存在人社问题的，全部签署承诺书要求在区人大二次会议前整改完成；对于存在法院失信问题的则直接否决。经过考察，共有 3 名代表候选人因计划生育问题被否决，1 名代表候选人因属于法院失信被执行人被否决。

（五）投票选举

按照 D 区人大换届选举工作方案安排，2016 年 12 月 30 日是区、镇两级人大代表换届选举日，全区选民依法行使民主权利，同步选出区级人大代表和镇级人大代表。这次同步选举区、镇两级人大代表，是 D 区人民政治生活中的一件大事，做好这次选举工作，对于加强国家基层政权建设，巩固党的执政地位，保障人民当家做主，促进社会和谐稳定，具有十分重要的意义。本次换届选举，D 区共投票选举产生 240 名区人大代表和 308 名镇人大代表。全区共设区级选区 103 个，镇级选区 138 个，当天共有 36 万余名选民参加了投票选举。通过规范选举大会议程、纪律要求等，做到了会场设置合理、选举氛围浓厚、参选热情高、秩序井然、保障有力、平稳顺利。

1. 具体做法

本次投票，D 区 103 个选区共计 366286 人投票，参选率为 83.5%。根据各选区选民分布状况，按照方便选民投票的原则，以设立投票站为主，召开选举大会为辅的方式进行投票选举，同时严格控制流动票箱的使用数量。其中投票站投票数 239667 人，选举大会投票数 114517 人，流动票箱投票数 12102 人，委托投票数 407 人。按照选举法和 S 省选举实施细则的规定，D 区组织规范委托投票、落实秘密写票等规定，有效规范工作程序。各镇街选聘一批群众威信高、责任心强、热心支持选举工作的社区干部、老党员和群众担任监督员，全程监督选举工作，增强了选举工作的透明度和公信力。具体可参见表 6。

表 6　D 区第十七届人民代表大会代表选举投票结果

选民总数（人）	参加选举							参选率
	总人数（人）	其中	投票站		流动票箱		选举大会		83.5%
438742	366286		个数（个）	547	个数（个）	162	个数（个）	180	委托投票数（个）
			人数（人）	239667	人数（人）	12102	人数（人）	114517	407

根据走访，D 区各选区投票组织工作有四种情况。分别是单位组织召

集型、城市流动投票型、村民代表集中型及附带政策福利型。

第一，单位组织召集型。在机关、企事业单位选区或投票站中，选举组织较为得力，整个选举投票过程严格按照程序，井然有序。如新华街道机关选区选举大会、天衢街道第二选区 D 区法院投票站、长河街道簸箕刘选区市行政中心投票站均是这种情况。

第二，城市流动投票型。城市社区选区的投票组织是保证选举工作顺利进行的一大难点，其人口结构复杂，流动性高，不易组织。根据本次换届选举工作的要求，区人大在选举办法中亦明确应严格按照法律规定使用流动票箱，坚持每个流动票箱由三人以上负责，其中有两名以上的监票人，防止流动票箱的使用出现违法现象。根据走访、座谈，在城市社区的投票中，流动票箱仍发挥重要作用。投票日当天因为是工作日，上午基本是老年人前往城市社区办公室门前的投票站参加投票，随后工作人员便拿着流动票箱走街串巷沿途发动社区选民投票，并在中午时分于各小区大门口利用社区居民下班回家时间组织发动投票，较为圆满地完成了选举工作。区人大初步统计数据显示，共有 12102 人通过流动票箱完成投票。

第三，村民代表集中型与附带政策福利型。农村社区的各选区，人口结构较为单一，社会关系相对简单，加之各村、社区均有较为完备的选民名册，因此在组织投票上相对简单一些。根据选举日当天的走访，各村委会、社区提前通知发动村民，每家每户都有村民代表前往投票站投票，对于腿脚不便、不积极的村民，由工作人员按照程序要求拿着流动票箱到家中发动其投票。此外在走访中，部分农村选区工作人员还发挥工作智慧，将选举日前后民政部门发给各家村民的挂历等福利一起在选举日发放，进一步激发了村民的投票热情，村民一大早就来到村委会完成投票并领取挂历。

2. 选举结果

本次换届选举，D 区共投票选举产生 240 名区人大代表，根据区人大常委会总结统计，其中，基层一线工人、农民、专业技术人员代表81人，占 33.75%；妇女代表 62 人，占 25.83%，比上一届上升 5.6 个百分点；中共党员 172 人，占 71.67%，比上一届下降了 16 个百分点；公务员代表86 人，占 35.83%；大学以上学历 152 人，占 63.33%；少数民族代表 7

人，占 2.92%；连任代表 100 名，占 41.67%（详见表 7、表 8）。实现了中央和省市区各级党委关于代表结构"一上升一提高一从严一保证"的要求。

表 7 D 区人大代表基本情况

单位：名，%

实选代表数	性别		年龄（周岁）			政治面貌			民族		文化程度				
	男	女	35岁以下	36至55岁	56岁以上	中共党员	民主党派	群众	汉族	少数民族	研究生及以上	大学本科	大专及高职	中专职高高中	初中及以下
240	178	62	13	211	16	172	14	54	233	7	29	123	49	33	6
比例	74.17	25.83	5.42	87.92	6.67	71.67	5.83	22.5	97.08	2.92	12.08	51.25	20.42	13.75	2.5

表 8 D 区人大代表构成情况

单位：名，%

实选代表数	职业构成情况									综合情况				
	公务员	企业单位负责人	事业单位负责人	工人	农民	村委会村党支部组成人员	专业技术人员	解放军和武警	其他	领导干部	非公经济人士	归侨	连任代表	同任两级以上代表
240	86	19	7	22	24	17	35	5	42	25	56	0	100	36
比例	35.83	7.92	2.92	9.17	10	7.08	14.58	2.08	17.5	10.42	23.33	0	41.67	15

三 选民态度：选举法实施状况的问卷分析研究

（一）选民登记：关注度高，但认知度还需加强

1. 对选民登记的关注度高

在 152 名被调查者中，有 91.4% 的被调查者选举前见过张贴公布的选民名单，没见过的为 6 人，而没关注过、不知道的仅有 3 人。由此可见，

选民对选民名单的关注度很高，选民名单实际获得了很高的知晓度。

2. 对选举权利的认知度需加强

对于在选民名单上没有看见自己名字的情况，28.3%的人持无所谓态度，而半数以上的人会采取积极措施进行补正，主要方式包括向党组织反映（26.3%）、向选举委员会提出申诉（23.7%），另有17.1%的人表示采用其他方式，其中3位补充说明是向单位反映情况，补上名字。样本反映选民参选的积极性相对较高，其中对党组织的信任度相对又是最高的，但也不乏部分选民持无所谓态度，对自身选举权利缺乏认知。

（二）候选人提名和确定：选民参与度低，但成为候选人的积极性高

1. 选民联名推荐候选人的情况呈现"两低"：参与度低，知晓率低

大多数人（57.9%）没有参与过联名推荐候选人，而主动参与过的仅占35.5%，另，"别人拉我凑数"或组织要求参与的情况更少，占4.6%，这在一定程度上反映选民参与联名推荐候选人的比例不是很高，仅占三分之一左右，联名推荐这一形式的覆盖面并不广泛，还有待提升选民的参与度。在选民对于提名候选人方式的认知调研中，认为选民可以联名提名的占43.4%，党委、社区可以提名的占12.5%，领导可以提名的占2.6%，而不清楚谁能提名候选人的选民人数也不在少数，占39.5%。由此，对于初步候选人的产生方式，选民的认知程度并不高，除了比较了解自身可以联名提名外，对于政党和人民团体的推荐形式的知晓率并不高。

2. 选民对确定正式候选人的方式的认知度和满意度均较高

半数的选民认为正式候选人确定方式是由预选确定的，认为是协商确定和领导确定的分别占15.1%和3.3%，另有18.4%的人表示不知道。另外，半数以上（58.6%）的受访选民对正式候选人的确定办法表示非常满意，比较满意的占35.5%，而不太满意和很不满意分别有3名和2名。进一步分析各自原因可知，认为满意的大多是因为确定程序客观公正合法，工作人员认真负责等，而不满意则是因为不公开透明，其中也有因为不了解确定办法而选择了不满意。

3. 不同形式提名的候选人的群众信任度：不同职业、教育程度等因素呈现显著差异

选民对于不同形式提名的候选人的信任度存在差异。总体而言，更相信组织提名和更相信选民联名推荐的被调查者分别占 39.5% 和 17.8%，前者占比约为后者的两倍，而对两类候选人均满意的选民则占 34.9%。具体来说，选民对不同形式提名的候选人的信任度因不同职业、教育程度、政治面貌、月收入等因素呈现不同程度的显著差异，选择更相信组织提名的比例最高的选民特征为：农民、不识字、共青团员、月收入 801～2500 元。选择更相信选民推荐的比例最高的选民特征为：自由职业、大学以上、共产党员、月收入 2501～5000 元。选择对两者均满意的比例最高的选民特征为：公务员、小学初中学历、群众、月收入 800 元以下。选择对两者均不满意的比例最高的选民特征为：企业员工、高中中专大专、共青团员、月收入 801～2500 元。表示不清楚的比例最高的选民特征为：事业单位、大学以上、民主党派、月收入 5000 元以上（详见表 9）。其中，不同月收入的选民对于不同形式提名的候选人的信任度最具代表性，更相信组织提名的百分比从高到低依次为：801～2500 元、800 元以下、2501～5000 元、5001 元以上。更相信选民推荐的百分比从高到低为：2501～5000 元、801～2500 元、800 元以下、5001 元以上。对两种推荐形式均满意的百分比从高到低为：800 元以下、2501～5000 元、5001 元以上、801～2500 元。均不满意的则以月收入 801～2500 元的选民比例最高。不清楚的以月收入 5001 元以上的选民比例最高。

表 9　选民对不同形式提名的候选人的信任度统计分析

单位：%

各选项选择比例最高的选民特征		职业 sig 值 = 0.047	教育程度 sig 值 = 0.009	政治面貌 sig 值 = 0.004	月收入 sig 值 = 0.001
组织提名	选民特征	农民	不识字	共青团员	801～2500 元
	选择比例	66.7	50.0	45.5	44.3

各选项选择比例最高的选民特征		职业 sig 值 = 0.047	教育程度 sig 值 = 0.009	政治面貌 sig 值 = 0.004	月收入 sig 值 = 0.001
选民推荐	选民特征 选择比例	自由职业 32.1	大学以上 23.4	共产党员 23.0	2501～5000 元 21.6
对两者均 满意	选民特征 选择比例	公务员 50.0	小学初中 70.6	群众 38.9	800 元以下 50.0
对两者均 不满意	选民特征 选择比例	企业员工 3.8	高中中专大专 1.3	共青团员 9.1	801～2500 元 1.0
不清楚	选民特征 选择比例	事业单位 9.7	大学以上 8.5	民主党派 100.0	5000 元以上 60.0

4. 选民对成为候选人的积极性高

在调研中当被问到如果有人推荐自己成为候选人时，半数以上（61.2%）的选民都表示非常愿意当代表，11.8%的选民表示想当代表但怕当不上，仅有 5.9%的选民不愿意当代表，另持无所谓态度的选民占19.1%，由此选民对于当选代表的积极性很高。具体来看，选民对当选候选人的积极性因不同职业、教育程度、月收入等因素呈现不同程度的显著差异，其中较为典型的是不同职业的选民态度，"想当怕当不上"的百分比从高到低为：公务员、自由职业、企业员工、其他、事业单位、农民。持无所谓态度的最高比例为农民，占66.7%，而明确表示不愿意当代表候选人的最高比例为自由职业者，占14.3%。通过综合评价，很愿意做候选人的选民特征为：企业员工、高中中专大专、801～2500 元。想当怕当不上的选民特征为：公务员、大学以上、5001 元以上。持无所谓态度的选民特征为：农民、不识字、800 元以下。表示不愿做候选人的选民特征为：自由职业者、小学初中学历、5001 元以上（详见表10）。当被问到有人推荐自己做候选人最大的担心时，担心选举中不能被平等对待和选不上影响自己形象的选民分别占 27.6%和 20.4%，另外有更大比例的人（45.4%）选择了其他选项，主要集中为没担忧（多数）、不熟悉如何履行代表职务、选民不了解自己情况等。

表10 选民对成为候选人的积极性统计分析

单位：%

各选项选择比例最高的 选民特征		职业 sig 值 = 0.001	教育程度 sig 值 = 0.003	月收入 sig 值 = 0.014
很愿意	选民特征 选择比例	企业员工 69.2	高中中专大专 63.3	801—2500 元 70.1
想当 怕当不上	选民特征 选择比例	公务员 33.3	大学以上 14.9	5001 元以上 20.0
无所谓	选民特征 选择比例	农民 66.7	不识字 50.0	800 元以下 50.0
不愿意	选民特征 选择比例	自由职业者 14.3	小学初中 11.8	5001 元以上 20.0

（三）介绍候选人：选民满意度低，介绍方式有待进一步完善

1. 选民对候选人的了解程度低，且对介绍候选人环节的认同感低

根据调研，选民对介绍候选人办法的满意度较高，即88.8%的被调查对象都表示满意，而不满意的仅占5.3%，但介绍候选人办法的实际操作却有待提升。针对人大代表选举中应改进完善的环节，50.4%的受访选民认为候选人介绍不充分，远高于其他问题。在投票前34.2%的受访选民表示了解一点甚至完全不了解候选人的相关情况，较为了解的占28.9%，34.9%的受访选民表示很了解候选人的相关情况，总体了解程度较低。在投票前见过候选人的选民占53.9%，没有见过的比例次之，占26.3%，而听说过没见过的比例最低，介绍候选人工作仍存在进一步完善的空间。

2. 了解候选人的途径多为间接了解，缺乏直接接触了解

对144名了解候选人相关情况的选民进行进一步调查可知，通过选举委员会张贴的候选人简历获知候选人相关情况的选民占比最高，占60.4%，其次为通过与邻居、同事、朋友的交流了解（20.8%），而通过与候选人见面对话或其他方式了解的不足10%。

3. 候选人介绍方式选择集中于竞选表现，超过组织介绍

在调研中被问及如果自己作为候选人，将采取何种办法让选民了解并为其投票，"希望有竞选，我自己表现"的办法最受选民欢迎，半数以上

的选民都选择通过此方法来让选民了解自己，并给自己投票，而组织上介绍的比例次之，占 36.6%（见表 11），另外组织班子活动、找亲戚朋友帮忙等方式的占比不高。值得注意的是，用经济手段拉票这一办法无一人选择，这说明选民公平竞选的意识很高。

表 11　候选人自我介绍方式统计分析

单位：人，%

选项		响应		个案百分比
		人数	百分比	
如果您作为候选人将采取什么办法让选民了解您给您投票ª	组织上介绍	70	36.6	47.6
	希望有竞选我自己表现	97	50.8	66.0
	找亲戚朋友帮忙	1	0.5	0.7
	组织班子活动	17	8.9	11.6
	其他	6	3.1	4.1
总计		191	100.0	129.9

注：a 值为 1 时制表的二分组。

（四）投票选举和总体评价

1. 投票选举行为的认知较为统一，不同职业认知存在差异

当参加投票选举人大代表时，绝大多数（85.5%）的选民都认为是在行使公民的政治权利；其次有 7.2% 的选民认为是义务与责任，领导有要求；另还有极少数认为只是走形式，人选早已确定（5 人）或认为投票选举与个人切身利益关系不大（3 人）。职业交叉分析中，不同职业的选民对于参加投票选举人大代表的看法存在明显差异。大多选民认为参加投票选举人大代表是在行使公民的政治权利，但农民做这种选择的比例不高，其更多地认为这是义务与责任，领导有要求。另外认为和自己切身利益关系不大的比例较高的是事业单位的选民，认为只是走形式；认为人选早已确定的比例较高的是公务员（详见表 12）。

2. 选民投票依据主要依靠之前了解，文化程度高参加投票意愿更高

通过对参加投票的 142 名选民的进一步调查可知，其投票选择的依据大多是根据之前了解做出选择，占 81.7%，远远高于其他选择依据，另外，也有部分选民按照选区工作人员要求投票，占到 9.9%，而剩余的另外三个依据则分别仅占 1.4%（详见表 12）。在对于投票行为影响因素的调查中，对一个人是否愿意参加投票选举的影响因素进行调查可知，认为由文化程度决定的比例最高，占 61.5%，认为由其他因素决定的占 18.1%，主要包括政治素养、个人对人大换届的理解等个人想法、选民所在单位或社区的动员等，另外，认为是由经济收入水平决定的比例为 12.1%，而认为由权力大小决定的比例最低。对于积极投票职业构成，选民认为会积极参加投票选举的职业分布比例从高到低依次为公务员事业单位员工、知识分子、企业员工、普通市民、农民、其他，其中公务员事业单位员工占比达三分之一左右。

表 12　选民的投票选举行为认知统计分析

单位：%

投票认知	占比	投票依据	占比	投票影响因素	占比	投票职业构成	占比
行使权利	85.5	未填	4.2	文化程度	61.5	企业员工	19.8
义务责任	7.2	询问他人	1.4	经济收入	12.1	知识分子	23.7
走形式	3.3	根据了解	81.7	权力大小	8.2	农民	9.9
与自身利益关系不大	2.0	按工作人员要求	9.9	其他	18.1	公务员事业单位	32.0
其他	2.0	无所谓	1.4			普通市民	13.0
		其他	1.4			其他	1.6
合计	100.0	合计	100.0	合计	100.0	合计	100.0

3. 人大代表选举制度满意度随着月收入的增高而降低

超过一半的选民对目前的人大代表选举制度很满意，基本满意的也达到 36.8%，两者共占 96%，而认为不太满意、不满意或无所谓的比例相加也仅有 2.1%。不同受教育程度的选民对目前人大代表选举制度的满意度存在差异（sig = 0.002 < 0.05），持很满意态度的比例较高的是小学初中学历和高中中专大专学历的人群，而大学以上学历的人群持很满意和基本满意态度的比例相当，还有两位选择了不太满意和不满意。不同月收入

的选民对目前人大代表选举制度的满意度存在显著差异（sig = 0.000 < 0.05），很满意的百分比从高到低依次为：800 元以下、801 ~ 2500 元、2501 ~ 5000 元、5001 元以上。也就是说，满意度随着月收入的增高而降低。随着月收入的增高更多选民转而选择基本满意，而唯一两名不太满意和不满意的选民为月收入 5001 元以上的高收入人群。而对人大代表选举流于形式这种观点，大多数选民表示不同意，其中完全不同意的占42.1%，基本不同意的占 39.5%，另也有少数（15.8%）选民在不同程度上表示同意。

4. 选举制度与个人利益相关度随着年龄增大而升高

在被调查者中，有半数以上的选民认为人大选举制度是否发挥作用和选民个人切身利益有一些关系，而认为有很大关系的占 28.3%，剩余9.2%的选民则认为没有关系。进一步分析可知，不同年龄段的选民的看法存在显著差异（sig = 0.021 < 0.05），认为"有很大关系"的百分比从高到低依次为：61 岁以上、41 ~ 60 岁、26 ~ 40 岁、25 岁以下。也就是说，比例随着年龄段的增大而升高，另外，认为"有一些关系"的百分比从高到低依次为：26 ~ 40 岁、25 岁以下、41 ~ 60 岁、61 岁以上。而认为没有关系的比例则以 25 岁以下的人群居高。不同职业的选民的看法存在差异（sig = 0.047 < 0.05），其中认为"有很大关系"的百分比相差较大，从高到低依次为：公务员、其他（居民自治组织、离退休人员居多）、自由职业、事业单位、企业员工、农民。另外，认为"有一些关系"的百分比相差不大，均占半数以上，其中以事业单位、农民及企业员工的比例居高，而认为没有关系的比例则以自由职业最高。

四　实践问题：制度实施与选举法规范中的差距

D 区此次换届选举工作，基本上是按照法律规定的现行选举制度模式运作的，具有广泛的代表性。但在整个过程中，通过走访调研、借调参与，也出现了一些较为突出的问题和困难，有待进一步研究解决。

（一）组织协调中的问题和困难

本次换届选举暴露出了人大机关在新形势下对于自身在选举中的功能定位不清晰，同时人大与党委组织部门、政府公安部门沟通协调机制不够顺畅等突出问题，有待在日后工作中进一步完善。

1. 人大与党委组织部门沟通协调机制不顺畅

人大代表换届选举需要党委与人大部门协调配合，在推荐提名初步代表候选人之前考察确定相关职务代表人选。根据与 D 区人大的座谈了解，相关工作人员建议，为避免在日后人大换届选举中再次出现推迟选举的问题，应进一步加强省委和省人大的沟通协调。以前由人大牵头都比较好部署，现在由党委牵头，各方需要进行协调，难度特别大，时间比较紧张。党委对人大工作程序、进展了解不够，所以导致工作没有及时开展。人大只能等党委做出决定或者指示后才能落实具体工作。区人大做不了主，也没有办法变通，这就容易导致基层操作起来违反法律规定的情况发生。本次换届选举，区人大的工作安排均是按照省人大部署的法定时间节点实施操作的，而人大代表有很大一部分是职务代表，需要等党政领导到位才能开展，其中区委书记、区长的人选需要省委组织部考察确定，其余区级领导班子需要市委组织部确定，区人大做不了主，也没办法变通，由此给基层工作带来非常大的困难。张贴候选人公告的时候，职务代表候选人还没到位，所以工作无法开展，要么职务代表到位后违法换人，要么只能选择推迟选举投票。为更好地推进县乡人大换届选举工作按时间节点实施，需要省级人大和党委沟通协调，解决这个问题。而且，党委组织部门对人大工作尤其是一些程序性规定的了解并不是特别充分，不利于开展工作。

2. 人大部门在换届选举中功能定位不清晰

D 区选举组织机构各个层级都由本级党委、政府、人大组成，在实际选举工作中，人大人代室负责具体操作的事务性工作。但据了解，在选举工作组织筹备、提名推进候选人、考察候选人等工作中，各级党委在相关选举工作中承担骨干力量，各级人大组织在选举机构中更多的是负责程序上的落实，并未起到主要的领导作用。加之县乡人大换届选举工作五年一次，不仅是党委不熟悉，绝大多数基层人大工作人员都没有上届的工作经历，对换届选举工作不熟悉。人大机构在选举组织中的角色定位有待于进一步明确，并逐步加强人大机构在换届选举中的功能定位，强化人大对于换届选举工作的协调统筹。

3. 人大与公安部门的沟通机制尚不完善

在选民登记的实践操作中，人大部门与公安部门的沟通机制尚不完善。区镇各级人口数量作为人大换届选举诸多工作的基础性数据，具有重要意义，据了解为了获得 D 区及下辖各镇街的人口数据，区人大、各镇街人大花了很大力气。新华街道振华社区表示，选民登记阶段的主要困难是与派出所的配合，派出所有辖区内居民详细信息，但因为目前国家对个人身份信息的保护愈发严格，在选民登记工作中向派出所索要辖区人口数据及辖区内居民名单特别困难，希望国家能从政策层面予以明确支持。

（二）选民登记中的主要问题和困难

根据调研走访和实际参与选举工作，选民登记工作牵涉面广、工作量大、时间紧张，在登记过程中存在诸多困难。

1. 人户分离情况加大选民登记难度

D 区选民登记中的人户分离情况主要是空挂户和拆迁户。作为城镇化进程中的产物，空挂户和拆迁户的大量出现进一步提高了选民登记准确的难度，各社区工作人员即便挨家挨户进行选民登记，做了大量工作，也不能保证没有重登的情况。新华街道振华社区表示，通过依靠社区工作底册，基本可以做到不重登不漏登，但在登记过程中也从给选民登记更多地变成了通过名单登记选民。

首先，空挂户数量过多对个别选区投票选举能否顺利成功带来挑战。空挂户是 D 区的历史遗留问题，20 世纪 90 年代初期 D 市为推进城镇化进程，出现了为子女上学等考虑农村居民交钱挂在若干个城市集体户的情况，相关人员逐步在城市买房迁出集体户，但目前在个别选区中仍有多达三分之一到一半的人员是空挂户。新华街道 793 号院（即新华街道机关选区）有空挂户 5000 人，新河东派出所辖内相关选区共计有近 7000 人空挂户，这在 D 区各街道并不鲜见。各街道对此采取的做法都是尽量联系，保障相关人员选举权利，根据选举委员会决定，空挂户一般应在户口所在地登记；如果在居住地登记，需取得户口所在地证明；如果实在联系不上就只能列为长期外流人员。因为空挂户并不居住在本辖区，即使已经完成选民登记，但联系动员投票较为困难，若处理不好甚至会导致选区没有过半数选民投票的危险。

其次，因拆迁（安置房未建好）分散租住在全区各地的池口等社区，以及在一些新建的入住率较高的小区，户口迁入现居住地的不多。无论在其户口所在地登记还是在现居住地登记，如何准确全面地进行选民登记，避免选民的重复登记或者漏登，在登记实践中都存在不小的难度。

2. 派出所户籍人口与选民登记数据出入较大

在选民登记中，各选区一方面通过入户走访等多种方式完成选民登记名册，另一方面通过派出所调取户籍与该选区的户籍人数进行比对，以便选民登记准确高效，无错登、漏登、重登情况。然而在选民登记中工作人员发现，派出所系统中的数据并不一定准确，给选民登记工作的准确性带来了更大的挑战。

通过对比发现，农村选区因其人员结构相对简单，派出所户籍登记人数与选民登记人数基本一致；但在城市选区，由于流动人口较多，派出所户籍登记人数与选民登记人数相差较大，每个街道均出现 1 万人左右的数据出入，为稳妥起见，区选举委员会最终选择仍以实际选民登记人数作为标准，但派出所户籍人数与实际登记数据产生如此大的出入也从一个侧面反映出城市人口的管理给选民登记工作的准确性带来一定的挑战（详见表 13）。

表 13　各镇街选民登记统计数与派出所登记人口数对比

单位：人

选区	人口		18 周岁以上人口数	
名称	各镇街统计数	派出所登记人口数	选民登记数	派出所登记人口数
新湖	108672	115666	67567	80293
广川	91709	91709	55280	67141

选区	人口		18 周岁以上人口数	
名称	各镇街统计数	派出所登记人口数	选民登记数	派出所登记人口数
新华	84089	85060	57963	65955
天衢	51720	51720	32539	34254
二屯	18216	18206	13405	16274
黄河涯	59823	59826	37756	37759

3. 不能行使选举权利的人员范围认定

选民登记中，根据全国人大常委会办公厅联络局的统计口径，不能行使选举权利的人是指经选举委员会确认不能行使选举权利的 18 周岁以上户籍人口中精神病患者。根据民法通则司法解释和法工委 1986 年法律询问答复，无行为能力的精神病患者亦包括智障人员。但是除此之外，在选民登记实践操作中，还出现了植物人、意识清醒但无法表达的失能人员等情况，因为法律中没有规定，目前在选民登记实践中如何认定存在一定争议。随着民法总则对于无民事行为能力人的范围从"不能辨认自己行为的精神病人"扩展为"不能辨认自己行为的成年人"，在日后选民登记工作中也需要对不能行使选举权利人的范围进一步明确。

（三）提名推荐候选人中的问题和困难

1. 职务代表数量过多

根据 D 区组织换届人事安排方案，D 区不含两开发区代表共 153 人，其中职务代表包括：区委常委、区人大常委会主任、副主任、各委室主任、人大专委会主任委员、政协主席、法院院长、检察院检察长、各镇街书记、镇长/主任、人大主席/工委主任。共 53 人。据了解，同 2011 年 D 区上次人大换届选举相比，D 区已将职务代表中的全部政府副区长及各委办局负责人剔除，但总比例仍占全部应选代表的三分之一以上，在统筹代表结构时面临较大压力（详见表 14）。

表 14　D 区十七届人大代表提名推荐职务代表名额构成

单位：人

	职务身份	人数
1	区委书记、副书记、常委	11
2	区人大常委会主任、副主任	6
3	区人大常委会各专门委员会主任委员、各工作委室主任	11
4	政协主席、公安、法院、检察院	4
5	6 个镇街书记、镇长/主任、人大主席/工委主任	18
6	人大常委会离任领导	3
	合计	53

2. 党员代表比例过高

D 区人大在座谈时表示，在控制党员比例上面，基层各方面的优秀人员大多已被发展为中共党员，优秀的非党员比较少，对于中共党员一般不超过 65% 的结构比例要求，完成起来难度极大。通过多次调整、协调，最终 D 区人大代表的党员比例是 72%，比上一届 88% 的党员比例降低了不少。

3. 提名推荐方式单一

根据选举法和省选举实施细则的规定，代表候选人按选区提名推荐，提名推荐代表候选人有两个渠道：一是各政党、各人民团体可以联合或者单独推荐；二是本选区选民 10 人以上联名推荐。在调研中我们发现，D 区在代表提名推荐中主要依靠政党推荐方式，所有候选人在 12 月 1 日开始提名推荐之前基本已由组织完成摸排形成初步名单，给予 10 人以上选民联名推荐的空间较小，对于可能会出现的联名推荐的人选，"想办法做工作，坚决贯彻组织意图"。

4. 统筹代表结构比例缺乏明确比例要求

在 D 区人大换届实践操作中，代表结构成为选举工作中的一大挑战，其突出表现为中共党员比例过高、公务员代表比例过高、企业负责人比例过高、一线工人公民比例较低的"三高一低"情况。在座谈中 D 区人大表示，由于除了党员比例和妇女的比例之外缺乏明确的比例要求，对于代表的职业结构比例没有明确的指导意见，基层人大在统筹协调提名推荐代表候选人时对于各职业的代表人数不好控制，部分镇街党委推荐上来的代表候选人结构比例严重失调，反复协调修改多次。

在规范依据上，只有省人大出了一期简报，要求参考十年前换届时的《S省选举工作委员会关于2007—2008年人大换届选举工作安排意见》，县级新一届人大代表结构的比例，建议工人、农民占60%左右，知识分子（含科技、教育、文化、卫生、工程技术等方面人员）占15%左右，干部占20%左右，尽管其部分统计口径已经发生变化，S省县乡两级人大换届选举工作联席会议办公室在本次换届时对代表结构的答复意见中，建议在这次换届可作为参考。但因作为参考缺乏明确的规范性质，区人大在统筹协调时缺乏必要的工作依据，在调结构保证代表的广泛性和代表性时遇到较大困难。对此，D区人大工作人员在座谈时谈道："本来我们要求企业单位负责人15%，工人农民60%，专业技术人员和事业单位负责人（作为知识分子）15%。但是报上来的企业负责人代表候选人的比例过高，因此我们对企业负责人重新界定，规模以上企业的负责人属于企业负责人，规模以下企业的属于工人。基层一线的工人、农民代表比较难找，他们的履职能力得不到保障，参政议政的意愿也不高，对工人农民代表过高的比例要求可能不太切合实际。"

5. 代表资格考察工作需要进一步细化完善

本次人大代表换届中，D区代表资格考察工作在党委统一领导下取得了良好成效，有力地保证了代表质量的坚实可靠，但在实践中也出现了许多问题，有待在日后的工作中进一步研究完善。第一，代表资格考察后出现计生、人社等问题谁来拍板决定？因为没有具体规定，在实际中，D区人大与组织部门意见并不一致。人大认为谁考察谁拍板，组织部门则认为组织部门负责身份考察但是否提名推荐应由选举工作机构决定。第二，代表资格考察工作量大、时间紧。在各政党、人民团体、10人联名完成提名推荐工作后，组织部门本计划在初步候选人张榜公示前对全部初步候选人进行资格考察，但因工作量大且时间只有3天过于紧张，一直到正式候选人张榜前才完成全部的考察工作。例如天衢街道在公布初步代表候选人后的代表考察过程中，发现一位候选人存在问题，但是已经无法增补。

五　对策建议：进一步加强和改进县乡人大选举
工作的制度实践

根据问卷调查，针对人大代表选举中应改进完善的环节，50.4％的受访选民认为候选人介绍不充分，接着从高到低依次为其他24.5％、投票人无法自己表达意愿18.7％、候选人提名不民主12.9％、选区划分不科学7.2％、酝酿确定正式候选人不民主6.5％。为此，针对问卷调研中反映出的情况与访谈中民众的相关意见，建议如下。

（一）多种途径提高选民积极性，避免单纯追求高投票率

调研显示，在换届选举中，第一重悖论是选民高投票率与选举组织之困难之间的复杂关系。本次换届选举，D 区共投票选举 240 名区人大代表和 308 名镇人大代表。选举日当天共有 36 万余名选民参加了投票选举，投票率达到了82.6％。总体来看，选民的参选积极性较高，对目前的人大代表选举制度很满意和基本满意的选民共占96％，而领导动员或组织要求去的不足一成。但在实际投票中，受访街道和社区均表示，换届选举中的主要困难是选民积极性不高，投票难以组织。在选举工作中各镇街、社区均投入近乎全部人手参与组织换届选举工作，但效果并不显著。很多选民在接到电话通知过来参加选举投票时都表示不愿意参加，人大代表选举缺乏内在动力和吸引力。为进一步提高选民参加人大选举的积极性，消除厌选情绪①，在选举工作层面建议做到以下几点。

一是拓宽选举投票的宣传途径。在直接选举中，社区单位等组织是通知选民投票的重要途径，发挥了实质性的作用，目前选民获知投票通知的途径主要集中于社区居委会、村委会等居住地通知和单位通知，而网络报纸等传媒的宣传途径发挥的作用很小，而若要进一步加大通知的覆盖率，

---

① 一些学者曾专门调查分析了选民厌选心理，认为其深层次的原因在于选举与利益脱节。参见蔡定剑《中国选举状况的报告》，法律出版社，2002，第 150～198 页。

特别是发动城市中的青年人知晓并参与投票，应进一步借助网页、微信等新媒体的力量。同时适当加强对候选人的介绍宣传及鼓励候选人开展自我推荐，确保投票选举的选民知晓率，充分调动选民积极性。二是规范城市社区选举投票中的违法违规行为。作为选举工作的重要方面，城市选区的投票组织是保证选举工作顺利进行的一大难点，选举投票中的不规范现象也多出自城市选区。其人口结构复杂，流动性高，不易组织。投票日当天因为是工作日，上午基本是老年人前往城市社区办公室前的投票站参加投票，随后工作人员便拿着流动票箱走街串巷沿途发动社区选民投票，并在中午时分于各小区大门口利用社区居民下班回家时间组织发动投票，最终完成了选举工作。但也在工作中出现了一些需要进一步完善之处。通过走访调研，各地在选举中的违法违规行为时有发生。包括：①代填选票，由社区工作人员代劳填写选票；②流动票箱不规范，有地方选举大会十分钟后流动票箱走街串巷承担起主要作用；③委托投票超过法定人数，有一家人派一个代表填写 5 到 10 张委托票；④违规更改统计数据，为达到上级要求的比例结构，随意调整流动票箱投票数、委托投票数的结果。尽管多为个例，但严重损害了人大换届选举的严肃性和法律性，需要在日后的工作中进一步完善。三是避免对于高参选率的片面追求。从了解到的情况来看，衡量一次换届选举工作是否成功，参选率高不高已成为一项重要乃至首要标准。考虑到我国的社会发展水平和选民的政治文化素质，提高参选率应该是一个渐进的过程，片面追求高参选率势必带来加大选举成本、出现强制投票乃至逐级随意修改统计数据的情况，应在评价选举工作的标准时予以校正。

（二）完善选民登记办法，变登记选民为选民登记

在换届选举中，第二重悖论指的是选民登记数据之严格与实践中登记选民处理之简单的复杂关系。选民登记是人大代表换届选举的基础性环节，实质是对公民是否具有选举权的确认，是公民在法律上享有的选举权

转化为实际上能够行使的选举权利的必经程序和环节。① 笔者借调作为 D 区选举委员会工作人员，在选民登记阶段多次因各镇街上报数据中登记选民数与各类未列入选民名单人数相加不等于全部年满 18 周岁人口数，而与镇街选举工作人员反复熬夜核对查缺，不容一丝差错。然而在调研中我们发现，当前的选民登记仍以登记选民为主，许多选区直接将社区名单中满 18 周岁的公民登记进入选民名单之中，民众对于选民登记的知晓度较低，缺乏与辖区内选民的沟通，也会带来辖区内选民已在工作单位登记之后又被居住地社区重复登记的情况。为此，可以从以下几个方面进行改进。

一是积极推动选民登记信息化系统建设，提高选民登记的便捷性与有效性，有效避免选民漏登、重登情况的发生。二是将选民登记与户政系统相结合，一经进入本辖区户政系统即登记为本辖区在册选民，保障人户分离人员的政治权利。三是鼓励民众主动登记，提高民众对于选民登记的知晓度。将实践中的登记选民还原为选民登记，避免投票日当天辖区居民尚不知自己在哪个选区的情况出现。

（三）进一步降低基层提名候选人的实际门槛

在换届选举中，第三重悖论指的是候选人提名权的程序门槛之低和实际门槛之高的复杂关系。程序门槛之低是指根据选举法和省选举实施细则的规定，各政党、各人民团体单独或者联合，或本选区选民 10 人以上联名均可以提名推荐代表候选人，所以符合提名条件的人员均应列入初步代表候选人名单。实际门槛之高是在调研中我们发现，D 区在代表提名推荐中主要依靠政党推荐方式，所有候选人代表在 12 月 1 日开始提名推荐之前基本已由组织完成摸排形成初步名单，给予 10 人以上选民联名推荐的空间较小。对民众对于获提名成为代表候选人的高积极性，恐带来不利影响。为此提出以下建议。

一是加强宣传，支持鼓励选民依法参与提名初步候选人。目前对于初

---

① 许安标：《选区划分和选民登记》，《中国人大》2006 年第 11 期。

步候选人的产生方式, 大量选民不清楚谁能提名候选人, 选民的认知程度并不高, 应进一步加强宣传力度, 支持鼓励选民依法参与提名初步候选人。二是平等对待组织提名与选民联名提名推荐的候选人。在调研中, 当被问及被提名为初步候选人的担忧, 选民多担心选举中不能被平等对待和选不上影响自己形象。为进一步放宽基层提名的实际限制, 应当在选举中明确, 政党和社会团体提名候选人与选民 10 人以上联名提名推荐人选具有平等地位, 提高提名推荐的民主性和透明度, 扩大普通群众在提名中的参与程度。

(四) 改进候选人介绍, 建立非对抗式竞争机制

候选人的介绍是选举中的一个核心环节。根据选举法的规定, "推荐代表候选人的党派、团体或者选民可以在选民小组会议上介绍所推荐的代表候选人的情况"。根据这一规定, 在基层实践中, 介绍候选人的方式主要有: ①印发书面介绍; ②在选民小组或者代表小组上口头介绍候选人情况; ③组织候选人与选民的见面会, 当面回答选民提问; ④个别候选人自己通过非正式途径进行私下宣传介绍。针对改进候选人介绍机制, 根据问卷调研与访谈中民众的相关意见, 建议如下。

第一, 拓宽对于候选人的介绍渠道。目前对候选人介绍的渠道过于简单。主要依靠通过选举委员会张贴的候选人简历的方式介绍候选人的相关情况, 较少使用与候选人见面对话或其他方式, 造成大量选民没有见过代表候选人, 直接对投票结果造成不利影响。应考虑允许候选人在公众场所张贴经选举委员会认可的宣传品, 对各候选人提供平等的机会和条件, 经选举委员会统一组织在广播电视、社交网络及其他公共场所中进行规范的宣传活动, 拓宽介绍渠道。第二, 丰富对于候选人的介绍内容。为进一步增加选民对候选人相关情况的了解, 可以考虑将选民见面活动制度化, 将选民见面活动由 "可以" 改为 "必须", 允许候选人在选民小组或者代表小组中进行自我介绍, 并鼓励提问环节, 提高选民的参与积极性。第三, 提高选举的竞争性, 建立非对抗的竞争机制。随着民众文化素质的提升, 候选人对于选举介绍需求愈发强烈, 在一个平等的选举环境下选民同样也

需要通过提供的宣传信息做出投票决定，为此应进一步提高选举的竞争性，建立非对抗的竞争机制，强化候选人的责任感与民主意识，改善选举的透明性与可接近性①，由选举委员会提供平等的机会和资源进行公平有序竞争。

---

① 徐骏：《人大直选中选民参与现状与改善研究——以高校人大选举为样本》，《理论学刊》2012 年第 12 期。

评论

为权利的相关性命题申辩

张洪新*

引　言

权利和义务是法学的核心和基石范畴。① 对于权利和义务的分析和理论争辩，我国学者主要围绕着权利和义务之间的逻辑关系，即是以权利为本位还是以义务为重心。② 然而，这两种观点却分享着一个共同的逻辑前提，即权利和义务之间存在着相关性。问题在于，权利和义务是否存在相关性？这并非无关紧要。因为如果权利和义务根本就不存在相关性，可以说有关权利和义务之间关系的各种观点，就是错误的，或不可能是没有问题的。就此而言，弄清权利和义务是否存在相关性，以及如果存在的话又是在何种意义上相关，就具有极其重要的理论意义。然而，权利和义务之间关系的相关性这个前提性问题，很大程度上却被学者忽视了。值得注意的是，陈景辉教授最近在《法制与社会发展》2014 年第 3 期所发表的《权利和义务是对应的吗?》一文，弥补了权利义务关系分析当中被学者所

＊　张洪新，周口师范学院政法学院讲师，法学博士。本文系国家社科基金重大项目"马克思主义法学方法论研究"（黄文艺教授主持，项目编号：11zd077）之子课题语言分析方法阶段性成果。

① 参见张文显《法哲学基本范畴研究》（修订版），中国政法大学出版社，2001，第 356 页以下。
② 众所周知，权利和义务及其之间逻辑关系的学术讨论，曾经是我国 20 世纪 80、90 年代法学领域中最为显著的学术事件之一。关于权利和义务之间的关系，存在张文显先生所主张的"权利本位"以及张恒山所强调的"义务重心"这两种相互冲突、对立以及竞争的学说，相关分析，参见张文显《二十世纪西方法哲学思潮研究》，法律出版社，2006，第 426 页以下；张恒山《法理要论》，北京大学出版社，2002，第 286 页以下。

忽视的这一前提性问题。① 在《权利和义务是对应的吗?》中，陈景辉教授指出权利和义务之间不存在相关性，在根本意义上相关性命题是错误的，是一种应该予以舍弃的命题。

在这里，本文将依次分析陈景辉教授在剖析相关性命题时所存在的问题和错误，并捍卫强势意义上的相关性命题本身。本文将论证而不仅仅是指出，舍弃相关性论题无法解释实践中存在的许多现象，即权利和义务在许多情况下是相互关联的，更无法解释在实践中权利和义务所发生作用的方式和层次。本文的结论是需要舍弃的不是相关性命题本身，而是某种版本的相关性主张，权利及其相关性是一个不得不相信的命题。

一　相关性命题的性质与范围

从科学方法上讲，要坚持或反对某种命题，必须首先厘清该命题是什么，什么是该命题所主张的，或者说什么又是该命题所切实反对的。基于此，对相关性命题的捍卫，需要我们就相关性命题的性质以及相关性命题的范围做出清晰界定。

(一) 相关性命题的含义

从表面上分析，所谓权利的相关性命题就是关于权利和义务关系的一种陈述和断言，即权利和义务存在相关性，在权利存在的地方，便有义务的存在；有义务存在的地方，也存在相应的权利。在权利和义务相关的意义上，相关性命题就是关于权利以及义务的特征和性质的一种主张和判断。实际上，权利和义务存在相关性也为日常实践中的权利话语所证实。当我们说特定的主体（P）拥有一项权利（R）时，我们究竟意味着什么呢? 通常认为，无论是在理论上还是实践上，P 拥有 R 这一陈述含意着另

---

① 参见陈景辉《权利和义务是对应的吗?》,《法制与社会发展》2014 年第 3 期，第 33 ~ 53 页。

外一个人享有一种义务（D）。① 权利的这项特征看起来如此明显，以至于它的许多重要理论以及实践的含义都被忽视了。

当然，应该承认的是，诉诸日常权利话语实践来坚持权利和义务存在相关性这一命题，所存在的第一个反对意见是：应该如何解释在实践中权利和义务两者经常出现的分离情形呢？在某些方面，仅仅诉诸直觉和经验，就不加反思地完全接受相关性命题是难以理解的。因为有时直觉和经验应该成为反思和批判的对象，而不是没有问题的逻辑出发点。就此而言，同样是经验和直觉告诉我们，在实践中有些"权利"并不蕴含义务，例如我有权说我是一名画家，并没有蕴含其他人的任何义务；同样，有些"义务"也并不蕴含相应权利，如虽然我有保存而不是任意地毁坏凡·高画作的义务，也并不意味着其他人有要求我做或者不做这种义务的权利。因而，捍卫权利的相关性命题，首先需要解释实践中存在的权利和义务相分离的这些反例对相关性命题造成何种意义上的影响——当然，前提是如果有这种影响的话。

在本文看来，权利和义务相分离的这些反例对相关性命题，或者说对于任何命题的理解存在偏差和误解。因为实践中所存在的反例（姑且假设这些反例是可以成立的）并不能证伪相关性论题本身，而只是说规定了相关性论题，限定了相关性论题的适用范围。但相关性论题本身仍然具有意义。从科学方法上讲，任何一种没有约束条件和适用范围的论题和主张，在根本的意义上都是不存在的。② 在实践中，我们并不因为某种实例的偶尔出现，就因此彻底放弃了某种具有解释力的规则本身。正如美国著名科学哲学家法伊尔阿本德所强调的那样，"一个理论所以可能同证据不一致，并非因为它不正确，而是因为证据是已被污染了的"③。在这个意义上，我们可以说，在通常情况下水需要100摄氏度才能烧开，但同样的水在喜

---

① See N. E. Simmonds, "Rights at the Cutting Edge," in M. Kramer, N. E. Simmonds, and H. Steine (ed.), *A Debate over Rights*, Oxford: Oxford University Press, 1998, pp. 113–232.

② 参见〔美〕托马斯·库恩《科学革命的结构》，金吾伦、胡新和译，北京大学出版社，2012，第43页以下。

③ 〔美〕保罗·法伊尔阿本德：《反对方法：无政府主义知识论纲要》，周昌忠译，上海译文出版社，2007，第23页。

马拉雅山却在 100 摄氏度之下就沸腾这一事实,并不能否定前者作为一般规则的适用性和解释力。相反,"水需要 100 摄氏度才能沸腾"这一命题仍然有意义。只不过,需要强调的是,这一命题的意义需要"在通常情况下"这个限定条件。

总之,相关性论题是一个性质上的主张和判断,是一种必然的判断,对此只能给出"是"与"否"的回答;而在实践中"权利和义务经常出现分离"是一种程度上的经验性陈述,对于这种程度上的陈述,只能给出"多大程度上"是如此的回答。逻辑上,既然已经承认权利和义务之间的相关性是一种性质上的判断,那么,对理解权利和义务的这种相关性判断究竟意味着什么,就不能仅以权利和义务在实践中的存在形态和关联方式来证伪或证实相关性的具体含义和主张。[①] 对于相关性论题的具体范围,只能进行概念上的分析。这里不可避免地涉及相关性命题的第二个问题,即相关性命题的范围。究竟在何种意义上,相关性论题限定了"权利和义务存在相关性"这一主张呢?或者说,相关性论题的具体范围究竟包括哪些内容?在本文看来,由于传统相关性论题的主张者以及反对者并没有对此做出明确区分和界定,这就使得相关性论题最终所要支持或者反对什么都变得模糊不清。

(二)相关性命题的范围

从概念分析的意义上,相关性命题的范围和内容可以有哪些呢?[②] 在

---

① 在这里,陈景辉教授的分析论证出现明显矛盾。在作者看来,"在日常经验中,相关性主张(必然的,权利和义务具有相关性)通常被表达为下面两个耳熟能详的短语:其一,有权利就有义务,有义务就有权利;其二,不存在无权利的义务,也不存在无义务的权利"。参见陈景辉《权利和义务是对应的吗?》,《法制与社会发展》2014 年第 3 期,第 33~53 页。以此为依据,作者分解了相关性命题的三个子命题,即相互相关性命题、分析性相关性命题以及道德相关性命题,并因此对相关性命题进行了批评和否定,但作者所没有意识到的是其所分解的三个子命题,从科学方法上讲,并非相关性命题内容的全部。相关性命题也并非一定要采用以上三种子命题的任何一种,其仍然存在其他形式的相关性命题。

② 有关相关性命题的更多分析,参见 Eugene Schlossberger, *A Holistic Approach to Rights: Affirmative Action, Reproductive Rights, Censorship, and Future Generations*, Lanham, MD: University Press of America, 2008, pp. 110 – 111. 对相关性命题性质及其范围的理解,本文受益于作者的分析,但作者对相关性命题也是持否定态度的。

本文看来，相关性命题的范围可以分为半（half）相关性命题、相反（converse）相关性命题以及完全（full）相关性命题三种。具体而言，半相关性命题主张每种权利相关于一种义务，义务并不必然相关某种权利；相反相关性命题主张每种义务相关于一种权利，并不是所有的权利都相关于某种义务，因为某些权利并不存在相应的义务；完全相关性命题，即通常意义上所说的相互相关性命题，主张每种权利相关一种义务，同时每种义务相关于一种权利。很显然，完全相关性命题是相关性命题中最为强硬的，它的成立依赖于其他两种相关性命题的成立。同样，完全相关性命题的失败并不意味着其他两种相关性命题的失败。半相关性命题以及相反相关性命题其中之一仍然可能是正确的，或两者都可能是错误的。

既然相关性命题本身是关于权利的特征以及性质的一种主张和断言，仅由上述三种相关性命题仍然不能知道权利和义务究竟在何种意义上是或者不是相关的，还必须深入地分析三种相关性命题的具体内容。另外，既然承认相关性命题是关于权利特征及其性质的一种主张和断言，判断某种命题陈述是否属于相关性命题，就有一个基本判断标准，那就是该种命题陈述必须具有理论含义以及实践重要性。所谓理论含义是指采取某种相关性命题是否能够增进对权利概念的理解以及进而对构建某种权利理论具有启发或指导意义，这是由于相关性命题是关于权利特征的一种陈述，出发点就不应该是事先采取某种权利定义来支持或者反对某种或某些相关性命题。毋宁说，所采取的正确理论态度应该是，通过深入地分析相关性论题本身来加深对权利这个事物的概念性认识。所谓的相关性命题同时必须具有实践重要性，是指采取或不采取某种相关性命题，如果对于实践的进行并没有多大改变的话，那么，某种相关性命题就是无足轻重的。相反，如果坚持某种相关性命题具有重要的实践意义，特别是能规范和指导实践活动的进行，那么，该种相关性命题就是应该予以坚持和捍卫的。

在这个意义上，相关性论题还可以进一步区分为本质性的相关性断言和偶然性的相关性断言。本质性的相关性论题将相关性作为权利性质和特征的一种主张，它认为权利和义务存在相关性是权利得以区别于其他概念

（特别是价值、福利、利益或者自由等）的关键所在。① 任何一种权利所相关的义务构成权利之为权利的内在属性，尽管对于义务存在理解上的分歧和界定方面的困难，但义务的存在本身是权利概念的构成性要素。特别重要的是，本质上相关性论题认为，一旦声称特定主体（P）拥有一项权利（R）时，某些人（Q）在某些时候（S）就因此有某种义务（D）。尽管这种义务（D）不必是具体和特定的，但有某种义务的存在却是关于权利一般性思考的关键所在。根据这种相关性论题，我们通常称为"权利"的东西，它们在法律和道德思考中的全部作用，都可以转化成义务的形式得到分析。

相反，偶然性的相关性命题认为，相关性仅仅是权利的一种随机的、偶然的特征，而不是一种必然性的真理。这是因为在实践中，权利有时和义务相关，有时和义务不相关，而且即便权利和义务在存在相关性的意义上，权利所相关的也并非义务，还可以是救济、责任、权力之类的事物。② 因此，在实践中，偶然性的相关性命题虽然承认其他事物通常也可以称为"权利"，它们在法律和道德思考中同样也是不可或缺的，但它们不能够用相关性论题所称谓的"权利"形式得到分析。由于相关性命题是关于权利的特征及其性质的一项判断，因此偶然的相关性论题就是自相矛盾的。即是说，在权利的道德和法律思考当中，有意义的相关性命题必然是本质上的，即关于权利的主张都可以也必然能够有意义地转化为相应的义务主张。权利在相应义务框架内得到定位和实现，义务则在相关权利的范围内得到理解和证成。

在权利和义务得以理解的方式上，相关性论题还可以是不重要的（trivial）或强硬的（robust）。不重要的相关性论题允许权利相关的义务或义务相关联的权利，除了它们相关联的权利或者义务以外，没有实质性的含义。例如，当我们说一个人对某物拥有权利时，其他的人就必须有一种

---

① 参见〔英〕戴维·罗斯《正当与善》，菲利·普斯特拉顿－莱克编，林南译，上海译文出版社，2008，第 76～77 页。

② See J. Quong, "Rights," In F. D'Agostino and G. Gaus（Ed.）*The Routledge Companion to Social and Political Philosophy*, New York and London: Routledge, 2013, pp. 618－628.

显见的义务，即不得侵犯那种权利的义务。尽管这种义务没有实质性的含义，但它仍然是权利所相关联的义务。在这里，权利和义务仅仅是看待同一件事物的不同角度而已，权利和义务在概念上分不开。

另外，强硬的相关性论题认为，相关的权利和义务，在重要的意义上，必须是概念上相互独立的。相关的义务或权利，不能仅凭借权利或义务的存在本身得以理解，还必须借助于其他方式，增加其他一些内容。由于相关性命题是关于权利和义务之间关系的一种主张和判断，因此权利和义务这两个概念必须首先是相互独立的，有意义的相关性命题一定是强硬的。然而，对于深入地理解相关性命题的内容所增加的东西，概念分析并不能提供更多的东西。在此处，在概念分析停止的地方，其他因素就应该及时地切入相关性命题之中，为权利和义务概念提供更为丰富的内容。

如果上述分析可以成立，那么，对于相关性命题的理解和捍卫，问题并不在于实践中的某种情形证成或证伪了相关性命题本身，而在于权利和义务概念在实践中需要借助于何种版本的相关性命题得到相互理解和界定。① 进一步，由于命题需要有理论含义以及实践重要性这两项判断标准，有意义的相关性命题就一定是本质上的、强硬意义上的，即在道德和法律的思考过程中，有关权利的主张通常都可以转换成某种形式的义务类型得到分析，义务同样需要在权利的框架内得以展开和理解。就此而言，对于相关性命题的正确理解和界定，需要依次回答的问题是能够蕴含权利的义务包括哪些义务类型，以及权利主张所蕴含的义务的具体内容是什么。

二 蕴含权利的义务类型

义务并不必然蕴含着权利，这显然是一个几乎没有争议的理论命题，或者说是一项客观的社会事实。因为义务可以有多种来源和依据，例如习

---

① 这里应该指出的是，相关性命题并不是理解权利和义务概念的唯一路径，而只是说相关性为我们增进对权利和义务的概念性认识，特别是理解它们在实践中的功能和作用，提供了一个切入点。

俗礼节、伦理道德、法律制度都可以基于各种原因赋予个人许多对世义务。"在全部义务中，有一部分是与权利相对应的，另一部分则与权力相对应，与权力相对应的这部分义务并不与权利相对应，因而就是与权利分离的义务。这部分义务名副其实地是无权利的义务，亦可称为有权力的义务。"① 因此，义务并不必然蕴含着权利，不可能错。对这种不可能错的客观社会事实，显然不可能是对某种命题本身的证明或者证伪。存在并不蕴含权利的义务这项社会事实并不能证伪相关性命题，而只是限定了相关性命题的范围。因此，问题就在于何种义务蕴含着权利，又蕴含着何种权利，这种"权利"又是不是所谓的真正的权利。

（一）完全义务与权利的可主张性

通常来说，对"义务并不必然蕴含权利"这一断言，可以进行如下解释：义务虽然并不必然蕴含着权利，但有部分义务蕴含着权利。在这个意义上，问题便是能蕴含权利的义务是些什么样的义务类型呢？在本文看来，以此为依据我们会发现陈景辉教授的论证是有问题的，即作者所诉诸的能蕴含权利的义务所蕴含的权利概念不仅与我们对权利概念的常识理解存在冲突，而且对权利相关的义务理解存在偏差。那么，能蕴含权利的义务是些什么义务呢，或者说权利所蕴含的义务又是什么样的？

在陈景辉教授看来，尽管某个主体（P）有在公共汽车上给年长者让座的义务，并不意味着年长者有"权利"（R）要求 P 让座；同样，虽然某个主体（P）有不得残忍对待动物的道德义务，但动物并没有因此有"权利"要求 P 不得残忍对待它们。在作者看来，这里虽然存在这两种对世义务，但由于并不存在能要求义务履行的特定人，因此没有权利。具体而言，虽然我们有在公共汽车给老人 Q_s 让座的义务，但并不意味着某个特定的老人 Q 拥有一项权利以要求 P 有让座的义务，而且即便是年长者 Q 拥有一项要求 P 让座的权利，那也是来自该项义务之外的其他原因的加入

---

① 童之伟：《对权利与义务关系的不同看法》，《法商研究》1998 年第 6 期。

所促成的，例如某个 18 岁的 P 正坐在年长者专座上。① 同时，这项针对特定人的义务与在公共汽车上给老人 Q_s 让座的义务是两种不同的义务类型，后者保持对世义务的性质，指向不特定大多数人。另一方面，就我们有不得残忍地对待动物的义务而言，动物并没有权利要求我们不得残忍地对待，而且即便是有权利要求的话，在根本的意义上那也是动物的主人有相应要求，但动物主人也并不是权利的所有人，就好像监护人并不认为自己是权利人一样，他的全部行为都在于保护被监护人的权利。

陈景辉教授对对世义务与权利要求的这一分析含意着什么呢？很显然，这含意着能蕴含权利的义务必须是直接义务，同时义务所蕴含的权利必须是特定的，能够为某个特定具体的人要求和主张。换言之，如果某种"权利"所对应的义务是不具体的，那么这种"权利"就不是真正的权利，也就不存在所谓的相关性。之所以如此，是因为"最常被使用的权利（right）概念其实就是所谓的主张（claim），即要求他人履行特定的作为义务或者不作为义务，因此作为主张的权利一定会与特定的作为义务或不作为义务之间形成对应关系。仅此而言，我们必须承认权利和义务存在对应关系，即有（作为主张的）权利即有义务。也是在这个意义上，人们通常将'主张'叫作真正的权利（real right），并且将与主张对应的义务叫作直接义务（directed duty）"②。即，除非权利持有者能确定义务承担者是谁，否则拥有权利的主张就是废话。如果不能具体确定要求定位于何处，为谁放弃要求，或可以对谁施加要求，就不能要求任何东西。

在这个意义上，权利必须是可主张的。因而，权利断言就表现为以下两种等值的逻辑形式，即如果 A 有做 φ 的权利，那么，这意味着 A 有关于 B 做 φ 的权利。一旦缺乏 B 这个相对的特定义务人，在日常权利断言中，权利人也就无法提出特定主张。权利必须是霍菲尔德意义上的主张权（claim-right），否则的话，在逻辑上，作为主张的权利与作为特权的权利、

① 在本文看来，促成对世义务转化成所谓直接义务的额外因素就是 P 正坐在年长者专座上这一事实，年长者上公共汽车的这一事实，同时车上又没有其他的空座以及 P 正好处在离老人最近的座位等因素，这些情形的存在显然意味着 P 侵犯了年长者的权利。当然，如下面的分析所表明的，这里牵涉到对于这种与他人相关的对世义务的性质的理解。
② 陈景辉：《权利和义务是对应的吗?》，《法制与社会发展》2014 年第 3 期。

作为权力的权利以及作为豁免的权利，就无法进行有效区分。① 然而，将权利和义务之间的相关性限定在霍菲尔德意义上的主张权（claim-right）要想成立，在根本意义上却有一个重要的预设前提，那就是在日常实践中，为了支持某种权利所采用的权利断言只能采取上述两种形式之一，特别是"A 有关于 B 做 φ 的权利"这种断言形式。问题在于，这一预设是正确的吗？在权利话语的日常实践中，那两种权利断言形式是否穷尽了权利概念在实践中发挥作用的方式和层次？在提出这个问题的时候，可以发现理论学者在形成自己结论时多么严重依赖讨论问题所预先设定的某种背景模式。正如拉兹指出的，"从概念的定义开始讨论权利的重要性的危险是，人们或许会以一个定义结束讨论。根据这个定义，权利是不重要的，但对于那些主张权利重要的人来说，这个定义又是不可定义的"②。

实际上，大多数学者在分析权利和义务的关系时，都自觉或不自觉地套用特定 A 享有权利，与之相对应的 B 则承担义务这种关系模式作为支持或反对相关性论题的背景模式。然而，在权利话语的实践中，这种模式也只是权利义务关系的特定形式，而不是权利义务关系的全部内容。在宽泛的意义上，通常权利话语至少存在以下四种不同的权利概念，它们都可以被有意义地称为权利。③ 首先，权利的概念可以是一种权利的否定概念（the negative concept of a right），尤其是涉及传统意义上的生命权和自由权。根据权利的否定概念，我们拥有对于 X 的否定权利，即是说我们拥有或者做 X 并非错误的，同时其他人有不得干预的义务。在逻辑上，可以说所有权利都有这种否定特征。权利的否定概念体现了权利的绝对性特质，使得权利能够自成一类。说存在一种权利，如果其他人能够轻易地侵犯，即便能够得到事后的救济，那也没有概念上的意义。从权利发生学的角度看，一个将所有权利都看作有这种否定特征的社会，可以说已经初步掌握了权利概念，尽管没有理解权利的其他丰富和饱满的概念。

---

① 参见陈景辉《权利和义务是对应的吗?》，《法制与社会发展》2014 年第 3 期。

② 〔英〕约瑟夫·拉兹：《自由的道德》，孙晓春等译，吉林人民出版社，2011，第 153 页。对于权利的分析除了从某种预先设定的定义出发以外，与此相反的另一种危险是通过把任何有价值的东西视为权利，以此来证明权利的重要性。

③ See H. J. McCloskey, "Rights," *Phil. Quart.*, Vol. 15, 1965, pp. 115 – 127.

其次，权利的概念还可以表现为现代意义上的权利积极概念（the positive concept of a right）。依据权利的这种积极概念，所谓的拥有一种权利就是拥有一种以某种方式行为的道德权威或道德资格。这种积极的权利概念通常解释为对他人的一种正当的要求。我们解释和正当化对他人的要求，是以拥有一种权利，即拥有一种以某种方式行为的积极道德资格，是这种资格使得我们要求免于干涉的自由。可以说，自启蒙运动以来，以自然法为依据所产生的权利便是这种类型的权利，如寻求真理的权利、保存自身的权利。权利的这种积极概念以自由与平等的自治道德主体为承诺，权利使得个人的一种道德自治生活成为可能。权利的积极概念允诺了一种正当的有意义的个人生活方式。

最后，除了权利的否定和积极概念，权利还可以呈现为权利的福利概念（the welfare concept of a right）。权利的这种福利概念更为积极、丰满和详尽。权利的这种福利概念不仅是一种做某事或者拥有某物的道德资格，而且还是其他人努力的资格，或要求其他人帮助以及提升我们追寻或享有某种善的道德资格。尊重这种意义上的权利，不仅意味着消除对于享有某种善的人为障碍，还包括自然的阻碍。有关福利立法的论辩，通常诉诸的就是权利的这种概念。确实，如果权利的这种概念被否定具有重要性的话，那么，当代关于权利的很多争议都变得没有意义。在现代意义上的风险社会当中，权利的福利概念使得一种有尊严的并且具有实质意义上的可行能力的生活成为可能。

最后，权利概念还可以呈现为特殊权利（special rights）。所谓特殊权利，也就是通常所理解的是一种针对某人的权利（rights against P）。在实践中，这种特殊权利的形成和实现，通常起源于由某种自愿合意的私人关系而产生的对某个特定义务人的主张。实际上，大部分学者支持或反对相关性论题所诉诸的权利和义务关系都是以这种特殊权利为背景的。可以说，特殊权利在所有的权利种类中是最为确定和具体的，虽然存在权利侵犯和具体实现的问题，但作为一般意义上的理论问题通常并不存在。由此来支持或者反对相关性命题显然没有实践的重要性，这是由于特殊权利的形成和实现取决于特定主体之间的自愿和合意。存在或者不存在当事人之间的合意，对于当事人之外的其他主体和社会关系并不发生实践方面的改变。另一方面，依据定义，特殊权利的效力范围仅局限于特定的主体之间，因而特殊权利虽然存在确定的相关性，但这种相关性在增加对权利概念的理解方面并没有帮助。

由此可见，由于权利存在不同程度的一般性，没有理由否认与之相对应的义务不存在具体、特定程度的差别。[①] 在义务和权利相关的意义上，显见不争的是，以上四种权利概念都是权利。主张权利必须存在相应义务并不意味着无论权利要求什么，在逻辑上必须有充分义务来满足它，供应存在缺陷并不影响权利的存在本身。换言之，在逻辑上，权利和义务也不可能是等值的。

（二）非完全义务与权利的生命力

对于以上论证，可能存在一种观点反驳说：我们并不是否认在权利实践中，权利话语可能存在多种方式和层次，与之相对应存在不同种类的义务，相反我们反对的是权利要想有意义，是真正的权利，而不是空洞修辞，必须将存在相应特定义务的可主张性作为权利的界定性特征。依据这种观点，能蕴含权利的义务仍然是直接（directed）义务、完全（perfect）义务[②]，指向特定义务承担者和权利享有者，权利必须具有可行性。[③] 对这一反驳，应如何予以回应呢？

[①] 当然，这四种不同的权利概念之所以可以有意义地称为权利，在这里我们可以借助于维特根斯坦意义上的"家族相似性"来理解。所谓的家族相似性，是指不需要诸种概念不同用法之间有着某种共同分享的核心，但我们会看到诸种概念之间的相似关系、亲缘关系，看到一整系列的这样的东西。我们为什么要称某种东西为"权利"？实则是，有时因为它与一向被称为权利的某些东西有一种直接的亲缘关系或相似关系，有时又可以说它和另一些我们也称为权利的东西有着一种间接的亲缘关系或相似关系。我们延展"权利"的概念，就像我们纺线时把纤维同纤维拧在一起。线的强度不在于任何一根纤维贯穿了整根线，而在于很多根纤维互相缠绕。参见〔英〕维特根斯坦《哲学研究》，陈嘉映译，上海人民出版社，2001，第 48～49 页。

[②] 直接义务或者说完全义务，并不存在根本意义上的区别，它们都是关于义务的指向性问题，本文将不加区别地予以使用。

[③] 参见〔美〕奥诺拉·奥尼尔《迈向正义与美德：实践推理的建构性解释》，应奇等译，东方出版社，2009，第 138 页以下。

对此，本文认为如果能论证通常完全义务所蕴含的权利相关的义务类型不仅仅是完全义务，也存在非完全义务的问题①，那么就可以进一步削弱仅完全义务能蕴含权利这一论证。实际上，通常所谓可主张的普遍自由权也存在义务的不完全性问题。因为一旦涉及权利保护，每一种权利不应该被看作相关于一种特定义务，而应该看作产生一系列的义务束。这些义务有些是疏忽义务，有些是委任义务，还有一些义务太复杂以致不能归类于以上两种义务类型之中。② 例如，免遭酷刑的权利可以产生任何人不得屈打的义务，也可以产生调查酷刑申诉的义务，还可以产生涉及有关监督机构的义务等。同时，由于将可主张性作为真正权利的必要存在条件，权利可主张性的切实可行就不是仅由某种关系所生发的某一完全义务所能单独保证的，毋宁是诸种关系所合力形成的义务束保证权利的这种可主张性，因为没有理由认为某种单独关系中的完全义务就一定能达到切实履行，总是有义务没有得到履行的可能。

可见，普遍自由权也会存在义务的不完全性问题，或者说权利所相关的诸种义务不能得到完全列举和说明。只不过，这里应该强调的是，权利相关的这种义务的不完全性，也并不是权利本身的缺点，反而是权利得以保有生命力的关键所在，相关于非完全义务的普遍福利权利构成了"永恒的权利可能，权利生长的自然之种"。③

就权利能够相关于某种义务而言，完全义务与涉及他人的非完全义务就并非两种义务类型。而且，不完全义务仍然存在诸种转化成完全义务的可能性，完全义务也必然以某些不完全的义务作为背景模式。例如，不得伤害他人的义务以及遵守承诺的义务可以被认为是两种典型的相关义务。不得伤害的义务指明了义务的承担者所履行的具体行为，即不得伤害他

---

① 在哲学上，完全义务与非完全义务之间的区分由于穆勒、康德等哲学家的使用而变得众所周知，然而，究竟以何种标准来区分它们以及这种区分意味着什么则远非没有争议，参见 George Rainbolt, "Perfect and Imperfect Obligations," *Phil. Stud.* , Vol. 98, 2000, pp. 233 – 256。

② See Jeremy Waldron, *Liberal Rights*, Cambridge: Cambridge University Press, 1993, pp. 25 – 28.

③ Joel Feinberg, *Rights*, *Justice*, *and the Bounds of Liberty*, Princeton, NJ: Princeton University Press, 1980, p. 153.

人，义务的接受者则是义务承担者之外的所有人。然而，应该强调的是，这种不得伤害之类的普遍相关义务之所以可能，实则需要某种深层次的信任、互惠的人类关系作为背景和支撑。遵守承诺的这种特殊相关义务的内容则具体界定了如何、向谁、什么时候这种义务应该被履行。当某种特殊的关系得以产生和存在的时候，某种特殊的相关义务就得以产生，存在的这种关系约束着相应的主体。相关义务的关键特质就在于以某种关系的存在为条件或者背景，确立某种关系我们就可以确定何种行为以及谁是接受人。

在这个意义上，我们可以说某种情形的出现都可能使得非完全义务得以完全的时机出现和成熟，因为不完全义务不等于没义务。如果一种不完全义务从来没有履行的可能，或者这种义务从来没有履行过，那么这种义务就不是不完全义务，而是没有义务。① 因此，虽然义务并不蕴含权利这一命题是可以成立的，但诉诸公共汽车上给年长者让座的义务、不得残忍地对待动物的道德义务来论证这一命题，进而主张将相关性论题仅限定在霍菲尔德意义上的主张权，实则是失败的。因为公共汽车上给年长者让座之类的义务并非是对世义务，实则是能够予以转化成完全义务的不完全义务。具体而言，在此情景中，是特定的老人 Q 上车这一事实、车上没有空余的座位以及特定的 P 离老人 Q 最近等这些因素，共同促成了某种关系的形成，非完全义务变成了完全特定的义务。在上述情形下，如果我们从来没有在公共汽车上给老人让过座，那么，这种义务就不是非完全义务，而是没有义务。

---

① 在《路加福音》中，拿撒勒的耶稣就与一个律法师关于我们对谁负有义务（仅仅是空间上的邻居）这一问题进行辩论时，讲述了一个好心的撒玛利亚人的故事。故事是这样的：一个受伤的以色列人躺在路边，之前祭司和利未人不仅拒绝施以援助，反而走到街道的另一边，最后是好心的撒玛利亚人给予他帮助。为了理解耶稣所要表达的观点，我们需要记住的是，撒玛利亚人不仅住得较远，而且也为以色列人所鄙视和厌恶。实际上，撒玛利亚人与受伤的以色列人之间的权利和义务关系是通过这个事件本身联系起来的：撒玛利亚人发现了伤者，看到他需要帮助就提供了帮助，然后与这个伤者建立了关系。这位撒玛利亚人究竟是受到了慈善心理、"正义感"，还是某种更深层的"平等待人的公平感"的驱使，这并不重要。重要的是，一旦他发现自己处于这种新的情形之下，他就位于一个新的"邻里"关系中。

总之，能蕴含权利的义务不一定是完全义务，非完全义务特别是涉及他人的非完全义务同样可以蕴含一些权利。在实践中，蕴含权利的以上两种义务并不存在本质上的区别，只是义务的具体程度存在不同。它们是一种，都是积极义务，即需要积极地去做或不去做某种行为，而不仅是不得干预以及不得侵犯这种纯粹消极义务。

三　作为义务来源的权利

当然，逻辑上承认非完全义务可以蕴含着权利，实践中仍然存在的问题是如果权利所对应的这种义务，即如果特定的 P 就是不履行义务，坚持不让座，特定的老人 Q 该怎么办？这里，就涉及反对相关性命题的第二种理由，即"权利并不必然蕴含义务"。对此，必须追问权利所蕴含的义务是些什么义务。

（一）权利的实践效能

由于已经论证，完全义务以及涉及他人的非完全义务可以蕴含权利，如果说这两类积极义务能蕴含着相应权利，是否因此可以说权利相关的义务一定是积极义务？关于权利的常识性观念告诉我们，对此问题的回答显然是否定的。因为权利特别是一些消极权利，它们要想有意义，就必须含意着权利人之外的所有人有一种不得干涉、不得侵犯其权利的对世义务。对此应该没有争议，但，所存在的是对于这种对世义务的解释和理解。[①] 在本文看来，对不得侵犯他人，进而不得侵犯他人权利这种对世义务，一种可取解释是我们拥有不得侵犯的权利。不得侵犯权利和不得侵犯他人义务是一回事，两者分不开。这当然是一种同义反复，是套套逻辑。但重要

---

① 对于不得干涉、不得侵犯其权利的对世义务，陈景辉教授认为权利相关的这种义务不应该从权利的角度理解，而应该从社会合作的角度理解。参见陈景辉《权利和义务是对应的吗？》，《法制与社会发展》2014 年第 3 期，第 48 页。问题在于，以社会合作来解释对世义务不在于它说不通，而在于它总是说得通，不存在错误的可能。在这里，问题就来了。一个能解释所有社会现象的理论根本不是理论，也不是解释，而仅仅在陈述一种客观事实，更没有解释赋予这些对世义务以价值的究竟是什么。

的是，套套逻辑为分析和理解事物提供了一个角度。① 在这里，是权利给予他人不得侵犯义务以价值和意义。

事实上，我们之所以愿意或能承担对于我们要求更多的积极义务，在其中有一个逻辑上优先的问题，即只有在理解和履行不侵犯他人、尊重他人的权利（义务）基础之上，才能选择承担更多积极义务。是这种消极义务/权利给予了积极义务/权利以依据和正当性证明。在这个意义上，权利是对义务的一种证成，权利和义务的相关关系是证成关系。权利是义务的来源。与创造权利的义务所形成的权利和义务相关关系所不同的是，作为义务来源的权利所形成的这种权利和义务关系是证成的。权利和义务的这两种相关关系是不同的，证成性的关系不能包含前者。对于权利的理解，证成性相关关系有着自己独特的贡献。即是说，要想成为权利，它们的客体必须是某种善，满足某种特定的人类利益，这在逻辑顺序上优先并区别于义务人对于它们的具体执行。

在根本的意义上，这种权利概念界定的思考方式，不同于狭义的相关性论题所限定的作为主张的权利范围。权利在实践中所特有的属性在于，权利的存在本身足以使人们必须承担某种义务。依据权利的这种思考方式，它所关注的是什么可以被认为是充分的理由从而使他人承担一种正义义务。拉兹强调，"有关权利的论述说明了某种行为所需要的基础。说一个人应当以某种特定方式去行动，就是断言要求行动而无须说明它的理由。断言一个人拥有某种权利就是某种特定种类的行动所需要的理由，也就是，他的康乐是一个方面就是另一个人负有义务的理由。因此，权利在实践思想中的特殊角色就是基于他人利益的义务的理由。"② 当然，对此可能存在模糊和不同看法，但一个人在思考自己应该做些什么，进而明确相应理由，这点却很重要。提出这一问题的必要性，而不是轻松地假设我们彼此不负有任何义务，可以成为另一条更为全面的道德考量思路的开

---

① 关于套套逻辑的含义及其意义，参见张五常《科学说需求》，中信出版社，2010，第50~69页。
② 〔英〕约瑟夫·拉兹：《自由的道德》，孙晓春等译，吉林人民出版社，2011，第166页。

始，而权利问题也可以在那里找到自己的位置。① 具体而言，在这里权利主要作为一种道德要求，其所表达的是我们对某些自由或利益（如免遭酷刑的自由，或免受饥饿的利益）的重要性以及相应的关于需要承担推导或保护这些自由或者利益的社会义务。因此，所谓权利的主要功能便表现为道德上的证成意义，作为一种能使某种相应的非完全义务得以完全的正当性基础和依据。将权利主要作为一种道德要求，反映着我们必须做些什么来实现重要自由或利益，这就使得权利可以成为许多活动的动机，从某些法律的立法和执行到动员他人和公众的帮助以防止侵犯权利的行为，这些不同的活动或分别或共同地推动了重要的人类自由或利益的实现。

总之，关于权利及其义务的说明是为了厘清权利在实践中的作用和功能，而不是为了使这些理论变成无用的废话。理解一个特定的权利需要理解强加一项义务背后所隐含的目的和原因，依赖于理解一个正当性证明的过程（a process of justification）。② 权利构成义务的基础，是义务的理由，强加一项义务是为了满足某种重要的利益。在这里，权利在逻辑上优先于义务，为了理解权利对以权利为来源的义务的优先性需要注意以下两点。

首先，人们可能知道某种权利的存在以及这种权利之所以存在的理由，但仍然不知道究竟是谁受到了以这种权利为基础的义务的限制，或不知道这样的义务是什么。例如，一个人可能知道每个孩子都有受教育的权利，但他对于是父母首先应该承担起义务，还是在国家或社会不能承担义务的前提下承担并不十分清楚，这是因为关于义务的问题涉及一系列的责任原则。在某种意义上，这种不知晓表明那个人有关享受教育权利的确切内容的知识是不完整的，但这仅意味着他不知道受教育权利的全部含义，并不意味着它不理解每个孩子都有权利接受这一陈述。

其次，一种权利的含义，如接受教育的权利以及以这种权利为基础的义务，取决于其他附加前提，而这些通常不可能全部都是事先决定的。如

---

① 参见〔印〕阿马蒂亚·森《正义的理念》，王磊、李航译，中国人民大学出版社，2013，第 355～356 页。
② 参见〔加〕L．W．萨姆纳《权利的道德基础》，李茂森译，中国人民大学出版社，2011，第 149 页

森所强调的那样，"关于各种不同人权的权重关系如何，其各自要素之间如何协调统一，以及如何将人权主张与也应引起我们道德关注的其他主张结合起来，也存在争议。即使接受了一揽子人权，这仍然会为进一步的讨论和辩论留下空间，事实上这正是这一问题的本质"①。正因为这一点，权利才被认为具有某种动态特征，不仅是现有义务的基础，而且能随着环境改变，权利也能产生以原有权利为基础的新义务。权利这一有生命力的方面，即它们创造新义务的能力，是在实践思想中理解它们的本质和功能的基础。令人遗憾的是，大多数相关性论题的反对者甚至是支持者的表述，都忽略了权利的这一有生命力的方面。它们都假定，权利定义及其内容可以通过那些已经确定的义务得到毫无遗漏的陈述。

（二）义务可行性界定的问题

关于这种权利及其相关义务的思考方式，反对者仍然可能会做如下回应：在权利能相关于义务的意义上，义务必须接受义务概念本身的限制和约束。即是说，权利相关的义务还必须是能切实履行的。因为无论是积极义务还是消极义务，义务作为一种应当的行为，都必须接受可行性的约束。② 应当意味着，正义不能要求我们不能做到的事情，这当然也包括权利在内。

在本文看来，虽然义务本身意味着一种应当的行为，但就权利相关的义务而言，义务不一定要接受义务概念的可行性约束。之所以如此，是因为在界定可行性时应将何种因素作为考虑因素，这远非清楚。关于可行性，没有人会否认今天不可行甚至不可能的并不意味着将来不可行。如果可行性将这种情形考虑在内，似乎可以弥补可行性的不周延性，但没有人可以保证今天不可行的明天就一定可行。因此，有了这种可能性的存在，可行性的概念本身只能指的是今天在做出决策时现行约束条件下的可行

---

① 〔印〕阿马蒂亚·森：《正义的理念》，王磊、李航译，中国人民大学出版社，2013，第357 页。

② See Anca Gheaus, "The Feasibility Constraint on the Concept of Justice," *Phil. Quart.*, Vol. 63, 2013, pp. 445 – 464.

性，因为将未来可行性的可能纳入今天的可行性概念之中，会破坏可行性本身所要求的确定性。

但如果是这样的话，那么，权利的可行性概念本身就有着固守现状的风险。而且，经常发生的现实情况是，今天不可行的将来可行仍然可以成立，权利原则也不能仅仅是一种保守原则，还应该是一种创造原则、改进原则。如果这两点可以成立，那么，实践中的可行性概念就不能成为权利概念界定的唯一基础以及依据，而应当将更宽泛的其他因素纳入权利概念的界定之中。因为如果要想使今天的不可行乃至不可能成为将来的可行，就必须在今天做出决策的时候将这种可能性考虑在内，而当这样做时，也就不再坚持权利界定的可行性要求。

在这个意义上，权利所涵摄的应当还可以提供另外一种义务，这种义务超越了完全义务甚至可行性义务本身的限制。基于此，如果我们有理由认为某种事态是正义的，是权利所要求的，又如果一个人可能（could）实现它，那么他就应该（should）实现它。在这种情形下，义务与某种不现实的权利理想之间的概念联结并没有消失，但这种联结不需要是真实的义务。① 在这种情况下，我们可能没有义务纠正一个人不能纠正的，但是仍然有一种投入一定的能力、精力以及资源使权利以及正义所要求的尽可能实现的义务。当然，这里的条件是如果同意权利概念并不仅是保守概念。权利是生产性的，而不仅仅是保护性的，权利保护美德和能力实践，"他们能够唤醒并发展只能沉睡的潜能"。② 权利是极为重要的一种思想，它在过去推动了人类的进步，将来也必将继续如此。有关权利理论和实践的关切应止于何处，显然可以进行讨论。事实上这正是权利问题的本质所在。

总之，对扩大权利这一重要概念的影响而言，理智思考和批判性审思可以发挥很大作用。然而，指望理智慎思可以解决所有与权利相关的问题，那就错了。就此而言，如果因为不完全可行就放弃权利主张，其错误

---

① See Wayne Martin, "Ought but Cannot," *Proc. of the Aristotelian Soc.*, Vol. 109, 2009, pp. 103 – 128.

② 〔美〕斯蒂芬·霍尔姆斯：《反自由主义剖析》，曦中译，中国社会科学出版社，2002，第 319 页。

在于一个没有完全实现的权利仍然是权利，只是需要我们采取补救措施，未实现本身不能使一项权利变为不是权利。就像功利主义者希望效用最大化，而效用永远都有提升的空间这一事实并未影响这一方法的可行性一样，权利倡导者也希望最大化地实现得到认同的权利。通过理智慎思，并诉诸相关性，权利会推动进一步的社会行动。因此，只有通过怀疑、质问、辩论和审思，才能得出关于能否推进权利，以及如何推进权利的结论。

结　语

所谓相关性论题是对权利和义务之间关系的一种性质上的断言和主张，其旨在增进对于权利这个事物的概念性体认。当然，这也是任何一种权利研究所旨在追求的目的。应该承认的是，实践中存在诸多不蕴含权利的义务，义务也有其他的根据和来源。但，从科学方法上讲，实践中这些情形的存在本身并没有证伪相关性论题，而仅限定了相关性论题的范围。从概念层面，坚持权利和义务存在相关性，然后，权利在其中获得相应的位置，这点却很重要。通过相关性论题从而将权利和义务捆绑在一起，在实践中有一个好处，那就是使得研究者的关注焦点不再仅仅是权利在形式上的拥有，重要的是权利得到真切的实现。由于权利总意味着某种有价值的事物，在义务存在的地方，而不是假定在这里不存在任何义务，权利如何实现就成为理论关注的焦点。

总之，如果在实践中权利和义务经常相互关联，那么，就有理由在概念上将权利和义务捆绑在一起。这里面有一种绝对不容忽视的边际收益。所谓边际情形是指如果权利和义务相互关联的定性判断存在模棱两可的不确定性，既可以说存在相关性，也可以不存在相关性，这时就最好应该坚持权利和义务存在相关性。如果一个人真诚地相信权利和义务之间存在相关性，但在某种情况下，他并不确定这种相关性是否存在。这时，如果有一个人对他说存在相关性，那么，在权利构成一种生活方式的意义上，在一个人的生活方式部分由他所面对的特定人所形塑的范围内，他就倾向于履行义务，以保障某个人的权利得到实现。

美国选举权的宪法争议

——历史与法理的分析

张卓明[*]

引 言

选举权及其宪法保障是现代民主的核心内容。目前世界上绝大多数国家的成文宪法都规定了选举权保障的一般条款，如我国宪法第 34 条，就连美国支持下通过的 2005 年《伊拉克宪法》（第 20 条）也作了类似规定。美国是颁布成文宪法的第一个国家，自视为民主国家的典范，积极向世界各地输出民主。但令人惊讶的是，美国成文宪法至今尚未明确规定选举权的一般条款。为此，2003 年 3 月 4 日，美国国会议员杰西·杰克逊（Jesse Jackson）提议制定一项宪法修正案，以保障所有美国公民的选举权。该提案的第一款宣称："所有年满十八岁或十八岁以上的合众国公民，在其所住辖区内举行的公职选举中，均有选举权。"[①] 2013 年，众议员马克·波肯（Mark Pocan）承继杰克逊的事业，提出了类似的修宪建议："达到法定投票年龄的每个合众国公民，在其所住辖区内举行的公职选举中，均有选举的基本权利。"[②] 2015 年，美国首位女性华裔国会议员赵美心（Judy May Chu）宣布支持该提案，成为联名提议人。[③] 在美国法学界，也有教授支持这一修宪提议。譬如，2004 年，詹明·拉斯金（Jamin Raskin）发表关于选举权修正案的论文。他认为，美国民主存在几个结构

---

[*] 张卓明，华东政法大学法律学院副教授、法学博士。本文部分观点曾在哥伦比亚大学法学院访问学者论坛上宣读交流。

[①] See H. J. Res. 28, 108th Cong. (2003).

[②] See H. J. Res. 44, 113th Cong. (2013).

[③] See H. J. Res. 25, 114th Cong. (2015).

性的缺陷，其中最严重的缺陷是美国公民不拥有宪法上的选举权，正是由于选举权的缺失，致使人民主权受到侵蚀。[1]

美国宪法缺失选举权一般条款的根本原因是什么？我们该如何理解拉斯金教授关于美国公民不拥有选举权的论断？选举权究竟是不是美国宪法上的基本权利？是否有必要在美国宪法中增加选举权保障的一般条款？增修选举权一般条款有怎样的意义，其前景如何？除了修宪这一方式，还有何种途径能有效加强选举权的宪法保障？这些问题引发了美国宪法理论和实务界人士的广泛争议。从历史和法理角度梳理和分析这些争议，对于我们客观认识美国的民主具有重要意义。

一 选举权的地方保障：缺失选举权一般条款的原因

（一） 宪法规范上的分析

在美国原初的成文宪法中，没有明确规定选举权的保障条款。按照宪法第一条第三款的原初规定，合众国参议院由各州议会而非选民选举[2]，显然，这里不存在公民选举权。按照宪法第二条第一款规定，在总统选举中也同样找不出公民选举权，因为它规定了选举人团（Electoral College）制度，且由各州议会来决定州选举人如何遴选。[3] 现在只剩下众议院选举，宪法第一条第二款规定："众议院由各州人民每两年选举（chosen）产生

---

① See Jamin Raskin, "A Right-to-Vote Amendment for the U. S. Constitution: Confronting America's Structural Democracy Deficit," 3 *Election L. J.* 559 (2004).

② "合众国参议院由各州（议会选举的）（Chosen by the Legislature thereof）两名参议员组成……"该规定已被 1913 年批准的第十七条修正案第一款修正（改由各州人民选举产生）。

③ "每个州依照该州议会所定方式选派选举人若干人，其数目同该州在国会应有的参议员和众议员总人数相等。……"据此，联邦最高法院在 1892 年的"麦克弗森诉布莱克案"中指出：在选择任命选举人的方式上，州议会的权力是"全面"（plenary）的。比如，它可以选择自己去任命选举人；事实上，在联邦宪法创制许多年后，这一直是好几个州的议会所采取的方式。即便在赋予各州人民选举总统选举人的权利之后，各州议会也有权收回此项任命选举人的权力。See Mcpherson v. Blacker, 146 U. S. 1, 28 – 35 (1982). 在 2000 年的"布什诉戈尔案"中，联邦最高法院明确指出："公民个人在联邦宪法层面并不拥有针对美国总统选举人的选举权。" Bush v. Gore, 531 U. S. 98, 104 (2000).

的众议员组成。"该规定似乎可解读为将选举权赋予了人民，但是，"人民"包括哪些人？选举怎样开展？该条款并没有正面规定，而只是紧接着规定："每个州的选举人应具备选举该州议会中人数最多一院议员的选举人所需的资格。"这也就意味着，谁有权参与众议院选举，全依赖于州法。而且宪法第一条第四款第一项表示：通常应该由州议会来规定国会选举的"时间、地点和方式"。其紧接着还表示，除选举参议员的地点外，在例外情形下，国会保留随时通过立法做出或改变这类规定的权力。① 总之，联邦宪法最初并没有独立地界定或保障选举权，而将选举权保障问题基本上交给了各州处理。② 这也部分解释了为什么作为近代成文宪法典范的美国联邦宪法及其最初增加的 10 条宪法修正案中，竟然没有明文提及选举权。

在美国宪政史上，州与联邦的权力以及两者的分权关系，并不是固定不变的，而是动态发展的。总的趋势是，联邦权力不断膨胀，许多传统上属于州范围的权力，不断转化为联邦的权力。就此而言，选举权保障也不例外。成文宪法在选举权保障上的急剧变化，出现在美国内战后。战争可能制造分裂，同时也可能促成统一。美国内战之时，林肯在葛底斯堡的演说，突出了战争背后所追求的平等价值和理念，由此开启了美国宪政的新秩序，即迈上了通过平等促成民族国家和大众民主的新征程。③ 1868 年批准的第十四条修正案的第一款，并没有具体涉及选举，只是原则性地规定了平等保护、正当程序和特权或豁免权条款。但是，其第二款涉及选举

---

① "举行参议员和众议员选举的时间、地点和方式，在每个州由该州议会规定。但除选举参议员的地点外，国会得随时以法律制定或改变这类规定。"在各州制宪会议内外，该规定中"国会制定或改变"的监管权力，受到了抵制和攻击，被认为有可能危害人民的自由和选举权。不过，按照斯托里的解释，这是一种防止州权滥用的权力共享模式，即选举事务主要由州政府来规范，而国家只是在根本上规定，予以防范州权。这也体现了联邦与州之间的分权制衡。参见〔美〕约瑟夫·斯托里《美国宪法评注》，毛国权译，上海三联书店，2005，第 263 ~ 265 页。

② See Jane S. Schacter, "Unenumerated Democracy: Lessons From the Right to Vote," 9 *U. Pa. J. Const. L.* 457, 459 (2007).

③ 弗莱切甚至将内战时林肯的葛底斯堡演说及随后通过的第十三、十四、十五条修正案视为美国的第二部宪法，这个新的宪政秩序将民族国家与平等思想紧密联系在一起。参见〔美〕乔治·弗莱切《隐藏的宪法：林肯如何重新铸定美国民主》，陈绪纲译，北京大学出版社，2009，第 2 页、第 97 页。

权，规定："在选举合众国总统和副总统选举人、国会众议员、州行政和司法官员或州议会议员的任何选举中，一州年满二十一岁并且是合众国公民的任何男性居民，除因参加叛乱或其他犯罪外，如其选举权遭到拒绝或受到任何方式的限制，则该州代表权的基础，应按以上男性公民的人数同该州年满二十一岁男性公民总人数的比例予以削减。"这可以看作对各州不当剥夺选举权行为的惩罚性措施，在一定程度上也是对成年男性公民选举权的保护和救济，尽管不是从正面给予积极的救济和保护。①

不久后，1870 年批准的第十五条修正案给予了刚解放的黑人更明确的保护，其第一款规定："合众国公民的选举权，不得因种族、肤色或以前是奴隶而被合众国或任何一州加以拒绝或限制。"在制定这条修正案的过程中，国会内部的斗争非常激烈，大致形成了三种立场和派系：一派人反对给美国黑人选举权提供联邦宪法上的保障；与之相对，另一派人想放弃有限保障模式，而试图规定普遍的男性公民选举权；还有一派人持有限保障模式的立场，想通过修正案仅仅禁止种族方面的歧视，种族资格之外的其他标准，则仍由各州掌握。② 最后遵循的是第三种立场，采有限保障的模式。后人可能扼腕叹息：从正面规定普遍的选举权该有多好，或者，本来可以对第十五条修正案做积极的解读，即存在选举权，而不是消极的解读，即"不得因某些理由拒绝或剥夺"选举权。③ 然而，历史不容假设。19 世纪中期，大众民主的观念还是一个相对较新的事物，即便是激进的民主主义者，也不知道要将选举权扩展至何处。所以，最后走的是一

---

① 也有学者认为，从第十四条修正案第二款的规定来看，似乎意味着"各州只要愿意接受此种惩罚，事实上可以对选举权施加限制"。See Thomas Basile, "Recent Development: Inventing the 'Right To Vote' in Crawford v. Marion County Election Board," 32 *Harv. J. L. & Pub. Pol'y* 431, 442 (2009). 不过，根据修宪史料，这一条款的创制者在讨论时曾强调不能做如此解释，还类比说：倘若"法律规定犯谋杀者处以死刑，你不能因此推论说，任何人可以实施谋杀"。See William W. van Alstyne, "The Fourteenth Amendment, the 'Right' to Vote, and the Understanding of the Thirty-Ninth Congress," *The Supreme Court Review*, Vol. 1965, p. 53. (1965).

② Gillette, *The Right to Vote: Politics and The Passage of The Fifteenth Amendment*, Johns Hopkins Press, 1965, pp. 46 – 78.

③ 参见〔美〕乔治·弗莱切《隐藏的宪法：林肯如何重新铸定美国民主》，陈绪纲译，北京大学出版社，2009，第 149 页。

条渐进扩展道路。其后有关选举权保障的宪法修正案，也都遵循了第十五条修正案消极保障的模式。1920 年批准的第十九条修正案规定："合众国公民的选举权，不得因性别而被合众国或任何一州加以拒绝或限制。"1964 年批准的第二十四条修正案规定："合众国公民在总统或副总统、总统或副总统选举人，或国会参议员或众议员的任何预选或其他选举中的选举权，不得因未交纳任何人头税或其他税而被合众国或任何一州加以拒绝或限制。"1971 年批准的第二十六条修正案规定："年满十八岁和十八岁以上的合众国公民的选举权，不得因为年龄而被合众国或任何一州加以拒绝或限制。"尽管，前述四项有关选举权的修正案都授权国会以适当立法实施这些修正案，但是国会总体上采取消极的态度，从而使得州实际上掌控了对选举权的规制。[①] 1913 年获得批准的第十七条宪法修正案，也并未从根本上改变地方主导的局面，其将参议院"由各州议会选举"改成了"由人民选举"，但同时也规定"每个州的选举人应具备该州州议会人数最多一院选举人所必需的资格"，从而与众议院选举一样，享有选举权的资格主要依赖于各州议会的决定。

（二）联邦制的历史分析

选举权是一项多维度的权利。其作为基本权利，容易为人忽视的是其权力维度：人民通过集体行使选举权导致授权与被授权的特定法律关系发生变动。[②] 因此，选举权与其他基本权利有所不同，它不单单是个人性的权利，具有维护个人利益的功能，同时也是集体性的权利，具有维护某一

[①] 20 世纪中叶兴起的民权运动及联邦最高法院的能动司法促使国会的消极态度有所改观。1965 年国会基于第十五条修正案制定了《选举权法案》（Voting Rights Act），授权司法部长和联邦官员监督南部所有种族歧视劣迹州的选举程序。1971 年为了规制泛滥的竞选资金，制定《联邦竞选法》，并经 1974 年修正，规定设立联邦选举委员会这一专门从事联邦选举管理的独立管制机构，以有效执行该法。1986 年制定《服役公民与海外公民缺席投票法》，通过规定邮寄投票的特别形式，保障联邦选举中因合理事由无法到投票站投票的选民的选举权。1993 年制定《国家选民登记法》，完善了选民登记程序，促使更多的合法选民登记投票。2002 年制定《帮助美国投票法》，鼓励各州淘汰落后的投票机器，拨款支持各州改进投票技术，还设立选举协助委员会，为联邦选举管理提供支持。

[②] 参见张卓明《选举权论》，社会科学文献出版社，2014，第 196 页。

群体利益的功能。① 作为权力权的公民选举权，通过集体地行使，可以起到组织集体、建构政治权力的功能。正因为公民的选举权与政治权力的建构和分配具有直接的联系，美国成文宪法缺失选举权一般条款的谜底，也必须到政治权力的建构和分配历史中去寻找。

美国的全称是"美利坚合众国"（The United States of America），该国号传递出美国乃是由各州联合组成的联邦制国家这一历史信息。美国独立战争的胜利，首先促使的是各州的独立。独立战争期间，各州相继制定成文宪法，建立自己的独立政府。② 尽管战争和外患也促成了各州联合，但是最初联合的组织形式是邦联制，而不是联邦制。这一方面当然是基于各州实际的利益考量，在短时间内不依赖武力而依赖谈判来建立主权统一的现代国家，显然是不切实际的。另一方面也是基于政治和法律哲学上的考虑。不少建国先贤认为，虽有必要建立中央政府，但又害怕它过于强大，以至于侵害人民的利益。他们认为，政府应该贴近民众，以便民众控制政府。因此，最初他们尝试建立的邦联制政府，仅有中央立法机关，没有行政和司法部门。而且，1777 年第二届大陆会议通过，1781 年被各州批准生效的《邦联条例》（全称为《邦联和永久联合条例》）第二条规定："各州均保留其主权、自由和独立，凡未经本条款明示授予给合众国之各项权力、司法权及权利，均由各州保留之。"③

由于在最初的邦联体制下，国会无权征税，无权制定法律来规制各州政府和公民的行为，虽有权与外国签署条约，却无权迫使各州政府执行，也无权规制州际贸易，以维护公平竞争的统一市场秩序。而且，虽然维护州主权的共和政制可能使政府与人民之间的距离较短，从而保障人民的权利，但是，建立在多数决基础上的州内民主，也有可能侵害公民个人的权利。离人民较远的中央政府，倒有可能反过来制约州权力，成为保障人民

---

① 关于选举权的多重性质，See Richard H. Pildes, "What Kind of Right is 'The Right to Vote'?" *Virginia Law Review*, Vol. 93: 43, 2007。
② 关于各州制宪的历史，参见何勤华、张海斌主编《西方宪法史》，北京大学出版社，2006，第 341~346 页。
③ 纪念美国宪法颁布 200 周年委员会编《美国公民与宪法》，劳娃、许旭译，清华大学出版社，2006，第 65 页。

权利的重要政治力量。正是在这些利益和需求之下，美国的邦联制转向了联邦制。

1787年通过、1789年生效的《联邦宪法》，确立了美国作为现代主权国家的基础，明确宣告联邦法律优先于州法律的原则，暗中否定了《邦联条例》所承认的州主权。但另一方面，美国联邦宪法也给予各州极大的尊重。这主要表现为：联邦的权力主要采用列举的方式，而州的权力主要采用保留的方式。前一种权力被称为"授予的权力"（delegated power）或"列举的权力"（enumerated power），比如宪法第一条第八款规定的征税、发行货币、统一度量衡、管理邮政、专利权和版权、宣战、缔结条约、建立陆海军和设立联邦法院的权力。后一种权力被称为"保留的权力"（reserved power），最显著的是1789年提出、1791年生效的《权利法案》中的宪法第十条修正案："宪法未授予合众国也未禁止各州行使的权力，由各州各自保留，或由人民保留。"这是美国的州权派和联邦派政治斗争和妥协的结果，反映了美国从邦联制向联邦制转变的历史过程以及注重地方州权的特色。

选举权保障问题也深嵌于美国联邦制的形成和发展史中。哪些人拥有选举权是个争议非常大的政治问题，将此问题交给各州规定，是一种政治上的妥协和策略，便于联邦宪法被各州批准生效，同时，也可能是因为各州宪法已对选举权作了一定的保障。[1] 早在殖民地时期，各地就已萌发人民有权参与政府的信念，并且在一定程度上被付诸实践。尽管当时人民的范围是非常狭隘的，这是从其母国即英国传承而来的议会民主和自然权利思想的一部分。选举权因此被奉为"第一自由"（the first liberty）。[2] 今日美国五十州宪法，对选举权都提供了明确保障，其中，四十九个州的宪法都使用了具体用语从正面明确授予了选举权，只有亚利桑那州的宪法没有明确授予选举权，而是从反面规定："除非"满足公民身份、居住期限和

---

[1] 美国宪法第四条第四款关于"合众国应保障本联邦各州实行共和政体"的规定，可解读为对各州已实行的选举权保障制度与实践的确认，并在原则上授予了联邦监督各州保障选举权的权力。

[2] See Marchette Chute, *The First Liberty: A History of the Right to Vote in America*, 1619－1850, New York: E. P. Dutton & Co., Inc., p, 28. (1969).

最低年龄的法定要求，"任何人都不应拥有选举权"。这隐含着满足法定要求的居民就拥有选举权。亚利桑那州宪法还进一步宣告选举必须是"自由和平等的"，另外二十五州宪法也有类似宣告。[①]

可见，美国宪法没有从正面明文规定一般性的选举权，是因为保障选举权的权力与责任主要被分配给了各州，选举权保障呈现地方主导性的特征。就此而言，詹明·拉斯金教授关于"美国人民不拥有宪法上的选举权"的说法，有一定的道理。

二 选举权保障的联邦化：作为未列举基本权利的选举权

制宪之初，基于对联邦政府的警惕，以及对各州政府的信任，保障公民基本权利的权力与责任主要被分配给了各州，所以，1791 年《权利法案》具有维护州权的组织功能，其防御的对象是联邦政府，而非各州政府。[②] 然而，历史事实告诉我们，州政府对权力的滥用和对自由的侵害并不亚于联邦政府。美国内战后，州权与联邦权的关系有了较大变化，联邦政府扩张了保障基本权利的权力与责任。第十四条宪法修正案为基本权利保障的联邦化提供了宪法基础。当然，"第十四条修正案的目的不是否认州对公民权利的管理和保护，而是将对公民权利进行保护的原则加以联邦化和宪法化了，使其不仅成为州政府的责任，也成为联邦政府的责任"[③]。尽管，其他基本权利保障的联邦化过程也非一帆风顺，但是，选举权由于其权力维度和政治性质，直接关系到政治权力的分配和政治力量的变化，因此其保障的联邦化过程，更具有争议性，道路也更艰难。

如果说《权利法案》上所列举的针对联邦政府的基本权利，可以通过第十四条宪法修正案的"吸收"（incorporation）而生成对抗州政府的功能，那么未被列举的选举权较难通过这一程序联邦化。事实上，在起草第

---

① See Joshua A. Douglas, "The Right to Vote Under State Constitutions," 67 *Vand. L. Rev.* 89 (2014).

② See Akhil Reed Amar, *The Bill of Rights: Creation and Reconstruction*, Yale University Press, 1998, p. 7.

③ 王希：《原则与妥协：美国宪法的精神与实践》，北京大学出版社，2014，第 280 页。

十四条修正案初稿时，国会重建委员会曾将"政治权利"与"特权"并列，视之为受联邦政府保护的公民权利，但后来定稿时，委员会将"政治权利"一词删去，代之以"豁免权"。之所以不提政治权利，而用模糊词语替代之，就是为了避免最棘手的政治争议，在选举权问题上达成政治妥协，维持原宪法中由各州规定选民资格的宪政原则。[1] 基于同样的原因，后来在选举权问题上的政治发展，得专门通过采用消极保障模式的修正案（第十五条、第十九条和第二十六条修正案）赋予联邦政府保障特定主体选举资格的权力和责任。然而，通过修正案的方式予以联邦化的选举权，并非就是一般性的公民选举权。作为基本权利的公民选举权，主要是靠联邦最高法院后来通过宪法解释推导出来的。在 20 世纪 60 年代民权革命时期，沃伦法院将选举权视为一项宝贵的基本权利，积极地为之提供保障，从而进一步推动了选举权保障的联邦化。[2]

（一）未列举基本权利说

按照 19 世纪的法律实证主义，权利乃国家创设，基本权利也直接源自宪法规范本身。据此，基本权利只包括宪法上所列举的权利。然而，按照近代立宪主义观念，对基本权利的列举只是意味着成文宪法对自然权利或人权的确认和宣示，而不意味着"网罗和揭示了所有的人权"。[3] 作为近代西方宪法和基本权利之渊源的自然权利思想，即便曾失落过，却从未中断过，在二战后更是借着人权话语重新焕发活力。自然权利思想的影响，在美国宪政历史中表现得尤为显著。《权利法案》中所列举的权利，最初是由麦迪逊提出来的，他试图将那些最重要的、最基本的、最有价值的权利予以明文宣示、确认和保障。[4] 在列举了八种权利后，第九条修正

---

[1] 参见王希《原则与妥协：美国宪法的精神与实践》，北京大学出版社，2014，第 279~283 页。
[2] 不可否认，在推动选举权保障的联邦化方面，联邦立法机关与行政机关也发挥了一定的作用。比如，1965 年《选举权法》的制定，使得南部若干种族歧视记录不良的州被直接置于联邦执法部门的监管之下。
[3] 参见〔日〕芦部信喜《宪法》，林来梵等译，北京大学出版社，2006，第 114 页。
[4] Milton R. Konvitz, *Fundamental Rights：History of a Constitutional Doctrine*, Transaction Publishers, 2001, p.10.

案还特意规定："本宪法对某些权利的列举，不得被解释为否定或轻视由人民保留的其他权利。"这一条文可以看作美国宪法受自然权利思想影响的一个例证。①

在制宪后兴起的法律实证主义影响下，第九条修正案沉寂良久，但二战后终于在"格里斯沃尔德诉康涅狄格州案"②中复活了。联邦最高法院在该案中明确宣布隐私权为一项未列举的基本权利，从而判决康涅狄格州禁止已婚夫妇使用避孕药具的法律规定违宪。道格拉斯大法官主笔的判决意见书明确援引了第九条修正案，并把它作为推导未列举基本权利的一个宪法依据。戈德堡大法官的赞同意见书更是不遗余力地强调第九条修正案的意义："宪法第九条修正案可能被一些人视为最近的发现，也可能被另一些人忘却，但是，自 1791 年以来，它一直是我们所宣示要捍卫的宪法之基本组成部分。婚姻隐私权是一项如此重要和基本的根植于我们社会的权利。由于它没有在宪法前八条修正案的如此多的词语中明示而可以被侵犯，这一观点忽视了第九条修正案，并且没有给予它任何实效。该基本权利因为没有被宪法中的前八条修正案或其他条款用明确的术语提到而不受宪法保护，这样的司法解释明显违背宪法第九条修正案"。③后来的法律史家评论道："第九条宪法修正案显然体现了自然权利学说，如果司法解释不受此影响反倒令人惊异。""当最高法院用当代语言谈到'基本权利'时说，它担负着使先贤们的'自然权利'宪法化的任务。"④

不过，基于悠久的普通法传统以及对美国内战后宪政转型的认识与把握，联邦最高法院在推导未列举的基本权利时，更青睐的是第十四条修正案中的正当程序条款，诸如父母亲权、婚姻自由、堕胎权、隐私权等未列举的权利，无一不是基于正当程序条款的论证。对第九条修正案的援引则

---

① See Calvin R. Massey, *Silent Rights: the Ninth Amendment and the Constitution's Unenumerated Rights*, Philadelphia: Temple University Press, 1995, p. 217.
② Griswold v. Connecticut, 381 U. S. 479 (1965).
③ 关于此案判决更详尽的分析，参见张卓明《法官能否推定未列举权利?》，《云南大学学报》(法学版) 2008 年第 2 期。
④ 〔美〕詹姆斯·安修:《美国宪法解释与判例》，黎建飞译，中国政法大学出版社，1999，第 161 页、第 187 页。

只是个案，只有在格里斯沃尔德案中得到了明确运用，而且，即便在格里斯沃尔德案中，也有五位大法官援引或同时援引了正当程序条款作为婚姻隐私权的依据。① 因此，有国内学者根据宪法条款的实际作用指出，美国宪法上的概括性人权保障条款，与其说是第九条修正案，不如说是第十四条修正案中的正当程序条款。② 其实，第十四条修正案中的"特权与豁免权条款"和"平等保护条款"也是开放性的条款，可以成为某种未列举基本权利的规范依据。③

可见，即便成文宪法没有将选举权明确列举为一项基本权利，我们还不能骤然下结论说选举权就不是联邦宪法上的基本权利，选举权也可能是联邦最高法院推导出来的一项未列举的基本权利。

（二）作为未列举基本权利的选举权

在很多选举权案件中，美国联邦最高法院经常援引第十四条修正案中的平等保护条款来保障选举权。1966 年的"哈珀诉弗吉尼亚选举委员会案"④ 就是其中的一个典型案件。当时，弗吉尼亚州对参加州官员选举的 21 岁以上的所有人，征收每年 1.5 美元的人头税，不缴纳者被剥夺参加选举州官员的权利。该州强调所征的人头税，一律用于资助公立学校和其他公共机构。一些黑人和白人在民权组织和联邦司法部的支持下，挑战这一州法规定。由于 1964 年批准的第二十四条宪法修正案是专门针对联邦选举中的人头税的，故本案中最高法院不能据此径直判为违宪。⑤ 尽管如此，多数意见还是通过宣告选举权具有基本权利的地位，对系争州法规定适用"严格审查"（strict scrutiny）的标准，从而认定违宪。由道格拉斯大法官

---

① 参见张卓明《法官能否推定未列举权利?》，《云南大学学报》（法学版）2008 年第 2 期。

② 参见余军《正当程序：作为概括性人权保障条款》，《浙江学刊》2014 年第 6 期。

③ See John Hart Ely, *Democracy and Distrust: A Theory of Judicial Review*, Harvard University Press, 1980, pp. 28 - 32.

④ Harper v. Virginia Board of Elections, 383 U. S. 663 (1966).

⑤ 在 1965 年的"哈尔曼诉福塞纽斯案"中，联邦最高法院就援引第二十四条修正案，判决弗吉尼亚州宪法和法律有关联邦官员选举的系争条文违宪。该条文要求参加联邦选举的选民支付人头税或者出示选前六个月的居住证明。Harman v. Forssenius, 380 U. S. 528 (1965)。

撰写的判决意见书首先指出："尽管联邦选举中的选举权由宪法第一条第二款授予，但是州选举中的选举权没有地方明确提到。有人主张，州选举中的选举权是默示的，可以根据第一修正案推论，因而根据税赋或费用缴纳与否予以限制，是不可能合宪的。我们不打算探讨选举与政治表达之间的关联性。因为一旦决定赋予选民选举权，那么获得选举权的区别界限，就不得与第十四条修正案的平等保护条款相抵触，这就足够了。"[1] 多数意见还强调说：选举权是"一项基本政治权利，因为它维护着所有权利"。[2] 最后下结论道："在我们看来，富有或缴费与否，跟选民资格没有关系。选举权如此珍贵，如此根本，不能承受此一负担或限制。"[3]

宪法解释上持文本主义立场的布莱克大法官，在不同意见书中针对多数意见指出："最高法院将特定的政治理论塞进宪法是不合法的。"这句话不难令人想到霍姆斯大法官在"洛克纳诉纽约州案"不同意见书中一段著名的话："第十四条修正案并未制定赫伯特·斯宾塞先生的《社会静力学》……宪法并没有被设计为体现特殊的经济理论，不论是自由放任或家长统治。"[4] 道格拉斯大法官在判决意见书的末尾回应道："我们当然同意霍姆斯的观点，即第十四条修正案的正当程序条款'并未制订赫伯特·斯宾塞先生的《社会静力学》'，同样，平等保护条款没有被绑定在特定时代的某个政治理论上。在判断何种区分构成违宪的歧视时，我们也从来没有被束缚在平等的某个历史观念上，这就如同正当程序条款，我们从来没有将其限制在特定时代被视为基本权利的固定种类上。"[5] 道格拉斯大法官将平等保护条款类比于正当程序条款，具有重要意义。因为正当程序条款作为未列举基本权利的宪法依据，已经广为人所知，如前述格里斯沃尔德案中，正当程序条款被视为隐私权的重要依据。这样的类比表明，道格拉斯也试图将选举权作为一项未列举的基本权利予以推定，把它建立在平

---

① Harper v. Virginia Board of Elections, 383 U. S. 663, 665（1966）.

② Harper v. Virginia Board of Elections, 383 U. S. 663, 667（1966）.

③ Harper v. Virginia Board of Elections, 383 U. S. 663, 670（1966）.

④ Lochner v. New York, 198 U. S. 45, 75（1905）.

⑤ Harper v. Virginia Board of Elections, 383 U. S. 663, 669（1966）.

等保护条款的基础之上。①

其实，联邦最高法院在1964年的"韦斯伯里诉桑德斯案"② 和"雷诺兹诉西姆斯案"③ 中就已较充分地论证了选举权的基本权利性质。1964年2月份宣判的"韦斯伯里诉桑德斯案"，涉及的是联邦议会众议院的议席分配问题。法院根据宪法第一条第二款的规定，要求众议院议席分配按照"一人一票"原则，并且明确要求："尽可能在实际上"使每一个人的选票具有和其他人的选票同样的价值。判决意见指出："按照宪法约定，众议院代表的是作为个人集合的人民（the people as individuals），并且建立在完全平等对待每一个选民的基础之上。……在一个自由国家，没有一种权利能有选举权那般重要，因为作为好公民，我们必须在选出来的那些人制定的法律下生活。倘若选举权得不到保障，其他权利，无论有多么重要，都是虚幻的。……尽管划分国会选区不可能做到数学意义上的绝对精确，但这不能成为漠视我们宪法中那个明确目标的借口，也就是让同等数量的人民获得同等数量的代表成为众议院的根本追求。那是立宪者为我们设定的有关正义与常识的远大目标。"④

1964年6月宣判的"雷诺兹诉西姆斯案"，涉及的是亚拉巴马州议会的议席分配不均问题，当时该州仍以1901年国情调查的人口数为基准分配议席，导致代表过多地区和代表过少地区之间的差异，在参议院约有41比1，在众议院也约有16比1。联邦最高法院认定这种分配不均构成了违宪。判决意见指出："既不允许直接剥夺选举权，也不允许以篡改选票、伪造选票等方式稀释投票权。……自由选举的权利是民主社会的本质，对此权利的任何限制，都是对代议制政府心脏的打击。削弱、稀释公民的选票分量，就跟全然禁止自由行使选举权一样，是对选举权的侵犯。"⑤ 法院接着说道："毫无疑问，选举权是自由民主社会的一个根本问题。自由

---

① See Jane S. Schacter, "Unenumerated Democracy: Lessons From the Right to Vote," 9 *U. Pa. J. Const. L.* 457，464（2007）.

② Wesberry v. Sanders, 376 U. S. 1（1964）.

③ Reynolds v. Sims, 377 U. S. 533（1964）.

④ Wesberry v. Sanders, 376 U. S. 1，14－18（1964）. 着重号为笔者所加，下同。

⑤ Reynolds v. Sims, 377 U. S. 533，555（1964）.

且不受阻碍地行使选举权，对于其他基本权利来说，具有维护性的作用。所以，对公民选举权的任何侵犯行为都得仔细严格地审查。……立法者是代表人民的，不是代表树木和田地的。立法者是由选民选举产生的，不是由农村、城市或经济利益集团选举产生的。只要我们的政府是一个代议制政府，我们的议会是由人民直接选出并直接代表人民的政府部门，那么，自由而不受妨碍地选出立法者的权利，就是我们政治制度的基石。"①

　　美国宪法学者乔姆伦斯基教授曾说道："联邦最高法院反复宣告，选举权是受平等保护条款保护的基本权利。"② 迈克尔·道夫教授则指出：联邦最高法院已经确认，出于平等保护的目的，选举权是一项基本权利，尽管不是独立受保护的。③ 即便对最高法院的选举权推论持反对意见的学者也不得不承认：联邦最高法院的"大法官们一致接受了 1960 年代后核心的选举权观念，也即平等保护条款包含着一项一般性的选举权，虽然大法官们在该权利相对于州利益而言分量如何的问题上存在着重大分歧。他们确实一致认为，这个'选举权'可以用来对抗不利于选举权的法律，即便该法律是中立的和普遍适用的，而不是基于诸如种族或性别之类宪法规定的事项"④。

　　可见，如果不将"宪法"拘泥于"成文宪法"或"宪法文字"，而关注活生生的宪法，特别是关注作为宪法解释机关的联邦最高法院的实践，那么，我们就不能说选举权不是美国公民的基本权利。虽然，美国成文宪法没有正面宣告一般性的选举权，而只有禁止基于特定事由（肤色、性别、人头税、年龄）剥夺选举权的条款，从反面（主要是反歧视角度）提供了特定的保障。但是，从最高法院那些广为接受的经典判例来看，一般性的选举权已经在美国宪法中确立起来了。就此而言，拉斯金教授关于美国宪法缺失选举权的论断是夸大其词的。

---

① Reynolds v. Sims, 377 U. S. 533, 561 – 562（1964）.

② Erwin Chemerinsky, *Constitutional Law: Principles and Policies*, Aspen Law & Business, 2nd edition, 2002, p. 842.

③ Michael C. Dorf, "Equal Protection Incorporation," 88 *Va. L. Rev.* 951, 962 n. 35（2002）.

④ Thomas Basile, "Inventing the 'Right To Vote' in Crawford v. Marion County Election Board," 32 *Harv. J. L. & Pub.* Pol'y 431（2009）.

三　基于平等原则的选举权：宪法保障的不确定性

美国最高法院主要通过对平等保护条款的援引和解释来证成作为基本权利的选举权。其结果，美国宪法上的一般选举权主要呈现为平等选举权的形态。在 1972 年做出判决的"邓恩诉布卢姆斯坦案"[①] 中，系争法律是田纳西州的一项选民资格规定，其要求选前在该州居住满一年以及在选区县住满三个月才能登记为选民。由于该规定被认为限制了宪法保护的"平等选举权"，因而受到了严格审查，最后被联邦最高法院宣告违宪。马歇尔（Thurgood Marshall）大法官主笔的判决意见书明确指出："在一个又一个的判决中，本院已经清楚地表明，公民在宪法上享有和辖区内其他公民在平等的基础上参与选举的权利。这一'平等选举权'不是绝对的，各州有权设置选民资格条件，并以其他方式规定获取选举权的资格。但是，作为一个普遍问题，'那一（选举）权利'若能被限制，此一限制的目的以及州所宣称的此一限制所欲保护的更重要的利益，必须满足宪法上的严格审查要求。"[②]

基于平等原则的选举权，其宪法地位和规范内涵呈现较大的不确定性，即随着联邦最高法院人事的变动、主导性司法哲学和意识形态的变迁而有所变化。美国宪法中是否存在独立类型的选举权之争议也因此而产生。在 20 世纪 60 年代沃伦法院明确宣告宪法选举权后，联邦最高法院也曾屡次宣告：就宪法选举权本身而言，并不存在。也就是说，后来的联邦最高法院情愿将选举权限定在受平等原则保护的基本利益层面，也不愿突破平等原则的笼罩，承认选举权是一种独立类型的基本权利。[③]

---

① Dunn v. Blumstein, 405 U. S. 330 (1972).

② Dunn v. Blumstein, 405 U. S. 330, 336 (1972).

③ 这就是为什么有的美国宪法教科书从平等原则保护下的特殊利益角度介绍美国"选举权"的宪法保障。参见〔美〕诺曼·维拉《宪法公民权》，法律出版社，1999，第 146 页以下。比较 Geoffrey Stone, Louis Seidman, Cass Sunstein, Mark Tushnet & Pamela Karlan, *Constitutional Law*, Aspen Publisher, 7thed., 2013。该书将选举权置于第六章"隐含的基本权利"之第五节"基本利益与平等保护条款"中讲述。另见 Erwin Chemerinsky, *Constitutional Law*: *Principle and Policies*, Aspen Publisher, 4th ed., 2013。该书明确承认选举权是基于平等保护原则的基本权利。

　　1973 年做出判决的"圣安东尼奥独立校区诉罗德里戈斯案",① 主要
是一个关于受教育权的宪法案件,而不是选举权案件,但由于被上诉人主
张受教育权与选举权之间的密切联系,也即接受教育的权利乃是有效行使
选举权的前提条件,故该案判决书也连带探讨了选举权的宪法地位问题。
鲍威尔(Lewis F. Power, Jr.)大法官主笔的多数意见否定联邦宪法中存
在受教育权,并从根本上否定了法院通过平等保护条款创造"实体性宪法
权利"(substantive constitutional rights)的职权。② 对于选举权,鲍威尔引
用了前述邓恩案中"平等选举权"的观点,并强调说:"由于选举权本身
并不是一项受宪法保护的权利,我们认为,被上诉人援引那一权利,仅仅
是缩略地援引了那个蕴含在我们宪法制度中受保护的权利,也即一旦某州
采纳一种决定谁将代表该州某部分居民的选举程序,就享有与其他符合条
件的选民在平等的基础上参与该州选举的权利。"③ 斯图尔特(Stewart)
大法官在赞同意见书中,虽然承认联邦最高法院已经从平等保护条款中导
出了"与其他符合条件的选民在平等的基础上参与选举的实体性权利",
但同时强调指出:"并不存在宪法选举权(constitutional right to vote)。倘
若存在这样一种权利,那么第十五条修正案和第十九条修正案就完全不必
要了。"④ 对于选举权,即便是布伦南(Brennan)大法官撰写的不同意见
书,也认同鲍威尔的观点,同时还指出:"就州选举中的选举权而言,从
来没有取得享有独立宪法保障的地位。"布伦南甚至不认同存在实体性平
等选举权的观点:"如果本院试图确认一项独立于平等保护条款的实体性
的'选举程序中平等对待的宪法权利',这样一种权利的渊源,于我而言,
当然是一件神秘的事物。"⑤ 这也就意味着,选举权必然是依赖于平等保
护原则的,而不是一项独立类型的基本权利。

---

① San Antonio Independent School District v. Rodriguez, 411 U. S. 1 (1973).
② San Antonio Independent School District v. Rodriguez, 411 U. S. 1, 33 (1973).
③ San Antonio Independent School District v. Rodriguez, 411 U. S. 1, 36 (1973)。着重号为笔者所加。
④ San Antonio Independent School District v. Rodriguez, 411 U. S. 1, 59 (1973).
⑤ San Antonio Independent School District v. Rodriguez, 411 U. S. 1, 101 (1973).

选举权保障依赖于平等原则的观点，在 2000 年"布什诉戈尔案"①中又一次得到了重申。在该案中，共和党总统候选人布什在关键的佛罗里达州以 1784 张选票的微弱优势击败民主党候选人戈尔，而后者认为机器计票过程中认定的某些"废票"② 其实是投给他的，因而请求法院命令手工计票。佛州最高法院要求迈阿密 – 戴德选区对 9000 张机器未能探测到任何总统选择的选票进行手工计票。佛州最高法院认为，既有的选举结果极为接近，在这些未能计入的选票中，无疑有很多合法选票（legal votes），也即"清楚表明选民意向"的选票，因此足以对这一选举结果产生怀疑。但是联邦最高法院推翻了佛州最高法院的判决，其主要理由是佛州最高法院关于人工重新计票的判决违反了宪法上平等保护的要求，即未能在全州范围内建立统一的重新计票标准。③ 联邦最高法院承认，原被告双方就当前争议的基本主张其实并没有差异，被告方也主张说，启动重新计票程序的目的正是维护选举权，因此是正当的。换言之，重新计票的目的是将有效选票都计算在内，是真实反映选民意志，是对那些本应计入但因技术问题未被计入的选票的尊重，当然也是对投出这些选票的选民的尊重，是对他们的选举权的保护。但是，联邦最高法院更注重选举权的平等面相："然而，我们面前的问题是，佛罗里达州最高法院所采纳的重新计票程序，是否遵循了其不得以武断和歧视的方式对待其选民成员的义务。"④ 换言之，重新计票程序要符合平等保护的要求，必须先行制定重新计票的标准，即规定什么样的选票可以有效，什么样的选票无效，否则不同选区采取不同的标准，就会造成差别对待，侵害平等选举权。从法理上看，联邦最高法院之所以注重选举权的平等面相，是因为美国联邦宪法所保障的选举权主要依赖于平等保护条款。故其在判决意见书中强调指出："公民个

---

① Bush v. Gore, 531 U. S. 98（2000）.
② 争议选区的投票方法是：选民用尖笔将候选人名字旁边的孔印打穿，孔芯脱落，即完成有效投票。有些选票虽经打孔，但未完全打穿，或者打穿了但孔屑尚未脱落，计票机器就识别不了，而将之当作废票处理。参见王希《2000 年美国总统大选述评》，《美国研究》2001 年第 1 期。
③ 参见张千帆《论美国总统大选中的宪政问题》，《中外法学》2001 年第 4 期。
④ Bush v. Gore, 531 U. S. 98, 105（2000）.

人不享有选举总统选举人的联邦宪法权利，除非该州议会选择以全州选举的方式行使其任命选举人团成员的权力。……当该州议会将选举总统的权利赋予其人民的时候，那么该州议会所规定的选举权就是基本的，其基本性质的一个根源，就在于每一张选票的平等分量和每一个选民的平等尊严。……选举权的平等保护，不仅仅限于选择美国总统选举人的选举权的初始分配，而且还适用于选举权的行使方式。在州议会授予人民选举权之后，基于平等条款，该州就不能再以武断和歧视的方式对待选民的选举权，使得不同选民的选票具有不同的分量。我们必须谨记'削弱、稀释公民的选票分量，就跟全然禁止自由行使选举权一样，是对选举权的侵犯'。"①

"削弱、稀释公民的选票分量，就跟全然禁止自由行使选举权一样，是对选举权的侵犯"这一句话，出自前述1964年的雷诺兹案判词。尽管该案判词宣告了一般性的选举权，其中关于选举权乃民主政治之核心的修辞和论证，尤其给人以一个印象，似乎联邦最高法院确认了一项独立类型的宪法选举权。但若仔细分析，其实不难发现，这个案件主要是关于选举权的平等的，而非选举权本身。原告的主张是选票稀释，而非选票剥夺，因此，关键是选民之间的相互平等。判词曰："任何公民都享有充分有效参与其州议会政治过程的固有权利。大多数公民只有作为合格选民通过选举代表他们的议员才能获得此种参与。因此，所有公民充分有效地参与州政府，要求每个公民在其州议会成员选举中拥有同样影响力的发言权。"②对此，有学者指出：强调公民在选举中拥有"同样影响力的发言权"（equally effective voice），如果说是理想化的，那也意味着雷诺兹案是基于政治平等，而非无拘无束的政治自由的理念。③换言之，该案判决意见中所宣告的作为未列举基本权利的选举权，主要是建立在平等原则，而非自由原则的基础之上的。这也就为联邦最高法院后来明确否认存在独立类型的宪法选举权埋下了伏笔。

---

① Bush v. Gore, 531 U. S. 98, 104 (2000).

② Reynolds v. Sims, 377 U. S. 533, 565 (1964).

③ See Jane S. Schacter, "Unenumerated Democracy: Lessons From the Right to Vote," 9 *U. Pa. J. Const. L.* 457, 462 (2007).

　　尽管，自由与平等相互依存，在一定意义上，平等是自由的形式，通过平等的保护，自由也能得以保障和扩展。但仅仅基于平等的保护，不可能是充分的，因为平等是一个第二位序的关系概念。在政治法律语境中，平等必然是特定自由、权利、机会的平等。假定有一个州制定法律，要求对男婴实施包皮环割术，对女婴实施阴蒂切除术，没有人因为性别而受到歧视。平等保护的论证将如何反对这种粗暴的法律呢？也许可以，但无论如何，这种论证一定不会仅仅依赖于平等观念，而必须依赖于某种平等的实体性权利主张，其必将涉及个人自由和身体完整的权利。[①] 选举权的保障也是如此。选举权若不被视为实体性的基本权利，其所受保障的范围和力度必定是有所欠缺的。

　　比如在 2008 年的"克劳福德诉马里昂县选举委员会案"[②] 中，联邦最高法院支持了印第安纳州限制选民自由行使选举权的一项法律，该法律要求选民投票前出示官方颁发的载有个人照片的身份证件。暂不论该判决的结果妥当与否，多数意见中的说理竟没有提到选举权的基本权利性质。联邦最高法院认为该法律是中立的、非歧视的选举规范，由于原告未能证明该法律对某部分的选民造成了过重的负担，因此判定该法律合宪。此判决意见对选举权本身的价值和重要性未给予充分关注，可以说是选举权处在平等原则笼罩之下的产物。有学者在分析了若干选举权判例后，断言司法实践中选举权并非总是被视为基本权利：有的时候，联邦最高法院称选举权为基本权利，并运用严格的审查标准；有的时候，最高法院并不明确承认选举权是基本权利，而运用较低的审查标准。[③] 这可能都与平等原则笼罩下的选举权观念有关。

　　考虑到基于平等原则的选举权在联邦宪法层面的地位具有不确定性，即联邦最高法院可能并不认为选举权是联邦宪法上的基本权利，拉斯金教授关于"美国公民不拥有宪法选举权"的论断，也就并非全无道理。

---

① See Samuel Freeman, "Sunstein on the Constitution," *Law and Philosophy*, Vol. 15, 1996, pp. 437 – 445.

② Crawford v. Marion County Election Board, 553 U. S. 181 (2008).

③ See Joshua A. Douglas, "Is The Right To Vote Really Fundamental?" *Cornell Journal Of Law And Public Policy*, Vol. 18 (2008).

四 增修选举权一般条款：一个合适的改革选项？

既然联邦最高法院对公民选举权的保障具有不确定性，为了加强联邦层面的选举权保障，少数政治家和法学家便想到了宪法修改，试图推动增修选举权保障的一般条款，来应对选举权司法保障的不力。

（一）选举权保障一般条款诸方案

由于 2000 年的总统选举危机以及当年最高法院在"布什诉戈尔案"中对选举权的保守主义态度[1]，杰克逊众议员在 2001 年第 107 届国会上第一次提议增修选举权的一般保障条款。[2] 在他看来，选举是一项"人权"，将该权利写入宪法，将强化民主的价值，并推动政治改革。如果每个美国人都拥有宪法上的选举权，那么每一张选票就应当计算在内，布什案就会有不同的判决。选举权在州层面常受歧视，五十个州各有一套不同的选举法，"13000 个选举管理机构"滋生了诸多不平等，因此，他将选举权修正案视为政治改革的工具。尽管其提议最初并未获得其他众议员的联名支持，但在他不懈的努力下，在 2003 年的第 108 届国会上，其提议已获得 45 位众议员的联名支持。[3] 之后，他分别在 2005 年第 109 届国会[4]、2007 年第 110 届国会[5]、2009 年第 111 届国会[6]和 2011 年第 112 届国会[7]继续提议，其中获得联名最多的是 2005 年，有 61 位众议员支持。

杰克逊在 2001 年和 2003 年提议的选举权修正案版本内容较多，有五款。"第一款：所有年满十八岁或十八岁以上的合众国公民，在其所住辖区

---

[1] 在"布什诉戈尔案"中，联邦最高法院明确指出："公民个人在联邦宪法层面并不拥有针对美国总统选举人的选举权。"Bush v. Gore, 531 U. S. 98, 104 (2000)。

[2] H. J. Res. 72, 107th Cong. (2001).

[3] See Alexander Keyssar, *The Right to Vote: The Contested History of Democracy in the United States*, Basic Books, 2009, p. 292.

[4] H. J. Res. 28, 109th Cong. (2005).

[5] H. J. Res. 28, 110th Cong. (2007).

[6] H. J. Res. 28, 111th Cong. (2009).

[7] H. J. Res. 28, 112th Cong. (2011).

内举行的公职选举中，均有选举权。选举权不受合众国、任何一州，或任何其他公私之人或机构的剥夺或限制，除非合众国或任何一州为保证选举的高效性和公正性规定了最低限度的限制。第二款：任何一州应按照国会建立的选举管理标准来管理本州公共选举。国会应每四年至少一次重新评估该选举管理标准，并决定是否应该建立更高的标准，以便与选举管理方法在实践上的发展相一致。第三款：任何一州应为合格选民提供选民登记以及在公共选举日投票的机会。第四款：任何一州与合众国政府所在地之特区，应制定和遵循任命一定选举人的规则。该规则应该规定在国会所定举行总统和副总统选举之日任命选举人，并且任一选举人都应投票给在该州或特区获普选多数票的总统和副总统候选人。第五款：国会有权以适当立法实施本条规定。"①

其中第一款是选举权保障的一般条款，有正反两方面的规定。如果说正面规定是对选举权作为基本权利的宪法地位之宣告，那么反面规定是对作为基本权利的选举权的限制之限制，一方面要求限制是出于维护选举的高效性和公正性，另一方面要求这种限制是经严格裁剪的或最低限度的（narrowly tailored）。这一规定蕴含了针对政府限制措施的司法审查标准，要求法院运用比例原则予以严格审查。这一规定中可能引发争议的是，选举权的防御主体不仅包括联邦政府、州政府等公权机构，而且直接扩展至私人主体，从而偏离了基本权利规范的效力主要限定于私人与公权力之间的关系，不及于私人与私人之间的关系这一西方传统宪法学的主流观点。②第二款和第三款都是关于州选举管理联邦化的具体举措，要求州选举应以国会建立的标准统一管理，并保障选民在选举日登记与投票的机会。第四款也是针对具体问题的，将总统选举中的选举人投票之惯例法制化与统一化，以避免出现选举人违背多数选民的意志投票的实践。③ 第五款则延续

① See H. J. Res. 72, 107th Cong.（2001）. Also see H. J. Res. 28, 108th Cong.（2003）.
② 参见林来梵《从宪法规范到规范宪法》，法律出版社，2001，第100页。
③ 此举是为了克服历史上曾出现过的少数几次"不信守承诺的选举人"的情况。当前，有26个州以及哥伦比亚特区在法律上要求总统选举人按事先的承诺投票选举总统，不能违背多数选民的意志，其他24州没有在法律上做出这样的要求，而是通过政党内部规则来约束总统选举人。参见王希《原则与妥协：美国宪法的精神与实践》，北京大学出版社，2014，第551页。

第十四条修正案以来的传统，是授予国会实施权力的一般规定。杰克逊在 2005 年及之后提出的选举权修正案有所简化，变成了四款。删除了原第四款有关总统选举人投票规则的规定。

与杰克逊议员相呼应的拉斯金教授，也在 2001 年撰文提出了类似的选举权修正案。他针对"布什诉戈尔案"指出：我们人民本身没有选举权，只有在各州选择授予我们选举权的前提下才拥有。如果佛罗里达州议会选择自己遴选总统选举人，而不是由人民普选产生，在宪法上也是完全允许的。而且，他还为哥伦比亚特区的几百万美国公民不拥有国会议员的代表权和选举权抱不平："国会不能有选择地剥夺哥伦比亚特区妇女的选举权，但可以通过否定哥伦比亚特区所有居民在国会的代表权而全然剥夺他们的选举权。"① 这一切正是因为合众国宪法上缺失了选举权保障的一般条款，并且这一缺失违背了《公民权利和政治权利国际公约》，他因此也希望借助选举权修正案推动政治改革。当时，他提出的选举权修正案有四款。"第一款：合众国公民拥有在初选和大选中选举总统和副总统，总统和副总统选举人，国会参众议员，其所在州、特区和地方立法机构的行政、立法官员的权利。该权利不受合众国或任何一州剥夺或限制。第二款：合众国公民的选举权和平等参与选举的权利，不得因为政治面貌、财产或先前受监禁而被剥夺或限制。第三款：合众国政府所在地的特区，应该与其他州一样，有权选举国会参众议员。第四款：国会应该有权以适当立法实施本条。本条不得被解释为禁止各州进一步扩大选民范围。"②

2004 年，拉斯金教授更系统地阐述了增修选举权保障一般条款的理由。在他看来，宪法选举权的缺失造成了公众参与和大众民主的缺陷，此种缺陷必须通过增修宪法选举权修正案才能克服。他随后列举了宪法缺陷的四种表现。首先，总统选举中的选举人团制度具有反民主倾向，也即获得全国多数票的候选人可能并不会当选，获得一州多数票的候选人可能会被州立法机关所否定。其次，联邦选举中数百万美国公民因为落后的技

---

① Jamie Raskin, "A Right to Vote," in *The American Prospect*, August 7, 2001.

② Jamie Raskin, "A Right to Vote," in *The American Prospect*, August 7, 2001.

术、选民登记和投票方面的人为障碍而无法行使选举权。再次，八百多万美国公民因为地域或犯罪被剥夺选举权，其中绝大多数人是少数族裔，这包括住在哥伦比亚特区的无权选举参众议员的近 60 万美国公民，住在波多黎各、关岛、美属萨摩亚、美属维尔京群岛等领地的无权选举总统和参众议员的 400 多万美国公民，以及因犯罪无权参与联邦、州和地方选举的近 400 万美国公民。最后，体制外小党候选人或独立候选人的被选举权面临着极大的限制，实际上压制了候选人支持者的政治观点和选举权。因此，他主张，只有追随世界上其他国家的做法，将选举权宪法化，才能把破碎、易受操纵和危机四伏的地方化选举制度，改造成紧跟时代的全国性民主政制和有效的选举制度。[①]

基于上述理由，他提出的选举权修正案有四款。"第一款：总统和副总统选举人应该直接由各州、合众国政府所在地的特区以及领地人民选举产生。所有公民，无论是在合众国出生的，还是归化于合众国的，只要年满 35 周岁，都有权成为总统和副总统候选人。第二款：合众国领地应按照国会规定的方式选举产生总统和副总统选举人，其名额等同于各领地若其人口合起来成为一个州则有权选举国会参众议员的数量之总和。出于选举总统和副总统的目的，各领地选出的选举人，应该与各州和合众国政府所在地的特区所选出的选举人一样，被视为一个州选出的选举人；他们应在最大的一个领地集合并履行第十二条修正案所规定的职责。第三款：所有年满 18 周岁的合众国公民，在其居住州的行政和立法官员选举以及合众国参众议员选举中，拥有选举权和被选举权。合众国政府所在地的特区应该与一个州的地位一样，有权以类似方式选举合众国参众议员。第四款：国会应该有权以适当立法实施本条。本条不得被解释为禁止国会或各州将选举权扩展至其他被剥夺选举权的人。"与杰克逊议员的修正案版本相比，拉斯金教授强调了公民的被选举权，并将美国首都华盛顿特区及海外领地居民的代表权和选举权纳入了修正案。

[①] See Jamin Raskin, "A Right-to-Vote Amendment for the U. S. Constitution: Confronting America's Structural Democracy Deficit," 3 *Election L. J.* 559（2004）.

　　十年之后的 2014 年，拉斯金教授再次提议制定修正案。在这十年之间，就选举权保障问题，美国最高法院在保守主义的路线上往纵深行走。在 2013 年的"谢尔比县诉霍德尔案"中，最高法院判决 1965 年国会制定的用以保障非裔居民选举权的《选举权法》第四条违宪无效，理由是：依据第四条规定南方亚拉巴马、佐治亚、路易斯安那、密西西比、南卡罗来纳、弗吉尼亚六州和若干县变更选民登记程序须经联邦司法部或联邦法院批准的做法已经过时，因为这些地区被置于联邦政府监督之下的标准制定于四十年前，目前这些地区的选举情况已经发生了变化，这就造成了州与州之间在政治地位上的不平等，构成了"对所有州享有平等主权的原则的严重背离"。[①] 这一判决事实上是基于州主权否决了国会保障宪法选举权的实施权力，平等的州主权原则压倒了平等的选举权原则，因而又一次激发了拉斯金等民主党内进步主义者增修宪法选举权条款的想法。[②] 此外，最高法院在 2010 年的"联合公民诉联邦选举委员会案"[③] 中，判决 2002年生效的《两党竞选改革法》中有关限制公司或工会资助竞选广告的条款违宪，理由是该规定不当限制了法人的言论自由，这势必造成金钱对选举和公共决策的影响加深，固化经济社会的不平等。因此，拉斯金教授在2014 年的修正案版本中对该案做出了专门回应，较之于十年前的版本，特意增加一款作为第五款，其规定："年满十八周岁的公民参与政治的权利和平等竞选权不受合众国或任何一州剥夺或限制。公司法人并非政治上的公民，不得投票、参与竞选、从事竞选开支或竞选捐款。为了保护政治平等和自治政府的完整性，国会可对竞选的开支和捐款设置合理的限制。"

---

① Shelby County v. Holder, 570 U. S. _(2013)。1965 年《选举权法》是国会为实施第十五条修正案制定的，也是通过立法实现选举权联邦化和宪法化的重要成果，后经 1970 年、1975 年、1982 年、2006 年四次修正，有效期延长至 2031 年。其中关于谢尔比案和《选举权法》的内容，参见王希《原则与妥协：美国宪法的精神与实践》，北京大学出版社，2014，第 693～718 页。

② See Jamin Raskin, "Democratic Capital: A Voting Rights Surge in Washington Could Strengthen the Constitution for Everyone," 23 *Wm & Mary Bill of Rts.* 47, 56 (2014). See also Joshua Field, "Creating a Federal Right to Vote," Center for American Progress (June 25, 2013), http://www.americanprogress.org/issues/civil-liberties/report/2013/06/25/67895/creating-a-federal-right-to-vote/

③ Citizens United v. Federal Election Commission, 558 U. S 310 (2010).

这一版本的修正案，内容更为全面，拉斯金教授称之为"民主修正案"。①

如果说拉斯金教授的修正案内容趋于全面和庞杂，那么，承继杰克逊议员修宪事业的马克·波肯议员在2013年和2015年提出的修正案则趋于简约和单一，有关选举权的具体的制度性规定被删除了，而只留下抽象的选举权保障一般条款以及传统的授权国会实施条款。因此，其修正案只有两款："第一款：达到法定投票年龄的任何美国公民，在其所住辖区内举行的公职选举中，均有选举的基本权利。第二款：国会有权以适当立法来实施本条规定。"②

（二）选举权一般条款入宪的前景

前述选举权宪法修正案的前景如何，这取决于其有怎样的意义和好处，其成本和难度又有多大。对这些问题的回答最终离不开美国的政治传统和现行体制、当下的政治意志乃至美国人的性格。

根据上述修宪方案提议人和拥护者的见解，选举权一般条款首先具有彰显民主价值的象征意义。选举在国家民主中居于核心的地位。选举权一般条款入宪意味着选举权的联邦化和国家化，选举权不仅是州层面的权利，同时也是国家层面的基本权利，选举权将成为国家公民身份的基本要素，而不仅仅是从州的公民身份中派生出来的。③ 暂不论选举权一般条款入宪后的实际效果，它至少"使公民们和民权组织有权要求国家建立统一的选举规则体系"。④

其次，支持者认为，选举权一般条款的入宪将使选举权获得更有力的保障。一方面，它为联邦最高法院健康发展选举判例法提供了一个明确的文本依据，进而改变最高法院基于平等保护条款发展出来的"任性、不融

① See Jamin Raskin, "Democratic Capital: A Voting Rights Surge in Washington Could Strengthen the Constitution for Everyone," 23 *Wm & Mary Bill of Rts.* 47, 58 – 9 (2014).
② H. J. Res. 44, 113th Cong. (2013); H. J. Res. 25, 114th Cong. (2015).
③ See Richard Briffault, "Three Questions for the 'Right to Vote' Amendment," 23 *Wm & Mary Bill of Rts. J.* 27, 30 (2014).
④ John Nichols, "Time for a 'Right to Vote' Constitutional Amendment," *The Nation*, March 5, 2013.

贯且常常突兀的"① 选举判例法。选举权修正案被寄予了纠正最高法院最近几年诸如"谢尔比案""联合公民案"之类"错误"判决的期望。另一方面选举权修正案将直接为国会有力保障选举权提供宪法文本依据。如在"谢尔比案"中，国会基于第十五条修正案保障选举权的权力受到了最高法院基于联邦制原则的牵制，选举权修正案可以为国会制约州立法机关对选举权的压制提供新的支持。②

再次，大多数支持者认为，选举权修正案对于解决当前一些有关选举权的具体议题将产生积极影响，推动民主发展。这些议题包括刑满释放的罪犯的选举权保障问题、允许临时投票的问题、要求出示载有照片的证件问题，甚至投票机器的选择问题。他们相信，宪法上正面规定选举权将使各州选举法执法官员更难压制选举权的行使。③ 拉斯金教授提议的选举权修正案本身就包含了针对总统选举、被选举权、公司竞选开支、华盛顿特区和海外领地公民的选举权等具体问题的条款。

然而，选举权修正案的前景并不被看好，这主要是因为在美国现行体制下通过该修正案的难度很大，成本也很高，而它所具有的实际效果具有不确定性，因而对于务实的美国人来说，这些修宪方案都不具有足够的吸引力。首先，美国宪法的修改程序非常繁难。宪法修正案的提出有两种方式，或者由国会两院各三分之二以上议员提议，或者应全国三分之二州议会请求召开制宪会议，二者都需四分之三州议会或制宪会议批准才能生效。④ 美国宪法自批准至今已有 230 年，但修正案只有 27 条，过去 50 年只有 3 个修正案生效。在美国两大党常处于分裂状态，州权与联邦权常处于激烈争执的政治生态中，这一程序使得修正案的批准和生效异常繁难。选举权修正案的通过和批准，需要在政治上投入大量的资源，付出难以想

① Heather K. Gerken, "The Right to Vote: Is the Amendment Game Worth the Candle?" 23 *Wm & Mary Bill of Rts. J.* 11, 24 (2014).

② See Richard Briffault, "Three Questions for the 'Right to Vote' Amendment," 23 *Wm & Mary Bill of Rts. J.* 27, 35 (2014).

③ See Alexander Keyssar, "The Right to Vote: The Contested History of Democracy in the United States", *Basic Books*, 2009, p.292.

④ U. S. CONST. art. V.

象的努力。

复次，增加选举权保障的一般条款，究竟会带来怎样的实际影响，具有不确定性。宪法修正案的实际效果不是由修正案自身的美好字眼所决定的。当然，杰克逊议员和拉斯金教授的修正案版本中都包含了非常具体的改革举措，如地方选举管理的联邦化、赋予哥伦比亚特区居民选举国会议员的权利、限制剥夺刑满释放的罪犯的选举权，这些比较具体的规则通过后，实效性可能较强。但是，选举权修正案的规定越具体，政治上招致反对的可能性越大，也就越难获得各州批准。比较而言，波肯议员后来提出的较为抽象和一般的选举权条款，更有可能获得通过。但是，它生效后对现状的改变而言作用很可能是有限的，最终还得依赖国会与最高法院的解释与执行。对此，哥伦比亚大学法学院布里福教授指出："尽管选举权修正案可能有彰显选举在我国民主秩序中的核心地位这一象征意义，但是其对于选举权保障的实践意义很可能取决于未来国会与法院的行动。"[1] 耶鲁大学法学院格肯教授也认为，选举权修正案似乎不可能解决改革者所发现的那些问题。因为在她看来，最高法院不愿意为选举权提供有力的保障，不是因为宪法上没有一个成文的选举权保障条款，而是因为那些让法院不得不考虑的因素，即便选举权修正案通过了，那些让法院头痛的因素仍然存在。同样，国会的无能为力不是因为缺乏宪法权力，而是因为缺乏政治意志。因此，与其投入大量的人力物力去推动选举权条款入宪，不如将精力集中在特定的诉讼和政治活动上，如此获得的改革成果可能更多。[2]

又次，选举权保障一般条款的入宪，当然具有表达民主价值的象征意义，但是仅有该意义尚不足以吸引足够多的美国人去积极地为此修正案努力奋斗。这一方面是因为美国宪法是一部"规范宪法"，而非"名义宪

---

[1] Richard Briffault, "Three Questions for the 'Right to Vote' Amendment," 23 *Wm & Mary Bill of Rts. J.* 27, 28 (2014).

[2] Heather Gerken, "The Right to Vote: Is the Amendment Game worth the Candle?" 23 *Wm & Mary Bill of Rts. J.* 11, 19–25 (2014).

法"或"文义宪法"。① 宪法的象征意义并非美国宪法的核心功能。另一方面，美国人具有很强的现实主义和实用主义精神，他们比较关注法律的实践意义，而非象征意义。

最后，选举权修正案涉及选举权和选举制度的联邦化和国家化。选举权保障问题是一个涉及联邦权与州权之关系的政治性议题，这势必会使修宪难上加难。在 2013 年的谢尔比县案中，联邦最高法院已明确表达了对州权的关切。② 倘若选举权修正案意味着对州权的重大限缩，如杰克逊议员的修正案版本和拉斯金教授的修正案版本，都对总统选举制度作了较大改革，各州调控选举程序的权力将大幅度削减，那么，要获得四分之三州的批准显然是很难的。虽然波肯议员提出的修正案版本，其实践意义较为模糊和具有不确定性，但也没有排除总统选举中的选举人团制度受到挑战的可能性。因此，注重州权的共和党人不会轻举妄动。从美国宪政历史来看，联邦主义的价值和传统为美国人极为珍视，若无重大变故和现实需求，选举权和选举制度的联邦化恐非一朝一夕可以实现的。布里福教授就曾指出：我国有 18600 个选区，8000 个地方选举办公室和大约 2 亿登记选民，我们有由数量众多的地方选举而形成的选举地方化管理的悠久传统，因此，我们很难想象会中断州和地方政府在选举中的历史性作用。③

美国众议院有 435 名议员，杰克逊自 2001 年以来提议了六次选举权修正案，其中愿意联名的议员数量最高的 2005 年也只有 61 名。其后继者波肯议员提议了两次，2013 年在第 113 届国会上的提议只获得 26 名议员联名④，2015 年第 114 届国会上只获得 40 名议员联名⑤。即使在民主党内部，对这一充满进步主义色彩的修正案提议，所获的支持也是不多的。选举权修正案在政治上的冷遇，从一个侧面揭示了其前景的黯淡。

---

① See Karl Loewenstein, "Reflections on the Value of Constitutions in Our Revolutionary Age", in Arnold J. Zurcher, ed., *Constitutions and Constitutional Trends since World War II*, New York University Press, 1951, p. 204.

② Shelby County v. Holder, 570 U. S. _(2013).

③ Richard Briffault, "Three Questions for the 'Right to Vote' Amendment," 23 *Wm & Mary Bill of Rts. J.* 27, p. 39 (2014).

④ H. J. Res. 44, 113th Cong. (2013).

⑤ H. J. Res. 25, 114th Cong. (2015).

五　强化选举权保障的司法路径：选举权法理的更新

由于选举权修正案的前景渺茫，强化选举权保障的制度化路径就只能依赖国会立法和法院司法。然而，如谢尔比县案显示的那样，国会立法的路径也不顺畅，其行动最终受制于联邦最高法院。因此，通过更新联邦最高法院的选举权释义学来加强选举权的宪法保障，被认为更可取。这也正是诸多美国学者和学术文章探讨选举权司法保障问题时所想要实现的目标。这一目标的实现，有赖于对选举权的宪法和法理基础的重新认识和理解。

有学者主张将选举权建立在结社自由或表达自由，乃至共和政体的宪法原则之上。比如，查尔斯（Charles）主张，第一条修正案保障的结社权可以给选举权保障提供宪法依据。[1] 在他看来，第一条修正案保障个人通过选举等方式在政治上结合起来的权利。结社权之所以能为选举权提供依据是因为：个人参政的权利，是一种只有在与其他个体结合的时候才能更好实现的权利。反过来说，选举权对于第一条修正案保障的政治权利具有关键意义："尽管选举权或许可以从第十四条修正案中艰难地导出，但是选举权对于第一条修正案诸如自治和自主的核心价值而言，非常关键。倘若这些价值是有意义的，那么选举权必须成为任何政治权利理论的核心。"[2]

卡斯特（Karst）则认为，尽管实践中选举权很大程度上是从平等保护条款中推衍出来的，但是它可以很好地建立在第一条修正案所保障的平等的表达自由之基础上。第一条修正案的平等原则既适用于选民间的平等，也适用于候选人和政党间的平等。在他看来，选举是政治性的表达，这不仅表现在对特定候选人和政策的选择上，而且表现在竞选期间对某些

---

[1] 在美国，结社自由也是一项未列举的基本权利，通常认为源于第一条修正案中的集会自由和请愿权。See David Fellman, *The Constitutional Right of Association*, University of Chicago Press, 1963, pp. 3–9。转引自邱小平《表达自由——美国宪法第一修正案研究》，北京大学出版社，2005，第 529 页。

[2] Guy-Uriel E. Charles, "Racial Identity, Electoral Structures, and the First Amendment Right of Association," 91 *Cal. L. Rev.* 1209, 1252–60 (2003).

公共议题的观点表达上，此外，选举还是每个选民主张拥有公民身份之尊严的表达。① 吉尼亚（Guinier）也把选举权描述为"表达和呈现思想的一种基本权利"："投票不仅仅是为了赢得选举。人民参政是为了将他们的思想和利益表达出来，而不只是为了获得席位。"② 正因为如此，联邦最高法院把"选举权"（right to vote）和"选票"（vote）看作一种"发言权"（voice）。③ 在卡斯特看来，若把选举权建立在平等的表达自由之基础上，将促使联邦最高法院更有力地保障选举权。比如，在罪犯的选举权问题上，由于第十四条修正案第二款对州代表权的惩罚性规定中有一个例外规定——"除因参加叛乱或其他犯罪外"，联邦最高法院因此认定宪法允许罪犯的选举权被法律剥夺，即便该罪犯已经刑满出狱，换言之，第十四条修正案第一款中的平等保护原则并不适用于罪犯的选举权。④ 但是，如果将选举权放在第一条修正案的框架下，那么必然同样要求严格审查，州政府必须证明，剥夺罪犯选举权是出于令人信服的（compelling）政府利益，而这是州政府难以证明的。⑤

　　伊利（Ely）还试图将选举权建立在美国宪法中的共和政体条款之上。⑥ 在伊利看来，雷诺兹案所确立的"一人一票"原则，就依赖于共和政体原则，因为平等保护条款通常所要求的仅仅是实行差别对待必须能够

① See Kenneth L. Karst, "Equality as a Central Principle in the First Amendment," 43 *U. Chi. L. Rev.* 20, 53 (1975).

② Lani Guinier, *The Tyrannyof the Majority*: *Fundamental FairnessinRepresentative Democracy*, Free Press, 1994, p. 93.

③ "在一个自由国家，没有一种权利能有选举中的发言权那般重要，因为作为好公民，我们必须在选出来的那些人制定的法律下生活。"See Wesberry v. Sanders, 376 U. S. 1, 17 (1964)。

④ Richardson v. Ramirez, 418 U. S. 24 (1974)。有学者主张："或其他犯罪"这一短语应作限定理解，即应解读为和"参与叛乱"有关的犯罪。即便作宽泛理解，例外规定也只是针对惩罚性规定而言的，即按比例削减各州众议员人数，在这里并不适用。而不能由此推出，剥夺所有"罪犯"选举权的做法是合宪的。更何况，平等保护原则已变得越来越宽泛，罪犯不应被视为例外。参见〔美〕乔治·弗莱切《隐藏的宪法：林肯如何重新铸定美国民主》，陈绪纲译，北京大学出版社，2009，第 2 页，第 151～153 页。

⑤ See Kenneth L. Karst, "Equality as a Central Principle in the First Amendment," 43 *U. Chi. L. Rev.* 20, 56 (1975).

⑥ 即美国宪法第四条第四款，其规定："合众国应保障本联邦各州实行共和政体，保护各州免遭入侵，并应州议会或州行政长官（在州议会不能召开时）的请求平定内乱。"

提供合理的解释。而共和政体条款则强化了这种限制性要求，使得背离"一人一票"原则的差别对待都有可能会被判违宪。共和政体条款意味着宪法设定了代议制民主的政府类型，而代议制民主的核心含义，必然包含政治平等或"一人一票"原则。为此，必须把雷诺兹一案判决理解为"平等保护条款和共和政体条款的共同产物"。① 美国的共和主义理念，无疑包含着尊重州权的联邦主义②，不过，伊利通过强调代议制民主及其所蕴含的选举权在美国共和主义中的核心地位，论证了选举权作为基本权利的独立地位。

斯密斯（Smith）教授则在法理上反思了联邦最高法院透过平等原则保障选举权的局限性，认为应从政治自主的角度，重新认识和发现选举权，因为在平等保护条款之外，美国黑人的政治自主权及选举权正遭受令人难以理解的损害。③ 1993 年的"肖尔诉雷诺案"④ 就是一个以平等保护为名，实质上却损害了黑人政治自主权和选举权的案件。根据1990 年的人口统计调查，北卡罗来纳州获得了联邦众议院的一个额外席位。州议会通过选区重划方案的制定，有意划出了两个黑人占多数的选区。这两个选区的边界都高度不规则，其中一个选区的形状是长构形，像个大问号，这便是第 1 选区；另一个选区则是极端的狭长形，像一条蛇形高速公路，这便是第 12 选区（详见图 1）。如此划区都是为了囊括足够多的黑人。这样一种基于照顾少数种族的选区重划立法，最后被联邦最高法院判为违宪，理由是违背了平等保护条款禁止公然的种族歧视的要求。⑤

---

① See John Hart Ely, *Democracy and Distrust: A Theory of Judicial Review*, Harvard University Press, 1980, pp. 118 – 123.

② 美国宪法是在反联邦党人的参与下妥协制定的，反联邦党人对小共和国的偏爱以及对联邦权压迫州权的恐惧等方面深刻影响了美国宪法。参见万绍红《美国宪法中的共和主义》，人民出版社，2009，第 159 ~ 160 页、第 165 页以下。

③ See Terry Smith, "Autonomy versus Equality: Voting Rights Rediscovered," 57 *Ala. L. Rev.* 261 (2005).

④ Shaw v. Reno, 509 U. S. 630 (1993).

⑤ 该案判决的中文介绍，详见张千帆《美国联邦宪法》，法律出版社，2011，第 312 ~ 313 页。

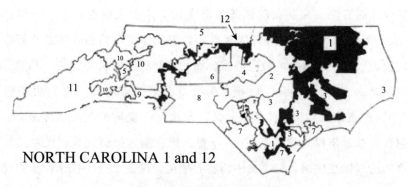

图 1　北卡罗来纳州不规则选区

资料来源：http：//www. csulb. edu/ ~ astevens/posc100/files/notes/nc12. jpg，最后访问
时间：2017 年 12 月 27 日。

　　然而，该不规则选区的划分，是出于优待黑人族群的善意考虑，以往
北卡罗来纳州有 20% 的黑人选民，却没有一个国会代表。而这一政治现实
是由历史上美国白人对黑人的歧视和压迫所致。故为了改变这一局面，给
予纠偏性的优待措施（affirmative action），虽然形式上违背了平等，是一
种基于种族的差别对待，但实质上促进了平等。按照德沃金的伙伴式民主
理论，这些优待措施意在提高历史上曾受伤害的少数民族作为完整的民主
伙伴的地位。① 而且，选举程序中的纠偏性优待措施，其所损害的并不是
直接的具体个人的利益和权利，而是程序和制度方面的利益，但有利的却
是一个应给予优待的群体。② 这与教育等其他领域的纠偏性优待措施有所
不同，后者可能直接损害个人的利益和权利。因此，司法审查的强度理应
有所不同。总之，此类案件应考虑到选举权背后政治自主的价值基础，从
而将此类优待措施看作黑人选民选举权的合理保障。

　　在谢尔比县案中，最高法院运用了"各州的平等主权"这一源自臭名
昭著的斯科特案中的不成文原则③，并将州权置于选举权之上，而忽略了

① 参见〔美〕德沃金《民主是可能的吗?》，鲁南、王淇译，北京大学出版社，2012，第
121 页。

② 皮德斯教授曾区分选举权所保护的两种利益：一是投票行为方面的个人利益，也即选举
权所保护的政治参与方面的基本行为，二是选票集中起来的程序和制度结构方面的利益。
See Richard H. Pildes，"What Kind of Right is 'The Right to Vote'?" *Virginia Law Review*，
Vol. 93（2007）。

③ Dred Scott v. Sandford，60 U. S. 393，433（1857）.

基于平等原则的宪法选举权。倘若选举权被认为是基于第一条修正案和共和政体条款及其背后的政治自主观念，那么判决结果可能就有所不同。当然，推动最高法院更新选举权的法理也非易事，其取决于最高法院人事、主导性司法哲学与意识形态的变化。

结　语

在美国，选举权最初主要是作为各州保障的权利而存在的，这是美国宪法上缺失选举权保障一般条款的原因所在。美国内战后，尤其是1960年代民权运动以来，选举权保障的联邦化有了很大的发展，作为未列举基本权利的选举权，很大程度上已被联邦最高法院推导出来。但是，各州保障选举权的主导地位并没有发生根本的变化，联邦政府对选举权的保障仍受州权的限制，选举权的宪法地位具有不确定性。这就可能出现州权滥用，选举权得不到州政府有力保障，联邦政府又不能予以有效制约的局面。就此而言，美国的民主并非尽善尽美，而是具有局限性。这种局限性是美国历史的产物，与维护州权、默认奴隶制的美国原初宪法有着千丝万缕的关系。因此，少数族裔的选举权仍然是脆弱的，其保障问题仍是一个重大的宪法争议问题。

歧视之例外？：欧盟法院保护
宗教自由的悖论

范继增[*]

引 言

平等与反歧视已经成为特定群体或者个人要求与多数群体获得同等对待的诉求，也是少数群体或者个人突出自身差异从而要求相关机构给予特权以弥补其社会劣势或者自然缺陷的武器。[①] 在司法程序中，法官通常探究何种法理措施可以最为有效地实现个人追求与社会接受的平等与正义。美国法官在宪法平等条款帮助下展现出睿智与理性。由于《权利法案》仅承认部分自由权的宪法地位，所以联邦法院必须将有限的宪法原则扩展到社会权保障领域[②]，包括利用第14修正案和1964年的《民权法案》创设新的司法权利[③]、审查国会立法[④]和已有的先例[⑤]。Stone 在适用第14修正案时指出当法律是针对专门宗教、民族和种族等群体时，最高法院应该审查相关立法是否有区分和孤立少数群体的立法倾向，是否实际阻碍他们正

* 范继增，四川大学法学院特聘副研究员。感谢 Ronan McCrea 教授、叶斌研究员、曲相霏研究员、刘晓楠教授的建议和意见。

① Susanne Baer, "Equality," in M. Rosenfield & A. Sajo (eds.), *The Oxford Handbook of Comparative Constitutional Law*, Oxford University Press, 2012, p. 993.

② Goldberg vs. Kelly, 397 U. S. 254 (1970), at 265；Dandrige vs. Williams, 397 U. S. 471 (1970)；少数意见法官认为 "第14条宪法修正案实际包含了获得物质的权利 (right to subsistence)。

③ Obergefell vs. Hodges, 576 US (2015)

④ City of Boerne vs. Flores, 521 US (1997).

⑤ Brown vs. Board of Education, 347 US 483 (1954) at 494.

常地参加民主活动。①

　　然而，欧洲超国家法体系与美国法有着明显的不同。《欧洲人权公约》与《欧盟基本权利宪章》对基本权利的内容、范围和种类做出了明确的定义。与美国普通法体系相似，人权法院和欧盟法院不仅以先例为导向，而且通过司法能动性以符合社会发展的方式解释和创造权利。② 但是，平等与反歧视条款在欧洲人权公约和欧盟法框架下具有不同的功能和角色。欧洲人权公约第14条通常仅具有辅助性的地位。人权法院在司法审查过程中首先从缔约国是否满足公约设定的最低义务角度出发检验具体的公约权利是否受到了损害。人权法院通常在确认实体权利受到侵害后连带性认定缔约国违反公约第14条规定，很少实质性审查区别对待是否为"工作本质所需要的决定性因素"或者"工作本身客观情形之必要"，通常以具体公约权利规范平等对本身包括的平等对待之要求判决缔约国违反公约第14条义务。

　　另外，欧盟在多个领域制定了反歧视规范。从早期《罗马条约》规定男女同工同酬和欧盟公民无差别享有迁移权到当下四个欧盟反歧视法令（directive）分别规定了宗族平等，男女雇佣就业和获得货物与服务的平等以及禁止以种族、民族、宗教和信仰、健康程度、年龄和性取向为理由区别对待员工和职位申请者。不同于人权法院经常给予缔约国在敏感问题中巨大的边际裁量空间，欧盟法院更倾向于在涉及歧视的案件中保障人权和严格适用比例原则。在Johnston和Prigee案中，欧盟法院指出"欧盟法院应该以严格方式解释欧盟法令对基本权利的限制"③ 并且"对权利的限制结果符合必要性与适当性的要求"④。在Prais案的判决中，欧盟法院以权衡的途径要求招工单位的考试时间不应与宗教信仰者的重要节日发生冲突。⑤

　　然而，这并不意味着欧盟法院在每个具体判决中都优先保障个人权

---

① United States vs. The Carolene Products Co., 304 U. S. 144 – 155 (1938)，152.

② Oliari and Others vs. Italy，appl no. 18766/11，judgment 21 July 2015.

③ Case C – 222/84［1986］ECR I – 1651，para. 36.

④ Case C – 447/09［2011］ECR I – 8003，para. 56.

⑤ Case C – 130/75，［1976］ECR I – 1589.

利。相比于人权法院仅需审查缔约国是否履行了公约义务，欧盟法院需要广泛性考虑基本权利以外欧盟宪法规范，确保权衡的结果符合欧盟法一般原则和成员国宪法的共同传统。[①] 欧盟法院会以尊重当地文化规范为理由给予成员国广泛的自由裁量空间。[②]

尽管欧盟法院对涉及年龄、性别和种族歧视的案件通常会给予诉讼人充分保障，但是 2017 年以前欧盟法院在就业领域中的宗教歧视案件方面尚无建树。因此，有学者质疑欧盟法院能否在宗教领域给予其在性别、种族和残疾人等领域相同的反歧视保障力度和标准。[③] 大赦国际的相关报告甚至指出欧盟立法在就业领域中反对宗教歧视的作用几乎为零。[④]

2017 年欧盟法院终于有机会在 Achita 案[⑤]和 Bougnaoui 案[⑥]中对上述问题做出回应。然而，令人遗憾的是欧盟法院在两个事实相似的案件中不仅做出了不一致的裁决结果，而且在 Achita 案的裁决中未能认真适用比例原则探求私营企业禁止员工佩戴头巾的规定是否构成基于信仰差异的歧视。

为了较好地展示两个欧洲跨国法院对宗教自由以及平等与不歧视司法保障的差异，第一部分中重点研究反对宗教信仰歧视在欧盟法体系中的内容和定义。根据第 2000/78 号欧盟法令对歧视的法定分类，需要从欧盟法院判决的视角区分直接歧视和间接歧视。同时，也需要思考欧盟其他反歧视领域的判例法能否适用到宗教信仰领域。

欧盟立法和相关的判决承认欧洲人权公约是欧洲人权保障的最低标

---

① Ronan McCrea, "Singing from the Same Hymn Sheet? What the Difference between the Strasbourg and Luxembourg Courts Tell Us about Religious Freedom, Non-Discrimination, and Secular State," *Oxford Journal of Law and Religion*, Vol. 5, 2016, p. 194.

② Case C - 447/08, judgment 8 July 2010, para. 37。欧盟法院指出 "欧盟成员国在设立赌场问题上存在着道德、宗教和文化的差异。欧盟尚未在此领域协调一致，因此各缔约国有义务依据自己的价值观来考虑是否设立赌场"。

③ Eugenia Relano Pastor, "Towards Substantive Equality for Religious Believers in the Workplaces? Two Supranational European Courts, Two Difference Approaches," *Oxford Journal of Law and Religion*, Vol. 5, 2016, p. 260.

④ Amnesty International, "Choice and Prejudice: Discrimination against Muslim in Europe," available at http://www.amnesty.eu/content/assets/REPORT.pdf., last visit in 26 - 08 - 2017.

⑤ Case C - 157/15, Judgment 14 March 2017.

⑥ Case C - 188/15, Judgment 14 March 2017.

准，因此，整理欧洲人权法院的判决和寻找共同规范成为第二部分的主要内容。相比于欧盟法院很少处理保障宗教自由的案件，人权法院积累了更多的经验。尽管第 2/13 号意见暂停了欧盟加入欧洲人权公约的步伐，但是欧盟法院仍然不愿与人权法院的法理发生直接的冲突。

第三部分将重点分析两位助裁官司法建议的说理和欧盟法院在 Achita 案形式化适用比例原则的缺陷和消极性后果。笔者认为欧盟法院在审判过程中不仅未能实质性审查公司禁令是否为"最小方式限制基本权利"的措施，判决结论也与 Alexy 的狭义比例原则数学公式得出的结果严重不符。Achita 案判决客观上给予用人单位解除劳动合同实际豁免权，同时也阻碍了穆斯林妇女融入社会的进程。最后，本文将从两个欧盟法院法理和功能差异的角度分析 Eweida 案①能否成为推翻 Achita 案判决的潜在依据。本文的重点并非探讨两个欧洲法院判决孰优孰劣，而是分析不同判决背后的原因和欧盟法院 Achita 案判决的缺陷，以及探讨欧盟法院移植人权法院法理的可能性。

一 就业领域中欧盟法禁止宗教信仰歧视的法理建构

20 世纪 50 年代的《罗马条约》将平等与反歧视原则作为促进欧洲经济一体化的法律基础。欧洲经济共同体在《罗马条约》第 48 条第 4 款中明确规定"迁徙自由要求成员国不得对来自其他成员国的工人在就业、薪水以及工作环境等领域以国籍为理由限制之"。第 119 条规定了男女同工同酬。尽管 20 世纪 50 年代欧洲共同体尚无法保障不同成员国的公民在经济以外社会事务中享有同等的自由权，但是第 48 条第 4 款赋予禁止国籍歧视规范以宪法地位和直接法律效力，为日后将反歧视原则扩大到社会领域提供了规范基础。在 Sala 案②的裁决中，欧盟法院依据欧盟公民权与反歧视原则指出成员国不得以跨国迁徙的欧盟公民不具有"真正的经济活动

---

① Eweida and Others vs. UK，appl no. 48420/10，judgment 15 January 2013.

② Case C – 85/96 ［1998］ECR I – 2961，para 60 – 62.

目的"为理由限制其行使基本权利。

相比于早期立法侧重于保障经济一体化,欧盟法院在促进社会领域平等与禁止歧视方面做出了更加积极的贡献。欧盟法院在 Defrenne Ⅱ 案的裁决中明确指出男女同工同酬是"欧洲共同体所追求社会目标的一部分。我们不仅希望建立经济联盟,同时也希望促进社会平等与寻求工作和生活水平的提高"①。这个能动性的判决为欧盟通过第 79/7 号法令提供了政治动力。

《阿姆斯特丹条约》的生效标志着欧盟扩大了宪法领域反歧视的范围。条约第 13 条特别将反对歧视的范围从国籍和性别扩大至种族或民族、宗教或信仰、残疾人、年龄以及性取向。此后,欧盟通过第 2000/78 号法令明确将宗教与信仰作为禁止就业歧视的事项之一,并将反歧视原则最大程度上升为欧盟法的一般原则,赋予其横向法律效力。

在 Mangold 案②的裁决中,欧盟法院发现德国公司内部规定与欧盟第 2000/78 号确立的禁止年龄歧视相冲突。欧盟法院将禁止年龄歧视作为一般法律原则拓展到横向领域。"禁止年龄歧视"不受适用条件和领域的限制,并在成员国立法中具有最高的效力。欧盟法院在 Kucudevec 案③中沿用了 Mangold 案的判决,并在 Romer 案④中指出反对歧视的欧盟法一般原则不只限于年龄歧视。

《里斯本条约》将反对歧视作为欧盟承诺遵守的宪法价值。《欧洲联盟条约》第 2 条规定"建立欧盟的价值是尊重人性、自由、民主、平等和法治以及尊重少数者在内的人权。这些价值同成员国所尊重的多元、不歧视、容忍、正义、团结和男女平等相一致"。条约第 3 条重申欧盟将打击一切社会孤立和社会歧视的行为。《欧盟机构运行条约》第 19 条赋予欧盟理事会制定政策和立法打击欧盟所禁止的一切歧视行为的权力。

《欧盟基本权利宪章》在《里斯本条约》生效后成为欧盟法院保障基

---

① Case C - 43/75 [1976] ECR I - 455, para 10.

② Case C - 144/04 [2005] ECR I - 9981.

③ Case C - 555/07 [2010] ECR I - 555.

④ Case C - 147/08, Judgment 10 May 2010.

本权利的直接出发点。《欧盟基本权利宪章》具有欧盟基本立法的地位，欧盟法院可以选择从宪章第 21 条的规定出发审查成员国关于就业的立法或落实欧盟法的就业法令的国内具体措施是否构成歧视，也可以从第 2000/78 号法令确认的欧盟法一般原则出发对成员国关于就业的立法或决定进行司法审查。然而，由于《欧盟基本权利宪章》的适用要受到宪章第 51 条相关条款的制约，所以第 21 条无法直接适用于横向领域。因此，欧盟法院通常以《欧盟条约》或者《欧盟机构运行条约》的相关条款为基础通过建构欧盟法一般原则的方法审查具体的区别对待的合理性。所以，宪章第 21 条在欧盟法体系内通常成为"证明欧盟法一般原则存在的补充性法源"[1]，极少能具有独立的司法功能。

（一）欧盟法体系对基于宗教信仰的直接歧视与间接歧视规定

欧盟条约和其他国际人权公约尚未对何为宗教信仰做出具体的定义。因此，Vickers 认为欧盟法很难确定宗教信仰保障的范围。[2] 2014 年欧盟委员会报告指出"信仰"与"宗教"是可以截然分开的，这意味着"信仰"不仅包括宗教信仰，同时也包括哲学与其他荒谬性信仰。欧盟法院尚未在判决中给予"信仰"以明确解释。欧洲人权法院则在 Bayatyan 案的判决中指出"思想、良心和宗教自由就是真诚、严肃、连贯和一致地持有某种世界观"[3]。人权法院不会审查个人信仰是否真正源于宗教教规。即便是客观上荒唐可笑的宗教信仰，只要当事人能够证明其行为与所谓的"教义"有着密切且直接的关系，人权法院通常会给予尊重。

第 2000/78 号欧盟法令在就业领域禁止基于宗教信仰的直接与间接歧视。直接歧视是指以宗教或者信仰为缘由使个人受到消极对待，包括雇主明确规定拒绝雇佣具有信仰特定宗教或者持有特定信仰的人，也包括通过比

---

① Claire Kilpatrick, Article 21, in T. Hervey, J. Kenner, S. Peers & A. Wald (eds), *The EU Charter of Fundamental Rights: A Commentary*, Hart Publishing, 2014, p. 596.

② Lucy Vickers, *European Network of Legal Experts in the Non-Discrimination Field*, *Religion and Belief Discrimination in Employment EU Law*, European Commission, Publication Office of the European Union, 2007, pp. 26 – 31.

③ Bayatyan vs. Armenia, appl no. 23459/03, judgment 7 July 2010, para. 110.

较的方式发现雇主有特别倾向雇佣某一特定宗教信仰者的隐性歧视行为。就业领域中直接歧视不仅限于本人，同时也包括与其"相联系的个人"。

尽管欧盟立法反对直接歧视，但是并不意味着雇主在欧盟法体系内无权基于宗教或信仰对员工进行差别对待。《欧盟机构运行条约》第 17 条规定欧盟机构尊重并且公正对待成员国国内法对教会和宗教组织以及社团地位的规定。因此，欧盟宪法规则最大程度上保障了成员国政府与欧洲宗教组织已签订条约的效力。另外，第 2000/78 号法令为就业领域中区别对待提供了合法空间。宗教机构有权以员工信仰和生活方式为由做区别对待。第 2000/78 号法令第 4 条第 1 款规定了禁止歧视的例外情形。雇主需要考虑和探索"特定工作的本质内容以及就业的背景要求"，从而依据"合法性目的与比例原则途径找出真正的或者决定性就业因素"。天主教会以宗教信仰为由仅雇佣天主教徒作为神职人员并不构成歧视。该解释适用于一切宗教机构的工作岗位。

与直接歧视不同，基于宗教和信仰的间接歧视是国家或者公司制定的中立性标准，其会造成特定宗教或者信仰族群中的个人与其他人相比陷入特别不利的地位。尽管欧盟法没有禁止所有的间接性区别对待，但是欧盟法院为其合法性设置了较高的证明门槛。欧盟法院在审查性别歧视的案件中认为目的正当性是区别对待的基础。为达到特定目的，手段必须符合公司的真实需要，且要符合恰当性及必要性标准。然而，禁止基于宗教与信仰的间接歧视保护无法享有禁止直接歧视的严格保障标准。当欧盟法院在经济利益和基本权利的价值衡量上更侧重于目的论解释方法时，基本权利可能丧失了优先性保障地位，从而陷入不确定的状态。[①]

尽管直接歧视与间接歧视定义明显不同，但是从实践中很难完全区分两者的界限，甚至很难对具体的歧视行为定性。在多数情况下，直接歧视

---

① Amy Ludlow, "The Right to Strike: a Jurisprudential Gulf Between the CJEU and ECtHR," in K. Dzehtsiarou, T. Konstandinides, T. Lock & N O'Meara (eds.), *Human Rights Law in Europe: The Influence, Overlaps and Contradictions of the EU and the ECtHR*, London: Routledge, 2014, pp. 131 – 133; Fillipo Fontanelli, "The Mythology of Proportionality in Judgment of Court of Justice of the European Union on Internet and Fundamental Rights," *Oxford Journal of Legal Studies*, Vol. 36, 2016, pp. 14 – 15.

的发生是具体的且针对具有保护特征的个人。然而，此经验性规范并不利于最大限度禁止歧视和保障与保护因素相关的人的利益。因此，欧盟法院在 Feryn 案①的判决中将直接歧视从具体情境拓展到抽象情形，认为当不具有"可识别性因素的个人存在潜在遭受歧视的可能时，也构成直接歧视"。欧盟法院在 Coleman 案的判决中指出当个人与具有保护对象的人的生活或者日常行为密切相关时，对此人歧视构成直接歧视。②

另外，如果可以证明中立性的标准具有针对特定群体的意图、具有对特定法律保障对象直接歧视的目的或者会达到与直接歧视相同的排除效果，法院会认定该标准构成直接歧视。在 Maruko 案③的判决中，欧盟法院指出尽管婚姻配偶有权申请养老金继承的法定程序属于中立性的规定，但是由于同性恋伴侣并不能登记结婚，因此成员国的立法达到了与直接排除同性伴侣继承权相同的效果，构成直接歧视。

然而在相同情境的案件中，选择不同的比较对象会对案件定性产生影响。例如，在私营企业为维护中立形象而禁止员工佩戴宗教标志的案件中，法院可以从不同的比较视角得出不同的结果。从信教者与不信教者比较视角出发，公司的规定显然对信教者造成了负面影响，因此构成直接歧视；倘若从多种宗教信仰出发，具有中立性的规定似乎专门不利于穆斯林妇女遵守其宗教习惯，从而构成间接歧视。

（二）合理性吸纳（reasonable accommodation）替代间接歧视？

建立反间接歧视制度的根本目的是反对社会对某类人固化认识和消除结构性的缺陷，并将合理性吸纳原则纳入反间接歧视程序之中。尽管第2000/78 号欧盟反就业歧视法令仅在禁止歧视残障人就业领域中对雇主施加了"合理性吸纳"的法定义务，但是法院可以能动性地拓展"合理性吸纳"义务的适用范围。部分欧洲国家法院已经要求公立机构要合理性吸纳和包容不同宗教的特征。例如，法国最高行政法院要求公立学校在小学

---

① Case C – 54/07，judgment 10 July 2008.

② Case C – 303/06 ［2008］ECR I – 5603.

③ Case C – 267/06，judgment 1 April 2008.

生履行受教育义务的过程中合理地考虑他们不同的宗教信仰。尽管多数欧洲国家法院尚未通过司法解释的方法将合理性吸纳纳入公司义务中来，但是违反该义务且未合理区别对待宗教信仰的公司依旧可能构成间接歧视。①

尽管合理性吸纳与间接歧视有着密切的联系，但是两者在证明责任的构成上具有差异性。原告需在间接歧视的案件中首先证明自己属于某"特定群体"，并且需证明中立性的规定对其造成了特定的不利影响；在"合理性吸纳"程序中，原告仅需要向雇佣方提出应该吸纳或者考虑的条件，由雇佣方担负其是否具有实现原告提出条件的能力。显然，将证明责任转嫁给雇佣方的做法更有利于原告的人权保障。欧盟的 RELIGARE 计划鼓励通过立法的方式将"合理性吸纳"纳入法律文本之中，从而免除原告在间接歧视的案件中证明其属于"特定群体"以及遭受"特定不利"的义务。合理性吸纳原则有助于"从理智上突出宗教在工作场所的地位和保障信仰雇员的生活"②，从而为打破结构性不平等提供法律支持。

Alidali 认为合理性吸纳原则免除原告需证明属于特定群体的义务。③显然，这不能成为合理性吸纳举证程序代替间接歧视审查标准的理由。在欧盟法体系中，原告需证明属于某个群体并且受到中立规定不利影响仅属于初步证据。因此，法院通常会采取宽松性的审核标准。欧盟法院在 Achita 案中以较为软弱的方式实施了"合理性纳入"原则，建议 G4S 公司不要直接开除女员工，而是要为其提供不与客户接触的工作岗位。

---

① Lucy Vickers, *European Network of Legal Experts in the Non-Discrimination Field*, *Religion and Belief Discrimination in Employment EU Law*, European Commission, Publication Office of the European Union, 2007, p. 5.

② RELIGARE, "Religious Diversity and Secular Models in Europe: Innovative Approaches to Law and Policy: A Comparative Legal Study Addressing Religious or Belief Discrimination in Employment and Reasonable Accommodation for Employees' Religious or Philosophical Beliefs or Practice," available at https://papers. ssrn. com/sol3/papers. cfm? abstract _ id = 2843026, p. 7, last visit in 20 – 09 – 2017.

③ Katayoun Alidali, "Reasonable Accommodation for Religion and Belief: Adding Value to Article 9 ECHR and the European Union's Anti-Discrimination Approach to Employment," *European Law Review*, Vol. 37, 2012, p. 711.

二 义务优先抑或优先保障权利：欧洲人权法院 审理穿戴宗教服饰的司法路径

《欧洲人权公约》第 9 条第 2 款的规定为限制个人行使宗教自由提供了法律依据。除了法律规定的限制外，个人的宗教行为必须受维护公共安全、保障公共秩序、健康和道德，或者维护他人权利与自由的限制；尽管基本权利宪章文本并未对宗教自由进行限制，但是相关的立法解释规定基本权利宪章与欧洲人权公约保障宗教自由范围具有一致性。因此，欧洲两大法院需要在具体的案件中平衡宗教自由权与公共利益。由于欧洲人权法院偏向于将权利规范赋予功利主义的色彩，因此人权法院仅给予公约权利相对的优先性[①]，并尽可能从数学的视角权衡个人权利与集体利益的冲突。当涉及宗教、道德或者文化身份等敏感事项时，人权法院往往会以"国内法院比国际法院具有更好的地位"为理由给予缔约国巨大的边际裁量空间，降低司法审查力度。

禁止在公共场合或者工作单位穿着宗教服饰是否侵犯个人宗教自由和平等权的争论早已成为欧洲人权热点话题之一。法国、比利时与土耳其以"国家世俗化"为宪法理由禁止穆斯林妇女在非宗教公共场合佩戴面纱，1975 年的意大利立法以反恐为理由禁止穆斯林妇女佩戴面纱。

尽管宗教学者对《古兰经》是否要求妇女佩戴面纱尚有争议，但是对《古兰经》要求女性穆斯林佩戴头巾具有共识性认识："告诉所有穆斯林的女性要低视看人，并要有贞操观念。除了需要展示的身体部位外，不要在公共场合炫耀自己的美貌和装饰品。因此，应该让她们把脖子以上的部位包裹起来。"然而，Abu Daud 转述了先知对他妹妹 Asma 的训诫："哦，Asma，当一个女人发育到青春期时就不能顺便暴露身体了，除了脸和手。"

部分西方学者认为穆斯林妇女佩戴头巾或者面巾反映出伊斯兰教义对

---

① George Letsas, *A Theory of Interpretation of the European Convention on Human Rights*, Oxford: Oxford University Press, 2009, p. 100.

妇女的歧视和压迫①，所以禁止妇女佩戴头巾或者面纱的立法具有维护性别平等的法意。然而，生活在世俗化国家的穆斯林妇女早已拥有了选择自由。选择佩戴头巾已经成为自愿展示宗教身份和维护文化多元性的方式，不再受家庭或者教会的强迫。因此，Roseberry 告诫西方国家以性别歧视为理由禁止穆斯林妇女佩戴头巾不仅妨碍促进性别平等，还会"深化对其无法自由表达意志和行动的偏见"②。

受到 Vajnai 案③和 Lautsi 案④判决的影响，欧洲各国普遍承认政治与宗教标志具有多元含义。不能简单地将穆斯林女性佩戴头巾视为性别歧视或压迫的表现，有时需理解为尊重宗教道德与表现个人身份特征的方式。人权法院在 Eweida 案判决中指出"健康的民主社会需要容忍和维持多元化和多样性"，也应该"允许信仰宗教的个人与其他人的开放性交流"。⑤

尽管人权法院对国内公共和私人机构禁止佩戴宗教装饰品的立法审查趋于严格，但是极少作出有利于穆斯林女性佩戴头巾的判决。欧洲人权法院会以多种理由支持缔约国禁止穆斯林妇女佩戴头巾的行为。这不仅折射出欧洲自由主义的世俗观与伊斯兰宗教主义情结的矛盾，也折射出欧洲奉行的公民义务与伊斯兰教义至上间权威的冲突。尽管这未必会导致"文明冲突"，但亟须思考的是世俗的自由秩序在多大程度上能够包容穆斯林的生活习惯，现代着装风格能否成为拒绝穆斯林妇女保持其宗教特征的正当理由。依据 Eweida 案确定的"多元与多样性"和 Vajnai 案做出的"为了满足多数人的专断理念而牺牲自由将违反公约义务"的判决⑥，伊斯兰的标志理应获得和基督教与其他宗教标志相同的地位。但是，恐怖主义、宗教激进主义以及难以与欧洲主流价值相容的特殊文化使得穆斯林陷入受批

---

① Dominick McGoldrick, *Human Rights and Religion: The Islamic Headscarf Debate in Europe*, Hart Publishing, pp. 14 – 16.

② Lynn Roseberry, "Religion, Ethnicity and Gender in the Danish Headscarf Debate," in D. Schiek & V. Chege (eds.), *European Union Non-Discrimination Law: Comparative Perspective on Multidimensional Equality Law*, London: Routledge-Cavendish, 2009, p. 221.

③ Vajnai vs. Hungary, appl no. 33629/06, judgment 8 July 2008.

④ Lautsi vs. Italy, appl no. 30814/06, judgment 18 March 2011.

⑤ Eweida and Others vs. UK, appl no. 48420/10, judgment 15 January 2013, para. 94.

⑥ Vajnai vs. Hungary, appl no. 33629/06, judgment 8 July 2008, para. 57.

判的境地。

在欧洲人权法体系中，法院对宗教自由的保障从私人生活到公共生活呈现递减的情况。在 Arrowsmith 案的判决中，欧洲人权委员会指出公约第9条没有赋予个人在公共生活中可以完全依照其信仰在日常生活中做出行为的权利。① Arrowsmith 判决为后来的宗教与良心的案件提供了法理基础。在 Pichon & Sajous 案②的判决中，人权法院否认医生有权以履行宗教信仰为由拒绝履行施救的义务。这两个判决都客观地展示了个人无权以实践宗教教义为由拒绝履行公民义务和职业责任。

通常来说，人权法院在涉及公共安全的案件中为缔约国提供巨大的自由裁量空间。在 El Morsli 案的判决中，人权法院认定为维护安检之需要而拒绝蒙面穆斯林妇女进入领事馆的决定符合人权公约之规定。③ 但是，这并不意味着人权法院在所有个人穿着宗教服饰与国家宪法秩序的案件中都会放弃司法审查的权力。在部分案件中，人权法院要求缔约国承担严格的举证责任，不得通过立法的方式完全禁止普通公民在公共场合穿着宗教制服。在 Arslan 案中，人权法院以土耳其政府未能证明身穿宗教服饰的民众对社会秩序造成危害为由认定其违反公约第9条的规定。④

尽管 Arslan 案的判决一度使人们看到限制缔约国权力的希望，但是人权法院适用模糊边际裁量原则放纵缔约国恣意定义和适用"世俗化"和"中立性"等宪法概念限制个人践行宗教自由。这不仅无法给予宗教自由强有力的保障，同时也在客观上造成缔约国敢于扩大限制公共场合展示宗教标志的范围。⑤

人权法院在多数案件中给予缔约国自由定义"世俗化"与"中立性"概念的空间。因此，当缔约国以维持国家世俗化为理由限制个人宗教自由时，人权法院会降低司法审查的标准。这也是"伊斯兰面纱是欧洲民主敌

① Arrowsmith vs. UK，appl no. 7050/75，judgment 12 October 1978，para. 71.
② Pichon & Sajous vs. France，appl no. 49853/99，judgment 20 October2001.
③ El Morsli vs. France，appl no. 15586/06，judgment 11 January 2005.
④ Arslan vs. Turkey，appl no. 41135/98，judgment 23 February 2010.
⑤ Sally Pei，"Unveiling Inequality：Burqa Bans an Nondiscrimination Jurisprudence at the European Court of Human Rights，" *Yale L. J.*，Vol. 122，2012，p. 1095.

人的印象"① 形成的原因。

从 Dahlab 案②起，人权法院就有意避免实质性审查缔约国禁止穆斯林妇女在公共场合身穿宗教服饰的合约性。穆斯林女教师 Dahlab 因为在课堂上佩戴伊斯兰头巾被校方以"公立世俗学校的老师不得向学生表明个人的宗教信仰"为由予以解聘。尽管日内瓦州法院认为 Dahlab 的行为明显构成向小学生传递信息，但是瑞士联邦法院鉴于 Dahlab 并未向小学生宣传伊斯兰教义，也没有解释头巾对穆斯林妇女的宗教意义，因此并未认定 Dahlab 具有诱使他人改变宗教信仰的行为，但以佩戴头巾违反政教分离原则认定其违反公务员的义务。瑞士联邦法院并未采取比例原则审查州法院的判决，而是以公务员需要服从国家特殊义务为由支持并维持了原判决。

人权法院采取了完全不同的审查视角。考虑到申请人是公立学校的老师，因此承认缔约国公务员法对其宗教自由限制具有正当性目的。与瑞士法院的观点不同，人权法院认定禁止佩戴头巾的决定干涉了女教师的宗教自由。这反映出人权法院在 Dahlab 案的判决中尚未将"政教分离中立性"和"世俗化"价值作为在公共场所中世俗国家对抗"宗教自由"的绝对理由。

然而，人权法院以小学生可能更易受宗教事务影响并应受到国家特别保护为由认定瑞士法院的判决"没有超出合理性"的边际裁量空间。显然，欧洲人权法院的判决不具有说服力。既然人权法院判决的导向是权衡教师宗教自由和保障学生免受宗教灌输的权利，那么就应从证据角度考虑是否存在家长向学校投诉老师的着装，学生在日常学习中是否认为受到了伊斯兰教影响以及教师是否在课堂上宣传了伊斯兰教义等事实。倘若不存在上述事实，那么不仅意味着人权法院判决缺乏合法性根基，给予缔约国广泛裁量空间的基础也会备受质疑。

此外，儿童在现实生活中无法完全摆脱宗教的影响。在欧洲国家，未成年人的宗教活动主要由家长负责。电视节目、图片甚至与其他宗教信仰

---

① Raffaella Nigro, "The Margin of Appreciation Doctrine and the Case-law of the European Court of Human Rights on the Islamic Veil," *Human Rights Review*, Vol. 11, 2010, p. 531.

② Dahlab vs. Switzerland, appl no. 42393/98, judgment 15 February 2001.

的未成年人的交流容易使儿童了解其他宗教风俗和穿着。参加宗教活动和了解宗教事务对儿童来说并不新奇。很难想象即使小学生知道老师是穆斯林，他们会完全不受父母的影响且心悦诚服地皈依伊斯兰教。另一方面，人权法院在判决中对女教师佩戴的十字架项链保持了沉默，这似乎意味着人权法院默认了缔约国司法机构歧视伊斯兰教的现实。

而 Lautsi 案的判决恰恰证明了政治支持力度对涉及宗教标志案件的结果具有决定性的影响。在 Lautsi Ⅰ案的判决中，人权法院依据 Dahlab 案的结果要求意大利公立小学必须恪守宗教中立原则，即禁止"政府以直接或者间接的方式在特定人群所在地或者易受影响的人群中宣传特定宗教"。考虑到 Dahlab 案已将宗教标志视为"强有力的外在标志"，人权法院认为公立学校悬挂十字架的行为会导致儿童产生正在接受基督教学校教育的错觉，因此认定意大利政府违反了公约义务。然而，人权法院依据 Dahlab 案做出的判决立即引起了具有天主教传统的国家的普遍反对，也遭到意大利右翼政府和中左联盟的猛烈攻击。① 欧盟议会和意大利政府要求人权法院大法官会议重新审理此案。意大利政府律师认为人权法院适用 Dahlab 案的判决不具有说服力。①人权法院在 Lautsi Ⅰ案的判决中混淆了信仰中立义务和自由中立义务的差别。后者意味着政府机构努力在公共场合内消除一切宗教标志，而前者则意味着政府与各种宗教保持距离。一味地消除公共场合的宗教标志只能迎合无神论者的胃口，无法创造出宗教宽容的社会氛围。②十字架不仅是宗教标志，同时也是文化的标志。不同地方的十字架具有不同的意义。十字架在学校具有教育儿童的价值，是建设意大利公民社会和维持宪法秩序的重要力量。③尽管十字架具有外在的影响，但是十字架仅属于"消极性标志"。意大利义务教育体系下的宗教课程体现了知识的中立性，并且没有学生向政府投诉其受到十字架的干扰，因此，意大利政府认为悬挂十字架没有实际违反公约义务。

人权法院在 Lautsi Ⅱ的判决中表面上以缔约国未能在禁止公立学校悬

---

① Giulio Itzcovich, "One, None and One Hundred Thousands Margin of Appreciation: The Lautsi Case," *Human Rights Law Review*, Vol. 13, 2013, p. 3.

挂十字架方面达成共识为由给予意大利政府较大的边际裁量空间，然而实质上却是赞同意大利以包容性"信仰中立"观念维护民主社会的多元性，从而改变了 Dahlab 案确定的具有排他性的"自由中立"观念。该决定在某种程度上也得到了 Otto-Preminger-Institute 案①判决的支持，即某一宗教如果不能免于言论的批评，那么就不能禁止在公共场合展现其内容。

由于人权法院不是缔约国的第四级法院，Lautsi 案的判决无法强制要求缔约国放弃"自由中立"的观念。在部分与穆斯林生活方式相关的案件中，人权法院没有应用 Lautsi 案确立的宗教标志多元化的理念，而是允许缔约国以维护"世俗化"严格限制伊斯兰教对国家政治的影响。甚至，人权法院允许缔约国以强力军事民主方式②限制个人践行宗教自由，维护世俗（专制）秩序。③在 Refah Partisi 案④的判决中，人权法院认为该政党追求的恢复伊斯兰法统治与欧洲人权公约所追求的世俗自由的价值相冲突。即便该政党已经通过民主选举的方式获得议会合法席位，但是人权法院不能支持其享有公约权利，因此赞同土耳其政府以维护世俗化为理由取缔此政党。人权法院在判决中明确指出："世俗原则与法治原则、尊重人权和民主构成国家基本原则。未能遵守该原则而践行宗教信仰的行为都无法得到承认并且不能受到公约第 9 条的保障。"⑤

从 Refah Partisi 案的判决中可以推出当伊斯兰妇女以佩戴头巾或者面纱方式表达支持恢复伊斯兰法的统治时，人权法院为了保障更为崇高的世俗化原则会拒绝保障反对者的信仰或言论自由。⑥但是，伊斯兰国家的世俗化同民主自由并非相向而行。所以，维护宪法世俗原则有时会成为打击

---

① Otto-Preminger-Institute vs. Austria, appl no. 13470/87, judgment 20 September 1984.
② Jan-Werner Muller, "Militant Democracy," in M. Rosenfield & A. Sajo（eds），*The Oxford Handbook of Comparative Law*，Oxford：Oxford University Press，2012，p. 1253. 强力手段的军事民主是指民主政权用非自由的手段打击以民主方法颠覆民主政权的行为。
③ Patrick Macklem, "Guarding the Perimeter：Militant Democracy and Religious Freedom in Europe," available at y available at：http：//ssrn. com/abstract = 1660649，p. 3，last visit in 26 – 08 – 2017.
④ Refah Partisi vs. Turkey, appl no. 41340/98, judgment 13 February 2003.
⑤ Refah Partisi vs. Turkey, appl no. 41340/98, judgment 13 February 2003 , para. 93.
⑥ Kevin Boyle, "Human Rights, Religion and Democracy：the Refah Party Case," *Essex Human Rights Review*（2004），Vol. 1，p. 7.

具有较强民意基础的伊斯兰政党的合法性基础。

尽管维护国家世俗化具有宪法价值，但是政府是否有权以维护世俗化为由要求成年大学生脱掉头巾？Dahlab 案和 Arslan 案的判决都不能直接为其提供答案。前者是学校为了维护其中立的形象而禁止具有国家公务员身份的教师在课堂上佩戴头巾；尽管后者的发生情境是身穿宗教服饰的民众大量聚集在公共场合，但是集会的目的是参加宗教活动，并未对国家世俗政权造成威胁。

人权法院在 Sahin 案①的判决中支持缔约国禁止女大学生佩戴头巾。人权法院并未按照 Arslan 案"手段－目的"模式检验大学女生佩戴头巾的行为是否会产生颠覆世俗政权的实际风险、是否实际导致了其他在校学生的激烈反应或者佩戴头巾是不是受到伊斯兰激进政党怂恿的结果；相反人权法院仅以"学生私人宗教活动"和"大学同样也禁止其他宗教标志"为由证明政府允许学生践行宗教自由和维护宗教平等，从而认定其个案处理并不违反公约。②

另一方面，尽管人权法院承认缔约国在规定宗教与国家事务领域中拥有广泛的边际裁量空间，但是这无法成为人权法院放弃个案审查的理由。土耳其宪法法院曾认定大学女生佩戴头巾不单纯是宗教表达，而属于反对世俗统治和妄图恢复伊斯兰教义的政治宣传。国家为了支持多元、民主和宗教宽容有权禁止学生在课堂上佩戴头巾。土耳其宪法法院的判决显然违反了人权法院在 Lingens 案中对于表达自由权的内核范围的定义，即"表达信息不仅包括受人喜欢或者中立的观点，也包括那些具有打扰性或者攻击性的信息"③。

令人遗憾的是人权法院以欧洲尚未在允许学生佩戴头巾领域上取得共识为理由给予土耳其较大的自由裁量空间。更为重要的是，人权法院在判决中默认了土耳其政府对头巾赋予的政治含义，忽略了宗教自由和表达自由对民主社会的价值："欧洲社会很难对宗教形成统一的定义与概念，并

---

① Sahin vs. Turkey，appl no. 44774/98，judgment 29 January 2004.

② Sahin vs. Turkey，appl no. 44774/98，judgment 29 January 2004，para. 117.

③ Lingens vs. Austria，appl no. 9815/82，judgment 8 July 1986.

且信仰与宗教的表达会随着时间和空间的差异而不同。此领域中的规则会受国家传统和保障公民自由与公共秩序的影响。因此，国家内部因素和特征将决定规范方式和限制范围……为了界定边际裁量的范围，人权法院在本案中必须思考相关的重要因素，也就是需要保障他人的权利与自由，保护公共秩序和维护社会和平与宗教多元这些与民主社会有着生命联系的因素。"①

人权法院的推理方式完全背离了 Greer 提出的边际裁量应以"权利优先"原则为出发点的观点。② 相反，给予土耳其较大边际裁量空间是"政治性裁量"③。它为缔约国以中立、民主、世俗和多元等政治价值限制穆斯林妇女在公共场合的宗教穿着提供了不受约束的自由裁量空间。Sahin 案也为此后 Dogru 案④和 Aktas 案⑤支持缔约国政府清除校园宗教服饰提供了合法性依据。甚至，土耳其政府禁止佩戴头巾女生到宗教性学校注册登记。⑥ 显然，欧洲人权法院的判决与联合国人权委员会的意见发生了严重的冲突。后者在 Hudoyberganova 案⑦中做出了完全相反的判决，认定学校禁止佩戴头巾的行为违反了《公民权利与政治权利国际公约》第 18 条的规定。

与个人主义和自由至上主义不同，"博爱"原则也是重要的欧洲宪法秩序构成要素。尽管法律保障个人自治与自由，但是拒绝个人以孤立的方式存在。缔约国以立法的方式鼓励个人和少数种族与社会融合。⑧ 人权法院在 S. A. S 案⑨的判决中修正了先前西方视角对穆斯林女性佩戴面纱的误解。人权法院指出 2010 年法国立法以性别平等为理由完全禁止伊斯兰女

---

① Sahin vs. Turkey, appl no. 44774/98, judgment 29 January 2004, paras. 109 – 110.

② Steven Greer, "The Interpretation of the European Convention on Human Rights: Universal Principle or Margin of Appreciation," *ULC Human Rights Review*, Vol. 3, 2014, pp. 7 – 8.

③ Cora S. Feingold, "Doctrine of Margin of Appreciation and the European Convention on Human Rights," *Notre Dame Law Review*, Vol. 53, 1977, p. 105.

④ Dogru vs. France, appl no. 27058/05, judgment 4 December 2008.

⑤ Aktas vs. France, appl no. 43653/08, judgment 30 June 2009.

⑥ Kose and 93 others vs. Turkey, appl no. 26625/02, Decision 24 January 2006.

⑦ Hudoyberganova vs. Uzbekistan, communication no. 931/2000, decision 18 January 2005.

⑧ Ronan McCrea, "The Ban on the Veil and European Law," *Human Rights Law Review*, Vol. 13, 2013, p. 94.

⑨ S. A. S vs. France, appl no. 43835/11, judgment 1 July 2014.

性在公共场合佩戴面纱完全是一种偏见。申请人佩戴面纱源于履行宗教义务的意愿，凸显了自己独特的宗教身份，并非受到宗教压迫的结果。① 如果一味地限制或者禁止穆斯林妇女在公共场合穿着宗教服饰，那么就会导致穆斯林群体的孤立，从而导致宗教隔离。另外，人权法院拒绝了法国立法以保障人格尊严为由禁止女性佩戴面纱的做法。考虑到佩戴面纱的行为是伊斯兰教对体现穆斯林女德的要求，并且没有证据显示佩戴面纱的妇女会遭到更多的歧视，所以人权法院认定维护个人尊严无法成为全面禁止女性佩戴面纱的依据。②

但是，人权法院仅通过结构性方式对"共同生活的最低要求"进行审查。法国政府认为宪法中的"博爱"原则要求移民应该融合到当地的共同社会生活之中。面对面的交往是共同的社会生活不可或缺的一部分，因此脱掉面纱才有利于融入社会的生活中。③ 显然，依据公约第9条第2款的规定，"共同社会生活的最低要求"并非限制宗教自由的合法理由，其内含的维护集体利益诉求无法纳入公约规定的"保障个人的权利和自由"范畴。④ 人权法院在此种情形下陷入两难的境地，倘若反对法国立法，那么人权法院的辅助性地位就必然受到质疑，甚至重演 Lautsi Ⅰ案判决后国内政治势力大肆批判人权法院的情况；倘若支持法国立法，那么有可能质疑人权法院保障公约权利的能力，毕竟法国议会以超过公约规定之外的方式限制公约权利缺乏明显的合法理由。

与 Lautsi Ⅱ和 A. B&C案⑤的判决相似，人权法院以法国宪法权威赋予了公民"共同社会生活的最低"义务为理由给予缔约国较大的边际裁量空间："人权法院了解到法国立法机关在制定法律的过程中仔细地思考了（公民社会生活的最低要求）……'穆斯林妇女一贯地在公共场合用面纱遮住脸的行为违反了宪法确定的博爱原则，无法满足促进社会交流文明必

① S. A. S vs. France, appl no. 43835/11, judgment 1 July 2014, paras. 118 – 119.
② S. A. S vs. France, appl no. 43835/11, judgment 1 July 2014, para S. 120.
③ S. A. S vs. France, appl no. 43835/11, judgment 1 July 2014, para S. 121 – 122.
④ Armin Steinbach, "Burqas and Bans: The Wearing of Religious Symbols under the European Convention of Human Rights," Nuffield College, *Working Paper*, July 2015, p. 4.
⑤ A, B&C vs. Ireland, appl no. 25579/05, judgment 16 December 2010.

需的最低社会要求。'的确，缔约国享有确保不同文明的人共同生活的权
利……"①

尽管形式性的边际裁量被众多的学者诟病为"威胁法治"②，但是人
权法院在该案依旧为保障穆斯林妇女着装自由方面做出了贡献。人权法院
提醒法国政府注意完全禁止穆斯林妇女蒙面纱的行为会产生固化已有的偏
见和鼓励宗教仇恨的负面影响。③ 在审查立法后，人权法院通过判决方式
指出"法国议会立法意图不是完全禁止在公共场合佩戴宗教标志，仅为不
允许蒙面纱"④。无疑这将为保障在公共场所自由穿着其他宗教服饰提供
合法性基础。更为重要的是人权法院推翻了 Sahin 案确立的将宗教宽容定
义为消灭宗教标志的做法，转而最大程度支持更为务实的宗教多元与多样
身份。但是"社会生活的最低要求"依旧为缔约国立法限制佩戴蒙面纱巾
提供了合法理由。2017 年人权法院依据 S. A. S 的判决支持比利时政府禁
止穆斯林妇女在公共场合佩戴面纱。⑤ 人权法院的同情范围仅限于普通民
众。公立机构的雇员和公立学校的师生佩戴头巾的行为无法得到人权法院
的保护。⑥

三 欧盟法院的两难：私营企业禁止员工佩戴
宗教标志是否构成歧视

尽管人权法院积累了大量的佩戴宗教标志的判决，但是除了 Eweida
案以外，其他判决皆是调整公权力与个人的关系的。人权法院在 Eweida
案判决中以"健康的民主社会需要维持多元化和多样性"和"佩戴十字

---

① S. A. S vs. France, appl no. 43835/11, judgment 1 July 2014, para. 141.
② Jeffrey A. Brauch, "The Margin of Appreciation and Jurisprudence of the European Court of Human Rights: Threat to Rule of Law," *Colum. J. Eur. L.* Vol. 11, 2004, p. 125.
③ S. A. S vs. France, appl no. 43835/11, judgment 1 July 2014, para. 149.
④ S. A. S vs. France, appl no. 43835/11, judgment 1 July 2014, para. 151.
⑤ Belcacemi & Oussar vs. Belgium, appl no.37798/13, judgment 11 July 2017; Dakir vs. Belgium, appl no. 4619/12, judgment 11 July 2017.
⑥ Ebrahimian vs. France, appl no. 64846/11, judgment 26 November 2015; Kurtulmus vs. Turkey, appl no. 65500/01, judgment 24 January 2006.

架并未对航空公司的中立形象和经营造成负面影响"为由支持了申请人的请求。然而，基于欧盟法院与欧洲人权法院功能和判决方式的差异，欧盟法院很难无条件地移植欧洲人权法院的法理判决。人权法院主要以公约为导向审查缔约国是否违反公约规定的义务，而欧盟法院能在《欧盟机构运行条约》第 267 条规定的预先裁决机制框架下维护欧盟法治的统一性。[①]英国社会对宗教标志的宽容度和接受度显然要强于法国和比利时等信奉世俗主义至上的国家。至今，穆斯林妇女普遍享有在工作场所佩戴头巾的自由。[②] 因此，人权法院会依据缔约国社会文化的差异和证明责任实施情况具体调整判决结果。在 Eweida 案的判决中，人权法院赞同维护企业形象而限制个人宗教表达具有目的正当性。然而，人权法院试图通过"最小限制基本权利"的方式检测禁止妇女佩戴头巾是否与维护公司的中立形象具有必要性关系，换言之，就是探求是否有其他较小侵犯基本权利的措施可以达到同样的目的。尽管人权法院无法依靠自身的认识主动寻找可替代性措施，但是缔约国法院和航空公司未能提供相应的证据证明其思考通过其他方式维护公司中立形象。因此，缔约国法院缺乏对该案的实质性审查使得人权法院有理由以航空公司未能达到举证标准为由限制缔约国法院的边际裁量空间。加之缔约国和航空公司未能实际证明其受到了损失，因此，人权法院认为航空公司以维护公司中立形象为由禁止个人佩戴宗教标志的规定违反了《欧洲人权公约》第 9 条保障的宗教自由权和第 14 条规定的禁止歧视规定。

欧盟法院在 Achita 案（以下简称 A 案）和 Bougnaoui 案（以下简称 B案）两个事实相似的案件中做出了不同的裁决。助裁官 Kokott 和 Sharpston的两份助裁意见书中对权利价值和权利界限有着截然相反的认识。

[①] Titia Leonen, "The Headscarf Debate: Approaching the Intersection of Sex, Religion and Race under the European Convention on Human Rights and EC Equality Law," in D. Schick & V. Chege (eds.), *European Union Non-discrimination Law: Comparative Perspective on Multidimensional Law*, Abington: Routledge, 2008, p. 315.

[②] Barbara Hewson, "The War on the Veil: When It Is Okay to Say no Hijab Allowed," Spiked online, 20 March 2017, available at http://www.spiked-online.com/newsite/article/the-war-of-the-veil-headscarf-european-court-of-justice-eu/19581#.Wa4wfcgjFPY., last visit in 06 - 09 - 2017.

A 是一名在比利时 G4S 安保公司工作的穆斯林女性。她在任职 3 年后向公司要求在工作过程中佩戴头巾。公司部门经理告知其依据公司内部规章的中立政策禁止"佩戴具有政治、哲学或者宗教信仰的外观化标志"，A 女士因未服从公司规定而遭到开除。B 女士是受聘于法国某信息科技企业的在校学生，公司负责人担心其着装会导致客户的不愉快，因此告知其不得佩戴头巾上班。B 女士并未遵守公司的要求。客户的投诉直接导致公司开除了 B 女士。比利时与法国的劳动法庭和劳动上诉法庭裁定用人单位的决定并不违法，但是两国的最高法院分别向欧盟法院询问"为了保持公司的中立形象禁止佩戴具有政治、哲学或者宗教信仰外观化的标志是否构成了直接歧视"和"客户不满意接待人员的宗教着装而将其开除是否构成直接歧视"。

助裁官 Kokott 与助裁官 Sharpston 在两个相似的案件中形成截然对立的观点，这也是欧盟法院同案不同判导火索之一。Sharpston 认为就业的决定性因素应该"仅限于那些为了承担相关行业拥有绝对必备条件和能力"，经营自由权不是一项绝对的权利，以满足消费者胃口的商业利益最大化不能成为对 B 女士进行直接歧视的正当性理由。与 Sharpston 的观点不同，Kokott 认为"如果一位没有佩戴头巾的工作人员与佩戴头巾的工作人员拥有同样出色的表现，那么胜任岗位的能力之一就是满足用人单位提出的着装条件"。继而 Kokott 提到"该公司着装规定的整体目的是以经济利益为导向的区别对待"。Kokott 的观点无疑会得出十分骇人的结论：经济利益高于一切的不歧视原则。① 显然，该观点会挑战反歧视法中形成的人权价值。

两位助裁官都没有对维护公司中立形象而禁止个人佩戴头巾属于直接歧视或间接歧视做出有说服力的解释。这是一个非常重要的问题。直接歧视意味着招聘政策直接对信仰宗教或者信仰特定宗教的个人或者群体给予消极对待。在涉及宗教的事务中，欧盟法目前仅承认教会机构有以宗教信

① Emmanuelle Bribosia & Isabelle Rovine, "The dark side of neutrality, Strasbourg Observers," available at https://strasbourgobservers.com/2016/09/14/ecj-headscarf-series-4-the-dark-side-of-neutrality/., last visit in 06 - 09 - 2017.

仰为理由直接歧视的特权。间接歧视则是客观中立的政策会导致某一特定宗教或者信仰群体遭受特别不利影响或现实性的区别对待。只有在间接歧视具有客观目的、合法理由以及符合比例条件下，法院才会支持间接歧视的合法性。因此，最为关键的因素在于判断履行伊斯兰或其他宗教教义是否成为该政策针对的直接目标。Kokott 和 Sharpston 都认可这一点。Kokott 在助裁意见中指出，"针对某种宗教的固有认识和对相关宗教的普遍反对皆构成直接歧视"。遗憾的是 Kokott 没有在意见中对比利时 G4S 公司的规章是否特意针对少数信仰者进行审查，而是从社群主义视角出发认为"个人的外观与公司的形象无法完全分离"。Sharpston 也未能论证公司为了维护中立形象而禁止佩戴宗教标志是不是针对特定的穆斯林妇女，而是从个人主义角度出发指出，"遵守个人的宗教信仰、展现个人的特质是人之存在不可分割的一部分。无法将践行宗教信仰视为工作外的一部分"。显然，Sharpston 的结论受到了法国最高法院 Baby Loup 案判决的影响。最高法院指出维持中立性和世俗化仅限于国家层面，私营企业不受该上述宪法义务的限制。①

诚然，比较对象不同直接导致了对歧视属性定性的不同。欧盟成员国法院和相关当事人对类似的案件有着不同的认识与诉求。Eweida 案的当事人认为公司禁止佩戴宗教标志构成了间接歧视；瑞典法院曾判决某瑞典公司要求员工统一着装的行为不利于展示特定宗教信仰身份特征，因此构成间接歧视；丹麦东区高级法院认为百货商场以穆斯林妇女佩戴头巾影响公司中立形象为由解聘该职工的行为构成了间接歧视。一位土耳其裔的幼儿园老师因在工作时间佩戴头巾而被该奥地利私营幼儿园解聘。尽管私营机构的负责人指出家长不希望身穿宗教服饰的老师照顾小孩，但是奥地利平等委员会的监察专员认为幼儿园的做法构成直接歧视。鉴于第 2000/78 号法令仅允许宗教机构以宗教信仰为缘由实施直接歧视，因此监察专员认为

---

① M. Hunter-Henin, "Religion, Children and Employment: The Baby Loup Case," available at http://discovery. ucl. ac. uk/1469735/1/BABY% 20LOUP% 20WITH% 20AMENDMENTS% 20FINAL. pdf, last visit in 06 – 09 – 2017, p. 3.

老师展现个人宗教身份特征应该优于家长的意志。① 但是，丹麦最高法院曾经认可了超市依据着装规定限制售货员佩戴头巾的行为不构成任何歧视。②

　　Sharpston 比较的出发点是审查禁令是否区别对待有宗教信仰和无宗教信仰的员工。他得出了禁令导致了有宗教信仰的人处于绝对弱势地位的结论。然而，依据宗教教义和宗教文化的演变，现代的践行宗教信仰的义务并非都必须以外观表达。欧洲国家的世俗化和民主化程度与佩戴宗教标志的普遍性呈现反比现象。在现代欧洲国家中，宗教服饰和生活服饰已经截然分开。多数具有伊斯兰传统的国家政府也对穿着宗教服饰有着严格的限制。人权法院在 Eweida 案的判决中没有讨论佩戴宗教标志是否构成直接歧视或者间接歧视，而是从保障宗教自由规范内以平等对待的视角认定违反公约第 9 条必然违反欧洲人权公约第 14 条。尽管如此，人权法院依然认可维护公司中立形象而限制宗教自由具有合法性。欧盟法院的 Wachauf 案同样也为限制基本权利提供了法理基础，即"欧盟法院认为任何基本权利都不是绝对的，都必须要与其社会功能相符合。如果对权利的限制可以符合欧盟追求的共同利益而且建立在公正、可接受以及保障权利实质内容基础上，那么就可以限制该权利"③。

　　如果欧盟法院在个案中提出具有说服力的理由认定保障企业经济利益或者企业形象比维护个人权利更有优先性和重要性④，那么禁令本身就具有合比例性特征。因此，很难认定公司以保证中立性限制佩戴宗教标志的行为构成对信教者的直接歧视。相反，对于坚定履行《古兰经》教义的人来说，佩戴头巾是穆斯林女性的宗教义务，也体现了宗教信仰者独特性的身份标志。这个看似中立的政策会对穆斯林女性就业、权益保障和融入主流社会产生不利的影响。在没有任何证据证明中立性政策是特别限制某一宗教的情况下，不能视其为直接歧视。

---

① GAW Ⅱ/28/2010，GBK Ⅱ/106/2010.
② U. 2005. 1265. H.
③ Case C－5/88 ［1989］ECR Ⅰ－2609.
④ Case C－438/05 ［2007］ECR Ⅰ－10779；Case C－341/03 ［2007］ECR Ⅰ－11767.

　　欧盟法院在 Kokott 与 Sharpston 的不同意见中做了妥协。在 B 案的判决中，欧盟法院认定了法国信息公司的解聘理由构成了直接歧视并且指出"顾客不希望接受公司为其提供佩戴头巾人的服务不能成为真正的和决定性的就业要求"①。显然，这与法国最高法院在 Baby Loup 案的判决相呼应，认定世俗化和中立性仅适用于公共领域，私营领域不得以宪法原则为理由开除员工。然而，法国法院仍然为私营企业依据具体或明确理由限制个人宗教着装留有了空间。② 最高法院不希望 Baby Loup 案的判决结果成为法国私营企业必须信奉的宗教哲学，而希望促进共同的"社会行动"减少因宗教分裂带来的社会问题。③

　　欧盟法院在 A 案的判决中并未从保护宗教自由或者维护个人的平等权为司法审查的出发点。相反，法院在运用比例原则的过程中将基本权利宪章第 16 条确定的自主经营权作为审理案件的出发点④，从而为限制宗教自由权提供了合法理由，也否定了 Sharpston 在 B 案的助裁意见"个人的宗教信仰应该大于企业利益的最大化"。

　　欧盟法官没有在 A 案的判决中严格运用比例原则。欧盟法院在判决中不仅缺乏对经营自由权与宗教自由的实质性权衡，也没有考虑伊斯兰教义与其他主要宗教的区别，仅简单地指出公司中立政策适用于一切宗教、政治与哲学信仰，没有针对具体族群设置障碍。因此，为了维护公司中立形象禁止佩戴具有宗教性的标志是必要的和适当的。显然，欧盟法院没有对该公司规定的"必要性"或者"适当性"做出实质性审查。此外，欧盟法院没有依职权审查是否存在"最小限制基本权利的措施"或者要求雇主寻找维护中立形象的其他手段和方式，也没有依照 Eweida 案标准要求雇主履行严格的证明义务。

　　另外，欧盟法院在权衡宗教自由和平等权与企业经营自主权过程中明显带有目的性解释的导向，将经营自主权范围扩大到企业对员工着装具有

---

①　Case C – 188/15, judgment 14 March 2017, para 41.

②　Cour de Cassation, no. 95/44738, decision 24 Mar. 1998.

③　Eoin Daly, "*Laïcité* in the Private Sphere? French Religious Liberty After the *Baby-Loup* Affair," *Oxford Journal of Law and Religious*, Vol. 5, 2016, p. 219.

④　Case C – 157/15, judgment 14 March 2017, para 38.

支配权。这个解释暗含了欧盟法院按照 Kokott 的建议以狭义比例原则的方法权衡相冲突利益后认定失去中立性着装给雇主带来的经济冲击要远远大于维护个人宗教自由。但是，这种判断的本身却违反反歧视立法中的人权保障导向。在 Coleman 案的判决中，助裁官 Maduro 指出"反歧视法的目的是保障具有保障特征的个人尊严和自治性"。① 而宗教信仰恰恰是第 2000/78 号欧盟法令保障的内容之一。因此，无法从反歧视立法的价值导向中得出商业利益大于尊重宗教信仰自由的结论。况且法院在权衡过程之中必须考量个人更换工作的可能与失去工作的严重后果。

即便欧盟法院从维护企业中立性的方式出发，禁止宗教色彩的着装也不是唯一选择。企业完全可以通过其他渠道，例如在公司介绍或者与客户谈判已经签订合同中通过正式或者非正式的方式表明立场。这种措施并不会过多增加企业的经济成本和支出，但是足够保障个人宗教自由和企业中立性的形象。

显然，禁止个人佩戴头巾与"最小方式限制个人基本权利"的要求不符。用人单位在诉讼过程中也没有展示允许个人佩戴头巾会导致企业利益损失的明确证据。从社会方面分析，除非比利时的社会具有普遍排斥和仇恨穆斯林的社会心理氛围，否则企业的商业利益通常不会受到极大的影响。相反，通过政策限制穆斯林妇女身份表达则会加剧宗教仇恨和社会分裂，也违反欧洲人权法院在 Vajnai 案确定的"禁止多数民众对少数信仰的专断限制"。

欧盟法院的判决结果无法获得 Alexy 公式的证明。Alexy 将比例原则定义为相冲突原则间的帕累托最优效果，其核心环节是两个相冲突原则间的权衡。② 依据 Alexy 的理念，权衡的指导思想为"对某一个原则损害程度越大，就必须证明另外一个原则具有更高的重要性"③。因此，权衡的要素包括相比较的宪法原则重要性（W）、体现基本权利的宪法原则受干涉的程度（I）以及特定措施是否会从经验或者规范中实现所追求的目的

---

① Case C – 303/06 ［2008］ECR I – 5603.

② Robert Alexy, *A Theory of Constitutional Rights*, trans by Julian Rivers, Oxford: Oxford University Press, 2002, p. 102.

③ Robert Alexy, "Constitutional Rights and Proportionality," *Revus*, Vol. 22, 2014, p. 54.

（R）。以两个相冲突的原则 P_1 和 P_2 为例，阿列克西的数学公式表达为：

$$W_{(1,2)} = \frac{W_1 \times I_1 \times R_1}{W_2 \times I_2 \times R_2}$$

对权利的影响随着干涉程度的加剧呈现等比数列。因此 I 因素从严重到轻微可分为三个阶段：2^2、2^1 和 2^0；可实现性前提 R 是评价特定措施达到所追求目的的可能性。通常从否定的角度以等比数列定义 R 值，为 2^0、2^{-1} 和 2^{-2}。由于 W 是宪法原则或者权利原则的价值，无法从内在属性价值或者外在工具性价值单独权衡两者间的比重。[1] 然而，这并不必然排斥法官在个案中依据社会共同认可的价值或者道德赋予某个原则相对的优势地位。狭义的比例原则权衡包含了多个因素，赋予特定原则相对优势地位并不必然决定权衡的结果。Barak 显然也认可通过社会边际效应的方式为平衡公式寻找正当性。法官在权衡过程中需要思考个人权利和利益的社会重要性。[2] 因此，在个案中对权利功能和角色的定位直接影响 W_1 与 W_2 的权重比。显然，Achita 案中宗教自由或者平等权具有防御属性，在民主国家中具有最高的宪法价值，而企业经营自由权在本案中属于支配性权利，其目的是保障公司中立形象和维护经济利益。由于 G4S 公司未能举证出其受到经济利益损失，我们可以在本案中认定 W_1（宗教自由）$> W_2$（企业自主经营权）。同理，禁止穆斯林妇女佩戴头巾对宗教自由限制和企业经营自主权的保障效果也可以用此方式论证。显然，妇女的宗教自由受到了严重的影响，其相应程度是 2^2；没有证据证明人们对企业中立性影响会有较大改观，其收益程度最多是 2^1。由于限制妇女佩戴头巾的行为必然影响宗教自由，R_1 为最大值 2^0，不必作为数学公式权衡因素。因此，宗教自由（P_1）与自主经营权（P_2）的比值至少为：

$$\frac{W_1 \times I_1}{W_2 \times I_2} = \frac{2^2 \times 2^2}{2^1 \times 2^1} = 4$$

---

[1] Niels Perterson, *Proportionality and Judicial Activism：Fundamental Rights in Adjudication in Canada，Germany and South Africa*, Cambridge：Cambridge University Press，2017，p. 43.

[2] Aharon Barak，"Proportionality（2），" in M. Rosenfield & A. Sajo（eds），*The Oxford Handbook of Comparative Constitutional Law*，Oxford：Oxford University Press，2012，p. 746.

即便认定所有宪章基本权利为等值，但是由于公司未能达到举证标准，因此其前提的可靠性最多为 2^{-1}。因此，权衡结果依旧为 $P_1 > P_2$。

$$\frac{I_1 \times R_1}{I_2 \times R_2} = \frac{2^2 \times 2^0}{2^1 \times 2^{-1}} = 4$$

妇女佩戴头巾是伊斯兰教义特有的宗教要求。与佩戴十字架不同，妇女无法通过隐藏性方式佩戴头巾，也无法将其标志缩小到无法甄别的程度。作为表达自身宗教信仰和个人身份的"被动性外观标志"，佩戴头巾并非构成胜任职位的决定性因素，也不意味着支持恢复伊斯兰法统治或者拒绝履行宪法义务。

A 案的判决显然可能为欧洲带来寒蝉效应。欧盟法院以具有普遍约束力的判决方式允许整个欧盟企业以中立性政策保障中立性（基本权利宪章第 16 条），禁止少数宗教者无害的宗教身份表达。A 案判决甚至会改变 B 案的判决结果。鉴于 B 案的实质是"顾客的喜好不能成为就业的决定性因素"，公司依然可能通过证明其不遵守公司的中立性政策并对企业造成经济损失而开除员工。

尽管 A 案法官试图以"合理性吸纳"的方式要求企业为其提供"不与客户会面的工作职位"以保障当事人的就业权，但是公司仍然能以没有相应的职位为由解聘该员工。显然以掩盖歧视途径解决歧视问题不会成为人权保障的好方法。

四 Eweida 案能成为改变 Achita 案的救命稻草吗？

在 A 案判决公布后，许多欧洲法权威学者[①]认为可以通过援引人权法院在 Eweida 案的判决结果要求欧盟法院和欧洲人权法院的判决标准保持一致。的确，《欧盟条约》第 6 条第 3 款明确指出欧洲人权公约是欧盟法的一般原则；《欧盟基本权利宪章》第 52 条第 3 款中规定宪章权利的概念

---

① Steve Peers, "Headscarf Bans at Work: Explaining the ECJ Rulings, EU Law Analysis," available at http://eulawanalysis. blogspot. nl/2017/03/headscarf-bans-at-work-explaining-ecj. html. , last visit 08 – 09 – 2017.

和范围要与公约权利保持一致。尽管欧盟法院在第 2/13 号中指出"欧盟法的自治性是指在欧盟法的框架下解释基本权利"①，并在 J. N 案②中明确指出欧盟法与人权公约的一致性解释不得危害欧盟法自治性。但是，欧盟法院依旧不希望与人权法院发生直接的冲突。例如，欧盟法院在 Aranyosi 案③的裁决中按照人权法院 Takakhel 案④和 M. S. S 案⑤确定的"现实性危险"标准改变了 N. S 案⑥确立的结构性缺陷是禁止遣送难民申请人的唯一理由。此外，欧盟法院经常在判决中通过援引人权法院的判决或者人权公约条款的方式证明自身判决的合法性。⑦

回答 Eweida 案能否成为改变 Achita 案的判决理由前首先要探求人权法院判决方式与欧盟法院审理方式是否存在差异，Eweida 案的判决模式是否可以移植到欧盟法院。申诉人在国内救济程序中就指出航空公司的禁令违反了第 2000/78 号欧盟法令确定的禁止以宗教为理由的歧视。Sedley 法官认为此案是针对间接歧视的案件，因此当事人必须首先证明自己属于某个宗教团体，并且该团体成员都会因此陷入不利。Sedley 法官继续指出，在欧盟法体系下，只有个人证明自身受到某一中立性政策的影响无法足够证明受到了间接歧视的影响。英国上诉法院也认可 Sedley 法官的裁判进路，认为没有其他人与 Eweida 一起控诉受到了该中立政策的影响是导致法院无法认定为歧视的直接原因。人权法院则从宗教自由的角度出发审查公司的规定是否侵犯其宗教自由权。当认定公司并未合比例性地限制其宗教自由时，人权法院顺带着判决缔约国未能保障人权公约第 14 条。这从侧面也反映出人权公约第 14 条通常仅具有"修饰性"或者"补充性"的

---

① Opinion 2/13，para 170.
② Case C – 294/16PPU，judgment 28 July 2016.
③ Case C – 404/15PPU，judgment 5 April 2016.
④ Takakhel vs. Switzerland，appl no. 29217/12，judgment 4 November 2014.
⑤ M. S. S vs. Belgium and Greece，appl no. 30696/09，judgment 21 January 2009.
⑥ Case C – 493/10 ［2011］ECR I – 13905.
⑦ Barrett J. Fan，"Convergence，Compatibility or Decoration：The Luxembourg Court's Reference to Strasbourg Court Law in Its Final Judgments，" *Pecs J. Int'l & Eur. L.*，no. 2，2016，pp. 54 – 58.

功能。① 人权法院在未要求申诉人必须证明该群体已经陷入某种特定不利的情况下，指出"区别对待违反目的正当性或者手段和目的之间的联系不成比例都构成歧视"②。显然，人权法院没有认真对待证明间接歧视的举证构成。欧盟法院通常会严格适用比例原则。尽管在 Achita 案中比利时上诉法院仅询问禁止穆斯林妇女在工作场所佩戴头巾是否构成直接歧视，但是欧盟法院的回复明确指出公司规定既不构成直接歧视，也不构成间接歧视。这主要是由于仅有一名穆斯林妇女控诉她的宗教信仰受到了不公平的对待。但是考虑到伊斯兰教规和现实，有理由相信其他的穆斯林女性也可能成为"中立政策"的受害者。因此，Achita 案完全可以达到举证标准。然而，人权法院在 Eweida 案中以基本权利保障为出发点，欧盟法院则需要权衡多方面的利益，因此基本权利的地位会随着情境差异而不同。Mc-Crea 甚至断言，"欧盟法院更愿意通过限制平等对待和展现个人身份的方法保障企业在市场竞争中有效的经营"③。除非像在 Omega 案④中个人的基本权利（个人尊严）具有突出的国内宪法地位，否则欧盟法院会更倾向于保障经济利益。

尊重社会文化和共识是人权法院辅助性原则的要求。显然，法国和比利时对于"中立性"的理解与英国和意大利的认识有着明显不同。英国立法和社会民众对公共场合展示宗教标志不会产生敌意，而法国和比利时则认为创造宗教宽容和政府中立的最好方式就是禁止宗教标志在公共场合出现。人权法院自然倾向于对宗教政策较为宽松的国家限制宗教行为进行严格的审查；而对具有特殊宪法义务的国家，通常会对敏感事项以尚未达成欧盟共识为由赞同缔约国的决定。Eweida 幸运地生活在较为宽松的英国，相反 Achita 则生活在提倡"自由中立"理念的比利时。此外，比利时的最高法院尚未做出过世俗化原则不适用于私营企业的判决，并且私营商店

① William A. Schabas, *The European Convention on Human Rights: A Commentary*, Oxford: Oxford University Press, 2016, p. 556.

② Eweida and Others vs. UK, appl no. 48420/10, judgment 15 January 2013, para. 88.

③ Ronan McCrea, *Religion and the Public Order of European Union*, Oxford University Press, 2010, p. 155.

④ Case C – 36/02 [2004] ECR I – 9641.

也经常以顾客穿戴穆斯林服饰为由拒绝提供服务。因此，不仅欧盟法院无法直接移植 Eweida 案的判决，甚至人权法院可能以比利时与英国社会差异为由在 Achita 案背景下放弃适用 Eweida 案的法理。

结　语

与美国宪法权利的绝对性保障不同，欧洲人权立法明确指出宗教自由不是绝对权利，受公共利益、公共秩序、安全和健康以及他人的安全与自由的限制。尽管欧洲人权法院做出了许多关于穆斯林妇女佩戴面纱或者头巾的判决，但是除了给予普通人和平参加社会宗教活动保障外，人权法院通常以维护国家的世俗化和中立政策为由给予缔约国政府限制穆斯林宗教着装巨大的边际裁量空间。人权法院通常会容忍缔约国对"中立政策"的不同解释，经常拒绝依据严格的比例原则审查缔约国的限制行为是否违反公约义务，甚至在 S. A. S 案中以目的性解释方式为法国政府限制穆斯林妇女佩戴面纱的行为提供了空间。在针对支持"信仰中立"的国家司法审查中，人权法院通常选择保障个人权利优先，对限制宗教自由的行为做严格性审查。

相比于人权公约重点保障自由权，欧盟法院需要在类似的案件中平衡宗教自由与保障企业经营自主权的关系，两者都是欧盟基本权利宪章法定的权利，具有同等重要的法律地位。但是，欧盟法院在 Achita 案的审理过程中没有认真对待比例原则，不仅缺乏实质性审查限制措施是否为"最小方式限制基本权利"，更未要求雇主承担举证责任。依据 Alexy 狭义比例原则数学公式，Achita 案保障宗教自由的重要性明显大于维护企业自主经营权的重要程度，欧盟法院却以目的性解释方法认定企业的自主经营权涵盖要求员工在会见客户时保持中立形象的权利。欧盟法院在判决中未能考量维护企业形象的其他可替代性方式，也没有谈及限制宗教自由带来的损失。显然，欧盟法院以目的性解释方式忽略与之相冲突的基本权利的重要性本身就构成司法缺陷和歧视。这个判决意味着欧盟法院承认经济利益优先于个人信仰自由，为欧盟公司进一步通过中立政策歧视穆斯林妇女的着装留下了合法空间。Achita 案判决结果会导致人们怀疑欧盟法院能否真正保障少数宗教信仰者在就业领域免受歧视的权利。

　　人权法院对 Eweida 案的判决无法成为改变欧盟法院判决的理由。一方面，两个欧洲法院对歧视的证明构成存在明显差异。另一方面，欧盟法院在 J. N 案判决中指出欧盟法院必须在符合自身宪法秩序的前提下与人权法院的判决保持一致。显然，欧盟法院是欧盟最高法院，维持整个欧盟一体化的秩序；而人权法院的功能是保障人权，通常要尊重缔约国的社会文化和宪法秩序。欧盟法院需要思考整个欧盟法与成员国间形成的交互性法律秩序。Eweida 案的判决在很大程度上与英国宽松的宗教氛围相关。换一个角度分析，倘若人权法院审理 Achita 案，依然可能以案件敏感或者尚未达成欧洲共识为理由认定"缔约国法院比国际法院具有更好裁决当地问题的能力"，从而给予缔约国政府巨大的边际裁量空间。

财产权民法保护的局限性
及其宪法克服

游 伟[*]

引 言

财产权[①]是法律领域的一个重要范畴，其重要性毋庸置疑。现阶段，我国主要通过民法对财产权进行具体保护。但随着我国社会主义市场经济的发展，财产权在主体、性质、内容、构造、表现形式等方面发生了巨大变化，传统的财产权概念已被新的财产权概念所取代。[②] 与此同时，财产权不平等保护、财产权保护范围狭窄、收入差距过大、公权力侵害财产权、财产权救济途径缺乏等问题突出。[③] 面对财产权的现状与问题，民法保护就显现其不足，这些不足，部分可以通过民法自身进行克服，部分是其力所不及，在此就需要其他部门法尤其是宪法对财产权保护的介入。财产权保护不是某一个部门法的任务，而是上至宪法下至各部门法的共同任务，有赖于宪法与民法的共同完成。

[*] 游伟，中国人民大学法学院博士研究生。本文系北京市朝阳区人民政府法制办"法治与社会治理现代化理论与实践研究"（项目编号 2016K20324）课题阶段性成果。

[①] 本文如未作特殊说明，财产权仅指私有财产权。

[②] 参见吴汉东《财产的非物质化革命与革命的非物质财产法》，《中国社会科学》2003 年第 4 期，第 122 ~ 133 页；徐国栋《现代的新财产分类及其启示》，《广西大学学报》（哲学社会科学版）2005 年第 6 期，第 49 ~ 53 页；王卫国《现代财产法的理论建构》，《中国社会科学》2012 年第 1 期，第 140 ~ 162 页。

[③] 参见刘灿《社会主义市场经济与财产权制度的构建》，《福建论坛》（人文社会科学版）2004 年第 11 期，第 6 ~ 7 页；罗楚亮、李实、赵伟《我国居民的财产分布及其国际比较》，《经济学家》2009 年第 9 期，第 97 ~ 98 页；贾康、孟艳《我国居民财产分布差距扩大的分析与政策建议》，《经济社会体制比较》2011 年第 4 期，第 28 ~ 34 页。

我国学者对财产权的法律保护研究较多，成果斐然。① 但研究相对比较分散，宪法学者和民法学者都注重从各自学科内部去研究财产权的法律保护问题，鲜有学者从财产权的民法保护与宪法介入的救济体系角度去展开研究，这种跨学科的研究相对比较薄弱。② 此外，受公、私法划分的影响，传统上都认为涉及公权力侵犯财产权的情况由公法调整，民法只调整平等主体之间的财产关系，殊不知在现代市民社会理论里，民法同样被赋予制约公权力的责任。因而，本文从宪法与民法的跨学科视角对财产权规范展开研究，以财产权的宪法基本权利性质为基础，梳理财产权民法保护的局限性，在论证宪法介入财产权民法保护必要性的基础上，试图通过民法条款实现宪法基本权利的转介，探讨民法抵御公权力侵犯财产权的可能性，建构宪法与民法相协调的财产权法律保护体系。

一　财产权民法保护的局限

追溯历史可以发现，在西方私有制条件下，民法所承担的重要使命之一就是保护财产权，其中一个重要体现就是私有财产神圣不可侵犯。③ 我国是以公有制为主体的社会主义国家，民法的使命是否也是保护财产权？我国自实行市场经济开始，市场经济的前提就是拥有可交换的财产权，因

① 宪法学界有代表性的研究可参见林来梵《论私人财产权的宪法保障》，《法学》1999 年第 3 期，第 9~10 页；赵世义《论财产权的宪法保障与制约》，《法学评论》1999 年第 3 期，第 1~8 页；林来梵《针对国家享有的财产权——从比较法角度的一个考察》，《法商研究》2003 年第 1 期，第 54~62 页；谢立斌《论宪法财产权的保护范围》，《中国法学》2014 年第 4 期，第 119~132 页。民法学界有代表性的研究可参见吴汉东《论财产权体系——兼论民法典中的"财产权总则"》，《中国法学》2005 年第 2 期，第 73~83 页；吴汉东《知识产权"入典"与民法典"财产权总则"》，《法制与社会发展》2015 年第 4 期，第 58~66 页；王涌《财产权谱系、财产权法定主义与民法典〈财产法总则〉》，《政法论坛》2016 年第 1 期，第 103~118 页。
② 有代表性的研究可参见李龙、刘连泰《宪法财产权与民法财产权的分工与协同》，《法商研究》2003 年第 6 期，第 40~47 页；张艺《宪法财产权的性质及其与民法财产权比较研究》，《长江大学学报》（社科版）2015 年第 7 期，第 39~42 页。
③ 这一原则起源于 1215 年英国《自由大宪章》，当时规定"设无全国公意许可，将不征收任何免役税于贡金"，这直接针对的就是公权力，国王不能未经同意就随意征税。后来，1789 年法国大革命第一次明确提出了"私有财产神圣不可侵犯"原则。

而就必须承认私主体所拥有的生产资料和生活资料，在《宪法》都明文鼓励发展非公有制经济的情况下，要发展市场经济，作为我国市场经济基本法的民法理所当然地要肩负起保护财产权的使命。在此理念指导下，《民法总则》《民法通则》《物权法》《合同法》《侵权责任法》《继承法》《著作权法》《专利法》《商标法》等都对如何保护财产权作了具体规定，但时至今日，财产权的民法保护仍存在进步空间。

（一）财产权民法保护的定位局限

按照现代市民社会理论，市民社会与政治国家应该分离，由此衍生出公法与私法的划分，公法负责调整公权力之间以及公权力与私权利之间的关系，私法负责调整私权利之间的关系。从财产权私法保护与公法保护之间的"协调"与"分工"角度去看，民法自身的定位就并非解决公权力对财产权的侵害问题。尽管《民法总则》第117条和《物权法》第42条都规定了对财产权的征收、征用程序和补偿标准，但当公权力限制、侵害乃至剥夺财产权而出现纠纷时①，私主体就行政机关的具体行政行为——比如土地征收征用、房屋拆迁、车船征用、不进行产权确认、不发放许可证、不进行物资帮助、不发放社会福利等——不服时，无法通过民法途径获得救济，更不用说那些抽象行政行为了——诸如机动车限行、征税、外汇管理、货币调整政策等。换句话说，民法只是对公权力侵害财产权的程序和补偿标准做出规定，至于救济则属于行政法范畴，民法则爱莫能助，这是客观上我们对民法的定位所带来的局限。实际上，就征收征用问题就

---

① 这里的侵害主要指行政执法过程中的财产权侵害，有学者就侵犯、限制公民私有财产权的表现形态进行了概括，认为主要涉及三个方面的问题，即对私有财产权的立法侵害、行政执法中的违法侵占和剥夺、限制财产权，以及财产权司法保护不力等问题，参见黄竹胜《论私有财产权》，载杨海坤主编《宪法基本权利新论》，北京大学出版社，2004，第93~94页。也有学者认为现代社会对私有财产权的侵犯主要来自三种力量，一是刑事犯罪，二是民事侵权，三是被滥用的政府权力。被滥用的政府权力是威胁私有财产的最深刻最隐蔽最强大的力量。参见王涌《私有财产保护：从"物权法"到"宪法"》，南方网，http://www.southcn.com/news/china/gdspcn/200212050550.htm，最后访问时间：2017年12月26日。

有不少学者认为这是一个公法问题，不应写入民法之中。①

公法设立的基理就在于政治国家存在权力被滥用的可能性，事实上要防止政治国家权力被滥用，可通过两种方式：一是权力对权力的内部制约；二是权利对权力的外部制约。第二种方式除了属于公法范畴外，私法也被纳入其中。即在私法领域也要处理好私人权利和国家权力之间的关系，民法典是公民权利的大宪章，被誉为"自由的圣经"，它除了承担保障个体权利和自由的职责外，也被赋予了制约公权力的期待，事实上有不少学者都主张民法也具有限制公权力的职能。②"民法典虽然只调整私人之间的权利关系，但通过私法自治原理、人身权和物权的'排他性'，赋予了个体自由决定其命运和生活、追求幸福的权利，他们不仅可以排斥来自第三人对权利的侵害，而且可以要求国家尊重其权利并排斥国家权力对私人领域的不当侵入。"③ 可见，针对公权力对财产权的侵犯，民法并非处于袖手旁观的位置，事实上民法中许多规范都涉及调整私人权利与国家权力之间的关系。未来民法典必将成为中国正在建立的市民社会的宪章，将明确地划定市民社会与政治国家的范围，充分地确认和保护市民的权利，有效地控制国家权力的滥用，使市民社会能抵御国家权力任意进入私域。④

（二）财产权民法保护的规范局限

1. 财产权保护的国家主义意味浓厚

《民法通则》第 73 条规定国家财产神圣不可侵犯，第 75 条规定公民

---

① 参见刘勇《物权法草案第 49 条应当取消——评物权法草案关于公益征收与征用制度的规定》，《政治与法律》2006 年第 4 期，第 125~129 页；苗连营、郑磊《民法典编纂中的宪法三题》，《法制与社会发展》2015 年第 6 期，第 74~82 页。

② 参见李静冰《论制定中国民法典的积极意义与现实障碍》，《法律科学》1992 年第 5 期，第 34~44 页；徐国栋《民法典与权力控制》，《法学研究》1995 年第 1 期，第 64~69 页；赵万一《从宪法与民法关系的视角谈我国民法典制定的基本经验和制度架构》，《中国法学》2006 年第 1 期，第 117~127 页；谢鸿飞《中国民法典的宪法功能——超越宪法施行法与民法帝国主义》，《国家检察官学院学报》2016 年第 6 期，第 39~47 页。

③ 谢鸿飞：《中国民法典的宪法功能——超越宪法施行法与民法帝国主义》，《国家检察官学院学报》2016 年第 6 期，第 40~41 页。

④ 参见徐国栋《民法典与权力控制》，《法学研究》1995 年第 1 期，第 69 页。

的合法财产受法律保护，《物权法》第56条、第63条规定国家所有的财产、集体所有的财产受法律保护，第66条规定私人的合法财产受法律保护。民法相关规范提及财产权的保护时，都强调"合法的"和"依法取得"，而提及国家财产和集体财产时都未涉及"合法的"字眼，并且对国家财产实行"神圣"保护。当时立法者认为："私人只能对其合法获得的财产才能享有所有权，物权法和其他法律只保护私人的合法财产权，贪污、侵占、抢夺、诈骗、盗窃、走私等方式非法获取的财产，不但不能受到法律的保护，而且行为人还要依法承担返还原物、赔偿损失等法律责任，构成犯罪的，还要依法追究刑事责任。"① 但国家和集体财产是否天然就合法，对财产权却要严格区分。这种对公共财产天然合法的默认与对财产权"合法的"强调，为公权力侵入财产权打开了阀口，一切打着公共利益的旗号而对财产权进行限制、侵害或剥夺的行为仿佛都有了正当性和合法性。

对财产权要求"合法的""依法取得"的规定，具有强烈的国家主义意味，即财产权合法与否需要国家法律确认和赋予。"合法的"意味着财产权的保护范围由法律创设，这种立法的形成是对财产权的一种隐形限制。另外，让财产权主体自身主张违背了私法上"谁主张谁举证"原则，无论有无财产纠纷，实际上私主体都没有举证自己的财产是否合法的义务；再者，对财产权"依法取得"的规定是对民法占有推定原理的违背②，当私主体占有财产时，在别人举证证明其占有不合法之前，我们应推定其持有的是合法财产。因此，民法的这种规定容易带来两个方面的问题：一是公、私财产权的不平等保护，即最该讲平等的民法却未对公、私财产权的平等保护问题做出明确规定③；二是违背市场经济便捷、高效的

---

① 姚红主编《中华人民共和国物权法精解》，人民出版社，2007，第110页。
② 参见李继红《私人财产权立法中的国家主义——以民法典草案物权法编第61条为例的分析》，《西南民族大学学报》（人文社科版）2005年第9期，第120~121页。
③ 有学者认为公、私财产权平等保护原则贯穿于《物权法》第4条、第39条、第66条之中。参见曾哲《公民私有财产权的宪法保护研究》，中国法制出版社，2009，第81~84页。但笔者认为从这些条款中并不能解析出平等的意味，《民法总则》只强调民事主体的财产权权利平等保护，未提及不平等主体之间的财产保护程度问题，《物权法》里虽提及国家财产、集体财产和私有财产受法律保护，但也未强调"平等"。

要求，即每个人都可以对他人占有的东西持怀疑态度，怀疑其合法与否，并让其证明合法性，这不利于交易的进行。

2. 财产权保护的范围有待进一步扩大

相比《民法通则》第 75 条、《物权法》第 66 条规定的公民的合法的私有财产才受法律保护，《民法总则》第 113 条规定："民事主体的财产权利受法律平等保护。"第 126 条规定："民事主体享有法律规定的其他民事权利和利益。"第 127 条规定："法律对数据、网络虚拟财产的保护有规定的，依照其规定。"从上述规定可以看出，《民法总则》相比之前的规定在保护财产权方面有很大的突破和进步，财产权的保护范围有所扩大。但在数据、网络虚拟财产外，众多新出现的财产仍然得不到民法保护，尽管可用法律解释方法从"其他民事权利"中解释出财产权，但显然民法这一条款的立法目的针对的是权利类型而不是权利客体，因而难以用来指称扩大财产权的保护范围。财产权在当今不再局限于商品的简单拥有和支配，其在主体、客体、表现形式上都发生了巨大变化，例如有学者仅对作为财产权客体的财产进行了概括，包括了以下几类：信息财产；金融财产；人格财产。① 按照现行民法的规范，传统的物权和债权的二元架构已不能满足需要，更多具有财产权性质的权利得不到保护。加之"我国《民法总则》在'民事权利'一章中分别列举了物权、债权、知识产权的所享有或支配的对象，而没有财产权利客体的总体性、概括性规定"②，这使得民法对财产权的保护范围有待进一步提升。另外，民法各单行法之间概念使用不统一，加之各部门法条文之间分工不明、协调不清，也容易导致上、下级规范之间的冲突与不一致。

综上所述，梳理我国财产权民法保护的规范，可以发现许多不足，这些不足不仅表现在立法技术上，还表现在理念定位上。当涉及不平等主体

---

① 参见吴汉东《财产权的类型化、体系化与法典化——以〈民法典〉（草案）为研究对象》，《现代法学》2017 年第 3 期，第 32～34 页。在另一篇文章里，吴汉东教授将其分为有体财产权、无体财产权和其他财产权，参见吴汉东《论财产权体系——兼论民法典中的"财产权总则"》，《中国法学》2005 年第 2 期，第 78 页。
② 吴汉东：《财产权的类型化、体系化与法典化——以〈民法典〉（草案）为研究对象》，《现代法学》2017 年第 3 期，第 38 页。

之间的财产关系，尤其是财产权面临来自国家公权力的侵犯时，民法就显得心有余而力不足。根据宪法制定民法，民法自身定位的局限和立法上的不足都有赖于宪法进行指导，这为宪法介入财产权的民法保护预留了空间。事实上涉及财产权征收征用这一范畴的问题，看似涉及不平等主体，但本身还是民法问题，应由民法来解决。

二　宪法介入财产权民法保护之必要性

"在所有公权力中，对私有财产权威胁最大的是国家公权力的滥用，而在所有国家公权力中，对私有财产权威胁最大的又是政府权力（行政权）的滥用，因此，控制政府权力就成为问题的关键。"[1] 既然民法难以抵制来自公权力对财产权的侵害，按照公法和私法的分工，我们不禁会追问公法尤其是行政法是否承担起了解决这个问题的重任？如果公法特别是行政法能够完满解决，那么就不存在本文提出的问题，涉及平等主体之间的财产权纠纷时由民法解决，当涉及不平等主体之间的财产权纠纷时就由行政法解决。从梳理行政法和民法有关财产权保护的规范来看，看似我国共同服务于"保护财产权"目标的法律规范体系已经基本形成，并且各有偏重和分工，不断相互融合，形成了保障私有财产的一个全方面、多元多层次的公、私法律规范体系[2]，但进一步考察就会发现行政法对财产权的救济也问题重重。

政府相对于行政相对人来说，一是履行消极的不作为义务，例如不乱收费、不乱罚款、不乱摊派等；二是履行积极的作为义务，例如产权的确认、许可证的发放、物资帮助、政府赠与等。作为与不作为都可能构成对公民财产权的侵犯。《行政许可法》《行政处罚法》《行政强制法》等法律的出台，有效地遏制了政府对财产权的侵害，《信访条例》、《行政复议

[1] 石佑启：《私有财产权公法保护研究——宪法与行政法的视角》，北京大学出版社，2007，第75页。
[2] 参见吴旅燕《论我国私有财产权的宪法保护——以宪法相关规范之实施为中心的研究》，中国政法大学出版社，2013，第263页。

法》、《行政诉讼法》、《国家赔偿法》、《国有土地上房屋征收与补偿条例》
以及《土地管理法》等也为财产权侵害提供了公法救济途径。而且《国
有土地上房屋征收与补偿条例》第 2 条、第 3 条确立了房屋征收的正当程
序和具体补偿标准，《土地管理法》第 2 条、第 46 ~ 49 条具体规定了土地
征收征用补偿程序、标准和方式，《行政复议法》第 6 条、《行政诉讼法》
第 12 条也将行政机关侵犯公民财产权的行为纳入受案范围。① 但在财产权
征收征用领域，由于缺少专门的征收征用法和补偿制度，公共利益概念模
糊，加之行政执法人员的法治意识淡薄，权力寻租现象严重，保护机制不
完善，现实生活中对财产权强制征收征用的情况比比皆是，在土地征收征
用、房屋拆迁等问题上，群体性事件还是接二连三地发生。② 不否认在实
践中，行政法确实为大部分公权力侵犯财产权的情况提供了有效救济，但
是由于补偿制度的缺乏、赔偿制度的不完善以及公共利益概念的空洞，对
于财产权征收征用，公民习惯性地对政府不信任，采取行政复议、行政诉
讼来维持自身权益的情况较少，对这一领域的财产权保护，行政法稍显羸
弱。加之，公民不能依据《民法总则》第 117 条以及《物权法》第 42
条、第 43 条提起行政复议或行政诉讼，这样就容易导致财产权被征收征
用时民法救济和行政法救济被双重架空。

部分公权力侵犯财产权问题，尤其是对财产权的征收征用，是我国当
下民法难以逾越的障碍，严格说来它不属于民法的职责范畴，而应由行政
法调整。倘若我们要在行政法之外为公民寻求另一种解决之道，就得

---

① 有学者认为行政法对财产权的保护范围也有限，诸如公民对公务员任职的公平录用权、
劳动就业权、参加经济活动的公平竞争权等都被排除在财产权范围之外，事实上这些权
利在一定意义上是公民对私有财产正当取得的权利，甚至要成为行政相对人赖以生存、
生活的经济基础，应当归于财产权的范围。参见方世荣《论私有财产权的行政法保护》，
《湖北社会科学》2005 年第 1 期，第 118 页。
② 例如 2014 年 1 月河北拆迁户夫妇自焚事件、2012 年 10 月湖南湘潭拆迁自焚事件、2011
年 4 月湖南株洲拆迁自焚事件、2011 年 11 月河南郑州拆迁自焚事件、2011 年陕西延安
拆迁自焚事件、2010 年 9 月江西宜黄拆迁自焚事件、2010 年江苏东海拆迁自焚事件、
2010 年 10 月黑龙江密山拆迁自焚事件等，另可参见《最高人民法院通报全国法院征收
拆迁十大典型案例》，人民网，http://legal.people.com.cn/n/2014/0829/c42510 - 2556810
1.html，最后访问时间：2017 年 12 月 26 日。

受惠于孟德斯鸠的思想。孟德斯鸠认为政治法使人获得了自由，公民法使人获得了财产，只应由与财产有关的法律处置的事项，就不应该由与自由有关的法律处置。认为公共利益优先于个人利益的想法是一种不合逻辑的推论；只有当涉及城邦权力即公民自由时，公共利益才可优先于个人利益，而在涉及财产时则不应如此，因为，公共利益就在于人人永恒不变地保有法律允许他拥有的财产。① 按照孟德斯鸠的思想，当发生公权力基于公共利益的需要而限制或剥夺财产权时，最好的处理方式不是通过公法，而是通过民法来解决，在他看来这时公权力和私主体处于平等的地位，双方的关系如同个人与个人的关系。"公共利益绝不应该是政治法规对个人财产的剥夺，哪怕只是个人财产中微不足道的一部分。在这种情况下应该严格执行公民法，因为公民法是所有权的守护神。因此，当公共机构需要一个人的财产时，绝不应该依据政治法采取行动，而应该由公民法来加以处理。"② 可见，当公权力对财产权进行侵害时，民法也应发挥相应的调整作用，目前在土地征收征用、房屋拆迁过程中暴露出来的财产权得不到保护的例子无时无刻不在提醒着我们有必要尝试将这一板块纳入民法的调整范畴。

面对公权力对财产权的侵害，当下民法力不从心，行政法也不能完满解决，民法有征收征用条款却不能适用到不平等主体之间，行政法可适用到不平等主体之间却不被信任，这就使得财产权征收征用问题在我国愈发突出。财产权本质上是一种私权，归根结底是为了私人利益，最好的处理方式是通过民法。③ 民法要调整财产权征收征用这类财产纠纷，有赖于宪法的介入，有赖于宪法从基本精神和基本原则上给予指导，这就为宪法介入财产权的民法保护提供了正当理由。宪法是我国的根本大法，具有最高

① 参见〔法〕孟德斯鸠《论法的精神》（下），许明龙译，商务印书馆，2015，第579页。
② 〔法〕孟德斯鸠：《论法的精神》（下），许明龙译，商务印书馆，2015，第580页。
③ 将私有财产权规定在公法中，成为对抗国家和政府的一项基本权利，可看作一种公权。将私有财产权规定在私法中，成为对抗平等主体的权利，可看作私权。但公、私权只是权利本身的一种分类，本质上仍属于私人领域的利益，尤其是个人利益。参见石佑启《私有财产权公法保护研究——宪法与行政法的视角》，北京大学出版社，2007，第67页；梅夏英《当代财产权的公法与私法定位》，《人大法律评论》2001年第3辑，第215~245页。

的法律效力和权威，其精髓就在于限制公权力、保障公民的基本权利。当部门法出现难以逾越的障碍，无法对公民的基本权利进行有效保障时，宪法理所应当地站出来进行指导，这是由其自身的性质和地位所决定的，也是立宪主义的要求。宪法对民法的介入，一方面可克服民法的局限性，另一方面也可统合宪法与民法的关系，实现价值秩序的统一。正如有学者所言，财产权是一个由民法与宪法共用的内容宽泛的权利概念。①

三 宪法介入财产权民法保护之路径

（一）宪法介入的基础和方式

"从规范层面上讲，私有财产权就是公民的一项权利，不存在公、私之分，将其规定在宪法中就是公民的一项基本权利，将其规定在各部门法中就是公民在部门法上的具体权利，保护私有财产权既需要作为根本法的宪法，也需要具体的法律、法规；既需要私法，也需要公法。"② 当财产权的民法保护和行政法保护有其自身难以克服的局限时，就需要宪法介入。宪法介入的理论基础就在于国家的积极义务，具体到财产权领域，就是当下国家不只是负有消极的不侵犯公民财产权的义务，面对财产权被国家之外的其他主体侵犯时，国家还负有积极的保护义务。财产权本是一个民法上的概念，宪法调整的是国家机关之间以及国家机关与公民之间的关系，而后者以确认和保障公民基本权利为表现，基本权利是用以对抗国家的，无关乎平等主体，因而宪法要介入③就要找到一个合适的方式。通过对财产权法律保护的比较法考察，国外宪法介入一般有两种模式：基于基

---

① 参见林来梵《针对国家享有的财产权——从比较法角度的一个考察》，《法商研究》2003年第 1 期，第 54 页。
② 石佑启：《私有财产权公法保护研究——宪法与行政法的视角》，北京大学出版社，2007，第 69 页。
③ 宪法介入是指从宪法的层面赋予财产权以民法保护之外的宪法保护，从法律规范层面来看主要指宪法规范以及基于宪法原则、精神和规范的宪法解释。

本权利的宪法介入与基于人权的宪法介入。^① 我国《宪法》第 33 条规定"国家尊重和保障人权"，第 13 条规定"公民的合法的私有财产不受侵犯"，从规范上为两种宪法介入模式都提供了支持。因为基于人权的宪法介入一般适用于宪法未明确规定财产权的情况，我国宪法确认了公民享有财产权，因而宜采用基本权利的介入模式。

（二）宪法介入的具体操作

基本权利的介入模式分为直接介入和间接介入。直接介入是指在诉讼中直接援引宪法财产权解决纠纷，我国宪法虽然明确规定了财产权，但鉴于我国公民既不能直接依据宪法提起诉讼，法院也不能援引宪法进行裁判，在宪法诉讼和违宪审查机制缺失的情况下，要通过民法条款实现基本权利的转介，我国只能采取间接介入的模式。在此可借鉴德国基本权利"间接第三人效力理论"^②，将宪法上的财产权条款，注入民法概括性条款之中，通过法律解释将其适用到公权力侵犯财产权的情境之中，通过基本权利间接介入的模式来克服财产权民法保护的局限性。即当公民对政府征收征用不服而又不愿意采取行政法上的救济途径时，可基于民法上的概括条款（如《民法总则》第 126 条）对政府提起民事诉讼。以此实现财产权民法保护的类型化区分：涉及平等主体之间的财产权纠纷，按照民法一般财产权条款提起民事诉讼；涉及征收征用的财产权纠纷，按照民法概括性条款而不是征收征用条款提起民事诉讼，征收征用条款仅为其提供规范支持。从理论上讲，民法解决征收征用问题可分为两个步骤：一是借助法律解释，论证在征收征用这一问题上，行政机关与私主体处于平等的法律地位，即可基于契约精神就财产权征收征用问题进行平等谈判与协商，此时就承认其行政合同的合同属性，只不过它与一般合同的差异在于，它涉

---

① 之所以做这样一个概括是因为财产权既被认为是一项基本人权，又被作为基本权利得到各国宪法的保护。基于基本权利的宪法介入是指在主体之间适用宪法上的财产权条款来对财产权进行保护；基于人权的宪法介入是指将财产权作为一项人权，在主体之间适用宪法上的人权条款来对财产权进行保护。二者的差异主要在于宪法上是否明确规定了财产权。

② 参见许瑞超《德国基本权利第三人效力的整全性解读》，《苏州大学学报》（法学版）2017 年第 1 期，第 81 ~ 97 页。

及具有支配性、威权性特点的公权力，且合同宗旨不指向互惠，而是公共利益；二是借助宪法解释，将宪法上财产权的性质注入民法中，使其获得对抗公权力的效力，再直接依据民法概括性条款提起民事诉讼，而不是依据民法上的征收征用条款，从而获得民法上的救济。宪法上财产权的主观公权利性质使其具有对抗公权力的功能，但因我国宪法诉讼的缺失，宪法上的财产权条款难以发挥作用，注入民法可使宪法和民法财产权都被激活。需要注意的是，宪法介入具有两种情况：一种是针对民法自身无法克服的局限性进行绝对介入；一种是针对民法自身可以克服的局限性进行相对介入。这里主要针对的是第一种介入，针对的是公权力，至于发生在平等主体之间的一般财产纠纷，直接依据民法相关规范调整即可，无须宪法的介入，当公权力侵害财产权时，就需要宪法介入财产权的民法保护，宪法介入的目标就是限制公权力对财产权的侵害，但是这种介入不是针对所有公权力侵害财产权的情况，而是主要指向财产权征收征用问题，至于其他公权力侵害财产权的情况应由行政法进行调整，也就是说在民法和行政法保护之外，针对财产权征收征用问题，试图开辟宪法介入民法保护的第三条道路。

总结来看，财产权的法律保护就进行了有序分流：针对一般平等主体间的财产权纠纷，透过民法财产权条款，按照一般民事诉讼获得救济；针对征收征用侵犯财产权问题，宪法介入民法保护，例如通过《民法总则》第 113 条获得救济；针对其他不平等主体之间的财产纠纷，通过行政法进行救济。①

四　财产权法律体系保护的宪法规范调整

随着我国市场经济的发展，保护财产权成为一项时代要求，对财产权的保护已经不仅仅局限于民法，而是全方位、多层次的法律体系保护，这

---

①　这种分流都建立在财产权征收征用问题应由民法而不是行政法调整的基础上，文章前已有论述，脱离这个前提就进入了行政法范畴，这恰恰是本文所尝试反对的，本文主张在财产权征收征用问题上应由民法来调整。

一方面与财产权自身构造和性质变化有关，另一方面也受财产权民法保护、行政法保护局限的影响，这就需要作为根本法的宪法介入。既然宪法可基于基本权利对财产权的民法保护进行介入，宪法自身对财产权的未竟课题这个前提性问题就需要被解决，只有宪法上财产权的问题得以澄清，财产权的民法保护才有依据。"私有财产的法律保护，无论公法保护还是私法保护，其效力之源全在于宪法。其所以如此，是因为宪法是权利保障书。凡权利无保障的社会就没有宪法。宪法的性质及其在一国法律体系中的根本法地位使宪法对私有财产权的保障成为各部门法保护的基础。因此，探讨私有财产的法律保护应当首先研究私有财产权的宪法保障问题。"[1]

（一）财产权的性质：财产权应纳入宪法基本权利篇章

在市场经济国家，诸如美国、意大利、日本、德国等，财产权被规定在"公民基本权利"部分。而在社会主义国家，如苏联、保加利亚、朝鲜等，财产权被放在"经济制度"里规定，我国财产权一直被置于宪法总纲部分。这与当时的计划经济密切相关，在计划经济体制下，一切资源都在国家可控范围内。"其所以如此，主要原因在于在计划经济体制下，一切经济资源都被纳入国家计划范围内。经济资源作为权利的客体，要将其纳入国家计划的范围内就必须将与之相关的权利本身也纳入国家可以调节和控制的范围内。由此，对公民财产权的规定在立法者看来自然是其对全国的宏观经济的全视角范围内的应有之内容，而不可能成为国家不能染指、不能觊觎并与其相并列的不可侵犯的财产权。"[2] 但是，从 1993 年开始我国已走上了市场经济道路，加之 2004 年"尊重和保障人权"的入宪，财产权的制度性属性逐渐消失，再将其规定在总纲部分就显得不太适宜。虽然通过宪法解释可以明晰财产权的基本权利性质，但置于总纲仍容易被理解成是基本经济制度的附庸，归属于"制度性保障说"，而不是"权利性

---

① 刘剑文、杨汉平主编《私有财产法律保护》，法律出版社，2000，第 168 页。
② 刘剑文、杨汉平主编《私有财产法律保护》，法律出版社，2000，第 185 页。

保障说"。继续这种安排"反映了在现有的宪制安排和权利设置框架内，私有财产权的宪法正统性地位并没有得到完全的认同。对私有制的高度戒备和防范，仍使制宪者对私有制和私有财产权的同质性与同构性保持十分谨慎的态度"①。财产权是公民的一项基本权利，与公民的人格有极大的关系②，这是学界共识，因而在人权理念的指导下，我国当下财产权理应回归到基本权利篇章中去。

为避免对宪法上财产权性质的误解，笔者建议将现有《宪法》第13条的财产权条款置于宪法第三章公民基本权利部分，使财产权回归基本权利篇章，这可切断我们对财产权是一项经济制度的误解，回应财产究竟是一种权利还是一种制度的诘问。同时，也为财产权救济打开了阀口，因为作为制度性的财产权本身夹杂着正当性，救济方面存在很大障碍，但作为基本权利的财产权就可为宪法介入财产权的民法保护提供前提，财产权只有作为宪法上的一项基本权利，宪法才有介入财产权民法保护的可能性。在规范位置上，将其置于《宪法》第33条之后，列为第34条，将现有的第34条（选举权）调至第41条（监督权）前，与第33条、第35条形成人权（生命）、财产、自由的逻辑链条，实现宪法对三大最基本权利——生命、财产和自由的保障，同时形成基本权利体系的总纲，这样的位置安排，实际上是对人权理念的极大呼应，也是对马克思的财产权思想③和西方人权理念的呼应，更好地"尊重和保障人权"。在规范内容上，"依照法律规定"征收或征用，这里的"法律"必定要对征收征用的正当程序做出规定，更进一步，在"补偿"前加上"公平"两字，给补偿一个具体操作标准，2004年修宪时就有代表建议将"补偿"明确为"公正补偿"

---

① 黄竹胜：《论私有财产权》，载杨海坤主编《宪法基本权利新论》，北京大学出版社，2004，第67页。

② 参见〔美〕玛格丽特·简·拉丹《财产权与人格》，沈国琴译，公法评论网，http://www.gongfa.com/caichanquanrenge.htm，最后访问时间：2017年12月26日。

③ 马克思的财产权理论与社会主义市场经济发展私有财产权并不矛盾，马克思并不否定私有财产权，只是否定资本主义以剥削为目的的私有财产，其主张重建劳动者个人所有制，这种劳动者个人所有制与公有制可以兼容，是在公有制基础上实现自由联合体中的个人所有权。参见《马克思恩格斯文集》（第1卷），人民出版社，2009，第189、295页；《马克思恩格斯全集》（第3卷），人民出版社，2002，第297页。

"合理补偿""充分补偿""相应补偿"，等等。①《民法总则》第117条使
用的措辞为"公平、合理补偿"，《国有土地上房屋征收与补偿条例》
第2条使用的措辞为"公平补偿"，《农村土地承包法》《城市房地产管
理法》等使用的措辞是"相应补偿"，可见各个部门法使用的标准不一，
宪法上给予一个明确的补偿标准，可对部门法进行有效指引，是对行政
法及民法征收征用条款的合法性引领和注释，更体现市场经济公平正义
的要求。

（二）公、私财产权的关系：宪法平等保护公、私财产权

在厘清了财产权是一项宪法基本权利的前提下，进一步要解决的问题就
是宪法上公、私财产权的关系，二者是否受平等保护是解决民法抵御公权力
侵犯财产权问题的关键。在新中国成立初期，为了恢复经济，巩固新生的政
权，1949年《中国人民政治协商会议共同纲领》和1954年宪法都承认了财
产权，随后，1975年宪法和1978年宪法在"以阶级斗争为纲"指导下，使
得公共财产几乎取代了其他财产权而一霸天下，对私有财产几乎为零保护，
到了1982年宪法，在承认公共财产优先的情况下，允许私有财产合法存在，
后来宪法修正案扩大了财产权的来源和方式，直到2004年宪法修正案才明
确规定公民的合法的私有财产不受侵犯，但与1954年、1975年、1978年宪
法不同的是，1982年宪法在社会主义公共财产不可侵犯前加了"神圣"二
字。从财产权的历史演进可以看出，私有财产一直在压抑下成长。"私有财
产曾长期被视为'万恶之源'，缺乏保护私有财产的理念与制度，无论是官
方的主流意识还是民间的公共舆论，都对私有财产怀有一种深深的偏见，人
为限制私有财产，甚至公开侵犯私有财产权的现象比比皆是。"② 这与我国
继受苏联财产权理论密切相关，在当时的苏联，公有制是苏维埃制度的基

---

① 《第十届全国人民代表大会第二次会议主席团关于〈中华人民共和国宪法修正案（草
案）〉审议情况的报告》，中国人大网，http://www.npc.gov.cn/wxzl/gongbao/2004 - 04/
19/content_5334618.htm，最后访问时间：2017年12月26日。
② 王士如、高景芳、郭倩：《宪政视野下的公共权力与公民财产权》，法律出版社，2011，第
237页。

础，它是神圣不可侵犯的，侵害公有制的人被看作人民公敌。① "如果说资本家宣布私有财产神圣不可侵犯而在当时达到了巩固资本主义制度的目的，那么我们共产党员就更加应当宣布公共财产神圣不可侵犯，来巩固一切生产部门和商业部门中的新的社会主义经济形式。"② 正是受苏联经验和历史成见因素的影响，私有财产一直被视为服务于政治和经济的工具，加之公共财产"神圣"不可侵犯，许多人就认为在我国社会主义条件下，公、私财产权受到不平等保护。因此，许多学者都建议将现行《宪法》第 12 条"社会主义的公共财产神圣不可侵犯"中的"神圣"两字拿掉，以此实现公、私财产权的平等保护。

事实上，我们需要对"神圣"在东西方语境中的含义作一番考察。西方历来有私有财产权神圣不可侵犯的传统，西方国家根据《人权宣言》从天赋人权那里找到了一个正当性理由，私有财产权被作为人权对待，被认为是人与生俱来的自然权利，所以神圣不可侵犯。"私有财产神圣如何？涂尔干在《职业道德与公民伦理》中说，私有财产神圣性表现在私有财产与所有人的人格之间有密不可分、最紧密、坚固的联系，他人不可破坏其人格尊严和这种密不可分、最紧密、坚固的联系，私有财产之间的界限是不可移动的，不可逾越的神圣界石，如果冒犯，则必须有严厉的惩处。"③ 西方国家私有财产权之所以神圣不可侵犯是从人权意义上讲的，这"神圣"两字带有一种自然法上的绝对主义意味，其最终目的是保障人性尊严。而我国对公共财产实行"神圣"不可侵犯，这里的"神圣"不能作西方人权式的理解，这里的"神圣"与西方完全不同，我国是社会主义国家，要保证社会主义根本任务的实现，实现人民当家做主，就要对关系国民经济命脉的行业做出特殊保护，这里的"神圣"具有宣示意义。"把公共财产神圣不可侵犯作为一项原则载入宪法，目的是有利于维护社会主义

---

① 参见《斯大林全集》（第 13 卷），人民出版社，1956，第 344 页。

② 《斯大林全集》（第 13 卷），人民出版社，1956，第 188 页。

③ 陈永苗：《私有财产何以神圣》，光明观察网，http://guancha.gmw.cn/2002 - 04/2002 - 04 - 29/20020429 - 04.htm，最后访问时间：2017 年 12 月 26 日。

公有制，确保人民当家做主的地位。"① 对公共财产的神圣保护为的是保证巩固和发展公有制，实现人民当家做主，凸显公共财产对于建设中国特色社会主义的重要性，它并不反映与财产权的关系。

我国公共财产"神圣"不可侵犯，不能理解为我国公、私财产权受宪法不同保护。看似我国宪法上的"社会主义条款"与"市场经济条款"相矛盾，社会主义强调公有制因而注重公共财产的特殊保护，市场经济强调公平正义因而注重公、私财产权平等保护。但作为基本权利的财产权与作为制度性架构的公共财产权属于不同的范畴，将二者放在一起对比本身就不适宜，公共财产权更多的是一种制度，而财产权是一项基本人权，其强调的是行使权利的资格，具有不可转让、不可分割、不可侵犯的特质，它不同于可限制、可剥夺的具体财产权利，在此时不应将其是宪法上的一项具体可救济的权利特质用来理解与公共财产的关系。实际上，这是一个问题的两个方面，一方面作为基本人权的财产权，构成其他基本权利的前提和基础。我国 2004 年 "尊重和保障人权" 入宪，运用宪法解释方法对人权做出解释，财产权理所当然属于基本人权，财产权就有了人权根基，人权理念就使我们有了与西方国家共通的东西，从这个角度看，我国财产权与西方国家一样，同样 "神圣" 不可侵犯，公、私财产权被平等保护。另一方面，当今对公共财产的神圣保护的最终目的不再是以前的强大国家政治、服务国家经济，而是国家更好地实现资源公平分配，最终目的也是保障人权。因而，去不去掉现行《宪法》第 12 条的 "神圣" 二字，对公、私财产权的平等保护并没有影响，运用宪法解释方法对我国人权条款进行解释，公、私财产权当然受到平等保护。实际上，本着 "可改可不改的、可通过宪法解释予以明确的不改" 这一宪法精神，在 2004 年宪法修改时就没有采纳学者提出的将 "神圣" 两字删掉的意见。② 这是一个立法技术问题，财产权入宪本身就说明了宪法对公、私财产权的平等保护。实

---

① 蔡定剑：《宪法精解》，法律出版社，2006，第 201 页。
② 参见《吴邦国委员长在十届全国人大常委会第六次会议上的讲话》，中国人大网，http://www.npc.gov.cn/wxzl/gongbao/2004-02/11/content_5327813.htm，最后访问时间：2017年 12 月 26 日。

际上，近年来党中央有关文件精神也不断体现着平等发展财产权的思想。① 宪法上捋清了对公、私财产权的平等保护，就为民法的去国家主义和实现公、私财产权的平等保护提供了理论支持。

（三）"合法的"不合法：去财产权的国家主义之魅

现行《宪法》第 13 条规定"公民的合法的私有财产不受侵犯"。这里的"合法的"三个字值得思考。宪法在提及国家的和集体的财产时均未用"合法"字样，唯独提及公民财产时用"合法的"，为什么会加上这三个字？当初之所以加上这三个字，与当时的立宪政治背景有关，改革开放初期，为了发展经济，允许"先富带动后富"，在此经济政策的影响下，

① 党的十七大指出："坚持和完善公有制为主体、多种所有制经济共同发展的基本经济制度，毫不动摇地巩固和发展公有制经济，毫不动摇地鼓励、支持、引导非公有制经济发展，坚持平等保护物权，形成各种所有制经济平等竞争、相互促进新格局。"参见《胡锦涛在党的十七大上的报告》，人民网，http://politics.people.com.cn/GB/8198/6429199.html，最后访问时间：2017 年 12 月 26 日。党的十八大指出："毫不动摇鼓励、支持、引导非公有制经济发展，保证各种所有制经济依法平等使用生产要素、公平参与市场竞争、同等受到法律保护。"参见《胡锦涛在中国共产党第十八次全国代表大会上的报告》，人民网，http://cpc.people.com.cn/n/2012/1118/c64094-19612151.html，最后访问时间：2017 年 12 月 26 日。十八届三中全会指出："必须毫不动摇鼓励、支持、引导非公有制经济发展，激发非公有制经济活力和创造力""公有制经济财产权不可侵犯，非公有制经济财产权同样不可侵犯""国家保护各种所有制经济产权和合法利益，保证各种所有制经济依法平等使用生产要素、公开公平公正参与市场竞争、同等受到法律保护，依法监管各种所有制经济""坚持权利平等、机会平等、规则平等，废除对非公有制经济各种形式的不合理规定，消除各种隐性壁垒，制定非公有制企业进入特许经营领域具体办法。"参见《中共中央关于全面深化改革若干重大问题的决定》，新华网，http://news.xinhuanet.com/politics/2013-11/15/c_118164235.htm，最后访问时间：2017 年 12 月 26 日。十八届四中全会指出："健全以公平为核心原则的产权保护制度，加强对各种所有制经济组织和自然人财产权的保护，清理有违公平的法律法规条款。创新适应公有制多种实现形式的产权保护制度，加强对国有、集体资产所有权、经营权和各类企业法人财产权的保护。"参见《中共中央关于全面推进依法治国若干重大问题的决定》，新华网，http://news.xinhuanet.com/politics/2014-10/28/c_1113015330_2.htm，最后访问时间：2017 年 12 月 26 日。十八届五中全会指出："坚持公有制为主体、多种所有制经济共同发展。毫不动摇巩固和发展公有制经济，毫不动摇鼓励、支持、引导非公有制经济发展。推进产权保护法治化，依法保护各种所有制经济权益""鼓励民营企业依法进入更多领域，引入非国有资本参与国有企业改革，更好激发非公有制经济活力和创造力。"参见《中共中央关于制定国民经济和社会发展第十三个五年规划的建议》，央广网，http://news.cnr.cn/native/gd/20151103/t20151103_520379989.shtml，最后访问时间：2017 年 12 月 26 日。

公民取得财富的途径多元，但国家只保护"合法的"私有财产，这既实现了经济目标，又达到了安慰后富者或不富者的政治效果。"就在修宪前后，社会上接连有一些民营企业家因过去在创业中的违法犯罪行为被司法机关逮捕或判刑，因而有一些人主张要对民营企业家的原罪实行赦免。所以，不应写'合法的'私有财产。但多数人认为，只要是犯罪行为就应受到追究，不能因为他们是民营企业家对社会有贡献了就不追究其犯罪，这样有失社会公正和会对法制造成破坏。所以，最后还是明确规定保护的私有财产当然是合法财产，不能保护非法财产。"① 但随着市场经济发展，当时的政治背景已消失，再将"合法的"三个字予以保留就显得有国家主义的意味，即"合法"与否来自国家确认，这与市场经济本质相悖。再者，由谁来举证证明"合法"，公权力需要举证证明，作为私主体的个人无须证明财产是合法的；从立法技术看，宪法保护的财产必然是合法的，否则不会予以保护，因而在当下"合法的"逻辑起点不再成立。在规范内容上，建议将现行《宪法》第 13 条"公民的合法的私有财产不受侵犯"去掉"公民的合法的"。这样不仅可以扩大私有财产权的主体范围，因"公民"在当下已不能涵盖所有财产权主体，还可以去国家主义之魅，这也为取消民法上的"依法取得"提供了宪法依据。

五　代结语：财产权保护的民法期待

针对财产权民法保护的局限性，一方面可希冀民法典的完整出台和行政法的完善，另一方面可借助宪法来进行克服。为更好地保护财产权，宪法的介入，可在行政法之外提供另一种解决财产权纠纷的方式，从而克服民法只能解决平等主体财产权纠纷的局限。但是，宪法介入具有限度，只能是在穷尽民法救济之后出现，对财产权保护起辅助性的作用。财产权的法律保护，仍然应该以民法为核心，财产权属于谁、财产权范围有多大、

---

① 蔡定剑：《宪法精解》，法律出版社，2006，第 203～204 页。

财产权该如何救济等具体操作问题，需要由民法来予以规整。[①] 当下，如何实现"财产权"概念统一、扩大财产权保护范围、实现各种类型财产权的平等保护、实现财产权被限制或剥夺的正当程序和公平补偿标准、实现财产权有效救济等，有待民法做出回应，这也是我们对民法保护财产权的期待。民法典分则正在制定过程中，民法典的完整出台只是时间上的问题，如何抓住这个契机，完善民法对财产权的保护，实现民法保护与宪法介入的有效衔接，构建以民法保护为主，以宪法介入为辅，再结合行政法保护的全面的财产权法律保护体系，是我们当下十分重要的任务。

[①] 参见沈路涛等《私有财产保护：从宪法原则迈向制度建构》，人民网，http://www.people.com.cn/GB/shehui/1060/2941837.html，最后访问时间：2017 年 12 月 26 日。

系统论视域中的基本权利研究述评

——以中国法学研究方法论变迁为视角

王明敏*

系统论法学自进入我国法学界视野即获得了极大的关注度，引发诸多学者的研究兴趣。从社会学、哲学再到法学，以卢曼为核心及代表的社会系统论、法社会学及系统论法学，各界学者的关注度与研究热度有增无减。从经典作品的译本到理论的阐发与解读再到不同领域的吸收与运用，系统论法学的丰厚内涵及其价值仍在不断地被挖掘、被发现。系统论法学脱胎并成长于卢曼庞杂的思想体系之中，其背后的社会学、哲学、法社会学的思想基础是透彻理解该理论的必经之路，这也决定了系统论法学既有内部观察又不乏外部视角。而这一舶来品并未出现水土不服之症，其热度更可谓有增无减。随着托依布纳最新著作《宪法的碎片：全球社会宪治》的出版，系统论法学引发的研究热潮又一次席卷而来。在对卢曼系统论法学的继承与吸收的基础之上，托依布纳丰富并完善了自己的理论体系，进一步发展了卢曼的系统论主张，拓展了系统论法学的研究视野和适用领域。其中，将系统论引入基本权利视阈的独到见解尤具突破性和创新性。在这股最新的研究热潮下，以系统论法学为视角来切入基本权利的相关研究，为我国基本权利研究领域注入了新的生机与活力。

一 系统论对中国法学研究的影响

我国学者对系统论法学的关注与研究，从典著出发，以理论研究与解读为桥梁，最终化为己用，将所学所思应用于不同学术研究领域或对当下

* 王明敏，山东大学法学院博士研究生。

热点问题的探讨。就研究主体而言，有着德国留学背景或多年钻研德国社会系统理论的青年学者的研究成果尤为突出。山东大学法学院教授李忠夏，致力于宪法教义学、基本权利、宪法学方法论等研究方向，发表于《法学家》2014 年第 5 期的《基本权利的社会功能》一文是其对基本权利的教义学体系的反思，是其将系统论法学化用于基本权利研究领域的经典力作；华东政法大学副研究员陆宇峰，主要研究方向为理论法学，其致力于法律系统论研究已十年有余，曾翻译并发表卢曼《法院在法律系统中的地位》一文，此外，托依布纳《宪法的碎片：全球社会宪治》一书正是根据英文版翻译、德文版校对，对托依布纳的理论在国内的传播做出了极大贡献；北京航空航天大学法学院副教授泮伟江，其多篇论著均以卢曼的法律系统论为研究主题，却并不囿于理论的解读，而更多地关注相关理论落脚于我国现实的启示性意义，此外，曾与高鸿钧教授等共同翻译并出版《魔阵·剥削·异化——托依布纳法律社会学文集》，是国内较早关注托依布纳的学者之一；上海交通大学凯原法学院副教授宾凯，对卢曼法律系统论有着深入透彻的研究，在诸多权威期刊上均有论著发表，其论文擅长从卢曼庞杂的理论体系中的核心概念入手，如悖论和二阶观察等，此外，曾于 2013 年翻译并发表的托依布纳《宪法时刻来临？——"触底反弹"的逻辑》一文，是屈指可数的国内对德国法律系统论的著作的译介，他也是较早翻译并引入托依布纳作品及理论的青年学者中的代表。此外，另有诸多学者关注并投身于系统论法学在国内的研究与发展，如杜健荣、罗文波、张骐等。

就研究主题而言，国内现有研究中以人物为主题的研究居多，其中尤以卢曼为主要研究对象。华裔哲学家高宣扬的《鲁曼社会系统理论与现代性》是我国系统研究并评论卢曼社会系统论的第一部学术著作，该书全面介绍了卢曼的思想体系——作为其最重要成就的法律系统论自然含于其中，但又不局限于单一视角，而是突破了社会学、哲学和法学的壁垒，将卢曼艰涩难解的概念及论证进行解析乃至批判，相比卢曼原著的晦涩难读，该书对入门初学者正确理解其中深义有极大的帮助。此外，山东大学法学院副教授罗文波 2008 年的博士论文《卢曼的自我创生法律系统论研究——法律自治性追寻》和云南大学法学院杜健荣的《卢曼法社会学理论研究——以法律与社会的关系问题为中心》一书，均对卢曼的理论进行了整体性、体系化和精细化研究，亦落脚我国现实，指出对于我国的启示和意义。相较之下，托依布纳作为德国法社会学界继卢曼后最为重要的代表人物，对其思想的系统性研究成果不多，仍局限于对其著作的翻译以及对其思想与卢曼的对比分析。目前已出版的托依布纳的著作仅《魔阵·异化·剥削——托依布纳法律社会学文集》（高鸿钧、泮伟江等译，清华大学出版社 2012 年版），《法律：一个自创生系统》（张骐译，北京大学出版社 2004 年版），《宪法的碎片：全球社会宪治》（陆宇峰译，中央编译出版社 2016 年版）。发表于国内期刊的译文有《"全球的布科维纳"：世界社会的法律多元主义》（高鸿钧译，载《清华法治论衡》2007 年第 2 期），《宪法时刻来临？——"触底反弹"的逻辑》（宾凯译，载《交大法学》2013 年第 1 期），《"多元现代性"：从系统理论角度解读中国私法面临的挑战》（祁春轶译，载《中外法学》2013 年第 2 期）等。对其理论的解读、评析或应用更是寥寥无几，其中，陆宇峰副教授对《宪法的碎片：全球社会宪治》一书发表的书评——《"自创生"系统论宪法学的新进展——评托依布纳〈宪法的碎片：全球社会宪治〉》，是对该书透彻、独到的解读，也对本文有重要的启发意义。文中尤其关注到托依布纳这本著作对基本权利领域可能带来的重大影响，"基本权利的社会效果和'基本'性质被重新阐述，一个系统论视角的基本权利体系浮出水面"[1]。而部门法对系统论也表现出了浓厚的研究兴趣，如在刑法领域的刘涛博士的《社会宪治：刑法合宪性控制的一种思路》（载《法学家》2017 年第 5 期）一文，即从托依布纳的代表性观点"社会宪治"出发，观察刑法的合宪性控制问题；《社会系统及其互动：刑事和解中"以钱买罪"现象新解》（载《法制与社会发展》2017 年第 2 期）一文，则对于刑法传统理论尚未对其性质和功能恰当定位的现象做出了社会系统论视角的解读；此外，

---

[1] 陆宇峰：《"自创生"系统论宪法学的新进展——评托依布纳〈宪法的碎片：全球社会宪治〉》，《社会科学研究》2017 年第 3 期。

《互联网时代的社会治理——以社会系统理论为分析框架》（载《社会学评论》2017 年第 4 期）一文，密切结合了当下的时代背景和特征，走出刑法学领域，将目光置于更为宏观的社会治理之上……部门法引入和运用社会系统论的成果远不止于此，在此不作赘述。

二 外部视角：社会系统理论对基本权利的外部观察

托依布纳的理论和著作在国内学者中受到的关注远远早于《宪法的碎片：全球社会宪法》一书。如，泮伟江《托依布纳法的系统理论评述》（载《清华法律评论》第五卷第一辑）是其为《托依布纳文集》所作的序言。该文以卢曼的法的社会系统理论入手，分析了卢曼的理论所诞生的社会背景和学术背景，在此基础上，对现有理论进行批判、吸收与扬弃，形成了自己的理论视野与理论格局，并最终完成了法的系统理论与一般社会系统理论的建构。作者对托依布纳理论的评述并不局限于托依布纳本人的论著，而是紧密围绕他与卢曼理论之间的关系，比照研究其对卢曼理论的承继与突破，并以时间为脉络，清晰地梳理出托依布纳理论的一步步构建与完善的发展路径，如此一来，托依布纳的每一观点都有了理论的基石与佐证。本文通过相关背景与理论渊源，展现出所研究的理论从何而来以及向何而去的发展脉络，并将托依布纳的理论置于其诞生的全球社会背景中，紧密围绕托依布纳和对他影响巨大的卢曼的理论之间的联系与异同，勾画出托依布纳的社会系统理论的完整图景。

作者认为，托依布纳"具有开阔的比较法和国际视野的学术风格"，他最重要的理论成果之一"便是将法的社会系统理论运用到法律全球化问题的分析之中"[①]。全球化的社会背景是托依布纳理论的基石，托依布纳对法律全球化这一重要现象做出了透彻的观察和分析，并得出了全球法律对民族国家法律带来巨大挑战甚至将逐步超越乃至替代民族国家法律而形成全球法律统一秩序的结论。而在这一进程中，一些问题和挑战已经有所

---

① 泮伟江：《托依布纳法的系统理论评述》，《清华法律评论》第 5 卷第 1 辑。

显现，如国际人权领域中私人对基本权利的侵犯、国际商人法的复兴、国际互联网的电子法等现象。① 这也成为托依布纳之后研究的重点，并集中体现在《宪法的碎片：全球社会宪治》一书中。

基于对卢曼的理论进行多年研究和对托依布纳著作的翻译与述评，作者对托依布纳的社会系统理论的意义有更深入的认识，他认为托依布纳的研究成果不仅在理论层面上是对现有理论的发展与深入，更能对我国社会转型期的法治建设与法学研究有所启迪，这也应当成为国内学者研究托依布纳理论多加思考之处。

将视野回归到基本权利场域中的系统论。托依布纳对基本权利水平效力的关注是建立在全球社会宪治的视野之上的，他将宪法视为法律系统与其他社会功能系统之间的、建立在双重反思性基础上的结构耦合，在此基础上，社会子系统逐步实现内部宪治化。而全球化所带来的剧变同样波及社会子系统，各功能系统的全球化同样是无法阻挡的现实，进而，托依布纳主张，突破民族国家宪法以及民族国家视阈内的社会子系统的内部宪治虽然面临重重困难，但仍是顺应全球化而应当做出的回应。

全球化背景下，与国家空间相对应，超国家空间中的基本权利问题应当引起更多的重视。而相比之下，超国家空间与国家空间的基本权利问题有极大的区别，最重要的一点是超国家空间中对私人行动者的影响远大于对国家行动者，进而言之，基本权利横向效力问题在超国家空间中具有极大的研究空间和研究意义。托依布纳对基本权利横向效力问题的分析是通过一般化与再具体化的方法论来进行的：以基本权利双重功能——排除和涵括功能——为基础对基本权利进行面向社会的一般化，同时考虑宪法的法律的一面和社会的一面以适应社会各领域。基本权利的涵括功能是托依布纳突破现有研究局限的理论成果②，托依布纳主张，涵括功能的最终指向是"将基本权利的横向效力转译为（政治系统之外的）不同社会领域

---

① 参见泮伟江《托依布纳法的系统理论评述》，《清华法律评论》第 5 卷第 1 辑。
② 参见〔德〕贡塔·托依布纳《宪法的碎片：全球社会宪治》，陆宇峰译，中央编译出版社，2016，第 159 页，脚注 3，"德国的主流评论从未提及这种功能"。

的参与权"①，发挥将整个人口群体被涵括进各种功能系统的保障作用。而在关于基本权利的排除效力的主张中，全社会的片段化的概念极为关键。托依布纳认为全社会的片段化是基本权利的排除功能的问题核心，全社会的片段化使社会子系统与作为其环境的人类之间的边界的数量激增，而边界确认产生了困难，边界扩张性需得到抑制，此时就需要基本权利的排除功能。

基于前文论述，托依布纳提出了"全新"的基本权利的内涵：（基本权利）"是关乎匿名的沟通魔阵（制度、话语、系统）对制度、抽象个体和个人完整性的侵害。"② 根据这一定义，基本权利横向效力问题中的侵权主体应是"匿名的沟通魔阵"，而托依布纳则进一步划分权利主体，并据此将基本权利区分为三个体系，分别是"制度的基本权利""抽象个体的基本权利""人权"。③ 托依布纳这一视角下的基本权利体系相较于传统的基本权利领域而言是完全的系统论视角的重建，尤其是权利主体的扩展，打破了以具象的"人"作为唯一主体的旧的思维模式，将基本权利领域拓展至全社会各功能系统，这也与他所主张的基本权利的涵括功能相呼应。这种体系建构无疑扩大了基本权利的视野和研究空间，更多层出不穷的新的基本权利问题得以被涵盖其中，可以通过系统论视角来阐释。但这同样带来了研究和实践中的难题。托依布纳以可诉性为例，对重新解读的基本权利横向效力而带来的潜在的问题进行了分析，也以此提醒了这一领域可能面临的重重困难。

托依布纳书中所探讨的"宪法"和"基本权利"是否等同于实证法中的概念呢？这一点或许值得商榷。虽全书并未对这两个概念做出解释——既没有明确他所探讨的正是实证法中的概念，也没有确切说明应当如何解读和阐释，笔者认为，通篇对"宪法"片段化以及"基本权利"体系重构

---

① 〔德〕贡塔·托依布纳：《宪法的碎片：全球社会宪治》，陆宇峰译，中央编译出版社，2016，第 162 页。

② 〔德〕贡塔·托依布纳：《宪法的碎片：全球社会宪治》，陆宇峰译，中央编译出版社，2016，第 167 页。

③ 〔德〕贡塔·托依布纳：《宪法的碎片：全球社会宪治》，陆宇峰译，中央编译出版社，2016，第 169～170 页。

的讨论不能完全等同于民族国家宪法及其中所涵的基本权利的概念，正是从实证法中跳脱出来，托依布纳的视角和对社会宪治的主张才能成立。这种层面上对"宪法"和"基本权利"的见解，与宪法教义学所做的工作全然不同。无论是称之为"自创生系统论"或是"社会系统论"，都不能忽视其社会学底蕴。而当我们在民族国家视域内讨论"宪法"和"基本权利"时，对托依布纳的理论便不可"信手拈来"。尤其在教义学语境下，对文本的解释、对基本权利体系的构建，如何对托依布纳的理论进行"转化"以融入教义学的方法论之中是必须做好的准备性工作。

对于基本权利的内涵、基本权利的主体以及基本权利的第三人效力等问题，托依布纳的主张完全基于法社会学视角，是以系统论为理论基础的法社会学视域下的解读。以宪法教义学外部视角为出发点的这类解读，不受法教义学内部视角的局限，在研究方法、路径和目的等方面全然不同于法教义学。那么，法教义学应如何看待这类研究所得出的结论呢？对这一问题的解答或许会引出法教义学与社科法学之争，而将这种争论暂且放置一边，仅仅关注社会系统论对法教义学内部主题的观察和研究，考量其对法教义学的参考价值，在争议之外寻求这种外部视角的价值所在。

作为《宪法的碎片：全球社会宪治》一书的译者，陆宇峰在翻译与述评之中，受到托依布纳对全球社会宪治与基本权利体系关注的影响，进而关注并研究系统论。尤其是在我国当下社科法学与法教义学的论争中，他别树一帜地关注到"社会理论法学"这一新的研究领域。《社会理论法学：定位、功能与前景》（载《清华法学》2017 年第 2 期）一文集中体现了他对中国语境下的系统论研究的独到见解。在本文中，他试图为社会理论法学寻找立足我国的、以法教义学为中介的体系构建之路。对于社会理论法学的定位，他总结为"有关法律的科学性宏观理论"——他从多个角度展开说明，指出社会理论法学虽非严格意义上的法学但可通过"教义学化"而进入法律系统，具有科学属性，并且，与经验法社会学相比，社会理论法学更加重视宏观理论。对于社会理论法学的功能，他利用系统论中的功能系统之间的结构耦合来观察社会理论法学与法教义学之间的关系，提出二者之间存在"耦合"①，社会理论法学进而"可能经由法教义学的中介，影响法律系统的实际运作，促进法律系统在充分发掘与有效抑制功能分化正负外部性的双重目标之间保持动态平衡，从而为现代法律的全面理性化提供动力。这才是社会理论法学独特的功能所在"。对于社会理论法学的前景，他特别提出了对其他学科的重要意义和作用，文章以托依布纳的理论为例，指出其对基本权利横向效力的论证对基本权利体系的建构与完善有极大意义，进而言之，推动宪法学、宪法教义学进行自我反思和内部观察，从而促使其进行体系和结构的革新。这篇文章的视角受托依布纳的影响颇深，从其理论中发现社会理论法学对于基本权利体系、法教义学乃至整个法学领域的特殊功能，进而对我国社会理论法学的发展提出建设性的意见，无论是对法教义学与社科法学的论争而言，还是对社会理论法学自身的发展而言，其观点可谓不落俗套。陆宇峰此文探讨了外部视角对于宪法教义学自身发展的重要作用，极具启发意义。然而，单纯强调这种外部视角的重要意义和作用，对于如何切实实现其功能却点到即止，远远无法满足我国法学研究发展的迫切要求。如何在我国社会变革的背景之下，实现社会理论法学对于法教义学的价值，对于法学研究、法律系统的运作乃至整个功能分化社会而言至关重要，而这一重要任务需要更为精细化的研究，需要从社会理论法学和法教义学内部以及二者的互动中寻找答案。

托依布纳关于基本权利的观点贯穿于其系统论研究之中，互为补充，互相作证。如《社会理论脉络中的法学与法律实践》（纪海龙译，载《交大法学》2015 年第 3 期）"将针对私人权力的基本权利保护从私人层面转移到制度层面。并非通过可诉的个人权利项来保障基本权利的水平效力，而是通过组织和程序来在基本权利的制度方面提供保护。而何种组织和何种程序可以实现对科学和健康机构的保护，在法律内部却无法得到答案。

---

① 参见〔德〕贡塔·托依布纳《宪法的碎片：全球社会宪治》，陆宇峰译，中央编译出版社，2016。作者此处对"耦合"概念的使用做出了简短说明，"此处选择'耦合'这一术语（而非'重合'），旨在重申外部视角的社会理论法学与内部视角的法教义学根本上属于不同的社会脉络，各自取向于科学和法律两种彼此分离的系统逻辑"。

对基本权利制度性保障的规范性内容，只能在法律外部从社会实践的本身规范性中获取。"如 *Transnational Fundamental Rights*：*Horizontal Effect*？一文论证了跨国空间的基本权利以及水平效力的问题，强调了基本权利效力应当及于跨国空间并规制跨国公司的侵权现象，具体论证与《宪法的碎片：全球社会宪法》多有重合，不再赘述。

国内译介难以即时更新域外相关研究的最新成果，而托依布纳的理论更新之处必须从其德文及英文论文中探寻，国内学者中较为深入的研究必从其德文及英文原作中习得，因而只有紧密关注其外文文献才能对国内研究有更为透彻的理解甚至产生其他视角的解读。譬如，在 *Horizontal Effects of Constitutional Rights in the Internet*：*A Legal Case on the Digital Constitution* 一文中，托依布纳进一步论证了基本权利第三人效力从个人层面转移到制度层面的主张，并深入探讨了互联网时代的基本权利第三人效力所需回应的数字领域新问题，以及如何做出相应调整，该文是其紧密结合社会和时代背景的新作。据文中观点，互联网时代的基本权利第三人效力不仅应考虑对个体的保护，新的现实问题已经凸显出诸如跨国公司之类的私人集体行动者同样面临来自私人领域的侵害。而目前的经验表明，发生于跨国空间的互联网领域的这类问题最终仍需寻求国内法的帮助——如文中所提到的德国绿色和平组织（Greenpeace Germany）与法国 TotalFinaEif 石油公司间的争议，这一争议被提交至私人的争议解决组织（the World Intellectual Property Organization，WIPO），并根据统一争议解决政策（Uniform Dispute Resolution Policy，UDRP）进行裁决。尽管如此，最有可能的结果是诉诸美国宪法的"国家行为原则"，并成为美国宪法在域外的互联网领域产生的影响①。此外存在诉诸德国基本权利第三人效力等其他国家的相关法律

---

① 参见 Gunther Teubner，"Horizontal Effects of Constitutional Rights in the Internet：A Legal Case on the Digital Constitution，" *3 Italian L. J.* 193，206（2017）. "as often happens in disputes about worldwide websites，the company brought the case before a private Dispute Resolution Organisation，the World Intellectual Property Organization（WIPO）- Arbitration Center，which is accredited by the Internet Corporation for Assigned Names and Numbers（ICANN），a private association，and which is obliged to adjudicate according to the private rules of the so-called Uniform Dispute Resolution Policy（UDRP）".

的可能性。这一方面说明了局限于对个人提供保护的基本权利无法应对这种集体私人行动者受到权利侵害的问题，另一方面说明了互联网领域与跨国空间的宪治的缺失——仅仅诉诸民族国家宪法（其中美国宪法占据绝对优势）无法解决此类"争议"，遑论更为严重和复杂的第三人效力问题。而在更深入的层面上，托依布纳认为基本权利的集体制度性的维度（collective-institutional dimension）必须纳入第三人效力之中，而这种集体制度性的维度同时涉及基本权利第三人效力的双方——侵害者与受害者。他进一步强调社会子系统扩张对于其他系统的完整性以及自主运作的潜在的危险，因此，在这种集体制度层面上，宪法权利是在社会不同的对立理性之间的冲突中运作的冲突法规则。接下来，托依布纳详尽论述了网络空间语境下的宪法权利。这意味着要进一步关注集体制度性的数字代码（digital code）本身给公共领域带来的具体危险，以及跨国空间语境下的互联网宪法产生的必要性，此外，在面对具体的侵权案件时，法院将发挥决定性作用。①

这篇文章综合体现了托依布纳的全球宪法碎片化、社会宪治、互联网宪法以及社会系统论视角下的基本权利第三人效力等主张，是对其已有的基本权利与宪法理论的整合，是基于全球化背景与互联网时代特征双重社会发展趋势的观察。从跨国公司侵犯人权问题，到互联网语境下的集体制度性维度的基本权利，再到互联网宪法的产生，托依布纳的视野不断在扩大，根据他的思路，基本权利第三人效力传统理论对于同时出现于网络空间与跨国空间的相关问题可谓束手无策，对于社会各个子系统及公共领域面临的来自"数字代码"的危险更是防不胜防。据其社会宪治理论，诸如网络服务提供商与使用者的合同等已实质上具备了一般立法的特征，第三人效力问题的双方主体均不再局限于个人和私人集体行动者，而仍将其视为普通合同并将相关问题诉诸私法领域已无法解决当下困境，与之对应，作为解决之道的互联网宪法与互联网空间的宪治进程已经呼之欲出。

---

① 参见 Gunther Teubner, "Horizontal Effects of Constitutional Rights in the Internet: A Legal Case on the Digital Constitution," *3 Italian L. J.* 193, 206 (2017)。

余盛峰的《互联网宪法政治的生成、演化与挑战》一文（刊发于高鸿钧主编：《中国比较法学：比较司法研究》，中国政法大学出版社 2017 年版）是近期相关文献中的典型之作。整篇文章受托依布纳的《宪法的碎片：全球社会宪治》中的理论的影响较大，其中对托依布纳理论的解读与化用可谓匠心独运，其视角与论证思路在相关主题的论文中都别具一格。并且，这篇文章反映出了作者对互联网时代的法律问题的灵敏触觉，与前述托依布纳文章对网络空间的宪法化进程的关注遥相呼应。作者认为，在全球化与互联网时代进程之中，传统的民族国家政治宪法在严峻的挑战面前无所适从，而面对这种局面，必须正视互联网在当下的意义。作者指出，"互联网实际上已经不仅仅是技术，而是我们当代区别于工业文明的新型文明的象征。互联网是作为当代世界秩序演变，作为世界秩序潜在革命性变化的精神象征物，凸显其重要性"。作为一个自主运作的社会子系统，互联网有其独立的运作代码与运作逻辑，互联网已自发进入其宪法化进程，而在互联网系统中，民族国家宪法与政治都面临"失灵"（或者说是"生搬硬套"而产生的"水土不服"）。作者进而提出了互联网宪法政治的四大命题和挑战，并对这些问题"对症下药"，进一步指出司法争端解决机制的造法功能对互联网宪法政治的重要作用。

作者对于互联网系统及其宪法化进程的理解，是基于全球化背景的分析，而托依布纳关于全球社会宪治的理论的前提条件正是全球化发展至当代的新图景和新的发展态势。在托依布纳对全球社会的社会宪治这一重大问题的探讨中，作者选取了互联网领域的宪治问题，仅对这一问题的大背景——全球社会宪治作铺垫性论述，而集中于互联网系统独特的宪法化进程与宪治问题，总结其中的现实难题与理论难点，从而能够有针对性地提出对解决机制的思考。尤其值得注意的是，文中提到的互联网中立性原则的例子，其解决方案正是指向了基本权利的第三人效力。"在国家宪法层面，这一保护从属于隐私权、反歧视和言论自由等基本权利，这些基本权利，需要在互联网系统中进行再特殊性的转化，至少需要通过合同法上的契约义务来保证：以保证'接入规则应当确保所有媒介用户原则上享有相同自由'。"在《宪法的碎片：全球社会宪治》一书中，托依布纳以互联网中立性来说明基本权利的涵扩权功能，他明确提出上述"契约义务"正是"反歧视基本权利（这里指进入非政治性制度的权利）的横向效力"在互联网领域的"再具体化"①，这也佐证了托依布纳所主张的"基本权利的第三方效力保障整个人口不受干扰地进入各种社会制度"。托依布纳和余盛峰此处提及的这一"契约义务"，可以视为基本权利第三人效力在互联网用户（公民）与互联网服务提供者（公司）之间发挥作用的产物。托依布纳在书中写道"社会学取向的重构坚决支持基本权利间接的第三方效力"，而这是出于其"重新调整基本权利，以适应不同子领域的理性和规范性"的主张——这正对应了本文中的基本权利通过进入互联网系统时的"再特殊性的转化"而发挥权利保障与救济功能。由此可见基本权利第三人效力在互联网系统宪法中的重要作用。而 2017 年 12 月 14 日，在月度会议上，美国联邦通信委员会（下称 FCC）以 3∶2 的投票优势，决定废止 2015 年通过的《开放互联网法令》（Open Internet Order），这意味着网络中立原则被推翻。② 这无疑对互联网宪法中的基本权利问题带来了许多隐患。然而互联网中立性这一例子并不足以展现网络空间之宪法与宪治问题的全貌。如前所述，互联网系统宪法如何与实证法对接，基本权利第三人效力在实证法中尚存疑虑之时如何能在互联网领域发挥作用等，都需要进一步的理论论证与实践的支持。

对比之下，余盛峰受托依布纳理论影响之深可见一斑，二人对于互联网宪法的讨论同属于社会系统理论的视角，正如托依布纳自己指出的那样，他对基本权利"间接第三方效力"的支持是基于"社会学取向的重构"的视角。首先，他所谓的"支持"表明了基本权利间接第三方效力并非来自社会系统理论的场域，其次说明了其立场对于基本权利体系而言只是外部的"激扰"，而并非存在于其内部运作之中。毋庸置疑，基本权利第三人效力需宪法教义学、基本权利教义学的解释与建构方法，无论是

① 参见〔德〕贡塔·托依布纳《宪法的碎片：全球社会宪治》，陆宇峰译，中央编译出版社，2016，第 161~162 页。
② 参见张瑶《互联网已死还是更自由？美国废止网络中立原则后评价两极》，http://news.163.com/17/1218/07/D5U1NL5700018750.html，最后访问时间：2017 年 12 月 10 日。

对于理论论证还是实践经验，脱离教义学的基本权利理论都是站不住脚的，所谓"社会学取向"的支持，所谓基于社会系统论、社会学视角或系统论法学的研究，都只能作为基本权利理论取向的"佐证"，既无法直接进入基本权利体系内部，更不能取代基本权利教义学的内部视角。尤其托依布纳在超出实证法的层面上所进行的讨论，终究还是要与现实对接，通过对法教义学核心课题的关注，进而对法律系统产生"激扰"，而法律系统则必须把"激扰"转化为系统内部的运作，才能真正实现"社会学取向"对法教义学的"支持"。正如李忠夏教授所言："在中国社会转型的大背景下，社科法学与法教义学之间的最大分歧，并非如何解释实证法规范的方法问题，而是如何对待实证法的问题。"①

三 内部回应/运作：宪法教义学与基本权利教义学的反思

宪法教义学与基本权利教义学领域业已关注到外部视角所带来的冲击，并通过自我反思来试图回应这一严峻现实。李忠夏教授长期以来对德国的系统论法学、法社会学领域十分关注，其《宪法教义学反思：一个社会系统理论的视角》（载《法学研究》2015 年第 6 期）一文，关注到社会变迁背景下的宪法以及宪法教义学在回应中所遇到的问题，并从社会系统理论之中寻求宪法及宪法教义学在社会转型期转变的可能性与可行性。文章首先梳理了法教义学的起源与发展，并着重观察法教义学在社会变迁中的转向，为宪法教义学在这种学术背景以及相应的社会背景下的功能定位作铺垫。作者指出，宪法是法律系统封闭与开放的"控制阀"，其功能在于"价值的输入（与外部环境的关系）以及价值的辐射（法律体系内部的统一性）"。论及宪法教义学，作者主张，需引入宪法变迁，将宪法变迁"作为宪法解释的基础，建立起宪法变迁与宪法解释之间互为因果、交互

---

① 李忠夏：《基本权利教义学中的价值判断——基于社科法学与法教义学的视角》，《"社科法学与法教义学的对话"学术研讨会会议文集》，武汉，2014，第 3 页。转引自侯猛《社科法学的传统与挑战》，《法商研究》2014 年第 5 期。

影响的关系，解决转型中国社会发展（改革）与恪守宪法（法治）之间的紧张关系"。① 而反观我国现实，宪法教义学在社会变迁中所处的境地并不乐观，在回应社会转型及其带来的难题时，宪法教义学困难重重，并因而引发了社科法学与教义法学的冲突与争论。作者对待这种冲突的态度不是简单的"非此即彼"，而是看到了冲突之外的其他可能性——"在方法论层面为之找到社会理论的基础和恰当的沟通合作渠道"②，而社会系统论便可以为这种可能性提供方法论上的助益。

　　李忠夏教授的这篇文章与陆宇峰的文章，均关注到宪法教义学与社会理论法学/社会系统论的碰撞与交叉，通过内部视角，注意到宪法教义学面对我国学术研究的现状以及我国当下社会的发展与变化而"故步自封"所带来的"窘境"，同时也面临着突破的机遇，带动了宪法教义学内部的反思；通过外部视角，观察到社会系统论与宪法教义学已然发生的互动和潜在的可能出现的影响。对于将社会系统论引入宪法教义学的方法论范畴，由外部激扰引发内部回应，以适应学科发展和社会发展的潮流与趋势，二人均持肯定和开放的态度。这无疑推动了社会系统论/系统论法学进入主流视野，进入宪法教义学视阈，更加推动了借由这一方法论对宪法学、宪法教义学所关注之领域进行的探索之路。

　　但这两篇文章有着根本性的区别——核心论题及写作目的。陆宇峰这篇文章的出发点和最终归宿都是社会理论法学，法教义学出现在其视野内是基于法教义学对社会理论法学的功能，"……成熟的社会理论法学存在四项基本共识。一是坚决反对实然向应然、事实向规范的直接转化，承认自身的洞见只能经由教义法学的中介'激扰'法律系统。这是一种经过理论化的真正的'承认'，表现为将实证法和法教义学纳入自己的主题清单，正视它们对做成法律决定不可替代的作用，甚至相信'运作封闭'是现代法律功能发挥的必然要求"③。李忠夏则致力于宪法教义学的反思和

---

① 李忠夏：《宪法教义学反思：一个社会系统理论的视角》，《法学研究》2015 第 6 期。
② 〔德〕贡塔·托依布纳：《宪法的碎片：全球社会宪治》，陆宇峰译，中央编译出版社，2016。
③ 陆宇峰：《社会理论法学：定位、功能与前景》，《清华法学》2017 年第 2 期。

基本权利教义学的建构，在社科法学与法教义学的冲突中、在基本权利社会功能的演进中，以社会系统论视角为切入，并最终回归于宪法教义学和基本权利教义学。换言之，宪法教义学是研究主题，而社会系统论是方法论，扮演着围绕并服务于论文主题的角色。

李忠夏教授的《基本权利的社会功能》一文，集中体现了其对基本权利教义学的反思与建构。该文起笔便简明扼要地指出了当代基本权利的影响及功能的重大变化——随着第三人效力和客观价值秩序的引入，基本权利的功能由防御权（对抗国家）向"整合社会"转变。[①] 对这一结论的论证是从国家与社会的角度来展开的，市民社会的兴起带来了国家与社会的二元对立，自由主义观念随之而来，并成为市民社会的"绝对法则"。[②] 在此历史背景与社会背景下，基本权利的社会功能则服务于维系市民社会。随着民主化的兴起，国家与社会渐渐呈现融合趋势，对市民社会及其所高举的自由主义观念造成极大冲击，在此基础上建立的基本权利理论亦同样无法跟上社会变革的脚步。无论是基本权利的理论，还是基本权利的社会功能，都需要对社会变迁与思想潮流的发展"亦步亦趋"。国家与社会的二元对立被打破，国家对社会不同领域有着不同程度的干预，国家与社会关系的种种变化并非简单的"融合"二字便能完整描述的。作者在此引入了卢曼在这种社会背景下所提出的社会系统理论，"即'社会的功能分化'，也就是'社会的演化'导致了'功能系统的分出'"[③]。这一理论既是阐释社会变迁背景的视角及论据，又是后文对转变后的基本权利的社会功能展开论证的理论基础，贯穿全文，支撑起所有论点与主张。根据这一理论，社会子系统承担不同的社会功能，各功能系统的运作是封闭的，但系统与外部环境是相关联的，也就是说，系统既在运作上保持封闭性，又与外部环境相互依赖。在卢曼的自创生系统论中，法律系统与政治系统

---

① 参见李忠夏《基本权利的社会功能》，《法学家》2014 年第 5 期。
② 李忠夏：《基本权利的社会功能》，《法学家》2014 年第 5 期。
③ 李忠夏：《基本权利的社会功能》，《法学家》2014 年第 5 期。

的这种互动与相互依赖即为不同功能系统的"结构耦合"①。而宪法正是法律系统与政治系统的"结构耦合"。② 基本权利作为宪法最重要和核心的内容，同样是法律系统与政治系统结构耦合的形式之一。因而需要在功能系统的结构耦合的背景和前提下分析基本权利的社会功能。社会中功能系统的分化是社会发展的需要和必然，基本权利首要的社会功能就是维系这种功能分化，为不同功能系统提供沟通一般化的制度保障。③ 在此基础上，在功能分化得以维系的前提下，基本权利进一步承担了实现不同功能系统的结构耦合的重任。

　　作者从卢曼的"结构耦合"概念出发，对这一概念的应用并不为其所困，文章指出，"……从基本权利的角度则可以将宪法视为法律系统与所有社会子系统的'结构耦合'，如财产权、宗教自由、受教育权、艺术自由等都在诸如经济、宗教、教育、文化等相关领域构成了法律系统与相关社会子系统的'结构耦合'"④。这篇文章虽全篇未提及托依布纳的理论，但作者探讨的基本权利社会功能之一——"实现社会功能系统'结构耦合'"时的核心论点，与托依布纳有着异曲同工之妙。⑤ 并且，作者对这一主张的论证和展开均立基于这一核心观点之上，对卢曼的"结构耦合"概念的拓展性理解和应用，是本文实现理论突破的重要论点之一。在进一

---

① 参见杜健荣《卢曼法社会学理论研究——以法律与社会的关系问题为中心》，法律出版社，2012，第 181 页。"结构耦合这一概念所针对的乃是社会功能次系统之间通过某些特定结构的媒介，使得不同功能系统能够在维持自身独立性的同时保持较为紧密的联系。结构耦合这个概念为我们理解社会功能之间的互动提供了基本的分析工具，即它说明了各个功能系统如何在维持自身同一性的前提下回应相互之间的影响。"

② 对于宪法作为法律系统与政治系统的结构耦合的功能，卢曼在《社会的法律》（卢曼著，郑伊倩译，人民出版社，2009）一书中指出，"我们可以概括地说，宪法打开了法律自我参照问题的政治解决途径和政治自我参照问题的法律解决途径"。

③ 参见李忠夏《基本权利的社会功能》，《法学家》2014 年第 5 期。"基本权利作为'维护社会分化的沟通秩序'的制度，其主要目的在于维持'沟通的一般化'，也就是说社会的分化是以'沟通的一般化'为前提的。"

④ 李忠夏：《基本权利的社会功能》，《法学家》2014 年第 5 期。

⑤ 〔德〕贡塔·托依布纳：《宪法的碎片：全球社会宪治》，陆宇峰译，中央编译出版社，2016，第 122 ~ 123 页。托依布纳的宪法概念与卢曼的起点一致，"卢曼认为，国家宪法是政治与法律的结构耦合"，但托依布纳指出"结构耦合只是国家宪法的必要而非充分条件"，进而认为，宪法应当被界定为"法律的反思机制（也就是规范被适用于规范的刺激法律规范创造机制）与相关社会部门的反思机制的结构耦合"。

步的论述中，作者立足于卢曼所提出的系统与环境的关系，以及系统如何将环境中的外部激扰转化为系统内的运作上的回应，提出了基本权利正是在结构耦合之中实现了从防御权到客观价值秩序的功能转变，并且引入了基本权利的第三人效力（或基本权利的水平效力）。结合托依布纳对基本权利第三人效力的关注，不难看出，系统论法学对这一领域的关注有迹可循，并依旧存在极大的研究空间。作者在上述论证的基础上，对基本权利体系的全貌提出了更多的构想。"……基本权利在法教义学上的建构已经形成了一个包容和开放的体系……基本权利的法教义学体系是基本权利社会功能的形式体现……"作者的视野最终回归到我国基本权利法教义学的建构，重申系统论视角的重要意义，强调以我国社会变迁的现实为导向的理论研究道路。

结合全文来看，作者的通篇论述主要建立在卢曼的系统论基础之上，并未运用托依布纳的相关观点，但作者先见性地观察到了作为宪法核心的基本权利与宪法同样承担着社会功能系统间的"结构耦合"的功能。这正是作者将系统论引入基本权利研究视域的所有主张的触发点，由此而展开的系统论视角下的基本权利社会功能的阐发，对基本权利体系的构建和研究思路的拓宽有着极为重要的启发和示范意义。而对于托依布纳关注的基本权利领域新的趋向，若想在当下的我国法学视野下进行摸索，笔者认为，正确认识与看待基本权利面临社会变迁与宪法变迁而做出回应的社会功能，正视方法论的更新，正视基本权利体系的重建，才能以开放性、包容性的研究方法直面基本权利研究的最新挑战。然而这一课题无疑面临着多重挑战，人工智能与大数据时代新兴的权利问题，社会子系统扩张趋势下的基本权利的社会功能变迁，基本权利第三人效力及于制度之维，加之我国社会转型期特有的社会问题，法律系统面临的困境，司法改革的瓶颈与转型……诸多挑战重重叠加，法律与社会的张力剧增，法学研究在范式转换、学科之争与社会问题的双重夹击之下力求"内外兼修"。社会系统论的价值已被发觉，法学研究诸多课题都试图从中找到解决之道，虽成果颇丰，但在问题不断涌现的重压面前，对社会系统论价值的挖掘与实现意义重大，任重而道远。

结　语

从译作到解读，再到不同领域的运用，系统论法学的庞大而丰富的内容不断被挖掘、被展现，并透过在不同领域的运用，显示出不同的理论价值。而不同领域的运用，既是系统论法学价值的发挥，更是对其内涵的丰富，在不同领域、不同观点的碰撞下，系统论法学的发展正呈现百家争鸣之态和蓬勃发展之势。基本权利领域引入系统论法学的视角，无疑是紧跟学术思潮，为基本权利研究提供了更多的可能性。无论是对系统论法学的发展，抑或对于基本权利研究的发展而言，二者的碰撞与结合已然产生亮眼的成果。而更深入的研究并不能止步于此，正如托依布纳书中所提到的，基本权利体系的系统论视角的重建困难重重，绝非坦途，内部视角的重重困难与外部环境的种种质疑，对于更深入的研究而言或许是前所未有的挑战。但当下系统论法学的发展为基本权利与宪法教义学所提供的外部环境，同样是不可多得的机遇。我国基本权利研究领域已有诸多学者抓住了机遇，正在开辟全新的视角与研究道路。

婚姻、家庭与近距离生活领域的保护

——同性婚姻的宪法学思考

钱　坤[*]

引　言

2016 年联合国开发计划署委托北京大学社会学系开展的一项实证研究表明，我国 95% 的性少数受访者支持同性婚姻合法化，而且有 77% 的人对此表示"非常同意"。[①] 2017 年，我国台湾地区"大法官"会议裁定，台湾地区"民法"将婚姻限制在异性之间违反"宪法"婚姻自由与平等原则，应于两年内完成相应修改。[②] 无独有偶，在大陆地区，"孙文麟、胡明亮诉芙蓉区民政局婚姻登记行政诉讼案"入选 2016 年中国十大宪法事例，引起社会广泛关注。[③] 同性婚姻合法化问题[④]在我国逐步进入法学研究领域。既有研究中，有学者系统阐述了保障同性恋者权利的价值立场[⑤]，

---

[*]　钱坤，中国人民大学法学院硕士研究生。

[①]　联合国开发计划署：《中国性少数群体生存状况——基于性倾向、性别认同及性别表达的社会态度调查报告》，2016 年。http://www.cn.undp.org/content/china/zh/home/library/democratic_governance/being-lgbt-in-china/，最后访问时间：2017 年 10 月 3 日。

[②]　参见我国台湾地区"大法官解释"释字 748 号。

[③]　据中国宪治网的统计，在事例的网络评选环节，有若干同性恋权益组织积极参与，该事例投票人数超过 20 万，居于待选事例前列。

[④]　预先说明的是，一般认为，同性婚姻概念的使用其实已经预设了婚姻概念的扩张，因为传统的婚姻概念中是不能包含这个语汇的。但笔者谨以此指向众所周知的争议问题，所使用的语汇并不代表观点的预设。

[⑤]　韩大元：《人的尊严、宽容与同性恋者权利的宪法保障》，《法学论坛》2016 年第 3 期第 25 ~ 31 页。

也有学者较为翔实地梳理了比较法上的案例与学理①，对相关的宪法规范
也进行了一些严谨的教义学研究。② 由此可见，探讨该问题的社会氛围、
法学素材等相关条件已基本成熟。但目前，对于如何从我国宪法规范出
发，探知宪法对于这一问题的基本立场，揭示规范解释空间的研究尚不多
见。本文拟从宪法上的婚姻概念分析出发，探讨现行宪法对于同性"婚
姻"议题的可能立场与解释空间，尝试解释宪法保护婚姻家庭制度的目
的，并最终基于宪法保护人格尊严的价值立场、开放的制度路径与民主价
值的基本要求，尝试对同性婚姻问题给出宪法层面的回应。文章认为，同
性恋者寻求结合的权利应予承认，此系人格尊严保障的要求，至于采取何
种具体制度，当在宪法的价值立场内，由民主程序决定之。

一　宪法上婚姻概念的规范分析

同性婚姻议题的争议焦点，即婚姻是否包含同性二人的结合，这涉及
对宪法上婚姻概念的理解。《宪法》第 49 条规定，"婚姻、家庭、母亲和
儿童受国家的保护。夫妻双方有实行计划生育的义务。父母有抚养教育未
成年子女的义务，成年子女有赡养扶助父母的义务。禁止破坏婚姻自由，
禁止虐待老人、妇女和儿童"。该条款与新中国历部宪法以及向来被作为
基本法律的婚姻法的相关脉络，共同构成理解宪法上婚姻概念的规范基
础。通过对这些规范脉络的梳理，可从事实认知、价值判断、规范性质等
几个层次对婚姻概念予以分析。

（一）事实认知：异性结合的婚姻

《宪法》第 49 条没有为婚姻做概念的界定。因本文探讨同性婚姻相关

<hr/>

① 王建学：《同性婚姻权宪法保障的法国模式》，载齐延平主编《人权研究》（第 15 卷），
山东人民出版社，2015，第 196~214 页；李忠夏：《同性婚姻的宪法教义学思考》，《法
学评论》2015 年第 6 期，第 75~82 页；邹奕：《自由与平等：通往同性婚姻的两条进
路》，《云南大学学报》（法学版）2014 年第 1 期，第 15~21 页。
② 王锴：《婚姻、家庭的宪法保障——以我国宪法第 49 条为中心》，《法学评论》2013 第 2
期，第 3~14 页。

话题，查其文义带有性别色彩的规定共有四处。第 1 款规定了对母亲的特别保护，第 2 款规定了夫妻的计划生育义务，第 3 款规定了父母与子女的抚养、赡养义务，第 4 款则规定了对妇女的特别保护。其中，第 1 款与第 4 款系特别保护条款，虽与性别有涉，但并不涉及异性结合。第 3 款强调家庭中父母与子女的代际关系，父母系指父辈，并不特别指向异性结合，唯有第 2 款，虽然规范目的在于课以计划生育义务，但其实含有对具有生育功能的异性结合"夫妻"的认知。

除第 2 款为异性结合之显性存在外，在我国宪法婚姻的规范脉络中尚有两处异性结合的隐形存在，即《宪法》第 49 条第 4 款之婚姻自由与第 48 条之男女平等。从我国宪法性文件的历史脉络看，《共同纲领》明确规定"实现男女婚姻自由"。新中国通过的第一部法律，1950 年《婚姻法》明确规定了"实行男女婚姻自由、一夫一妻……"。1954 年与之后的各部宪法基本维持了相同的规范，并规定了妇女在家庭生活中与男子平等的权利，反复出现"妇女""男子"等表述，1978 年宪法中明确规定了"男女婚姻自主"，不过，现行宪法已经放弃使用该表述。此外，在《宪法》第 48 条与第 49 条构成的整体中，还存在一个以平等为价值底色的男女异性结合的设定。由此可见，不论同性恋者或其他性别取向人士与传统概念中"夫妻"的身份认同是否存有其他认知差异，我国宪法对于婚姻的事实认知显然处于异性结合脉络之中。

事实认知层面，宪法上的婚姻系异性结合应无异议，但此种异性结合亦仅及于事实的认知层面，对于后世的宪法解释并不具有绝对的拘束。要理解婚姻在宪法上的含义，除了探究同性间结合是否为宪法上的"婚姻"概念所容许，至少还应考察宪法对婚姻所持有的价值判断。

（二）价值判断：性别无涉的自由

之所以强调事实层面存有异性结合的认知并不能当然得出对同性婚姻问题的确定答案，是因为宪法并非将生活现实中的婚姻仅作为一种事实，采取简单承认的态度。纯粹事实意义上的婚姻制度只是描述性的概念，并不当然具有规范上的意义。法学思维具有目的性，目的的背后存有价值判断。作为一种在宪法上受到保护的制度，婚姻当然承载着宪法的价值判断。换言之，作为受宪法与法律保护的婚姻，本身需要在法律系统内进行评价，而此种评价并不关注婚姻的所有方面，其首要关切毋宁是宪法的价值判断能否在婚姻制度中得以贯彻。

纵观我国宪法上的婚姻规范，可以看出立宪者的两项价值判断。

其一，"婚姻自由"，即婚姻系缔结人自主决定的事项，不受他人干涉。我国历部宪法都有类似"婚姻自由""婚姻自主"的表述，《宪法》第 49 条第 4 款明确规定，"禁止破坏婚姻自由"。一般认为，"宪法上的婚姻自由是指婚姻当事人享有自主的决定自己的婚姻并基于其的意志，自主自愿地决定结婚与离婚，既不受国家的强制、限制或其他方式的影响，也不受第三人的干涉和强制"[1]。"社会主义的婚姻，应当是男女双方感情的结合，而不应当只是因政治或经济的需要而结合，更不是人身依附式的结合，而以感情为基础的婚姻，必然要求男女双方在处理婚姻关系上应当是自由的。"[2] 而这也就预设了自由自主的个人形象。近代以来，"社会基本结构单位由家庭演变为独立的个人，私法直接以个人为调整的基本单位"，甚至有学者认为"个人是私法的唯一基础"[3]。可以说，"中国现代婚姻家庭制度自始是以推进个人本位社会的建立而建构的，至今则是以个人本位社会的存在为法律修订正当性的基础"[4]。

婚姻法的制定背景也印证了这一点。邓颖超在《关于中华人民共和国婚姻法的报告》中指出，婚姻法（1950 年婚姻法）是"广大劳动人民特别是广大劳动妇女在婚姻问题方面的要求的集中表现"。它"废除包办强迫、男尊女卑、漠视子女利益的封建主义的婚姻制度"[5]。从自 20 世纪初以来的

---

① 周伟：《国家与婚姻：婚姻自由的宪法之维》，《河北法学》2006 年第 12 期，第 16～21 页。

② 张春生、宋大涵：《保障婚姻自由的一个重要方面》，《法学研究》1981 第 4 期，第 27～29 页。

③ 马俊驹、童列春：《私法中身份的再发现》，《法学研究》2008 年第 5 期，第 79～80 页。

④ 金眉：《婚姻家庭立法的同一性原理——以婚姻家庭理念、形态与财产法律结构为中心》，《法学研究》2017 年第 4 期，第 41 页。

⑤ 邓颖超：《关于中华人民共和国婚姻法的报告》（1950 年 5 月 14 日）。http://cpc.people.com.cn/GB/69112/86369/87105/87275/5964645.html，最后访问时间：2017 年 11 月 1 日。

社会变革看，我国的婚姻自由具有因应封建制度压迫，解放缔结婚姻主体，追求个人自主的价值脉络，一定意义上，婚姻自由成为宪法中关于婚姻的第一位的价值决断。①

其二，"男女平等"，即婚姻中缔结人的地位平等。长期以来，我国宪法将一般意义的男女平等条款与婚姻家庭条款规定于同一条款②，学者也普遍把男女平等作为婚姻制度的一项基本原则。③ 我国传统婚姻法认为"这一原则彻底否定男尊女卑、夫权统治的旧制度、旧传统。""婚姻家庭关系的主体不分性别，一律平等……"④ 一般看来，针对封建制度的婚姻自由拥有更多的对外面向，指向所谓整个封建制度与宗法关系，平等则相对聚焦于婚姻中的男女关系。不过，如学者指出，"男权在社会上居于统治地位，在家庭中必然居于家长地位"，"要实现婚姻自由，必须真正做到男女平等……"⑤ 这一方面表明，为因应封建婚姻制度及与之相关的男权结构，宪法就婚姻采自由与平等的价值立场，另一方面，也表明了宪法上的婚姻中自由与平等价值的关系。

婚姻自由固然对抗外部的封建制度，婚姻关系内部同样存在个人自主决定的问题，仅以婚姻自由对抗"包办婚姻"等外在力量仍然不能实现宪法的价值追求。通过"男女平等"改变传统上男权、夫权、父权形成的压迫，正是为了实现婚姻中人的自主决定。因此，也不难理解现行宪法将男女平等条款与婚姻家庭条款分置的合理性。因为男女平等更多的是作为一种一般性的平等原则的体现，而在婚姻内部，以婚姻自由为核心的价值判

---

① 中央贯彻婚姻法运动法委员会曾经指出："婚姻法的第一个基本原则就是废除包办强迫婚姻，实行男女婚姻自由。"见于中央贯彻婚姻法运动委员会《贯彻婚姻法宣传提纲》，中国人民大学法律系民法教研室、资料室编《中华人民共和国婚姻法资料选编》（一），1982，第 107 页。

② 《共同纲领》、1954 年宪法、1975 年宪法、1978 年宪法都将男女平权与婚姻家庭保护合于一款规定。

③ 譬如杨大文《婚姻法学》，文化艺术出版社，1986，第 91 页；王战平、巫昌祯等《中国婚姻法教程》，人民法院出版社，1989，第 19 页。

④ 杨大文：《婚姻法学》，文化艺术出版社，1986，第 104 页。

⑤ 王昭仪：《浅论男女平等与婚姻自由》，《法学研究》1982 第 2 期，第 28 页。

断已经容纳了男女平等的价值判断。① 此外，婚姻法学者多认为一夫一妻制是婚姻制度的基本原则。② 实际上，一夫一妻制在历史脉络中所指向的是一夫多妻，或者一妻多夫的不平等的制度。一夫一妻制在一定程度上可以视为平等原则的具体体现，既然已经有了平等原则，就没有必要于婚姻法层面之外，在宪法层面单独提出一夫一妻制作为基本原则。

概言之，自由与平等可谓宪法就婚姻制度所做的两项重要的价值判断。但就此二者，尚有三点可进一步明确。

其一，自由与平等的关系并非并驾齐驱。婚姻自由已经容纳了男女双方之平等，进一步而言，容纳了缔结婚姻双方主体的平等。双方地位平等在婚姻制度中是为了双方的自由决定，此处平等的价值服务于自由的价值。婚姻缔结方得以自主地安排自己的生活样态，以婚姻的形式共同生活处于宪法保护的核心。

其二，事实层面的性别认知虽然与平等的价值判断有关，不是可有可无的事实要素，但基于第一点，从价值判断的层面看，宪法关注的并非男女两性，而是两个主体的自由结合，进一步而言，毋宁是个体的自由，所以相对于事实认知的关涉性别，宪法对婚姻的价值判断是性别无涉的。

其三，虽然宪法对婚姻的关切在于自由与平等，但并不意味着自由与平等就是婚姻制度的本质，婚姻是由宪法与其他社会规范共同塑造的，宪法所塑造的单纯的自由平等的两人关系，并不能导出婚姻，毋宁说，自由与平等是宪法介入婚姻这一先于宪法上制度的本质。宪法没有必要也很难就婚姻本身做出清晰的界定，只需在宪法规范中体现出其规范意旨即可。但婚姻必须符合宪法上自由与平等的价值秩序，这与制宪者采用"婚姻……受

---

① 虽然一般学者将男女平等与一夫一妻分置，但其实早在 1950 年代就有权威观点指出"婚姻法的第二个基本原则，就是废除男尊女卑（重男轻女）的封建婚姻制度，实行一夫一妻、男女权利平等的新民主主义婚姻制度"。可以说，这就认识到了这二者的紧密联系。参见中央贯彻婚姻法运动委员会《贯彻婚姻法宣传提纲》，中国人民大学法律系民法教研室、资料室编《中华人民共和国婚姻法资料选编》（一），1982，第 108 ~ 109 页。

② 黄双全：《新婚姻法的五项基本原则》，《社会科学》1980 年第 5 期，第 88 ~ 89 页。全国人大法工委相关领导同志也指出，婚姻法规定的是婚姻自由、一夫一妻、男女平等的婚姻制度。胡康生：《修改完善婚姻法需要研究的六大问题》，《吉林人大》2000 年第 12 期，第 41 页。

国家的保护"的表述是契合的。

（三）规范性质：制度与权利兼容

关于婚姻条款在我国宪法上的规范性质，其实也有争议。一种观点认为，宪法保护的是婚姻自由，其是一项基本权利[①]，也有观点认为，婚姻自由是一种法律权利，婚姻本身属于制度性保障的范畴。[②] 这种规范性质的争论对理解婚姻的概念，更精确地说，对以何种方式理解婚姻的概念具有一定影响。

考察制度性保障与基本权利的学术脉络，德国宪法学者卡尔·施密特认为"真正的基本权利本质上是享有自由的个人的权利……是与国家相对峙的权利……关于个体拥有先于国家、凌驾国家之上的权利的思想也不能被彻底否定；只有在这种条件下，才谈得上基本权利"[③]。而制度性保障的内容则相对不具有基本权利的特征，是将某些制度以宪法的形式固定下来，使法律不得更改之。所谓婚姻作为家庭生活的基础，便是制度性保障的一例。不过施密特也承认，宪法将一些对象当作制度予以保障，并不妨碍将其也作为基本权利去对待。以财产权为例，其也被视作一种制度予以保障，这起到了相对化财产权的作用。[④] 此外，当时德国法上提出制度性保障理论，也是因为基本权利条款的效力受到限制，需以制度性保障限制立法机关权限，至于今日，基本权利理论日臻完善，主观权利与客观价值秩序的理论框架完备，基本权利与制度性保障的绝对区分或已不甚必要。在婚姻议题上，过于强调婚姻条款的性质，在权利与制度二者间必择其一，同样是不必要的。实践中，比如台湾地区"大法官解释"554号就指出，"婚姻与家庭为社会形成与发展之基础，受到'宪法'制度性保

---

① 李忠夏：《同性婚姻的宪法教义学思考》，《法学评论》2015年第6期，第79页。
② 王锴：《婚姻、家庭的宪法保障——以我国宪法第49条为中心》，《法学评论》2013年第2期，第12页。
③ 〔德〕卡尔·施密特：《宪法学说》，刘锋译，上海人民出版社，2016，第222页。
④ 参见〔德〕卡尔·施密特《宪法学说》，刘锋译，上海人民出版社，2016，第230～231页。

障"。① 748 号解释中又主张婚姻权为一项重要基本权。② 《宪法》第 49 条第 1 款表明的是国家对婚姻负有保护义务，此种义务以制度性保障解释又或国家对基本权利的保护义务解释其实均无不可，第 4 款则倾向于表明婚姻自由作为一项基本权利而存在，如此则恰如学者指出的，"婚姻自由也顺理成章地成为一项基本权利"③。

其实，抛开论证路径，从结论反观，强调制度面向者，更多的是依据制度性保障理论，将异性结合纳入婚姻制度不可变更之核心领域。④ 但其实即便是单从制度的面向予以理解，所谓传统的婚姻家庭制度也有变化的历史，所谓"传统也是活着的传统"⑤，制度的核心领域并不是一个绝对的命题。更何况，宪法上的婚姻家庭制度亦有主观能动、改变社会现实、保护人格尊严的功能，具有"解放"的面向。所以，当下有学者指出的同性婚姻合法化会构成对数千年来的婚姻制度的毁灭性挑战的观点⑥，并不构成对同性婚姻议题足够充分且正当的反对。传统与当下不是割裂的，而是相连的，仅看数千年前的传统不看百余年来的发展是缺乏说服力的。近代以来，男女平权、婚姻自由的思想对传统婚姻制度构成持续冲击。而苏维埃时期的宪法⑦及《共同纲领》与新中国成立以来的各部宪法，

---

① 参见台湾地区"大法官解释"释字 554 号。
② 参见台湾地区"大法官解释"释字 748 号。
③ 李忠夏：《同性婚姻的宪法教义学思考》，《法学评论》2015 年第 6 期，第 79 页。
④ 参见陈静慧《同性生活伴侣之平等权问题——以欧洲法院、德国联邦宪法法院及德国联邦行政法院之判决为中心》，《东吴法律学报》2010 年第 3 期，第 170~176 页。
⑤ Robert C. Post, Foreword, "Fashioning the Legal Constitution: Culture, Courtsand Law," *Harvard Law Review*, Vol. 117, Issue 1, 2003, p. 87.
⑥ 蒋庆：《同性婚姻合法化直接威胁儒家根本义理》，腾讯网，http://rufodao.qq.com/a/20150726/015640.htm，最后访问时间：2017 年 11 月 20 日。
⑦ 譬如"苏维埃国家根本法最大原则之三，就是不但彻底实行妇女解放，制定出合理的不受一切宗法封建关系和宗教迷信束缚的男女关系以及家庭关系的法令，承认结婚离婚的自由……"《中华苏维埃共和国国家根本法宪法大纲草案》，载张希坡《革命根据地法律文献选辑》（第二辑）中国人民大学法学院图书馆馆藏资料，第 124 页。"中国苏维埃政权以保证彻底地实现妇女解放为目的，承认婚姻自由，实行各种保护妇女的办法，使妇女能够从事实上逐渐得到脱离家务束缚的物质基础，而参加全社会经济的、政治的、文化的生活。"《中华苏维埃共和国宪法大纲》，载张希坡，同上书，第 136 页。

无不以推翻传统的封建制度，解除对人的压迫为己任。正如许崇德教授所指出的：“中华人民共和国建立后，废除了封建的婚姻制度……男女平等、婚姻自由……成为我国婚姻家庭关系的主流与特色。”① 谁也不能否认这种制度的变革符合人权保障的理念，是现代宪法价值确立的彰显。区别于封建婚姻制度，承载自由平等价值的现行婚姻制度，本身就是以宪法为价值与规范基础的国家行为塑造的产物②，它变更了中国数千年的封建婚姻制度，对作为传统伦理与身份制度载体的“封建婚姻制度”构成了彻底的否定。中共中央甚至曾以通知的形式，要求各级党委和全体党员“把保证‘婚姻法’正确执行的宣传工作和组织工作，当作目前的和经常的重要工作之一”③。如学者指出，“上世纪50年代对《婚姻法》的贯彻执行，是一场自上而下进行的大规模的婚姻制度改革运动，它的发动者是拥有全部国家权威的政党和政府，贯彻的是婚姻自由、男女权利平等理念”④。所以，单纯的诉诸传统制度的概念，依据制度性保障理论固化某一特定形式的婚姻制度的观点难以成立。

　　缔结婚姻（以及解除婚姻）作为一种权利存在，婚姻作为一种制度存在是十分明确的。没有制度则权利无以行使，没有权利则制度形同虚设。如默勒斯教授指出的，权利也是一种社会制度（social institution），它指向他人，并要求社会机制（social mechanism）去实现。⑤ 所以制度与权利的理解视角毋宁是兼容的，婚姻自由作为一项基本权利是人的自主决定的体

① 许崇德：《中华人民共和国宪法史》，福建人民出版社，2003，第392页。
② 中共中央、中央人民政府、内务部以及司法部都曾专门发过文件，关于二十世纪五十年代国家通过运动的形式贯彻执行婚姻法的情况，概述可以参见张希坡《中国婚姻立法史》，人民出版社，2004，第208页、第210~214页。
③ 《中国共产党中央委员会关于保证执行婚姻法给全党的通知》（1950年4月30日），载中国人民大学法律系民法教研室、资料室编《中华人民共和国婚姻法资料选编》（一），1982，第79~81页。
④ 金眉：《婚姻家庭立法的同一性原理——以婚姻家庭理念、形态与财产法律结构为中心》，《法学研究》2017年第4期，第37~55页。还可参见杨林香《建国初政府在妇女婚姻自由中的作用分析——以1951—1952年〈中国青年报〉为例》，《中华女子学院学报》2009年第4期，第96~100页。
⑤ Christoph Möllers, *The Three Branches: A Comparative Model of Separation of Powers*, Oxford University Press, 2015, p. 64.

现，而宪法也确然将婚姻作为一种制度予以保护，使其免受破坏。接续上文就婚姻概念所持的价值判断立场，不难有如下结论：宪法一方面以制度保障之形式确保婚姻这一重要制度之存续，尤其在规制政治权力的面向上要求其不能过分干预婚姻制度，并可推导出保护促进之义务；另一面，在基本权利的面向上，基本权利也不仅是针对国家权力的，在一定情景中也有以权利机制变更社会现实为国家确立目标的功能。如迪特尔·格林教授指出的，"（基本权利）被赋予作为更新整个法律系统的指引的功能……为国家行为确立具有约束力的目标，且在法律秩序中自由与平等被实现之前，不应恢复到其消极功能的面向上去"①。

学术主张中强调权利面向，主张婚姻权系普适人权，亦是宪法上基本权利，同性恋者具有婚姻权者②，无疑已将婚姻概念扩张。而强调既有传统的制度面向，主张婚姻受制度性保障，其核心特征不容立法变更者，实际上是在反对婚姻概念的扩张。而婚姻权利与制度两面向兼容的本质表明，这种婚姻性质二择一论述的争论并不能完全超然于立场选择，论证的逻辑也易停留于定义层面。

至于此，事实认知层面，宪法上的婚姻处于异性结合的脉络。价值判断层面则与性别无涉。是故，即便事实认知由异性拓展到同性于文本上似有障碍，但于宪法价值判断层面的立场并无违反，是否得扩张解释，存有讨论空间。至于规范性质上的争论，因为权利与制度视角兼容并不具有决定意义，仍无法解决同性结合是否属于婚姻自由保护范围的问题。因此，欲理解是否存在所谓对于同性婚姻的婚姻权或婚姻制度，不能于概念层面止步，而必须追问宪法保护婚姻的目的所在。

---

① Dieter Grimm, *Constitutionalism Past, Present, and Future*, Oxford University Press, 2016, p. 13。格林教授原文是论述法国大革命不仅是针对政治系统的革命，也是针对社会系统的革命，所以以人权宣言为代表的基本权利并不仅具有限制国家行动的面向，也在实现社会变革。我国的革命其实也有相似之处，新民主主义革命绝不仅是政治权力更替，同样甚至更加关注社会革命的面向。

② 许育典：《自我实现作为同性婚姻的宪法保障》，《台湾法学》第 296 期，第 5～30 页。

二 婚姻、家庭与近距离生活领域

"法律所保护的是我们看重的生活意义"①，从目的的角度理解，婚姻背后一定存在宪法为其设定的意义。这种意义可能是宪法所看重的一种社会功能，比如时人解读的婚姻作为家庭的开端，具有繁衍后代的功能，也可能本身也是一种权利，比如王泽鉴教授主张一般人格权是婚姻制度的基础②，许育典教授建构的以自我实现权为基础的同性婚姻自我实现权③，也可能就是尊严的实现。④ 本文认为，宪法保护的是人格尊严在人的近距离生活领域的实现。此处为探究婚姻家庭制度的目的与意义，引入了所谓近距离生活领域的概念。⑤ 自事实与规范出发，本文首先论述婚姻、家庭所具有的关联性，并主张此关联性的基础在于其二者共同作用于人格发展的某一特定领域，其次，从人格发展完善的维度、人际关系远近的视角，指明此领域即所谓人的近距离生活领域，最后指出此近距离生活领域不仅在经验层面的生活世界与哲学层面的意义世界中存在，同样存在于法律所构建的规范世界之中⑥，婚姻、家庭制度即是显例。

---

① 张龑：《何为我们看重的生活意义——家作为法学的一个基本范畴》，《清华法学》2016年第1期，第9页。

② 王泽鉴：《人格权法》，北京大学出版社，2013，第65~66页。

③ 许育典：《自我实现作为同性婚姻的宪法保障》，《台湾法学》第296期，第5~30页。

④ 基于尊严视角对美国同性婚姻脉络案件的解读，可以参见 Jasmine J. Haddad，"The Evolution of Marriage：The Role of Dignity Jurisprudence and Marriage Equality," *Boston University Law Review*，Vol. 96，Issue 4，2016，pp. 1489 – 1522。

⑤ 近距离生活领域的概念源于杨效斯，用以描述源于人类 "家庭依赖性" 本性的家内亲密生活范围。详见下文二（二）部分。参见杨效斯《家哲学——一个西方人的盲点》，商务印书馆，2010，第5~6页。

⑥ 此处思路借鉴许章润教授关于生活世界、规范世界与意义世界的三分法。许章润教授认为存在现实意义上的、经验的生活世界，法律规范组成的系统则构成所谓的规范世界，而规范背后还存有蕴含一种价值与意义的世界，即所谓意义世界。参见许章润《汉语法学论纲——关于中国文明法律智慧的知识学、价值论和风格美学》，《清华大学学报》（哲学社会科学版）2014年第5期，第53页。类似的还有张龑教授关于生活世界的三分法，参见张龑《何为我们看重的生活意义——家作为法学的一个基本范畴》，《清华法学》2016年第1期，第8页。探求事实、规范与意义关联的研究于婚姻法参见金眉《婚姻家庭立法的同一性原理——以婚姻家庭理念、形态与财产法律结构为中心》，《法学研究》2017年第4期，第37~55页。

（一）婚姻与家庭制度的双重关联

欲理解婚姻的意义，不能不认识婚姻与家庭在事实层面与规范层面的关联。

其一，从事实层面上看，婚姻与家庭紧密相关。婚姻往往是家庭的开端，人们一般透过婚姻的缔结组成新的家庭。以繁衍为目的的家庭观，当然以婚姻的缔结为不可缺少的要件，所谓："昏礼者，将合两姓之好，上以事宗庙，而下以继后世，故君子重之。"① 然而即便是同性恋者要求以婚姻的形式营共同生活，谋永久结合，一定程度上也是在追求一种"多元成家"的家庭关系或者准家庭关系。② 日常生活中，婚姻中所谓夫与妻、家庭中的家人，均营共同生活，相互照顾，互负义务，无论是所谓"白头偕老"或是"血浓于水"，都在表明家人间拥有亲密的人际关系，并体现为区别于外界一般交往的生活方式。

其二，从规范层面上看，婚姻与家庭往往处于规范的同一脉络之中。我国宪法上婚姻与家庭处于同一条款之中，而该领域的基本法律——《婚姻法》则在第三章规定了家庭关系，法学研究的部门中婚姻家庭制度也往往被当作一体对待。③ 比较法上，德国基本法与我国宪法规定较为相似，基本法第 6 条第 1 款明文规定，"婚姻与家庭应受国家之特别保护"。婚姻与家庭同样规定在了一个条款之中。

关于为何二者具有规范上的关联，甚至将二者规定于同一条款，一种观点主张婚姻与家庭的规范关联建立于生育的可能性之上，即所谓"婚姻与家庭并非独立不相关，只是出于巧合地被同置于（《基本法》）第 6 条第 1 项的两个概念，两者的关系毋宁是：家庭是持续的婚姻关系自然发展的结果。而两者间之联系关系，是基于'婚姻团体有生育子女

---

① 《礼记·昏义》
② 简介可以参见台湾伴侣权益推动联盟《伴侣盟/三分钟了解"多元成家"草案懒人包》，https://www.ettoday.net/news/20131107/291975.htm，最后访问时间：2017 年 12 月 25 日。除追求类似家庭关系者，当然也有主张"毁家废婚"的观点，但其已不在"同性婚姻"的讨论脉络下，故本文不述。
③ 不仅在规范文本上，比如《共同纲领》，历部宪法多将婚姻与家庭置于同一条款中规定，学术界相关研究也多半冠以"婚姻家庭法"的研究。

的可能性'"①。基于这种判断，异性结合被作为婚姻家庭制度的核心要素②，确认受到宪法制度性保障的婚姻制度当然不能容许同性婚姻的存在。

这种主张虽然从事实层面的关联中提取了"繁衍"作为婚姻家庭关联的意义，一定程度上，我国《宪法》第 49 条课予公民以计划生育义务也印证了这一点，但仅重视此种意义关联过于狭隘。在事实层面，家庭固然仍然是繁衍存续的重要载体，但在规范层面，异性结合之繁衍不能成为婚姻、家庭制度的核心领域，或曰本质特征。

家庭固然是社会基本单位，公民诞育的场所，"繁衍"不独具有私的利益，对其保护乃至于促进亦具有重要的公共价值，但这并不意味着须以"繁衍"作为其制度核心，进而限制婚姻、家庭的构成。伴随生活方式多元化之发展，除不能诞育子嗣，不愿诞育子嗣的丁克家庭也在增多，如果婚姻家庭之本质在于生育的可能，那么不能生育之家庭，不具生育子女之可能，是否于规范评价中便要次人一等？不愿生育子女之家庭，放弃生育子女的可能，又应该如何评价？这绝非现代宪法的平等观念所能容忍的。国家可基于公共利益考量，采用人口政策，对于生育子女的家庭予以合理之区别对待，但不应基于繁衍作为婚姻家庭之本质，反向限制婚姻、家庭的构成。更不必提其他各种不以生育为必要的生活方式，家庭固然可以有繁衍人口的重要功能，但生育与否毋宁是公民自我决定的范畴，以之作为婚姻家庭之本质是不妥的。

不过，婚姻与家庭在规范层面的关联并非意义缺位的，相反，同样基于生活的事实，还可提炼出另一种不同的意义关联。婚姻与家庭二者共同指向了人的近距离生活领域，传统的婚姻家庭制度只是这个领域中的一种制度，这也符合前文中宪法对制度属性的确认，而宪法也的确透过婚姻家庭制度对这一领域予以保护。

（二）个人生活领域的多层次划分

虽然上文指出婚姻与家庭的规范关联背后存在一个具有意义关联的生

---

① 陈静慧：《同性生活伴侣之平等权问题——以欧洲法院、德国联邦宪法法院及德国联邦行政法院之判决为中心》，《东吴法律学报》2010 年第 3 期，第 171 页。
② 参见陈静慧《同性生活伴侣之平等权问题——以欧洲法院、德国联邦宪法法院及德国联邦行政法院之判决为中心》，《东吴法律学报》2010 年第 3 期，第 171～176 页。

活领域——近距离生活领域，但使用"近距离生活领域"的概念来理解婚姻家庭对个人而言究竟意味着什么呢？

如果沉浸于婚姻与家庭的概念，因价值判断的殊异，尝试为同性婚姻寻求确定回应将是一个注定无解的命题。不过，"不管哪一种对于婚姻的理解，总是这样一种结合，即伴侣相互承诺，以一种日常的方式分享并共度彼此的生活"①。从最为日常的人与人相处的角度，在法律上即人与人之间的关系的角度切入，或许可以获致最符合常识的理解。

就人与人之间的关系，中国文化的理解存在一种"差序格局"。② 以亲伦为中心，向外逐次递减的差序格局，是区别于那种上帝面前人人平等的格局的。这种格局以自我为中心，但并非一种纯粹个人主义的思考进路，而是将人镶嵌于各种各样的关系之中予以互动的理解。自古以来，差序格局中核心的部分都以家人为经验对象，但其实与人最为亲密，甚至营共同生活者并不局限于传统婚姻制度中的亲人，营共同生活、朝夕相处的伴侣毫无疑问处于此种差序格局的核心部分。

如果联想一下"差序格局"中远近不同的人际关系所发生的领域，借用杨效斯有关生活范围的概念③，不难发现，人与人的交往互动，人的自我角色的展现，其实伴随生活领域的不同也有所不同。这一方面与差序格局机理相似，另一方面，虽不同，亦颇有几分暗合德国人格权法上的领域理论。领域理论所认为的透过对以人为中心的距离不同的隐秘领域、与社会接触的私人领域、最外部的社会领域类型化对待④，可以把握人格权的保护与干预的不同程度，反面观之，其实也是从人格发展的角度对人的不同生活领域的划分。

---

① Christopher Tollefsen, "The Dignity of Marriage," See Christopher Mc Crudden edited, *Understanding Human Dignty*, Oxford University Press, 2013, p. 491.

② 费孝通：《乡土中国　生育制度　乡土重建》，商务印书馆，2011，第 25 页以下。

③ 杨效斯：《家哲学——一个西方人的盲点》，商务印书馆，2010，第 5 页。

④ 此种分类由王锴教授介绍，参见王锴《论宪法上的一般人格权及其对民法的影响》，《中国法学》2017 年第 3 期，第 102～121 页。关于领域理论还可参见王泽鉴《人格权法》，北京大学出版社，2013，第 198 页以下。也有学者用"基本权利的衍射效力理论"称之，参见田芳《个人性自由决定权的边界——以德国宪法基本权利衍射效力理论为基础》，《南京大学学报》（哲学·人文科学·社会科学）2016 年第 4 期，第 51～59 页。

对"家"的哲学建构有长期研究的杨效斯指出,"人类有四种距离上的、基本而彼此不可还原的生活维度和生活范围:零距离的,源于人性中'个人独立性'部分的个体人自身生命的范围;近距离的,源于人类'家庭依赖性'本性的家内亲密生活范围;中距离的,由国家、教会、约定法律、团体行规、社区利益等限定的,人际关系比较粗疏的社会活动范围;长距离的,超出国家-宗教等局限性化解而囊括全人类的天下或世界生存范围"①。

杨效斯有关"家"的哲学建构当然是一种非法学意义上的,也未必是精准的阐述,至少法律并不只是作用于中距离领域的,比如,纯粹自我的维度上有自我决定权等权利,在近距离家庭等亲密关系领域,除了婚姻自由,婚姻、家庭受到国家的保护,其制度内部亦有关系人身与财产权的相关规范;在中距离的集体、社团层面上有结社自由等权利;在稍远的国家与社会层面,言论自由等政治权利保障了公民参与国家社会生活,一般的民事权利保障了人与人的日常交往;而在普遍的天下与世界意义上,基本权利与人权的交互空间在最稀薄的意义上也在保障人的尊严。法律与其说是中距离生活领域的特有规则,毋宁说其可以还原于各个领域的调整规则中去。

不过,杨效斯的观察至少从某种人的本质的角度揭示出人与人的交往、人格的发展确实存在不同的维度,而婚姻、家庭制度确然存在于一个相对独立的领域。且不论其理论是否因为建基于中国人的生活而天然具有正当性,单是这种领域与远近划分的分析框架亦值得借鉴。② 此种区分较为准确地把握了人生活的维度与范围,较简单的"国家的-非国家的""公-私"的二元对立结构更为细腻与精准。每个人都在不同的领域中扮

---

① 杨效斯:《家哲学——一个西方人的盲点》,商务印书馆,2010,第5页。杨效斯教授提出此种领域学说,本意是为了对比中西,批判西方文化脉络中对于家庭重视不够,且往往对家这一意向采取负面评价,对人际关系的处理有所谓"泛中距离化"的现象,并导致了人的心里安宁程度的下降,表现为文化性的孤独、安全感的缺乏等。参见杨效斯《家哲学——一个西方人的盲点》,商务印书馆,2010,第19页。

② 此处需特别表明的是,此处引用杨效斯教授的观点,只是取其远近不同的四个维度的分析框架,杨效斯教授对于他所建构的"家"的理解应与本文不同,但并不妨碍本文认同其存在近距离生活领域的判断。

演不同的身份与角色，为人父母、子女、伴侣、亲友，亦为单位之员工，社团之成员，主义或宗教之信徒，国家之公民，更是人类共同体之一员。如果人格不是纯粹概念的创造，而是有所实指，那就必须在各种身份与角色的扮演中实现之。任何一种生活领域被剥夺，都是潜在的对于人格发展可能性的限制。此处不再过多阐释宪法上的人的形象与生活领域，但需指明，婚姻家庭制度所形成与保护的近距离生活领域与人格发展关联深刻。

当然，这种洞见也并非全然是本土特色与哲学意义上的。德国宪法学上虽然没有如杨效斯一样划分出远近区分的四个维度，但著名宪法学者康拉德·黑塞教授主张，基本权除对共同体秩序中"狭义的国家生活领域"有意义外，也承认基本权对于某些非国家生活领域的保护作用，其也规范了其他"客观法的基础与特征"。宪法承认某些特定的生活领域，比如家庭、宗教、社会团体组织等领域对"共同体所希冀的宪法生活都具有重要的意义"，所以寻求将其作为非国家生活的领域予以维护和加以保障。① 在这个意义上，宪法的视域内不仅有"狭义的国家生活领域"，其他生活领域也是在其规范领域之内的。

婚姻、家庭或者其他追求"亲密性及排他性之永久结合关系"② 的生活范围无疑属于人的近距离生活领域，此种领域区别于零距离的个人自我，中距离的各类社团与组织，长距离的如国家、民族，乃至于超远距离的世界或天下。这种领域属于距人最近，最为核心的一层。人与人的关系在近距离生活领域中，往往呈现极为亲密的样态，如学者指出"家人之间的关系比之社会成员间关系要密切亲近得多，其共同生活几乎达到不分彼此、同属一个存在单位的程度"。③ 至于此，便不难理解为何婚姻、家庭具有前述规范上的关联，这是因为他们同属于近距离的生活领域，共享着近距离领域人际关系的处理方式。宪法上保护婚姻家庭的制度，其实也是在规范层面形塑了这一领域的基本规则。

---

① 参见〔德〕康拉德·黑塞《联邦德国宪法纲要》，李辉译，商务印书馆，2007，第 241 页。
② 台湾地区"大法官"将婚姻解释为"成立具有亲密性及排他性之永久结合关系"，参见"大法官解释"释字 748 号。
③ 杨效斯：《家哲学——一个西方人的盲点》，商务印书馆，2010，第 6 页。

（三） 近距离生活领域的法律意义

本文借助杨效斯所谓的 "家内的生活范围"，提出 "近距离生活领域" 的概念，虽然这个概念具有事实描述与哲学建构的意味，本不具规范属性，但近距离生活领域确然存于法律规范体系之中，如前述，德国宪法学上隐隐也有 "国家的生活领域" 与 "非国家的生活领域"，本文提出至多可谓发现，而非发明。

首先，近距离领域关乎日常的生活方式与生活样态，其适用的法律规则具有现实的权利与利益指向。以该领域既有的婚姻家庭制度为例，共同生活的当事人彼此享有日常家事代理权①，在财产的共有形式上采取共同共有的形式②，而当同性婚姻议题出现，这些法律规则都自然而然面临着规则是否适用的选择，而在美国还存在有关伴侣遗产税的争议③，此时是否承认共同生活的诸方为一个家庭，都是现实需要解决的法律问题。

其次，近距离生活领域存在婚姻、家庭等法律制度，其中发挥调整功能的规则也具有区别于其他领域规则的特征。比如婚姻之中要问忠贞与否，家庭之内要以孝慈为规则。④ 近距离生活领域内的人与人的关系，并不是仅透过合意和契约就可以达成的，契约规定的 "忠贞" 不是真正地对爱情的忠贞，双方意定的 "孝顺" 大概也不复为真正的孝顺。法律没有以一组精巧、复杂的合同来规定彼此的权利义务关系，宪法则是以所保障的

---

① 学者认为，日常家事代理是基于夫妻之间特殊人身关系产生的法定代理。可参见王利明《民法总则研究》，中国人民大学出版社，2012，第630页。

② 我国民法虽然只规定了共同共有的一般规则而没有指明，但一般认为，基于夫妻关系与家庭生活关系的共有，适用共同共有规则。参见王利明《民法》，中国人民大学出版社，2015，第207页。

③ 温莎判决，即因为同性恋者不能享有如异性恋者所享有之遗产税减免而引发之争议。

④ 参见张龑《论我国法律体系中的家与个体自由原则》，《中外法学》2013年第4期，第699～717页。此外需要说明的是，张龑教授的研究指出了我国宪法与法律中的 "家" 原则，不过笔者仍要指出的是笔者与张龑教授使用的概念虽然同为 "家" 的语词，但仍有不同。张龑教授更注重家的历时性存在，提出 "家" 与 "个体自由" 是 "包容又竞争" 的关系。笔者本文更强调的是相较于个人的原子化理解，家在近距离生活领域的意义，是希望以家或近距离领域吸纳自由。由是笔者也尽量不使用 "家" 的概念，而是使用近距离生活领域的概念。

婚姻、家庭制度形塑了这一领域，这也证明了近距离生活领域于法律体系中的存在。

为了表明近距离生活领域的规则应与一般陌生人交往所适用的一般契约规则有所不同，示例多为一些情感性、道德性的规则，但这并不代表近距离生活领域仅以情感性的结合或者道德伦理为其逻辑。现代宪法所关注的自由、平等等价值，同样运行于近距离的生活领域中。夫为妻纲，父为子纲的传统道德观念已经被废弃，该领域之内的人同样是自由而平等的。只不过，不能否认这一领域的情感结合与伦理秩序往往被视作具有更重要的意义与本质的地位。

近距离生活领域中，传统的婚姻家庭制度无疑处于法律上的核心地位，甚至一定意义上已经垄断了我们对于近距离生活领域的理解。同性之结合无疑属于近距离生活领域，只不过尚未为该领域的法律制度所承认。在上位层面使用近距离生活领域这一概念，就是希望借由上位概念，跳出反复争论同性可否被纳入婚姻或者家庭概念的窠臼。

就近距离生活领域而言，本文已从婚姻家庭制度的事实面向以及生活领域划分中指出了其在事实层面的存在样态①，并论证其在规范系统中确然区别于其他距离领域存在②，而同性恋者追求同性婚姻，其实正是追求近距离生活领域内的法律承认与保护。下文即处理近距离生活领域的保护对于人格发展与尊严实现的意义，由此论证同性恋者于此领域的权利与利益亦应受保护。

三　近距离生活领域与人格尊严

如前所述，人的生活存在不同的维度与领域，人的人格与尊严是在各个领域中实现的。宪法与法律上的基本权利与各种制度其实也是在不同距离的生活领域内保障人格尊严。从这种远近的生活范围与基本权利的配置

---

① 参见本文二之（二）部分。
② 参见本文二之（三）部分。

上看，为实现人格的发展与尊严，也不应忽视同性恋者之于以婚姻家庭为代表的近距离生活领域的权利。

在一定意义上，"家庭生活是中国人第一重的社会生活"①。俗语常说"成家立业"，意在表明缔结婚姻、成立家庭、建立事业是开始独立生活，在社会上以成熟的人的形象活动的表现。更不必提在晚近二百年的各种中西之文化比较研究中，广有学者论述家在中国人文化脉络中的地位。② 中国人向来有"修身、齐家、治国、平天下"的传统③，这四步的纵深其实也体现出国人人格发展存在的不同生活领域，并指明了此种生活领域与人格发展和尊严实现存在一种远近纵深的梯度，其体现的关怀毋宁可以解释为一个理想中的人理应在这各自不同的领域发展人格，实现尊严。

需指明的是，本文虽在论述同性婚姻相关话题，但引入近距离生活领域理论，绝不仅因应同性婚姻话题，毋宁包含了婚姻、家庭等制度。换言之，近距离生活领域的理论，同样为宪法既有保护婚姻、家庭制度提供了一种理论基础。既有的仅以自由为关切的基本权利言说，难以有效阐释婚姻、家庭与一般契约自由自治之不同④，未能彰显宪法格外注重婚姻家庭保护之必要，也未免易让人将同性婚姻的诉求视为自由任性的主张，甚至贬低为权利话语与思维的滥用，而制度性保障理论偏执于以"繁衍"作为核心，容易忽略制度的其他意义，不易与人格发展和尊严实现协调，所以本部分借助近距离生活领域的概念，与人格、尊严的概念勾连阐释之。

---

① 卢作孚：《中国的建设问题与人的训练》，转引自梁漱溟《中国文化要义》，上海人民出版社，2005，第 16 页。

② 对于家的研究，参见梁漱溟《中国文化要义》，上海人民出版社，2005，第 15 页以下。又如，傅斯年曾认为中国的家庭是"万恶之源"。参见王汎森《傅斯年：中国近代历史与政治中的个体生命》，三联书店，2017，第 43 页。晚近积极评价者亦不少，较有影响之专题作品包括张祥龙《家与孝：从中西间视野看》，三联书店，2017；杨效斯：《家哲学——一个西方人的盲点》，商务印书馆，2010。

③ 语出《大学》，南宋大儒朱熹于《大学章句》中将之列为八"条目"，可见其对中国人之影响。

④ 我国婚姻法学界向来不接受婚姻契约说，或有接受者，也更侧重强调契约团结与契约维持，并能超越古典契约说的关系契约说。参见康娜《关系契约视野的婚姻观——对传统婚姻契约观的反思和突破》，《法律科学》2009 年第 5 期，第 105 页、第 107～108 页。

（一） 自我决定、人格发展与尊严

近距离生活领域内的自我决定对人格发展与尊严实现至关重要。近距离生活场域中的主要活动是日常生活与亲密关系中的沟通与交往，这些活动属于人距离最近、最为核心的生活领域，事关人最为日常也最为重要的生活样态。个人选择生活的伴侣，决定生活的方式与样态，这种个人自我选择或自我决定，是人感受最为清晰与深刻的部分。自古以来，为决定生活伴侣与生活样态而奋起反抗通行观念与他人干预的事例在现实生活与文学作品中屡见不鲜。① 此种自我决定，在法律上的婚姻制度中可以体现为结婚与离婚的自由。在传统婚姻关系之外的各种共同生活样态中追求永久的结合，自然也是个人自由生活的一部分，是自我决定的体现。这种自我决定不仅在生活世界中存有意义，关乎衣食住行等各个方面，更关涉人格发展与尊严实现。

我国宪法规定"国家尊重和保障人权""中华人民共和国公民的人格尊严不受侵犯"。细究"人格尊严"，人格与尊严两个语词并非构成一个融贯的概念。"如果说人格或者人格主义旨在强调人的社会本质的话，尊严则恰恰是个人主义的。"② 比较法上，黑塞主张基本法中由规范所确立的人之形象"既不能被误解为它只强调了个体的意义，也不能被误解为它只强调了其作为集体中一分子的意义"③。"人既非一个孤立的、能从其历史局限性中完全摆脱出来的个体；也非一个所谓现代'群众'中的、已经丧失其本质内涵的一粒分子。"④ 我国宪法未采用"人的尊严"的表述，一般人格权也未采取明文列举的方式规定，而是采用了"人格尊严"的立法表述。王锴教授将之解读为"将'人格'与'尊严'并列的做法是通过将'人格'与'人的尊严'相联系来加强对一般人格权的保护"⑤。据

---

① 抛开古典不谈，共和国法治传统中，马锡五审理的"封芝琴婚姻案"及以之为原型创作的鼓励新型婚姻观念的评剧《刘巧儿》即是最好的例子。该案不仅体现了自主决定之重要，更体现了我国宪法对于传统封建婚姻制度的态度与对婚姻自由理念的捍卫。
② 王锴：《论宪法上的一般人格权及其对民法的影响》，《中国法学》2017 年第 3 期，第107 页。
③ 〔德〕康拉德·黑塞：《联邦德国宪法纲要》，李辉译，商务印书馆，2007，第 96 页。
④ 〔德〕康拉德·黑塞：《联邦德国宪法纲要》，李辉译，商务印书馆，2007，第 96 页。
⑤ 王锴：《论宪法上的一般人格权及其对民法的影响》，《中国法学》2017 年第 3 期，第110 页。

人的尊严的一般理论，人的尊严系不可限制的绝对权利，所以即便是在以"人的尊严"作为基本法根本价值的德国，宪法法院也对此十分慎重，更多地考虑结合人的尊严适用基本法第 2 条第 2 款的一般人格权。① 我国台湾地区"大法官解释"在论述同性婚姻问题时也并未在这二者之间进行选择，而是以"该项自主决定攸关人格健全发展与人性尊严之维护为重要之基本权"的论述方式指明二者皆有所涉及。②

如学者引介"规范能动性"等理论，主张"尊严概念的基础在于认识和肯定人对自我生活反思、选择与评价的理性能力"③，作为人的尊严组成部分的"自我选择是指人对于生活信念、生活方式、价值观可以自由理解和选择，不受国家或他人的支配，不必屈从于某种潮流或国家倡导的方式"④。美国最高法院在同性婚姻判决中也指出，第十四修正案所保护的自由及于那些与个人尊严与自治核心相关的个人选择，其中当然包括了对与个人的身份、信仰相关的私密的选择。同性恋者间寻求婚姻的这种深刻选择自然与尊严相关。⑤

不过，这种联系了"人的尊严"的"人格"并非无边界的。"人格尊严是人基于自己所处的社会环境、工作环境、地位、声望、家庭关系等各种客观要素，对自己人格价值和社会价值的认识和尊重，是人的社会地位的组成部分。"⑥"人格主义视角下的'人的尊严'观念，乃是在将人作为人格的存在之前提下，强调'人格'（Persönlichkeit）的尊严，而这种'人格'则被认为是在社会关系中形成与发展的。"⑦ 近距离生活领域中对于生活伴侣、样态的决定，并非在纯粹个人的自我决定的意味上具有价值，而是在"人格"的维度上具有价值，这也反过来说明，近距离生活领

① Dieter Grimm, "Dignity in a Legal Context and as an Absolute Right", see in Christopher Mc-Crudden edited, *Understanding Human Dignity*, Oxford University Press, 2013, pp. 387 – 389.
② 参见我国台湾地区"大法官解释"释字 748 号。
③ 王旭：《宪法上的尊严理论及其体系化》，《法学研究》2016 年第 1 期，第 39 页。
④ 王旭：《宪法上的尊严理论及其体系化》，《法学研究》2016 年第 1 期，第 45 页。
⑤ Obergefell v. Hodges, 135 S. Ct. 2584 (2015) at 1 and 8.
⑥ 王利明：《人格权法中的人格尊严价值及其实现》，《清华法学》2013 年第 5 期，第 5 页。
⑦ 林来梵：《人的尊严与人格尊严——兼论中国宪法第 38 条的解释方案》，《浙江社会科学》2008 年第 3 期，第 48 页。

域的制度理当得到社会的认可，存在于一定的社会关系中。

现代宪法以人权保障，实现人的尊严为己任。尊严并非被动、客观所可赋予之物，而是需要人作为主体予以实践的，人格发展的概念固然抽象，但可在具体领域中予以实现。在对生活样态的反思、选择与评价，在自我负责的决定之中，方能发展人格，实现尊严。追求同性结合是对近距离生活领域生活样态的自我决定，是人格发展与实现尊严所必需的，寻求法律的承认与保护，正是同性恋者主张尊严的方式。

（二）避免支配、人格发展与尊严

前"（一）"部分虽然从自我决定的角度，论证了近距离生活领域对于人格发展与尊严实现具有重要意义，并指出《宪法》第 38 条保障的人格尊严乃是以尊严的联系加强人格的保护，以免陷入尊严作为绝对权利与人格发展的社会性的张力之中，由是也算缓和了可能的纯粹个人主义的指责。但这毕竟还只是从保障个人自我决定的角度论述，只是以"近距离生活领域"加强了自我决定的论证，而未能深化引入"近距离生活领域"本身的意义。其实，永久结合作为近距离生活领域受到宪法保护还有另一层次的理由，即近距离生活领域本身构成了个人所寄身的一种结构，就如同寄身屋檐之下的个人，屋内的自主固然重要，但借以遮风避雨的房屋也不可或缺。对其的保障，有助于个人人格的形成，有助于个人免受其他理性或权力的支配①，有利于人格发展与尊严实现。

黑塞曾指出，宪法上的人应该被理解为"一个拥有人格尊严的社会人：他有着不能让渡役使的自身价值，他能够自由地发展其人格；与此同时他又是群体中的一个成员，他要在婚姻与家庭……这些多种多样的团体

---

① 此处支配概念受到佩蒂特有关免于干预的自由与免于支配自由的启发。可以参见〔澳〕菲利普·佩蒂特《共和主义——一种关于自由与政府的理论》，刘训练译，江苏人民出版社，2012。此处借用"支配"概念，意图表明近距离生活领域的存在不仅对于个人有"自我决定—免除干涉"意义上的自由，比如，婚姻之自由不因受到"包办婚姻"的"封建势力"的干预，从而享有人格尊严。如下文所述，近距离生活领域的社会关系基于一种相对亲密的关系，对于个人形成具体人格具有意义。该领域的规则享有不同的逻辑，宪法对其的保护也有助于防止个人遭到经济系统、政治系统的权力的侵袭，这对于人格尊严实现也十分重要。

关系中生存，并在这些关系的作用影响下形成其具体的个性"①。之所以主张婚姻、家庭或者其他等值制度所代表的受法律承认与保障的近距离生活领域的制度，对于个人的人格发展与尊严实现十分重要，是因为缺乏了这种保障，人就如同缺失了遮风避雨的所在。黑塞所说的得以影响"具体的个性"形成的"团体关系"就需要容身于近距离生活领域的制度保障之中，缺乏近距离这一维度的个人，实际上是失去了具体个性得以发展的特定社会关系，在这个意义上，被剥夺了缔结婚姻或是类似永久结合权利的同性恋者将成为无家之人。

晚近以来，近距离生活领域也在逐步为经济理性及其所影响的生活方式所支配，舆论批评婚姻法被物化即是显例。② 如系统论宪法学者贡塔·托伊布纳在秩序自由主义视角下分析社会系统时指出的那样，秩序自由主义"潜在的极端后果，即经济向其他社会领域的扩张被忽略了，而这些社会领域的完整性亦应得到宪法的保护"。他注意到，"政治基本权利的真正等值物，应当是防止经济理性在科学、艺术、医疗、文化和教育之中扩张的各种规则。为了防止经济行动对个人完整性和制度完整性的侵犯，需要宪法规范"。③ 需要指出的是，系统论是以功能取向为划分依据，而近距离生活领域则是根据社会关系远近不同划分，二者观察的视角不同，但可交互理解。近距离生活领域内当然存在不同功能的系统在作用，譬如婚姻家庭之内就有教育、医疗、文化等系统的要素在作用，这些不同系统要素的组合作用构成了该领域的逻辑，这也是前文所言社会关系的基石。

其实，不论对抗的是来自政治系统或是经济系统的理性与权力，近距离生活领域的婚姻、家庭或者其他人类结合的各种形式应该拥有的是自己的逻辑。这种逻辑奠基于该领域内亲密的人际关系，人与人之间共同分享也共担风险，指向的是人与人之间的紧密联结与深厚情感。宪法对这种逻辑的确认与保护，对于保障托伊布纳所言的"个人完整性"，使人免遭支

---

① 〔德〕康拉德·黑塞：《联邦德国宪法纲要》，李辉译，商务印书馆，2007，第 96~97 页。
② 中国新闻周刊：《婚姻法新解释折射婚约被物化 专家批其过于算计》，http://www.chin-anews.com/fz/2011/09-02/3302707.shtml，最后访问时间：2017 年 10 月 7 日。
③ 〔德〕贡塔·托伊布纳：《宪法的碎片：全球社会宪治》，陆宇峰译，中央编译出版社，2016，第 37 页。

配亦具有深远意义。近距离生活领域的人际关系一方面亲近，往往也长久，且不论传统婚姻家庭制度中家对于人的关照是从生至死的整个生命周期，即便单纯的人与人的情感结合，能够维系与相对特定对象的长期亲密的生活也是区别于一般社会交往的。

所以，宪法对于近距离生活领域的保护，固然有个人面向自我决定的考量，但在规范中形塑这样一个领域也是具有正当基础的。保有此领域并透过宪法上的制度使之确定下来，并令之享有一定之自主决定，这才真正有利于人格尊严的实现。

不难得出结论，近距离生活领域的宪法保障是有必要的，传统上的婚姻家庭制度于这一领域内的作用其实也印证了这一点。但异性结合脉络的传统婚姻制度无疑不应垄断对于这一领域的理解，无论是同性恋者抑或是异性恋者，在其生活中都有这样一个领域，宪法对其保护也自然应该同等适用。

四　同性恋者权利保护的路径选择

我国《宪法》第 49 条规定了婚姻与家庭受到宪法保护，其背后所指乃是宪法基于人格尊严条款对人的近距离生活领域的保护。不过，近距离生活领域本身不仅局限于某一种制度，用一种特定的对于婚姻家庭的理解去限缩近距离生活领域是本末倒置了。婚姻制度所含的价值判断与具有的那种解放传统也表明，宪法与法律上的制度并不是生活的镜像，甚至还可具有能动的面向。那么如果同性恋者在近距离生活领域中永久结合的权利需受宪法保障，实现的路径可能为何呢？

综合来看，比较法上有相对强弱的两种路径来实现同性恋者的权利保障，但基于前文所述，无论采何种路径都是基于近距离生活领域人格尊严的实现，这一领域在我国宪法规范上就体现于第 49 条之中，下面试结合规范予以讨论。

（一）　两种路径与规范的解释空间

其一，"婚姻"意义的路径，即透过宪法解释的方法，扩张第 49 条中婚姻的含义。实践中，或宣布婚姻法将婚姻局限于异性的规范违宪，或者径行解释，将婚姻法中的男女作扩张解释，比如解释为一般公民的意思。概言之，即以宪法和法律的方式扩展婚姻的定义，使之得以适用于同性恋群体。类似的做法如美国 2015 年的 Obergefell v. Hodges 案。

我国宪法解释如采此种方式，于规范上亦有解释空间。如前文第一部分所述，我国宪法虽然含有对异性结合的事实认知，但是此种事实认知从属于"男女平等"的规范表述，而平等的价值判断又服务于婚姻自由的价值判断，改变婚姻的定义虽然与一般社会认知不尽相同，但并非决然不可为。即便是美国 Obergefell v. Hodges 案后，也有美国学者指出，包括该案在内的一系列案例表明"司法部门具有改变人们对于长久以来既存的社会机制的公共认知的惊人能力"[1]。

当然，可以预见的是，这种路径会激起较为强烈的反对，因为婚姻的概念具有悠久的历史传统，改变"婚姻"的概念，在短期内对于社会一般共识的冲击较大。而且，长久以来社会通行观念中的婚姻概念确系一男一女的结合，现行宪法也含有事实层面的异性结合的认知，虽然如前文所述，宪法的价值判断倾向于"个体自由"，为解释留下了空间，但以一种理解替代另一种对婚姻概念的理解，毕竟需要更高强度的社会共识。不过，作为一种方案，这种路径确乎存在。

其二，"家庭"意义的路径，相较于"婚姻"，家庭概念的包容性要强得多，可延展性也足以容纳传统的婚姻及新型的制度。依托"家庭"概念做出宪法解释，并在立法上采取同性结合或者伴侣等制度，比如法国、德国一度采取的做法[2]，不失为一种良好的选择。"家庭"路径避开了婚姻的名词概念，承认家庭的组成方式不唯异性结合一种形式，同性结合者

---

[1] Jasmine J. Haddad, "The Evolution of Marriage: The Role of Dignity Jurisprudence and Marriage Equality," *Boston University Law Review*, Vol. 96, Issue 4, 2016, p. 1490.

[2] 法国一度采用民事互助契约的方式，关于法国同性婚姻的相关制度与变化可以参见王建学《同性婚姻权宪法保障的法国模式》，齐延平主编《人权研究》（第 15 卷），山东人民出版社，2015。德国于 2017 年 6 月 30 日也通过法律修改，允许同性缔结婚姻，但其历史上曾采取民事结合的方式。此处，篇幅所限，不详细考察比较法上的制度，仅指向"家庭"路径中以家庭容纳同性恋者于近距离生活领域的诉求。

亦可组成家庭。采取此种解释方式，避开宪法规范中有关婚姻是异性结合的事实认知，宪法解释获得大众认同的难度更低，更易为人接受。

当然，这也会面临以"伴侣"制度区别于"婚姻"是否会构成不平等对待的诘问，这又是一个见仁见智的问题，脱离具体时空与情景是难以得出答案的，就本文的关切而言，首先是论证宪法统率的法秩序对于同性婚姻议题的容纳空间，故不赘述。

（二）专业判断与大众的一般理解

直观来看，所谓的两条路径，其差距就在于对婚姻概念的解释上。不过，这一解释路径的选择确实已经不是纯粹宪法解释的范围了，在选择的时候，不仅涉及了不同角度对于宪法理解的问题，更涉及代表专业判断之司法与一般理解之大众的冲突问题。美国著名宪法学者罗伯特·波斯特教授曾经就宪法的解释进行过精细的讨论，在他看来，司法部门对于宪法的理解可以谓宪法法[1]，非司法部门，比如民意机关、一般大众对于宪法的理解可以谓宪法文化，如何处理二者之间的关系蔚为重要。

波斯特认为司法机关往往倾向于将宪法解释视为一项纯粹的法律操作，而忽略其与宪法文化的关系。但实际上，宪法虽要对民主与民意构成制约，拥有独立于后者的自主性，但前者对于宪法解释的合法性实际上来自非司法部门对于宪法的理解，这决定了二者相互独立，但又必须有所关联，二者之间其实存在一种辩证的关系，构成了一种对话。一旦宪法文化对宪法法所保护的价值构成了威胁，即便有对抗民意的风险，宪法也应该做出判断，在一定意义上介入宪法文化的形成过程。[2]

具体到同性婚姻的议题，无论改变婚姻定义，还是扩大对家庭的理解，或者其他方式，并不完全是一个法律体系内法律解释部门对婚姻家庭能够如何理解的问题，而亦有赖于一般民众对于婚姻、家庭等制度的

---

[1] 区别于通行用法中卡尔·施密特的"宪法律"，故译为"宪法法"，虽然二者英文翻译是一样的，波斯特的概念是区别于非司法部门对于宪法理解的宪法文化而提出的，施密特的概念是指宪法中区别于宪法规范的一些相对次要的规定。

[2] Robert C. Post, "Foreword: Fashioning the Legal Constitution: Culture, Courtsand Law," *Harvard Law Review*, Vol. 117, Issue 1, 2003, p. 87.

理解。但是，当一般民众的理解透过民主程序、代议制度威胁到了宪法所保障的价值，比如剥夺了少数群体在近距离生活领域中人格尊严的实现的时候，宪法也必须做出回应，捍卫人格尊严等宪法价值。在回应之中，宪法其实也会改变人们对于婚姻、家庭等制度的理解，并最终形成调和。

毕竟，婚姻、家庭或者结合，或者性少数群体所追求的其他形式的生活样态，本身并不单纯是一项自我决定的事业，婚姻之所以在人生中占据重要的位置，也是因其受到共同体的承认与祝福。同性恋者所追求的法律上的保护就是一种意义的设定，而这种设定并非个人可以全然自我赋予的，而是需要寻求认同，得到共同体的承认的。得到认同的过程也是改变他人认知的过程，不会一蹴而就。这一艰难的过程，往往伴随着理性碰撞、观点交互、情感交锋，通过这样的过程也才能获得共同体的承认与保护。否则，单单透过语义宪法"赋予"公民以人权又有什么意义？具有规范性的宪法当然在应然层面指引我们，并确立具体目标，但这一过程仍端赖人民予以实现。更何况，我国的宪法解释权与法律解释权并不在一个与立法机关平等对立的司法机关手中，宪法解释权被赋予同样享有立法权的全国人大常委会，一定意义上，法律解释政治机关属性更强，相应的功能与可能的操作模式也迥异于美国式的宪法解释[①]，美国式的"司法能动主义"之争在中国会被简化[②]，"宪法法"的专业判断与"宪法文化"的大众理解的平衡也必将由民意机关折中酝酿，斟酌损益，并最终做出选择。

共同体的意见不会瞬间形成，相反，必须在意见交锋的过程中，让观点获得共同体的理解与认同。法律保护不了一厢情愿，宪法也不是一台自走的机器[③]，它需要人民的意志贯彻其中。如果人民不站在宪法之旁，仅

---

① 关于功能适当原则与宪法解释，请参见张翔《功能适当原则与宪法解释模式的选择——从美国"禁止咨询意见"原则开始》，《学习与探索》2007 年第 1 期，第 112～117 页。

② 有关司法能动主义与民主关联的讨论可见汪庆华《司法能动主义视野下的同性婚姻和平等保护——基于欧伯格费案的讨论》，《浙江社会科学》2017 第 1 期，第 52～65 页。该文主张司法能动不但没有僭越民主，实际上还促进了民主，不过我国情况更为特殊，因为司法权并不如美国一般具有与国会相对抗的地位。

③ Maurice Adams, *Constitutionalism and Rule of Law Bridging the Idealism and Realism*, Cambridge University Press, 2017, p. 5.

凭一己之力，宪法无力改变社会认知。在立宪主义的现实与理想之间存在宪法指引公意生成的空间，价值即便明确，决定却需由人民经程序完成。我们所能做的，就是让宪法承载的价值与精神参与这一对话的进程，影响公意的形成，保障人格尊严。

1997～2017年我国残疾人权利研究热点的可视化知识图谱分析

刘　璞　王君妍*

从古至今，残疾人一直都是社会中的弱势群体。全球范围内的残疾人数量已超过10亿，约占世界人口的15%。[①] 我国约有8300多万残疾人，涉及约2.6亿个家庭。残疾人权利保障状况反映着国家的综合实力和人权保障程度。我国是联合国《残疾人权利公约》的起草国之一，也是推动国际社会残疾人事业发展进程的重要国家之一。因此，关于残疾人权利保障的探讨是我国学术研究不可回避的重大课题。

近年来，残疾人保障事业快速发展，法律制度不断完善，尤其是2017年国家颁布、修改了多部有关残疾人权益保护的法律法规。[②] 有关残疾人权利的研究也成为法学、社会学、教育学等学科研究的热点话题。通过文献梳理可以看出，残疾人权利相关研究切入点类型丰富，已经形成一定体系。

本文以数据为基础对已有研究进行定量分析，通过文献计量的方法客观地呈现研究现状。文献计量研究方法具有客观性、科学性强的特点，可以有效避免过于主观的判断等问题。可视化知识图谱分析法是基于文献计量来反映一个领域研究热点、趋向的方法。它是将应用数学、图形学、信息科学等学科的理论和方法与计量学引文分析、共词分析等方法结合，用

---

* 刘璞：西北政法大学副教授，人权研究院副院长，主要研究宪法学、人权法学、教育法学；王君妍：陕西师范大学教育学院研究生，研究方向为教育政策与法律。本文系2016年教育部人文社科青年基金项目"西部农村地区残疾人受教育权保障制度的设计与政策干预机制研究"（项目号：16YJC880049）成果之一。

[①] 世界卫生组织、世界银行：《世界残疾报告》，http://www.un.org/zh/documents/view_doc.asp？symbol = A/66/128，最后访问时间：2017年1月10日。

[②] 例如2017年新颁布的《残疾预防和残疾人康复条例》、《残疾人参加普通高等学校招生全国统一考试管理规定》和新修订的《残疾人教育条例》。

可视化的图谱展示学科的核心结构、前沿领域以及整体知识架构的一种研究方法。① 本文通过知识图谱分析法，在共词分析的基础上对我国近 20 年残疾人权利研究热点进行可视化研究，通过获得的理性数据，较为客观地分析残疾人权利研究中重点、热点之间的深层次关系，掌握该领域研究动向的真实状况，探寻未来的研究趋势与发展空间。

一 研究方法

（一）研究资料来源

研究资料主要来自"中国学术期刊网络出版总库"，采用标准检索方式，以"篇名"为检索条件，分别用"残疾人"并含"权利"，"残疾人"并含"权益"，"残疾人"并含"权"，"残障人"并含"权利"，"残障人"并含"权益"，"残疾"并含"权利"，"残疾"并含"权益"等限定"期刊"检索以及"辑刊"检索，设定年限为"1997～2017 年"，选取期刊来源为"全部期刊"，获得论文总数 324 篇，其中以该方式检索"残障人"并含"权利"与"残障人"并含"权益"的结果为 0 篇，因此，以残疾人作为本文研究对象的主题词。依据内容相关性，对所得检索结果进行了筛选，剔除了人物访谈、会议记录、书评、年会综述等非研究型文献，来保证研究结果的有效准确性，最终获得有效文献 227 篇。在研究过程中，个别有效关键词存在同义、近义或者上位与下位的关系，为使研究结果具备代表性，对提取的有效文献关键词进行了同义词或近义词合并处理，如"残疾人权利"与"残疾人权益"。因为"权利"指的是一种双方社会关系，是被法律赋予的可为或不可为行为，"权益"指的是权利的效应，享受权利而产生的利益。某种程度上讲"权利"是"权益"的上位概念，因此，为了确保研究的全面性，不在客观上缩小研究范围，将二者合并为"残疾人权利"来提高生成结果的可靠性。

（二）研究工具

研究工具采用的是中国医科大学信息学院崔雷教授和沈阳市弘盛计算

---

① 秦长江、侯汉清：《知识图谱——信息管理与知识管理的新领域》，《大学图书馆学报》2009 年第 1 期，第 30～37 页。

机技术有限公司开发的 Bicomb 共词分析软件以及 SPSS17.0 数据统计分析软件。基本的操作步骤如下：第一，检索知网获取研究所需文献资料，生成 txt 格式文件；第二，转换相关资料格式为可由 Bicomb 软件识别的文本形式；第三，输入最终资料，使用 Bicomb 软件进行关键词统计并提取结果；第四，生成共词矩阵并导出格式为 Excel 的结果；第五，利用 SPSS 软件生成高频关键词的相异矩阵等其他研究所需结果。

（三）研究工具执行进程

第一，在 Bicomb 软件中添加格式类型为"CNKI. 中文.〈TXT〉"的新项目；第二，进入选择目录，选取有效文献文件夹进行提取操作；第三，进行关键词统计，并根据研究需要选取词频≥5 的关键词生成词篇矩阵并导出 Excel 格式文件；第四，将关键词词篇矩阵导入 SPSS17.0，进行系统聚类操作，获得聚类树状图；第五，综合以上结果对受教育权研究进行阐述和分析。

二　研究结果

（一）高频关键词量化统计分析

高频关键词是对文章主旨、研究内容的浓缩和提炼，因此，对关键词的研究能够反映该领域的核心趋向。通过 Bicomb 软件对近十年我国残疾人权利 227 篇相关期刊研究文献的关键词统计，共获得 671 个关键词，最高频次为 89，为使研究结果更具代表性，将词频阈值确定为 5，最终得到 29 个高频关键词，形成结果见表 1。

表 1　1997~2017 年残疾人权利高频关键词词频排序

序号	关键词	频次	序号	关键词	频次
1	残疾人	89	16	残疾职工	10
2	残疾人权利	37	17	社会权利保障	10
3	权利保障	19	18	残疾人就业	10
4	体育权利	19	19	人权	9
5	权利	17	20	农村残疾人	9

续表

序号	关键词	频次	序号	关键词	频次
6	残疾儿童	16	21	法律保护	9
7	《残疾人权利公约》	16	22	法律援助	8
8	残疾学生	13	23	用人单位	8
9	残疾人组织	13	24	《残疾人权利保障法》	7
10	无障碍建设	13	25	邓朴方	6
11	法律权利保障	13	26	残疾人体育	6
12	受教育权	12	27	文化权利	5
13	劳动就业权	12	28	残疾人生活	5
14	残疾人教育	12	29	随班就读	5
15	中国残疾人事业	10	30	合计	418

由表 1 可以看出，频次为 5 及以上的关键词有 29 个，占关键词总数的 4.32%，合计频次 418。以上频次排序的前 29 位的关键词能够概括性地反映出 1997 年至 2017 年我国残疾人权利研究热点集中区域。包括相同频次在内的频次大于等于 10 的关键词共 18 个。由此我们可以初步观察到残疾人权利领域的研究对象主要包括以下内容。第一，残疾人体育权利保障。如残疾人权利、体育权利。第二，残疾人就业权利保障。如劳动就业权、残疾人就业。第三，儿童残疾人权利保障。如随班就读、法律保障。但是仅依靠词频分析不足以了解到关键词间的根本联系，需要进一步通过共词分析技术深层次探寻。

（二）高频关键词相异矩阵分析

词篇矩阵是经过 Bicomb 软件处理，生成的能够体现高频关键词之间关系的数据，将词篇矩阵导入 SPSS17.0 数据分析软件，选择相似系数"Ochiai"系数，将词篇矩阵转化为相似系数矩阵，为方便分析，需要消除关键词共词次数差异所产生的影响，因此，在相似矩阵的基础上利用 Excel 格式下"函数 = 1 -"方式得到相异系数矩阵。相异矩阵数值越接近 1，关键词间的关系越远，反之越近。[①] 相异矩阵结果见表 2。

---

① 郭文斌、方俊明：《关键词共词分析法：高等教育研究的新方法》，《高教探索》2015 年第 9 期，第 15~21 页。

表 2   高频关键词 Ochiai 系数相异矩阵（部分）

	残疾人	残疾人权利	权利保障	体育权利	权利	残疾儿童	《残疾人权利公约》	残疾学生	残疾人组织	无障碍建设
残疾人	0.000	1.000	0.635	0.805	0.743	1.000	0.894	1.000	1.000	0.939
残疾人权利	1.000	0.000	1.000	1.000	1.000	0.953	0.953	0.948	0.581	0.727
权利保障	0.635	1.000	0.000	0.842	0.944	0.943	1.000	0.936	1.000	1.000
体育权利	0.805	1.000	0.842	0.000	1.000	1.000	1.000	0.682	1.000	1.000
权利	0.743	1.000	0.944	1.000	0.000	0.757	1.000	0.865	1.000	0.930
残疾儿童	1.000	0.953	0.943	1.000	0.757	0.000	1.000	0.861	1.000	1.000
《残疾人权利公约》	0.894	0.953	1.000	1.000	1.000	1.000	0.000	1.000	1.000	0.928
残疾学生	1.000	0.948	0.936	0.682	0.865	0.861	1.000	0.000	1.000	1.000
残疾人组织	1.000	0.581	1.000	1.000	1.000	1.000	1.000	1.000	0.000	0.920
无障碍建设	0.939	0.727	1.000	1.000	0.930	1.000	0.928	1.000	0.920	0.000

从表 2 可以看出，各个关键词分别与残疾人权利距离由远及近的顺序依次是：残疾人（1.000）、权利保障（1.000）、体育权利（1.000）、权利（1.000）、残疾儿童（0.953）、残疾学生（0.948）、无障碍建设（0.727）、残疾人组织（0.581）。从以上结果可以看到，残疾人权利与残疾人组织、残疾学生与体育权利、残疾人与权利相结合系数较低，可见残疾人相关组织中体现的残疾人权利、残疾学生的权利等是残疾人权利研究领域的主要方向。

（三）高频关键词的聚类分析

主题词出现的频次代表着两种或几种主体间的亲疏关系。共词分析就是通过对文献主题词出现频率的计量统计形成一个由这些词组成的共词网络，聚类分析是利用共词出现的频率统计将众多分析对象之间错综复杂的共词网状关系简化为数目相对较少的若干类群之间的关系并直观地表示出来的聚类的过程。① 联系紧密的关键词能够依据其紧密程度聚集在一起形成类团。将前期过程中获取的关键词相异矩阵导入 SPSS17.0 进行聚类分析，得到如图 1 所示的聚类分析结果。

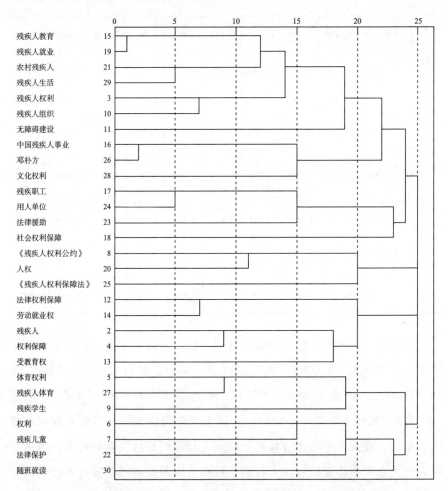

图 1　1997～2017 年残疾人权利高频关键词聚类情况

---

① 钟伟金、李佳、杨兴菊：《共词分析法研究（三）——共词聚类分析法的原理与特点》，《情报杂志》2008 年第 7 期，第 118～120 页。

由图 1 可以看出残疾人权利研究关键词主要可以分为七类，即"残疾人社会保障事业相关内容研究""文化权利视角下中国残疾人事业发展研究""残疾职工的法律援助研究""《残疾人权利公约》背景下的残疾人人权研究""残疾人受教育权的权利保障研究""残疾人体育权利研究""残疾儿童相关权利的法律保护研究"。

三　对研究结果的分析

（一）残疾人社会保障事业相关内容研究

这类研究包括了残疾人教育、残疾人就业、残疾人生活、残疾人权利、无障碍建设等关键词。这些成果主要体现了国内社会学研究领域对残疾人的教育、就业、生活、无障碍等问题的关注。

第一是残疾人教育事业。教育活动是现代社会人类文明创造的基石，教育对个体的素质养成、生存技能获得至关重要。我国的残疾人教育事业主要以设立特殊教育学校、特殊教育班级和福利机构等为残疾人接受教育提供相应场所。因此学者聚焦于考察这些教育机构的设立、运行、管理及提供服务等情况。2006 年修订的《义务教育法》完善了残疾人教育相关细则，特别对教育活动中教育机构设置、教育经费安排以及责任划分等方面的政府职责做出详细描述，如"国务院及县级以上地方人民政府应当合理配置教育资源，……残疾的适龄儿童、少年接受义务教育"，"特殊教育学校（班）学生人均公用经费标准应当高于普通学校学生人均公用经费标准"等，增加了政府对残疾人教育的责任承担内容，将残疾人教育进一步纳入国民教育体系。

第二是残疾人就业方面。残疾人作为社会成员的一部分，通过劳动获取报酬不仅是劳动就业权的体现，更重要的是社会生存的必然要求。但是由于残疾人生理或心理上的不便，其就业权利的实现困难重重，存在可选择的劳动就业岗位有限、劳动报酬普遍低下、工作环境恶劣等问题，导致诸如震惊社会的 2007 年山西黑砖窑事件等时有发生。权利实现不仅是指侵权行为发生后的权利救济，还包括权利主体在权利获得到权利应用过程中面临的选择公平与机会平等问题。就残疾人就业权而言，应该包含就业岗位的提供、就业机会的平等、就业权利救济等。残疾人自身缺陷虽然难以改变，但是不能忽略他们在其他方面可以创造的价值，利用盲人触感的灵敏培训盲人按摩，为接受能力较强的残疾人提供计算机技术培训，学习电子商务开设在线商铺等方式能够提升残疾人的职业素养，获取赖以生存的劳动技能，政府有责任和义务为具备一定劳动能力的残疾人提供就业培训及就业岗位，这一方面能够增加残疾人劳动所得，另一方面有利于减轻国家社会保障资金的负担。另外，用工歧视也是残疾人求职过程中的主要问题。2012 年发生的全国公务员考试残疾歧视案又一次引发了关于残疾人就业平等权的讨论，作为制定残疾人权利保障法律的国家同时在拒绝录用身体残疾者，到底是法律不够完善还是用人单位不作为，法庭没有给出最终定论，但是残疾人就业权利保障的不足却不容忽视。企事业单位社会责任感缺失，国家相关法律规定不完善，残疾人就业权的真正实现还需要经过漫长的探索。

　　第三是残疾人生活方面。社会公共资源对残疾人的友好程度是残疾人权利落实保障的硬件基础。2008 年最新修订的《残疾人保障法》增加了"无障碍环境"一章，将残疾人生活环境建设提高到立法层面，对建筑设施、交通工具、信息获取、资格考试、组织选举等与残疾人基本人权息息相关的内容进行了法定性规定，同时国务院配套出台了《无障碍环境建设条例》以加强无障碍建设的可操作性。国家为残疾人无障碍建设投入了大量的人力物力，但我们依然很少在公共场合看到残疾人，无障碍设施利用率极低，没有切实为残疾人的生活提供便利。究其原因，设施建设仍然不足，各类设施缺少语音提示，导盲犬等工作犬种可申请数量少、适用范围窄，农村地区无障碍建设严重缺失。无障碍环境的心理建设缺乏，对于残疾人群体的歧视心理和好奇心理没有完全消除，给残疾人的公共活动造成心理压力，同时残疾人群体自身自卑心理较明显，不愿主动接触社会。无障碍建设涉及残疾人的生存权，是残疾人生活质量的保证，生活便利是对残疾人的基本尊重，也是残疾人其他人权存在的基础。

（二）文化权利视角下中国残疾人事业发展研究

这类研究包括中国残疾人事业、邓朴方、文化权利等关键词。谈及对中国残疾人事业的研究，一定离不开开创者邓朴方先生。1984 年邓朴方先生成立残疾人基金会并于四年后与盲人聋哑人联合会合并成为中国残疾人联合会，正式开启了中国残疾人事业。

世界范围的文化权利最早见于 1919 年的魏玛宪法，不过关于文化权利的真正探讨则开始于 1948 年联合国制定的《世界人权宣言》，文化权利是"参加文化生活、享受科学进步及其应用所产生的利益以及对其本人的任何科学、文学或艺术作品所产生的精神上和物质上的利益，享受被保护之利"等诸项权利的总称①，从本质上说，文化权利是社会群体或者公民个体在文化领域中享有的参与文化活动、享受文化成果、保障文化权益的一种权利形态。② 即文化权利是一项公民权利，这意味着所有社会成员均平等地享有文化权利，与种族、性别、年龄等任何分类标志无关，残疾人作为公民群体的一类，自然具备享有文化权利的同等地位。

自 20 世纪 90 年代至今，中国残疾人事业从无到有，大力建设康复机构，推行白内障义诊，实施人工耳蜗捐赠计划，实施《特殊教育提升计划（2014—2016）》，分别针对聋、哑、盲、肢体残疾、智力残疾及精神残疾等不同类别开展不同的建设规划，使残疾人的人格尊严和生活质量都得到大幅提升，直接推动了无障碍环境建设，为残疾人享受文化权利提供可能。文化权利的构成在于文化参与、文化享有和文化发展。③ 也就是说，残疾人的文化权利应该包括发扬与传承自身优秀群体文化的权利、开展文化艺术创作的权利、享有作品收益的权利、积极参与并享有社会公共文化服务的权利。④ 然而环境、心理、社会等众多因素的综合作用，使残疾人文化权利普遍难以实现。

---

① 江国华：《文化权利及其法律保护》，《中州学刊》2013 年第 7 期，第 46～52 页。
② 莫纪宏：《论文化权利的宪法保护》，《法学论坛》2012 年第 1 期，第 20～25 页。
③ 闻媛《论我国城乡文化权利公平》，《上海交通大学学报》（哲学社会科学版）2011 年第 4 期，第 56～63 页。
④ 汤夺先：《试析残疾人的文化权利》，《残疾人研究》2014 年第 4 期，第 44～47 页。

第一，可参与群体数量少。虽然各类身体或心理障碍群体统称为残疾人，但实际上残疾人类型间存在一定差异，导致本就属于少数群体的残疾人细分为更加小众的群体，基数过小而无法形成群体文化规模，智力残疾者与肢体残疾者，农村残疾者与城镇残疾者，老年残疾者与残疾儿童等文化活动无法互通，造成文化参与困难。

第二，可参与内容范围窄。作为弱势群体的残疾人，常常处于社会文化的边缘地带，很少有大众主流文化能够同时被残疾人共享，残疾人活动范围局限于个人家庭等私人空间，客观上增加了残疾人文化共享的局限性。

第三，可发展空间有限。现有公共文化平台多遵从适应大多数原则，缺少专门针对残疾人的文化活动平台，或者仅在残疾人团体之间开展活动，一定程度上限制了残疾人文化与普通社会的交流，难以保证文化的延续与传承。

2016 年国务院《"十三五"加快残疾人小康进程规划纲要》明确提出"开展残疾人文化周、残疾人阅读推广等群众性文化活动。扶持盲文读物、有声读物、残疾人题材图书和音像制品出版。……开展残疾人特殊艺术项目发掘保护，加强特殊艺术人才培养，扶持特殊艺术团体建设和创作演出。支持创作、出版残疾人文学艺术精品力作，培育残疾人文化艺术品牌"。将残疾人文化建设提升至国家建设层面，再次强调了残疾人文化权利的重要意义。

不可否认，改革开放以来，我们的残疾人事业发展迅猛，但是与文化权利的彻底实现还相距甚远，无障碍设施建设、社会容纳度、人文关怀等方面的不足是中国残疾人文化权利发展的现实困境，基本的文化产品享用尚且无法保障，更无法涉及残疾人文化权利的捍卫以及更深层次的权利救济，中国残疾人文化权利的实现依然任重道远。

（三）残疾职工的法律援助研究

这类研究包括用人单位、法律援助、残疾职工等关键词。法律援助是残疾人就业维权的核心渠道，自然成为这一类别研究的重点内容。法律援助指的是国家为有法律辩护代理需求的经济困难公民或特殊事件当事人无偿提供必要法律辩护、咨询等服务的法律保障制度。残疾职工的法律援助即残疾人就业权方面的法律援助。

我国的法律援助制度分为民事法律援助和刑事法律援助，大部分法律援助内容由《律师法》《刑事诉讼法》规定，2003 年《法律援助条例》的颁布实施标志着法律援助制度正式步入法制化轨道。法律援助最显著的特点在于对弱势群体无偿提供援助。残疾人受各种原因限制，经济创造能力有限，大多数在经济上和身心上都属于绝对弱势群体，法律常识贫乏，被侵权时常常不知如何解决，能够提供法律咨询、代理或诉讼的法律援助制度自然成为残疾人最重要的维权媒介。从我国目前法律援助制度建设整体上看，存在诸多不足。

第一，忽视法律援助的程序设置。我国法律重实体轻程序并不是个别现象，与残疾人法律援助制度相关的《残疾人保障法》《刑事诉讼法》《法律援助条例》等都几乎不涉及对残疾人程序性权益的保障。《残疾人保障法》第 60 条第 2 款关于法律援助的描述为"对有经济困难或者其他原因确需法律援助或者司法救助的残疾人，当地法律援助机构或者人民法院应当给予帮助，依法为其提供法律援助或者司法救助"，该法条将提供法律援助规定为社会机构的应有之举，而没有强调权利性质，并且对于程序性权益的保障语焉不详。[①] 程序正义强调裁判过程的公平和法律程序的正义，在诉讼或申诉过程中的重要性不言而喻，坚持程序正义原则，法律才具备成为判断是非标准的资格。残疾人群体通常在社会、政治、经济地位上处于劣势，如果程序正义不被重视，能否获得公正裁决便无法保证。

第二，法律援助配套法规不完善。中国残疾人事业在"文革"之后发展迅速，法律援助机构有较明显的数量增长，但是作为判断基准的配套法规多年来没有显著进步。关于残疾人法律援助的表述多穿插于其他法律援助相关法条中，没有专门的关于残疾人法律援助的法律，并且《刑事诉讼

---

① 参见陶杨、项珲、陈小乐、张佳妮《残疾人法律援助制度研究》，《海南大学学报》（人文社会科学版）2016 年第 3 期。

法》第34条第2款规定，"犯罪嫌疑人、被告人是盲、聋、哑人，或者是尚未完全丧失辨认或者控制自己行为能力的精神病人，没有委托辩护人的，人民法院、人民检察院和公安机关应当通知法律援助机构指派律师为其提供辩护"。显然该规定没有囊括所有残疾人类型，无形中对其他类型残疾人的法律援助申请权利造成损害。

第三，法律援助过于拘泥于经济条件。《法律援助条例》（简称《条例》）是我国首部法律援助专门法规，意义重大，但它在总则第1条就提出"为了保障经济困难的公民获得必要的法律服务，促进和规范法律援助工作，制定本条例"，可见该《条例》的重点在于保障经济条件困难公民最必要的法律服务需求，而忽视了其他特殊群体的需求，包括残疾人群体。也就是说大多数状况下，我们依然将诉讼等法律维权方式定义为需要一定经济条件才可进行的行为，这实际上是有悖于法律存在的本质以及建设法治社会宏伟目标的，只有当法律能够为大众服务，才能真正体现法律本身公平公正的特质，才有助于建设真正的法治社会。残疾人受教育水平普遍较低，所具备的生存技能和职业素养有限，这导致他们在劳动就业过程中权利损害时有发生，例如用人单位招聘受歧视、工伤赔偿艰难、劳动付出与所得报酬不合理等，尤其在工伤索赔类型的案例中，因工伤认定艰难导致索赔无门屡见不鲜，这就要求法律援助的及时性。我国的法律援助是政府责任，虽然一些社会机构或司法机构分担了部分法律援助工作，但制度的主体承担者依然是政府。因此，政府需要加强对残疾人的法律援助工作，完善相关法规，提供更加及时有效的法律援助服务。

（四）《残疾人权利公约》背景下的残疾人人权研究

这类研究包括《残疾人权利公约》、人权、残疾人权利保障法等关键词。2006年12月联合国大会发布《残疾人权利公约》（简称《公约》），引发了全世界范围内残疾人人权研究的新高潮。《公约》以"促进、保护和确保所有残疾人充分和平等地享有一切人权和基本自由，并促进对残疾人固有尊严的尊重"为宗旨，核心目的是建立起一套个人来文审议机制，也就是一种准司法性的机制①，其成为首个将残疾人权利完全纳入人权范畴的国际性法规文件。《公约》涵盖了残疾人权利保护的各个方面，"规定了为残疾人创造无障碍环境、保障残疾人免受歧视、平等参与就业和参政等各个方面内容，对残疾人的定义更是突破了传统定义，明确了残疾不只是残疾人自身的问题，更是社会的制度、设施、态度等外部环境的障碍使然"②。《公约》明确了不歧视原则，将"基于残疾的歧视"定义为：基于残疾而做出的任何区别、排斥或限制，其目的或效果是在政治、经济、社会、文化、公民或任何其他领域，损害或取消在与其他人平等的基础上，对一切人权和基本自由的认可、享有或行使。基于残疾的歧视包括一切形式的歧视，包括拒绝提供合理便利③，把完全平等的无差别对待看作人权践行的标准。可以说《公约》较为彻底地阐述了残疾人人权应该有的形态，不是怜悯与同情，而是像普通人之间一样的尊重。

郭祥才先生将"人权"定义为"与人的存在和发展相关联的一切权利的总称，是表示人在社会结构和活动中的地位、资格和价值的一种现实的权利关系；其根本标志在于特定主体的自我需要与社会进步的历史统一"④，即人权是人类本身与生俱来的权利，是其他权利的存在基础，不因主体身份、地位等外在变化而发生改变，伴随着人类个体的产生到终止。人权范畴的权利强调的是最大程度的尊重，以平等的态度对待所有权利主体，人权角度的残疾人权利并不是单纯的为残疾人创造便利的外部环境，更重要的是致力于残疾人的情感体验，最大限度地给予他们尊重，以平等的态度看待残疾人。残疾人的生存样态以及他们的人权状况，不仅关系着残疾人的命运，更是一个社会文明程度的晴雨表，是一个国家人权保障水平的标尺。

---

① 何志鹏：《从〈残疾人权利公约〉反思国际人权机制》，《北方法学》2008 年第 5 期，第 34～46 页。
② 徐爽、习亚伟：《〈残疾人权利公约〉的"中国转化"——以我国残疾人权利法律保障体系为视域》，《人权》2014 年第 2 期，第 49～52 页。
③ 参见《残疾人权利公约》第 2 条。
④ 郭祥才：《人权定义研究评析》，《哲学动态》1992 年第 8 期，第 10～12 页。

（五）残疾人受教育权的权利保障研究

这类研究包括残疾人、权利保障、受教育权等关键词。教育活动贯穿人类社会始终，受教育权是个体最主要的人权之一，群体特殊性造成残疾人受教育权存在诸多实现障碍，从而成为国内学者呼吁残疾人权利保护的重心。在保障受教育权的一般性国际人权法中，1948 年的《世界人权宣言》是最早的国际人权法规，其中第 26 条首次向世界宣示了受教育权的平等性，即"人人都有受教育的权利"，而且阐述了教育的目的以及国家的教育义务。随后发布的《经济、社会及文化权利公约》再次强调了受教育权的人权性质，并且提出教育的"4A"标准，指出国家对于尊重和保障教育的可提供性、保护教育的可获取性、便利教育的可接受性、提供教育的可调适性四个标准有义务尊重和落实。①

我国是较早签署公约的国家之一，但在法制建设上并没有及时出台专门的有关残疾人受教育的法律规章，主要以在《教育法》《义务教育法》《职业教育法》《高等教育法》等教育领域法律中设立残疾人教育相关条款的方式来为残疾人受教育权提供法律保障，直到 1994 年出台了第一部残疾人教育专门法规——《残疾人教育条例》（简称《条例》），2017 年又对其进行了修订，以义务教育、职业教育、学前教育、普通高级中等教育及继续教育、教师、条件保障、法律责任为主要内容，综合地、较详细地规定了各类别学生所享有的受教育权，尽可能地考虑到了残疾人受教育权的所有层面。尽管如此，我国残疾人受教育权的权利保障状况依然不容乐观。从法律体系建设层面来讲，存在以下问题。

一是专门法律缺失。从《教育法》颁布到《残疾人教育条例》出台的几十年间，残疾人受教育权的保障几乎处于空白阶段，虽然各类教育法律中都有残疾人教育相关内容，但是内容粗略，无法完全满足社会需求，即便是最新的《条例》也依然存在内容上的缺失，比如法律责任中学校责

---

① 廖艳：《残疾人受教育权保障的国际标准与中国实践》，《西部法学评论》2013 第 4 期，第 1~8 页。

任的部分，没有做学校类型上的区分。残疾人受教育权法律保障体系尚未形成，从现有立法的数量来看是无法满足现实需要的。

二是保障范围涵盖不全。我国对具备一定学习能力的残疾人采取依残疾类别和残疾程度的标准，划分了就读特殊学校或普通学校，用以确保各类别残疾人的入学权利。但实际上，除盲聋哑等类别残疾人有较明显的入学标准设置、配套学校建设以及相关政策规定外，对其他类别残疾人的入学保障并不十分完善。首先是部分精神残疾、智力残疾等其他类别残疾人在达到进入普校标准后仍存在被拒绝接受的情况。其次是未能满足特殊学校和普通学校入学标准的残疾人的入学权利几乎无法实现。最后是关于其他残疾人的界定不够明确，定义涵盖范围不够全面。

三是督导制度建设缺失。从现有的各类法律条文、规章制度可以看到，残疾人受教育权在义务承担、权利内涵等方面已经形成一定体系，但是残疾人受教育权的发展现状并不乐观，可见这些法律条文、规章制度并没有被切实执行，达到法律的基本目的。这一现状的产生与当下残疾人受教育权督导制度的缺失密切相关。提出、执行、监督是一套法律制度作用于实践的完整环节，任何一方面的缺失都会导致法律公信力和实际效用的减少。师资投入、政策执行、责任划分与承担都需要强有力的监督机制保证落实，如此才能有效保障残疾人受教育权的实现。

四是救济制度不完善。无救济不权利，救济制度是权利实现的前提。然而我国救济制度的缺失不仅仅表现在残疾人受教育权方面，还表现在整个法律体系当中。对于残疾学生，其受教育权利的救济制度应当给予特别的规定。当前救济制度中的仲裁、申诉、行政诉讼的标准与流程，长期处于不够明朗的状态，高校的行政申诉、听证制度等都尚未形成体制化建设。救济不明，权利便处于悬空状态，更无法谈切实的权利保障。

（六）残疾学生体育权利研究

这类研究包括残疾人体育、残疾学生、体育权利等关键词。体育活动作为社会生活的重要组成，也是残疾人日常生活的不可或缺内容，尤其对处于成长期的残疾学生群体更为关键，因此，残疾人体育权利的研究主要体现在对残疾学生体育权利的探索。体育权利是法律规定的公民在有关体育的各种社会生活中所享有的权利，是国家以法律确认和保护的公民实现某种体育行为的可能性。残疾人的体育权利是"法律规定的残疾人在有关体育的各项活动中所获得的利益、资格、自由和权能等权利，享有法律对残疾人获得这些权利的特殊保护"①。体育活动能够强健体魄，愉悦身心，释放压力，合理的体育锻炼甚至可以起到治疗和预防疾病的效果，残疾人进行适度体育活动不仅有助于增强体质，还有助于残疾人走出对自身缺陷的自卑情绪，增加人际交往，增强社会适应能力，从而融入普通社会。

但目前，我国残疾学生的体育权利的实现面临诸多现实困境，主要包括以下三方面：一是社会层面上，无障碍设施不足，残疾学生可使用的场地器具十分有限，无法自行开展体育活动；二是学校教育层面，因多种原因造成的在校残疾学生数量少，绝大多数非特殊教育学校并没有给残疾学生专门准备体育用品和场地，常用的处理方式是拒绝残疾学生参与体育活动，缺乏全纳教育理念，事实上剥夺了残疾学生的体育权利；三是政府层面，对残疾学生体育运动重视不足。自北京成功举办 2008 年夏季奥运会和残疾人奥运会以来，残疾人体育进入了快速发展的阶段，但是，冰雪运动发展不足，残疾人体育的宣传远不如普通体育运动。2012 年索契冬奥会，我国残疾人冰雪运动队仅 10 名运动员参赛，数量上就远远低于俄罗斯、美国、加拿大等国，社会大众可以认出很多普通体育明星，但很难记得一个残疾运动员的名字。残疾青少年与普通青少年一样是未来社会建设的主力军，政府的重视与培养将会影响未来几代残疾人群体。

另外，法制建设不足无法为残疾学生的体育权利提供充足保障。与受教育权和文化权利境遇相似，残疾学生的体育权利除《教育法》等教育类法律中个别条款涉及外，还有《残疾人保障法》《体育法》等法律，《残疾人教育条例》《全民健身计划纲要》《中共中央、国务院关于促进残疾人事业发展的意见》等政策性文件与残疾学生体育权利相关，但并不是残

---

① 刘永风、汤卫东、何金：《对残疾人体育权利的研究》，《鸡西大学学报》2008 年第 5 期，第 144～146 页。

疾人体育的专门法，权利救济制度更无从谈起，残疾人体育的法制建设某种程度上还是一片需要深入开垦的荒地。《世界人权宣言》将体育权利归并为人权中的文化权利部分，不过与其他文化权利所不同的是，体育活动本身对身心素质有一定要求，能够将体育权利转换为现实权利的权利主体存在客观局限性，虽然具有人权属性的体育权利理论上应该为人人所有，但实际上体育权利只属于能够达到素质要求的主体。残疾人体育权利重点在于如何帮助符合条件的残疾人群体实现体育权利，不是浮于纸上的法律条款，也不是几句简单的口号和闲置的设施，而是实实在在的让残疾人参与到体育活动当中，真正感受到体育带来的快乐。

（七）残疾儿童相关权利的法律保护研究

这类研究包括权利、残疾儿童、法律保护、随班就读等关键词。儿童是未来的希望，保护儿童是全体社会成员不可推卸的责任，因此对残疾儿童权利的研究是任何时期都不可忽视的重要内容，其自然成为残疾人权利研究领域的重中之重。残疾儿童权利主要指残疾儿童的法定权利，即残疾儿童基于自身独特的主体地位，依据各种法律、法规、规章的具体规定所应享有的权利。残疾儿童特殊的社会角色意味着这一群体的权利保护相较于其他残疾人群体及一般儿童范围与内容更加广泛、深入。关于残疾儿童的公平受教育权的法律保护，国际上关于残疾儿童权利的法律主要有《世界人权宣言》《经济、社会及文化权利公约》《残疾人权利公约》《儿童权利公约》等，我国与残疾儿童权利贴合度较高的法律除各类教育法律外，还有《残疾人保障法》《未成年人保护法》等，以及其他各级各类政策文件，涉及残疾儿童的受教育权、康复权、生命健康权、财产权等，形成法律—法规—政策的体系化建设，为残疾儿童的生存发展保驾护航。

不过成果与问题并存，残疾儿童的生存状况依然不容乐观，关于残疾儿童权利保护的法制建设还存在诸多问题。

第一，法律内容缺失。从我国目前残疾人相关法律的结构可以看到，各类法律关注的重点在于受教育权。诚然，受教育权是儿童权利中的核心内容，但是入学、教育并不是儿童生活的全部。残疾儿童的康复权、生命健康权、孤遗残疾儿童的生存权等从必要性角度理解，更甚于受教育权，如果一个人最基本的生存权利无法保障，何谈教育。但是在现有法律中，针对未成年人的《未成年保护法》完全未提及残疾儿童康复权，《残疾人保障法》中第 16 条仅有 "优先开展残疾儿童抢救性治疗和康复" 寥寥数语，生命健康权与生存权则存在于《宪法》当中，鉴于我国宪法司法化进程还在建设阶段，人权类权利保障基本为空白状态。即便是热度较高的受教育权，其法律保护也无法称得上完善，大学生、适龄儿童因身体残疾被拒绝录取的现象依然存在，尽管各类法律明确规定了教育的平等性，但对相关主体的责任划分仍十分不明确，权责不均使法律的可应用性常常无法体现。

第二，法律体系结构失衡。完整的法律体系应当包括宪法—法律—行政法规、地方性法规等规范性文件。但从现有法律体系可以看到，我们有宪法，有国务院制定的行政法规，但是专门法律方面，残疾人相关法律仅有《残疾人权利保障法》一部，而关于残疾儿童的法律内容均以部分组成的形式存在于《未成年人保护法》等法律当中，内容不完整，阐述不严谨，远不能满足残疾儿童权利保护的需求。

第三，法律配套设置不足。权利的实现过程不是完全独立的结果，而是一个动态的发展过程，相应地需要权利实行过程的监督、权利实现结果的评估以及权利受侵后的救济。现有法制体系中，我们可以看到残疾儿童理应享有的权利内容，以及诸多为保证权利实现而出台的各类政策，但是配套的监督、评估与救济机制并不完善。以 "随班就读政策" 为例，我国自 1987 年在《国家教育委员会关于印发〈全日制弱智学校（班）教学计划〉征求意见稿的通知》中官方确定随班就读起至今，随班就读已经成为法定性的规定，但是实施几十年来，成效并不理想，教育部的统计数据表明，普通学校就读的学生数已经从 2009 年的 26.45 万下降到 2013 年的 19.08 万人，降幅达 27.9%。① 随班就读政策实施过程中没有及时有效的监督平台以及评估机制，无法获取政策反馈，政策制定的不适应性不能被

---

① 彭霞光：《随班就读支持保障体系建设初探》，《中国特殊教育》2014 年第 11 期，第 3~7 页。

及时发现，导致随班就读难以得到设计之初的理想效果，而且"为避免学校升学率而劝退随班就读学生"① 这样的非极端个案，也不断引发对相关救济制度缺乏问题的思考。

残疾儿童永远是最令人牵挂的弱势群体，他们从童年时期甚至出生时起就要承受身体不健全带来的一切压力，怎样为这些已经受了伤的孩子提供充足的保护，使他们能获得一个相对完整的成长环境是全社会不可推卸的责任。

四　总结和展望

通过共词分析法，近十年残疾人权利的研究热点一目了然，残疾人权利研究主要围绕权利保障、人权发展、法律援助等方面，这些研究主题清晰地勾勒出了我国残疾人事业的发展现状，促进了残疾人权利相关的法制建设，有助于人权观念在各个方面的渗透，推动国家人权建设，落实依法治国基本方略。不过，现有研究依然存在一些漏洞与不足，亟待加强或改进。比如，案例分析、实证研究少，学科研究不深入，研究内容单一，法理研究不足等。需要我们在以下方面加强探索和创新。

（一）增加不同残疾人类别的权利研究

群体的多样性为以群体为研究对象的学术研究提供了更多可能性。从目前的文献梳理来看，儿童、学生、残疾人整体的群体性研究较多，其他群体类型鲜少出现。就残疾人群体而言，群体中的儿童、妇女、大学生以及不同残疾类别的群体都是研究对象的一种，还可以扩展到群体的地域方面，比如城乡、东西部等。不同群体的表象特征必然存在不同之处，所拥有的相应权利、权利受侵犯形式、权利保障途径等也会有所不同，增加不同群体的残疾人权利研究有助于建立一个更加完整的残疾人权利内容框

---

① 高毅哲、禹跃昆：《随班就读不能一"随"了之》，《中国教育报》2012 年 1 月 15 日，第 001 版。

架，为进一步的法制建设提供可用资料。

（二）注重个案、判例分析研究

传统研究方法重思辨，易带入某种固有经典模式，有碍我们发现更加本质客观的规律，创新的研究方法能够促进研究变革，推动一个领域的发展。法学是一个应用性极强的学科，法律研究不仅仅是为了总结梳理现象，寻找本质规律，还应该注重研究结果对社会实践的实际影响，"研究案例不仅提供了对法律规则和修辞的初步了解，而且还提供了一种替代的生活经验，……融会贯通地透彻了解案例是法律教育和法律实务的特点"。权利与义务是法律概念中极其重要的部分，某种程度上甚至可以说是法律构成的基础。增加残疾人权利的案例研究一方面是现有法律应用的例证，能够为后续的法律修订提供参考，另一方面也能为非法律专业的学习者提供学习素材，促进大众法律素养的提升。

（三）增强法理学研究

法理学是以法律现象为基础，以探索隐藏的发展规律和共同性问题为研究对象的学科，具有"抽象性、概括性、一般性、普遍性，以及概而言之的理论性"[①] 特点，法理学可能回答的不是法律实践中的具体问题，比如案件如何审理，程序如何进行，引用何种法律，适用何种制裁等，它所关心的是法律的原理性问题。基于上述文献搜索结果，该领域内法条阐述、现象总结研究居多，真正以法学理论为支撑的研究成果寥寥无几。理论基础是任何学科研究的根本，即便是应用型学科也离不开强大的理论作为研究的基本架构，残疾人权利是具有法学专业性质的研究内容，增强该领域的法理学研究是法律学科专业性建设的重要内容。

（四）强化交叉学科研究

人类社会本身是一张相互联结、千丝万缕的网，任何一个领域都不可

---

① 刘作翔：《我们需要什么样的法理学——比较·借鉴·革新》，《法学》1994 年第 8 期，第 6~9 页。

能完全独立存在，权利研究同样如此。如果仅仅局限于法学研究，就无法实现学科研究的延展性。残疾人作为社会成员的一部分，其权利范围必然会涉及教育、经济、政治、医疗、婚姻等人类社会的各个领域，比如残疾人选举权的实现状况等，我们应该在研究中尽可能地挖掘各领域间的联系，融会贯通，打破学科间的壁垒，用更加开阔的视野使研究达到更深的层次。

（五）扩展量化类实证研究

量化研究是最重要的学术研究方法之一，能够客观呈现研究对象的发展现状，并提供可靠的数据资料。社会发展迅速，陈旧的数据会使科学研究失去真实性，现有的残疾人群体相关数据大多比较陈旧，残疾人数量、各类型残疾人比例等多为 2013 年以前的统计所得。无法掌握准确的数据就无法彻底了解残疾人现状的全貌，自然也无法确认残疾人权利实现的真实状况，所获得的研究结果难免有失偏颇。增加量化研究不仅能够增强残疾人权利研究领域的客观科学性，还能为其他研究领域提供真实有效的研究资料。

论 Davis v. United States 案

——排除规则的革命仍在继续

〔美〕詹姆斯·J. 汤姆克维兹 著　朱晓嵩　黄士元 译[*]

引　言

在过去的开庭期中，美国联邦最高法院判决了三起以宪法条款规制执法行为的案件。Kentucky v. King 案[①]（简称 King 案）提出了一个关于宪法第四修正案的实体性问题——警察在自己所导致的"紧急情况"下能否实施无证搜查？虽然支持执法行为的判决结果不难预测，但是联邦最高法院立场之极端，裁判之近乎一致，还是让人有些惊讶。八位大法官判决，只要"紧急情况并非警察通过实施违反宪法第四修正案的行为或者以实施此类行为相威胁所导致"[②]，则在"紧急情况"（如存在证据灭失之风险）下，警察可以对住宅或其他私人场所进行无证搜查。为了使其过度的热忱和有倾向性的判断免受宪法性保障之制约，警察可能会采用其他可能引发紧急情况的调查方法，进而以"紧急情况"为由采取行动。[③]

在 J. D. B. v. North Carolina 案[④]（简称 J. D. B. 案）中，联邦最高法院

---

*　詹姆斯·J. 汤姆克维兹，爱荷华大学法学院爱德华·豪瑞（Edward F. Howrey）讲座教授。感谢爱荷华大学法学院为支持我完成这篇文章所提供的夏季研究经费，感谢 Phillip Van Liew，Greg Taylor 和 Ryan Melcher 在整理手稿方面做出的杰出学术贡献。朱晓嵩，山东大学法学院硕士研究生；黄士元，山东大学法学院副教授。

① Kentucky v. King, 131 S. Ct. 1849 (2011).

② Id. at 1858.

③ 人们可能会问：如果紧急情况是警察违反了其他宪法条款（如对嫌疑人进行肉刑）所导致，他们能否以此为由来开展侦查活动？

④ J. D. B. v. North Carolina, 131 S. Ct. 2394 (2011).

以微弱多数达成了一份更令人惊讶的判决，只是这次判决支持的是辩护方。五位大法官认为，在决定嫌疑人是否处于 Miranda 案所说的"关押状态"时，嫌疑人的年龄是需要考虑的因素。[1] 警察和法官在判断未满十八周岁的理性人在某种情形下"是否会感到其行动自由所受到的限制已达到正式逮捕的程度"时，应将"年轻"这一因素所带来的心理影响考虑在内。[2] 结果就是，在某些案件中，未成年嫌疑人将有权要求法院排除其在警方没有宣读米兰达警告的情况下所做出的供述，检察官却有权将在相同的讯问情境下所获得的成年人供述提交给法庭。

本文的任务是评估 Davis v. United States 案[3]（简称 Davis 案）的重要性。该案是联邦最高法院 2010 年开庭期刑事程序判决书"三部曲"的收尾之作。与 King 案和 J. D. B. 案的判决不同，Davis 案的判决结果很容易预测，毫无意外可言。[4] 该案所讨论的是，如果某类汽车搜查行为在实施之时已被有管辖权的联邦上诉法院认定为符合宪法第四修正案，却在联邦最高法院后来的审判中被认定为违宪，那么因此获得的非法证据应否被排除？[5] 六位大法官认为，"警察因客观上合理地信赖有拘束力的上诉审判例而实施的搜查行为不适用排除规则"。[6] 通过判定此种情况下"不适用排除规则"[7]，联邦最高法院为"违宪获得的证据应予排除"这一一般性规则创设了另一种"善意信赖"（good faith）例外（此种例外的适用范围受到严格限制）。即使某搜查或者扣押行为被认定为"不合理"，只要该类搜查或者扣押行为之前已被有管辖权的联邦上诉法院认定为"合理"，因此获得的证据不得被排除。由此，以违宪方式获得的证据将只能在如下

---

① J. D. B. V. North Carolina，131 S. Ct. 2399，2406.
② Id. at 2402，引自 Thompson v. Keohane 案，516 U. S. 99，112（1995）（internal quotation marks, alteration, and footnote omitted）。
③ Davis，131 S. Ct. 2419（2011）.
④ 唯一的意外或许就是新任 Kagan 大法官竟然毫无保留地支持多数意见。
⑤ Davis，131 S. Ct. at 2423.
⑥ Id. at 2423 - 24. 还有一位大法官认为，如果有拘束力的上诉审判例为违反宪法第四修正案的搜查行为提供了专门的授权，那么该行为将不得适用排除规则。See Id. at 2435.（Sotomayor 大法官的协同意见）。
⑦ Id. at 2434.

极为少见的情况下被排除：警察认为上诉审法院所作出的错误判决是对宪法第四修正案的有效解释，但其对该判决的信赖客观上并不合理。①

近期罗伯茨法院就排除规则所做出的几个判决曾使我预感到联邦最高法院将会对证据排除之救济施加新的、以前根本无法想象的限制。事情并没有按照我预料的方向发展。Davis 案确实对"善意信赖"例外的适用范围进行了扩充，但是，这一扩充只是适用以前就类似案件所确立之原则所不可避免的结果。不过，尽管没有对威克斯 - 马普规则（Weeks - Mapp rule）提供新的洞见，Davis 案并非无关紧要。该案表明排除规则已经发展到了一个新的阶段，反映了罗伯茨法院的如下决心：对宪法第四修正案所确立的排除救济进行具有突破性和压制性的修正。

我如此评价的理由将在下文的讨论中展开。首先，本文将通过简要回顾排除规则的历史总结 Davis 案的案情。然后，我将描述罗伯茨时代开始不久即发生的重大变化，详述为 Davis 案打下基础的 Hudson v. Michigan 案和 Herring v. United States 案的判决意见，强调这三份判决所清楚体现的主题、态度和趋势。最后，我将对这些革命性变化所产生的影响进行反思。

一　Willie Davis 案的简要情况

2007 年，亚拉巴马州警察逮捕了驾车的 Stella Owens 及其乘客 Willie Davis，逮捕理由分别为醉驾和提供假名。② 两位被逮捕者手戴手铐，坐在巡逻车的后座上。③ 搜查 Owens 的汽车时，警察在 Davis 的夹克口袋中发现了一把左轮手枪。④ Davis 后来以"曾被判重罪之人非法持有枪支罪"⑤被起诉。虽然 Davis 承认，根据第十一巡回上诉法院以前的判决，搜查汽

---

①　很难想象会出现如下情形：上诉法院的判决对宪法的理解会存在如此大的偏差，以至于警察信赖该判决的行为是不合理的。根据判决书更为宽泛的声明，即使是警察过失地信赖上诉审判例的合法性，证据仍可被采纳。See infra, notes 103 – 08, 121 – 22 and accompanying text.

②　Davis, 131 S. Ct. at 2425.

③　Id.

④　Id.

⑤　Id. at 2425 – 26.

车的行为是合法的，他还是在审判中申请排除左轮手枪这一证据。① 法院的多数意见认为，New York v. Belton 案②（简称 Belton 案）已"明确确立如下规则：警察逮捕汽车当前实际占有人的同时有权附带搜查该汽车"。③ 因此，法院拒绝排除该证据，Davis 被判有罪。④

就在本案上诉的过程中，联邦最高法院在 Arizona v. Gant 案⑤（简称Gant 案）的判决中指出，与第十一巡回上诉法院旗帜鲜明的规则相比，Belton 案对附带于逮捕之搜查的搜查范围有更为严格的限制。⑥ 根据 Gant案之判决，逮捕汽车当前实际占有人时，只有在如下这两种情况下，宪法第四修正案才会许可对乘客座位的搜查："（1）被逮捕者在警察搜查时可以触碰到汽车；（2）警察有理由相信车内有'与该犯罪行为相关的证据'"。⑦ 因此，Davis 案的上诉审法院认定，根据"甘特新规"（Gant's new rule），本案的汽车搜查违反了宪法第四修正案⑧，但是，考虑到进行该次搜查时已有有拘束力的判例，法院在此案中适用排除规则并不能实现其威慑警察的目的。上诉审法院"因此拒绝适用排除规则，维持 Davis 的有罪判决"。⑨ 之后，联邦最高法院签发了对该案的调卷令。⑩

六位联邦最高法院大法官认可第十一巡回上诉法院的逻辑，认定："基于对判例客观上合理的信赖而实施的搜查行为不适用排除规则"。⑪ Alito 大法官的支持意见与判决意见的细微差别以及其他与判决意见有关的方面将在后文予以分析和讨论。就目前而言，我唯一想说的是，多数意见

---

① Davis，313 s. Ct. at 2426.

② New York v. Belton，453U. S. 454（1981）.

③ Davis，131 S. Ct. at 2426.

④ Id.

⑤ Arizona v. Gant，556 U. S. 332（2009）.

⑥ Davis，131 S. Ct. at 2425 – 26.

⑦ Id. at 2425.

⑧ Id. at 2426. 汽车搜查的违宪性有待商榷。根据 Gant 规则适用的第二种情形，警方以醉驾逮捕 Owens 的行为或许能够赋予搜查行为以正当性。

⑨ Id.

⑩ Id.

⑪ Davis，131 S. Ct. at 2423 – 24. Sotomayor 大法官同意，"在'有拘束力的上诉审判例明确授权某一类具体的警察行为'时，排除规则并不适用"。Id. at 2435（Sotomayor 大法官的协同意见）。因此她同意，在 Davis 案中适用排除制裁不具有正当性。

认为这一新的"善意信赖"类型不仅与威慑（deterrence）目的完全相符，而且也与主导着排除规则分析的成本 – 收益权衡（cost-benefit balance）方法相一致。①

二　宪法第四修正案证据排除规则的演变

在近一个世纪以前判决的 Weeks v. United States 案②中，联邦最高法院第一次根据宪法第四修正案确立了排除规则。因为该修正案仅适用于联邦政府，威克斯规则只适用于联邦法院。半个世纪之前，联邦最高法院在 Mapp v. Ohio 案③（简称 Mapp 案）中指出，宪法第十四修正案的正当程序条款（该条款适用于各州）不仅涵摄宪法第四修正案所保护的隐私权，还禁止适用因侵犯隐私权而取得的证据。自 Mapp 案之后，适用于联邦法院的排除规则开始同样适用于各州法院。排除规则旨在限制检察官证明被告人有罪的能力。

Weeks 案和 Mapp 案均期待非法证据排除规则能成为防止非法搜查、扣押的各项机制中不可或缺的一部分。④ 两案都将向法庭呈示非法证据视为对被告人宪法权利的剥夺。⑤ 同时，Mapp 案还将排除规则定性为"宪法赋予的威慑性保护机制"，认为这一机制对于防止警察通过不合理的搜查和扣押侵犯宪法权利至关重要。⑥ 不仅如此，Mapp 案判决的多数意见还立基于"司法正洁的必要性"（the imperative of judicial integrity）⑦。允许执法者通过违宪行为在法庭上获取好处，会使法官蒙受污点，而排除非法

---

① 多数意见拒绝如下抗辩请求：根据溯及既往原则，汽车搜查行为违宪，因此而获取的证据也应当被排除。Davis, 131 S. Ct. at 2430 – 32.

② Weeks v. United States, 232 U. S. 383（1914）. 三年前正是 Weeks 案一百周年。

③ Mapp v. Ohio, 367 U. S. 643（1961）.

④ See James J. Tomkovicz, "Constitutional Exclusion: The Rules, Rights, and Remedies that Strike the Balancebetween Freedom and Order 6," 16, 23 – 24（2006）. Weeks 案的判决被一致通过。但是，Mapp 案却仅勉强获得多数意见的支持。

⑤ See Mapp, 367 U. S. at 655 – 56; Weeks, 232 U. S. at 398.

⑥ Mapp, 367 U. S. at 648.

⑦ Id. at 659.

证据可以使法官免受玷污。

沃伦法院在排除规则上的主要成绩就是要求各州法院排除非法证据。在 20 世纪 60 年代，沃伦法院虽然就刑事程序做出了不少具有里程碑意义的判决，其对排除规则的法理基础却关注不多。[1] 尽管沃伦法院因在部分判决里强调排除规则面向未来的威慑作用，从而为后来排除制裁所受到的侵蚀打下根基[2]，但其从未放弃排除规则是被告人的宪法权利这一立场[3]，也从未放弃司法正洁理论。[4]

在伯格法院和伦奎斯特法院的 37 年里，排除规则一直遭受着巨大的侵蚀。对排除制裁正当性的不同解读便利了对排除制裁的追剿。沃伦时代终结后第 5 年，联邦最高法院的一份重要判决即指出，排除规则是"司法创制的救济方式"，而不是由被告人所享有的"个人宪法权利"。[5] 其"主要目的是威慑将来警察的违法行为"，以实现宪法第四修正案所赋予的权利——防止法庭外不合理的搜查和扣押行为。[6] 这一对排除规则正当性依据的修正引发了就排除规则的威慑效果和社会成本所进行的成本 – 收益分析。在多起案件中，伯格法院和伦奎斯特法院都使用这一分析方法解决排

---

① 沃伦法院对排除规则之发展贡献甚微。一份判决采用了先于 Mapp 案 22 年的"稀释"例外。See WongSun v. United States，371 U. S. 471（1963）。另外两份判决解决了被告人是否有"资格"去主张证据排除的问题——另一个先于 Mapp 案之限制。See Alderman v. United States，394 U. S. 165（1969）；Mancusi v. DeForte，392 U. S. 364（1968）。联邦最高法院讨论了三个先前没有处理的问题：将排除制裁延伸到与刑事控告类似的名义上的（nominally）民事没收程序，see One 1958 7Plymouth Sedan v. Pennsylvania，380 U. S. 693（1965）；拒绝将马普规则溯及既往地适用于 Mapp 案判决时已经终审的案件，see Linkletter v. Walker，381 U. S. 618（1965）；被告人在证据排除申请之听证会上为获取主体资格而提供的证言不得在审判中用以证明其有罪，see Simmons v. United States，390 U. S. 377（1968）。

② See Alderman，394 U. S. at 174 – 75；Linkletter，381 U. S. at 633，635 – 37.

③ 在 Warren 离任的前一年，联邦最高法院强调排除制裁是被告人个人的宪法权利，并以此为由将证据排除申请之听证会中的证言排除于庭审之外。See Simmons，390 U. S. at 389，394.

④ See Terry v. Ohio，392 U. S. 1，12 – 13（1968），引用 Elkins v. United States，364 U. S. 206，222（1960），该案判决于 Warren 告别联邦最高法院的前一年，声称，"排除规则还有另一项重要职能——'司法正洁的必要性'（the imperative of judicial integrity）"；see also Linkletter，381U. S. at 635，该案承认，Mapp 案之所以要求各州法院必须遵循排除规则，其中一个原因即采纳"非法证据违反'司法正洁的必要性'"。

⑤ United States v. Calandra，414 U. S. 338，348（1974）.

⑥ Id. at 347.

405

除规则方面的争议。除个别案件外，判决结果都限制排除制裁的适用。

在 20 世纪的后 30 年里，联邦最高法院对排除规则的侵蚀大都局限于对原有限制的界定。其中，有几份判决限缩了"主体资格"的适用范围①，两份判决限制性地运用了"若非"（but‐for）式因果关系追问②，一份判决系统分析了已经存在很长时间的"独立来源"（independent source）理论③，而另一份则全面阐释了"稀释"（attenuation）例外。④ 同时，还有一份判决提高了公诉人运用非法取得的证据弹劾被告人可信性的能力。⑤ 仅有几份判决算是对排除制裁"新"的限制：坚持拒绝将排除规则适用于刑事审判以外的案件类型⑥，禁止被告人在人身保护令程序中提出排除非法证据的申请⑦，以及意义最为重大的"必然发现"（inevitable discovery）例外⑧和三种"善意信赖"例外⑨。在这场反对排除规则的运动中，支持排除制裁的判决只偶尔出现过几次。⑩ 整体说来，由于一系列对排除规则进行有限限制的判决（这些判决本身适用范围就很窄）的出现，其适用范围已经有所收缩。到伦奎斯特时代结束的时候，侵蚀不断累积，以至不可忽视。然而，该规则的核心部分依然完整，近期也没有任何要被推翻的迹象。⑪ 新的千禧年到来之时，人们有理由相信联邦最高法院可能已经在这个

---

① See Minnesota v. Carter, 525 U. S. 83 (1998); United States v. Padilla, 508 U. S. 77 (1993); Rawlings v. Kentucky, 448 U. S. 98 (1980); United States v. Salvucci, 448 U. S. 83 (1980); UnitedStates v. Payner, 447 U. S. 727 (1980); Rakas v. Illinois, 439 U. S. 128 (1978).

② See New York v. Harris, 495 U. S. 14 (1990); United States v. Crews, 445 U. S. 463 (1980).

③ See Murray v. United States, 487 U. S. 533 (1988).

④ See United States v. Ceccolini, 435 U. S. 268 (1978).

⑤ See United States v. Havens, 446 U. S. 620 (1980).

⑥ See Pennsylvania Bd. of Prob. & Parole v. Scott, 524 U. S. 357 (1998)（排除制裁并不适用于撤销假释的听证会）; Immigration & Naturalization Serv. v. Lopez‐Mendoza, 468 U. S. 1032 (1984)（排除制裁并不适用于民事遣返程序）; Calandra, 414U. S. 338 (1974)（排除制裁并不适用于大陪审团程序）。

⑦ See Stone v. Powell, 428 U. S. 465 (1976).

⑧ See Nix v. Williams, 467 U. S. 431 (1984). 尽管 Nix 案涉及的是宪法第六修正案的证据排除问题，但是其原理显然适用于宪法第四修正案的排除规则。

⑨ See Arizona v. Evans, 514 U. S. 1 (1995); Illinois v. Krull, 480 U. S. 340 (1987); Massachusetts v. Sheppard, 468 U. S. 981 (1984); United States v. Leon, 468 U. S. 897 (1984).

⑩ See Minnesota v. Olson, 495 U. S. 91 (1990); James v. Illinois, 493 U. S. 307 (1990); Brownv. Illinois, 422 U. S. 590 (1975).

⑪ 就这点来说，没有大法官主张推翻威克斯‐马普规则。

问题上达到了一种平衡。但是，当指挥棒被交到 Roberts 大法官手中时，一切都发生了变化。很快，一场革命便在毫无预兆的情况下逐渐扩散开来。

三　罗伯茨革命：修辞和理论上的抨击

在 Roberts 首席大法官和 Alito 大法官任职联邦最高法院后的六个开庭期内，联邦最高法院在三起稀松平常的案件中针对排除规则做出了三份意义重大的判决。在每一起案件中，联邦最高法院均批准了被告人针对下级法院拒绝适用排除规则而提出的复审请求，但判决结果无一例外都是支持下级法院判决的，都允许下级法院采纳有争议的证据。没有一起案件被认为有必要纠正排除规则适用上的错误。除此之外，虽然每一份判决意见在适用范围上都受到严格限制，它们所赖以成立的前提却都对排除规则的"健康状况"产生了重大威胁。这些判决是联邦最高法院如下决心的有力证据：通过大幅压制甚至废除威克斯－马普规则的适用实现法律变革。在本部分中，我将首先回顾一下 Hudson v. Michigan 案[1]和 Herring v. United States 案[2]已经造成的破坏，在此基础上我将详述 Davis v. United States 案是如何加速这一进程的。

（一）Hudson v. Michigan 案

Hudson 案涉及对敲门并告知规则（knock-and-announce principle）的违反问题。[3] 本案中，控辩双方对违反该规则的事实没有争议。警察依据一份针对毒品和枪支的搜查令，在没有给住户合理的时间做出反应的情况下，仓促地进入了一户住宅。[4] 唯一的问题是警察因此而发现的毒品和枪支是否应当在审判过程中予以排除。[5] 根据密歇根州最高法院的判例，因违反敲门并告知规则而发现的证据在符合"必然发现"例外时可以被采

---

① Hudson v. Michigan, 547 U. S. 586 (2006).
② Herring v. United States, 555 U. S. 135 (2009).
③ Hudson, 547 U. S. at 590.
④ Id. at 588.
⑤ Id. at 590.

纳。据此，州法院在此案中拒绝排除证据。① Hudson 被判处非法持有毒品罪。②

2006 年 1 月初，联邦最高法院听取了口头辩论。已于 2005 年 7 月向总统提交退休信的 O'Connor 大法官也出席了法庭。这次听证会的过程和内容倾向于对"必然发现"例外的适用予以限制。③ 3 周后，Samuel Alito 大法官接替了 O'Connor 大法官，4 月中旬联邦最高法院排定了再次口头辩论的时间。④ 在 5 月的再次口头辩论中，有迹象表明，联邦最高法院可能会以 Hudson 案为契机对排除规则的理论基础进行一次更为全面的审查。⑤

在由 Scalia 大法官主笔、其他四位大法官附议的判决意见中，联邦最高法院明确拒绝针对违反敲门并告知规则的行为适用排除制裁。⑥ 这一结论并不是基于密歇根州法院所采纳的适用范围较窄的"必然发现"例外，而是基于三种相互独立又迥然不同的学说。这三种学说的每一种都能对排除制裁造成更加全面的伤害。⑦

Scalia 大法官引用了如下为人们所熟知的排除原理：非法行为和证据获取之间应存在"若非"式因果关系。把非法侵入住宅行为与随后进行的搜查行为区分开来之后，他在此案中适用了前述排除原理。⑧ 通过把进入住宅和进行搜查看作是相互分离的宪法行为，多数意见得出如下结论：违反敲门并告知规则的行为与在 Hudson 家获取证据的行为之间没有因果关系。没有"若非"式联系，则无从排除非法证据。⑨

---

① Hudson, 547 U. S. at 588 – 89.

② Id. at 589.

③ See David A. Moran, "Waiting for the Other Shoe: Hudson and the Precarious State of Mapp," 93 *Iowa L. Rev.* 1725, 1730 (2008). 根据 Hudson 的辩护人 Moran 教授的观点，"有一点似乎是明确的，包括 O'Connor 大法官在内的多数大法官都认为，'因违反敲门并告之规则'而取得的证据必须被排除"。Id。

④ Id. at 1731.

⑤ See Id. at1732.

⑥ Hudson, 547 U. S. at 594, 599.

⑦ 关于 Hudson 案前提和内涵的全面讨论，参见 James J. Tomkovicz, Hudson v. Michigan and the Future of Fourth Amendment Exclusion, 93 *Iowal. Rev.* 1819 (2008)。

⑧ See Id. at1 851.

⑨ Hudson, 547 U. S. at 592.

之后联邦最高法院又做出如下论证：对于违反敲门并告知规则的行为，即使存在上述因果关系，"稀释"例外也足以阻止排除规则的适用。[1] 不过，此处的"稀释"理论与传统的"稀释"例外毫无相似之处，后者只允许采纳跟违宪行为具有微弱联系的派生证据。[2] "稀释"例外的这一新设分支，使得基于违反敲门并告知规则的行为而直接获得的证据及派生而来的证据都可以进入法庭，理由即排除证据无助于实现敲门并告知规则所保障的利益。[3] 不仅如此，该新设分支还立基于如下怪异且毫无先例可循的前提之上：排除制裁的目的是将因违反宪法性保障而发现的证据隐藏起来；宪法性保障的目的是保护公民的隐私免受政府的刺探；只有不再考虑排除制裁长期赖以存在的威慑逻辑，这些宪法性保障才具有正当性。[4] 这种"稀释"例外具有大肆扩张的潜力，可以用于阻止任何基于宪法第四修正案提出的证据排除申请。事实上，宪法第四修正案服务于某种利益，而并非旨在禁止政府接触某类信息。[5]

最后，联邦最高法院还提出，即使违反敲门并告知规则的行为与证据获取之间存在"未被稀释的因果关系"，排除制裁也是不适当的，因为排除证据的成本超过收益。[6] 在此之前，联邦最高法院还从未专门就某一违反宪法第四修正案的行为进行个别化的成本-收益权衡。本案所涉及的成本-收益评估，端赖于多个可疑的推理；由于这些推理能推广适用于政府的其他不端行为，联邦最高法院的此种分析策略也会对基于宪法第四修正案的其他排除制裁的情形产生侵蚀。[7]

在 Hudson 案中，联邦最高法院完全可以用"必然发现"例外这一简单的、相对传统的理论来论证为何该案不得适用排除救济。联邦最高法院没有这样做，而是针对违反敲门并告知规则的行为提出了相对独立又疑点

---

[1]　Hudson, 547 U. S. at 592 – 93.

[2]　See Tomkovicz, supra note 63, at 1863.

[3]　Hudson, 547 U. S. at 594.

[4]　See Id. at 593.

[5]　See Tomkovicz, supra note 63, at 1864 – 65.

[6]　Hudson, 547 U. S. at 594, 599.

[7]　对于多数意见之推理及其潜在的破坏力，为深入探讨其在该部分的新观点，参见 Tomkovicz, supra note 63, at 1878 – 80。

重重的三种学说，就此打响了废除排除规则运动的第一枪。很显然，多数派法官意识到了这些学说潜在的破坏力。有理由认为，Scalia 大法官创设这三学说的目的就是要进一步侵蚀排除救济。

早在 2006 年之前，针对排除规则的言辞攻击就已十分普遍。伯格法院和伦奎斯特法院就该规则做出的判决即表露出极端尖刻的态度。而 Hudson 案则把这种言辞攻击上升到了新的高度。Scalia 大法官把证据排除规则视为一种"笨重"而且"不协调的救济方式"[1]，它"一直都是"联邦最高法院"最后的手段"[2]。除此之外，它不仅使"罪犯被无罪释放"，还使得"危险分子逍遥法外"。[3] 或许，其意义最为重大的观点是：类似 Mapp 案的早期判决在描述排除制裁上并不周全；马普规则是另一个时期的产物，时代和环境都已改变，排除有说服力的证据已不再像以前那样的必须和正当。[4] Hudson 案对排除制裁流露出的反感态度表明，这一规则的"寿终正寝"并不是天方夜谭。[5]

（二）Herring v. United States 案

两个开庭期后，联邦最高法院审理了 Herring v. United States 案[6]。在某一辖区工作的警察因工作疏忽没能销毁数据库中的一份已经被撤销的逮捕令。[7] 根据该辖区的一份报告（该报告说有一张针对 Herring 的有效的逮捕令），另一辖区的警察逮捕了 Herring。[8] 附带于逮捕的汽车搜查行为

---

[1] Hudson, 547 U. S. at 595.
[2] Id. at 591.
[3] Id. ; see also id. at 595. 该案指出，一项成本是排除制裁承担着"将有危险的犯罪分子放回社会的风险"。
[4] See id. at 597 - 99.
[5] See Tomkovicz, supra note 63, at 1846 - 47. Kennedy 大法官自相矛盾的表述，使我们有理由怀疑是否有足够的理由支持这一变革性的路径（该变革性路径暗含于 Hudson 案学说上、言辞上的攻击之中）？ See id. at 1848 - 49.
[6] Herring, 555 U. S. 135 (2009)，对该意见的全面、尖锐批评参见 Wayne R. Lafave，"The Smell of Herring: The Supreme Court's Latest Assault on the Exclusionary Rule," 99 *J. CRIM. L. &CR-IMINOLOGY*757 (2009)。
[7] Herring, 555 U. S. at 138.
[8] Id. at 137.

发现了走私物品和武器。① 初审法院拒绝适用排除制裁。第十一巡回上诉法院维持原判，认为实施逮捕的警察"既无不法行为，亦无过失"，根据"'善意信赖'规则因此获得的证据可以被采纳"。② 上诉法院认为，数据库"错误纯属过失，该错误已被随后的逮捕行为所稀释"。③ 该案所牵涉的问题非常狭窄，仅仅是"善意信赖"例外能否延伸适用于如下情形：某一辖区的执法行为因过失导致记录出错，而另一辖区的警察客观上合理地信赖了该错误。

Hudson 案两年半后，联邦最高法院以五位大法官的多数意见为罗伯茨法院的变革意图提供了更进一步的证据。联邦最高法院认可了第十一巡回上诉法院的逻辑与结论，认为在如下情况下排除制裁不应被适用：仅仅存在"已被逮捕行为所稀释的孤立的过失"④，而其他警察的行为端赖于对错误报告"客观上合理的信赖"⑤。这致使"善意信赖"理论之适用范围空前延伸，使其不仅适用于不存在过失的执法错误，还适用于客观上不合理的（即存在过失的）执法错误。不过，由于适用范围十分有限（只有过失性错误被逮捕行为所"稀释"，而实施逮捕的警察又没有过错时证据才能够被采纳），Herring 案并没有对排除制裁施加显著的抑或是特别危险的限制。⑥

但是，Herring 案的多数派法官并不满足于仅仅解决这一涉及面很窄的争议。首席大法官 Roberts 做出了如下意味深长、涵盖甚广的论断："排除制裁的适用取决于警察的有责性（culpability）和排除制裁威慑将来警察之不法行为的潜力"⑦；"威慑原则赋予排除制裁以正当性的程度随执法行为'有责性'的变化而变化"⑧；"只有警察的不法行为足够深思熟虑（因此排除制裁能起到威慑作用），足够应受谴责（以至于这种威慑效果

---

① Herring, 555 U. S.
② Id at 138 – 39.
③ Id.
④ Id at 137.
⑤ Id. at 146.
⑥ Id at 137, 139 – 40.
⑦ Id. at 137（emphasis added）.
⑧ Id. at 143（emphasis added）.

值得司法系统为此所付出的代价），排除制裁才可以适用"①；最终，"排除制裁仅适用于威慑故意、轻率或重大过失行为，或者某些情况下具有常发性或体制性的过失"。② 因为 Herring 案中没有哪位警察的"有责性"达到必要的程度（唯一的过错只是一项偶然的、疏忽的纪录错误），排除证据所带来的"任何边际威慑"（any marginal deterrence）"都无法'收回成本'"③，"证据排除这种极端的惩罚方式"在此没有正当性。④

Herring 案与 Hudson 案有相似之处。在二者所牵涉的适用范围很窄的问题被下级法院妥善解决后，联邦最高法院又以对排除规则造成不必要损害的方式维持原判。不过，Herring 案中几乎没有那种散见于 Hudson 案的带有贬损意味的夸张言辞。⑤ 更重要的是，Herring 案并未沿着 Hudson 案所创设的革命性理论的脚步前进。多数意见选择了一条与众不同又相当具有破坏性的分析路径，从而为废除（至少是削弱）威克斯 – 马普规则的努力开拓了新前线。

在界定了一种新型的"善意信赖"例外之后，联邦最高法院又对排除规则的适用设立了一个基本的门槛性要求。从此，"有责性"和"主体资格"、"若非"式因果关系一起守护着排除救济的大门。⑥ 这一"过错"标准使得除非警察有重大过错或者常发性过失，排除制裁将没有适用的可能性。⑦ 本质上，Herring 案为与排除规则有关的诉求安装了一个新的过滤装置，从而进一步限缩了这些诉求必经的路径。而且，它还致使先前确立的每一种"善意信赖"例外都变得多余。为符合"善意信赖"例外的要求，

---

① Herring, 555 U. S. at 144（emphasis added）.

② Id.（emphasis added）.

③ Id. at 147 – 48，引自 Leon 案，468 U. S. at 907 – 08 n. 6 (1984)。

④ Id. at 140，引自 Leon 案，468 U. S. at 916。

⑤ 联邦最高法院确实重复了 Hudson 案的如下论断："排除制裁'总是我们的最后手段，而非第一冲动'"，id at 140，引自 Hudson v. Michigan 案，547 U. S. 586, 591 (2006)，但是在 Herring 案中，联邦最高法院克制住了如下冲动：在排除理论上堆积更多的修辞上的焦油。

⑥ Id. at 143 – 44.

⑦ 联邦最高法院似乎在如下问题上含糊其词：常发性过失，即体制性的疏忽大意，是否足以导致排除制裁? 参见 id. at 144，该案断言，"在某些情况下，排除规则可用以威慑常发性或者体制性过失"；id. at146，该案声称，体制性错误可能构成"轻率"，从而导致排除制裁。

警察的行为务必立基于对他人宪法性过失的客观上合理的信赖。而根据
Herring 案的"有责性"标准，即便警察客观上不合理地信赖他人的错误，
排除规则也不会启动。警察粗心大意或满不在乎地违反宪法第四修正案，
已经不足以赋予排除制裁以正当性。①

（三） Davis v. United States 案

两年半后，联邦最高法院判决了 Davis v. United States 案②。如前所
述，Davis 案裁定，在警察通过不合理的搜查或扣押获取了证据的情况下，
只要该搜查或扣押是基于对有拘束力的上诉审判例的合理信赖，排除制裁
就是不合适的。③ 这一基于法官的宪法第四修正案适用错误以及执法人员
的无过错执法行为（比如，警察甚至连过失都没有）的"善意信赖"例
外与先例相契合。④ 基于支撑 United States v. Leon 案判决的关键前提（该
前提也是所有"善意信赖"理论赖以存在的支柱），多数意见做出如下解
释："当有拘束力的上诉审判例明确授权某类具体警察行为时，从事此授
权行为的警察的做法和任一理性警察在此情形下将做、应做的行为没有什
么不同。"⑤ 对其适用排除制裁只会用来"威慑警察基于良心所做的工
作"，并会"打击警察'履职尽责'的积极性"。⑥ 即使后来的判决认定某
搜查行为违宪，只要此搜查行为之实施"基于对有拘束力之判例的合理信
赖"，由此获取的证据即不得被排除。这一判决与联邦最高法院先前的如

---

① 与 Hudson 案具有变革性的理论前提不同，Herring 案对排除制裁的新限制并未招致 Ken-
nedy 大法官私下的抵抗，毫无迹象表明他认为这个版本的排除规则令人不安。Herring 案
的"有责性"门槛吸引了五位大法官毫无保留的支持。

② Davis v. United States, 131 S. Ct. 2419 (2011)．

③ Id. at 2423－24, 2434.

④ 正对如下情形，最早的三种"善意信赖"理论（分别提出于 Leon 案，468 U. S. 897
(1984)，Krull 案，480U. S. 340 (1987) 和 Evans 案，514 U. S. I (1995)），都禁止适用排
除制裁：执法警察的行为立基于对他人宪法性错误客观上合理的信赖。相比于 Herring
案，Davis 案更像是这些判例（而不是 Herring 案）逻辑上的自然结果。Herring 案授权在
如下情形中采纳证据：警察犯了宪法第四修正案错误，并且至少部分警察行为客观上不
合理。

⑤ Davis, 131 S. Ct. at 2429，引自 Leon 案，468 U. S. at 920。

⑥ Id.

下立场相符：“严厉的排除制裁‘不应用来威慑客观上合理的执法活动’。”① 总之，Davis 案适用范围狭窄（因此对排除救济所造成的伤害微乎其微）的裁定不仅不难预测，也不具有革命性。

但是，与 Hudson 案和 Herring 案一样，Davis 案避开了笔直、狭窄的变革路径。尽管仅仅适用传统理论即可解决此案之争议，Alito 大法官却走得更远，提出了另一种拒绝适用排除制裁的理论。这一适用更为广泛的新理论的提出佐证了罗伯茨法院的如下决心：通过严格限制排除规则的可能适用范围来彻底革新这项制度。②

Davis 案的多数派法官强有力地重申了 Herring 案的“有责性”门槛，并声称只有当警察基于“‘故意’、‘轻率’或‘重大过失’而无视宪法第四修正案所保护的权利时”，“排除制裁的威慑价值才会甚为重大，才会超出其相应的成本”。③ 根据 Alito 大法官的观点，“如果警察在行为时基于客观上‘合理的善意信赖信念’而相信他们的行为是合法的，抑或他们的行为只涉及简单的、‘孤立的’过失，威慑理论的力量将会大大削弱”，“适用排除制裁将无法‘收回成本’”。④ “警察毫无疑问地不具有‘有责性’”（即负责搜查的警察“在侵犯宪法第四修正案赋予 Davis 的权利时，既没有故意、轻率或重大过失”，也没有“常发性或体制性过失”），“使得 Davis 排除证据的申请注定失败”。⑤ 即便警察对授权该搜查行为的判例的信赖客观上并不合理，证据仍可采纳，因为排除规则既不是“严格责任制度”（strict-liability regime），也不是“‘孤立的’、‘偶然的’警察过失”制度。⑥ 总之，Davis 案传递出一个明确的理论讯息：Herring 案提出的“有责性”门槛并不是转念即逝的幻想或试探舆论的口风，这是一项严厉、苛刻的先决条件，即只要执法人员在违反宪法第四修正案时不具有“有责

① Davis, 131 S. Ct. , 引自 Leon 案, 468 U. S. at 919。
② 不仅如此，Kagan 大法官也加入了“革命大军”，毫无保留地支持多数意见判决。
③ Id. at 2427.
④ Id. at 2428, 引自 Leon 案, 468 U. S. at 919, 908, n. 6, 引自 United States v. Peltier 案, 422U. S. 531, 539 (1975)。
⑤ Davis, 131 S. Ct. at 2428.
⑥ Id. at 2428 – 29, 引自 Herring 案, 555 U. S. at 137, 144 (2009)。

性"，排除制裁就不得适用。①

与 Hudson 案不同，Davis 案与 Herring 案一样几乎没有煽动性言论。Alito 大法官确实曾指责排除规则"在许多案件中妨碍真相发现，使罪犯逍遥法外"②。不仅如此，他还把排除制裁描述成"社会在必要的情况下必须要咽下的一剂苦药"，但只能是"最后的手段"。③ 除此之外，多数意见的修辞相当克制。不过，Alito 大法官对排除规则本质之界定意义重大且具有潜在的侵蚀性。在释明宪法第四修正案之条文并未提及排除制裁后，他将排除规则描述成"联邦最高法院为'强迫（执法者）尊重宪法性保障'而创设的'具有裁量性的'原则（'prudential' doctrine）"。④ 一些早期判决表明，"该规则是暗含于宪法第四修正案中的自我执行授权（self-executing mandate）"，但是联邦最高法院后来的判决纠正了该误解，"承认排除规则无疑是一项由联邦最高法院自己创制的'司法救济手段'"。⑤ 除此之外，这一"'由司法创制的'制裁手段被专门设计为一种旨在防止获得'意外之财'的救济措施，以威慑未来违反宪法第四修正案的行为"。⑥

最后，Davis 案的多数意见对排除规则的目的作了极具限制性的解读。根据 Alito 大法官的观点，考虑到"排除制裁的唯一目标是威慑不当执法行为"，如下观点"与当前对排除规则角色之理解并不契合"：为了避免"对宪法第四修正案的发展造成不利影响"，在涉及信赖有拘束力判例的情形中，适用排除制裁是有必要的。⑦ 联邦最高法院拒绝如下建议："排除规则应当进行调整，以服务于某目标，而该目标不再是威慑'具有有责性的'执法行为"。⑧ 因此，联邦最高法院明确指出，没有其他任何目的可

---

① 对 Herring 案具有拖制性的"有责性"要求的认可，并未逃离拒绝加入多数意见之大法官的视野。参见 Davis, 131 S. Ct. at 2435（Sotomayor 大法官的协同意见），该意见认为，"有责性""并不具备决定性"；同上，at 2439（Breyer 大法官的反对意见），反对联邦最高法院赋予"'有责性'以决定性分量"。

② Id. at 2427（多数意见）。

③ Id.（引自 Hudson 案，547 U. S. at 591）。

④ Davis, 131 S. Ct. at 2426.

⑤ Id. at 2427.

⑥ Id. at 2433 - 34.

⑦ Id. at 2432（emphasis in original）.

⑧ Davis, 131 S. Ct. at 2432 - 33（emphasis added）.

以用来界定排除制裁的适用范围。除此之外，联邦最高法院还将"有责性"限制吸纳到威慑目的之中，指出该规则的目的不是阻止所有违反宪法第四修正案的行为，而是预防具有"有责性"的违宪行为。这一对排除制裁目的之重构，是对这一并不新颖的主题的既有趣又有技巧的歪曲。

四　宪法第四修正案排除规则的现状和未来
——对罗伯茨变革的批判性评估

若要评估 Davis 案之影响，首先需对 Hudson 案和 Herring 案有较深的理解。与以前的先例不同，Davis 案中本身并无新颖或不可预测之处。其主要作用在于确认和澄清联邦最高法院意图追随之变革路径。本文的最后部分将探讨该路径，分析其关键侧面与法理基础，并就排除制裁的前景进行大胆预测。

（一）　Davis 案的侵蚀效果

Hudson 案标志着罗伯茨法院已将枪口瞄准了排除制裁。其语气之轻蔑、言辞之恶意以及反排除规则之推理表明，罗伯茨法院的目标很有可能是要废除排除规则。Herring 案证实了联邦最高法院变革排除规则的决心，但采取了迥然不同的方式。首席大法官选择了一种更少对抗性的风格，而不是去进一步重创威克斯－马普规则。联邦最高法院并未声称排除制裁是一座无用的废墟，而是只有些许贬损的意味。多数派法官本可以通过 Hudson 案的"稀释"例外或"成本－收益"理论来拒绝适用排除制裁①，但均避之不采。取而代之的是，首席大法官认可了在某些情形下可以赋予证据排除以正当性的"核心关切"，并将"有责性"当成反映该关切的标

---

① 联邦最高法院本可通过如下推理适用"稀释"例外：宪法第四修正案通过禁止不合理的人身扣押来保护公民的自由和隐私，而排除制裁并不服务这一利益。作为另一种选择，大法官们本来也可以作如下解释：如果根据 Hudson 案进行平衡所端赖的多个前提进行评估，对此类过错适用排除制裁的成本大于其任何威慑利益。

准，从而极大地限制了排除规则的适用范围。①

就语气、态度、逻辑和策略来看，Davis 案是 Herring 案的衍生物。罗伯茨法院的前三个开庭期表明，存在不止一种处理排除规则的方法。而 Davis 案表明，至少到目前为止，大法官们更喜欢 Herring 案中更为得体、看上去更加温和、政治上更让人接受的策略。② 尽管保留了排除救济，"赫林－戴维斯"的"有责性"门槛通过如下方式变革了排除救济：将该救济的适用范围局限到极少数具有足够"有责性"的警察不法行为。联邦最高法院并没有废除排除规则，甚或连废除的迹象也没有。

尽管明显缺少挑衅性，较之 Hudson 案所采用的分析方法，赫林－戴维斯路径（Herring－Davis route）可能会对排除规则的生命力造成更加严重的理论威胁。Hudson 案一次性打开了三个理论突破口，每一个突破口都可能侵蚀排除制裁。通过把"有责性"当成排除制裁适用的前提，赫林－戴维斯规则将以前可以适用排除制裁的案件类型排除在外，将宪法第四修正案排除制裁的实施置于危险境地。③ 虽然 Herring 案关于"有责性"门槛的声明得到了五位大法官的支持，这一声明本身并没有约束力，联邦最高法院也有可能在未来的案件中重新审视甚至忽略该限制。不过，Davis 案强有力地宣称，已有更多的大法官（六位）致力于将这一新的、严厉的限制适用于排除制裁。尽管从技术上看，Davis 案对"有责性"要求的重申同样不具有约束力，然而其表述极为严肃认真。毫无疑问，Davis 案多数意见对"有责性"的明确认可与依赖具有支配性。该案本可以通过如下适用范围甚为狭窄之理论去解决：执法人员基于对司法错误客观上合理的信赖而采取不法行为，不适用排除制裁。相反，联邦最高法院却对如下理论予以同等的（并且是密不可分的）信赖，即警察缺少适用排除制裁所必需的

---

① Hudson 案具有侵蚀性的路径仅得到勉强多数并不牢固的支持。Herring 案较为稳健的策略获得五位大法官毫无保留的支持，并在 Davis 案中引起了第六位大法官的兴趣。很明显，首席大法官信奉如下格言："用蜂蜜抓的苍蝇比用醋多"。

② 这并不表明，Hudson 案的判决是一纸空文，或者联邦最高法院不会在将来的案件中发现该判决大有价值。而且，激发 Hudson 案言辞攻击的变革精神现在正生机勃勃、状况良好。

③ See Davis，131 S. Ct. 2419，2438－40（2011）（Breyer 大法官的反对意见）；Herring，555 U. S. at156－57（Ginsburg 大法官的反对意见）。

最起码的"有责性"。

根据联邦最高法院的观点，排除规则被设计成被告人证据上的"意外收获"，其有限的目的是威慑那些违反宪法性保障（该保障是为了规制不合理的搜查和扣押行为）、具有"有责性"的执法行为。只有在警察的违宪行为具有"有责性"时，该规则才会发挥效力。仅有简单的、孤立的过失（即客观上的不合理）还不够。由此，在违反宪法第四修正案的不法行为中，只有那些被告人有证据证明执法人员存在故意、轻率、重大过失或者常发性过失的执法行为，才是被告人有权申请适用排除制裁的行为。①

这场变革实际的、具体的后果是显而易见的。假定警察错误地相信：逮捕令或搜查令合法有效；某令状授权对某特定地点进行搜查；很有可能某人实施了犯罪或某车藏有走私物品；有合理的怀疑认定犯罪和危险的存在；或某在逃重罪犯有造成他人严重人身伤害的危险。只要上述过错仅仅是粗心大意（即客观上不合理），由此获取的证据即具有可采性。只有警察在客观上极不合理地相信他们的搜查或扣押行为符合宪法第四修正案的规定时，排除制裁才会随之而来。违宪行为并不会招致该制裁，除非这些行为是明目张胆的职权滥用或本身异乎寻常得恶劣（与宪法规范严重背离），又或是该粗心大意之过反复出现，因此可谓体制性之过失。显然，这类案件将极为少见。在违反宪法第四修正案的不法行为中，能够适用排除制裁的情形将会降至涓涓细流。这一具有根基性的权利法案条款的司法适用将不可避免地走向衰落。②

（二）对 Davis 案的反思和预测

根据 Mapp v. Ohio 案的观点，排除规则作为"宪法第四修正案必不可少的组成部分和必要的威慑性保障手段"，既"为司法所暗含"（judicially

---

① 值得一提的是，像证明警察行为违宪、被告人有主体资格、存在"若非"式因果关系一样，证明"有责性"的重担也落在被告人肩上，因为"触发"排除制裁需要以警察行为具有"有责性"为前提。See Herring, 555 U. S. at 144. 至于是否属于排除规则之"例外"，证明责任则落在政府肩上。
② See Davis, 131 S. Ct. at 2440（Breyer 大法官的反对意见）。

implied），又为"宪法所要求"（constitutionally required）。① 伯格法院通过如下方式发起了反排除制裁运动：不再将排除制裁视作宪法权利，而是将其主要当成为威慑工具，"一种司法上创造的救济手段"，从而不再是"宪法性要求"。② Herring 案认为，宪法第四修正案的条文并未要求排除证据，排除制裁"由司法所创制"，即为联邦最高法院之"判决"所"创设"。③ Davis 案对排除制裁本质之评论，进一步以不易察觉的方式削弱了其声望。Alito 大法官重申，宪法第四修正案"并未提及"排除制裁，"排除规则是一种由联邦最高法院所创制的'具有裁量性的'原则"。④ 他否认"该规则是暗含于宪法第四修正案中的自我执行授权"这一宽泛论断，并认为联邦最高法院已经"承认排除规则毫无疑问只是联邦最高法院自己创制的'司法救济手段'"。⑤ 排除制裁只不过是"一种'司法创制的'制裁方式"，专门为获得"意外之财"而设。⑥

这些对排除规则来源和特征的论述，似乎都是为了通过进一步削弱其根基来促使其发生革命性变化。就纯粹的证据规则而言，联邦最高法院对各州法院没有"监督权"，因此也就无法将其强加于各州法院。⑦ 强制各州法院排除证据的权力必须源自宪法。不过，联邦最高法院刻意避免将排除规则描述成来自"宪法"。除此之外，Davis 案还认为以下观点具有误导性：这一纯粹由联邦最高法院"自己创制的""具有裁量性的"原则暗含于宪法第四修正案之中（该修正案并未为此提供文本上的根基）。

这些对排除制裁日益苛刻之界定，其目的可能是在为全面废除排除救济打下基础。最终，联邦最高法院可能会承认，因提出并坚持证据排除规则已经逾越宪法性授权，为自己擅取了一项站不住脚的"本来不存在的"权力。当然，联邦最高法院似乎不太可能会承认自己犯下了这一根本性错

---

① Mapp, 367 U. S. at 648，651（1961）.
② See，e. g.，Calandra, 414 U. S. at 348（1974）（emphasis added）.
③ See Herring, 555 U. S. at 139.
④ See Davis, 131 S. Ct. at 2426.
⑤ Id. at 2427（emphasis added）.
⑥ Id. at 2433 – 34.
⑦ See Dickerson v. United States，530 U. S. 428，438（2000）.

误。更有可能的是，大法官们将来会援引排除规则业已被削弱的理论根基来论证其可替代性。我们知道，排除规则与米兰达规则一脉相承，而后者是宪法性授权的产物，目的是通过提供一些执行机制来保障宪法第四修正案所规定的权利。在没有有效替代措施的情况下，排除救济或许是一种宪法上必要的制裁手段，但它并非宪法第四修正案所要求的救济。如果联邦最高法院能找到或创设出一种有效的替代机制，Davis 案对排除规则之设想将不会对之构成任何障碍。就目前来看，对排除规则本质之主流理解不仅会阻止其任何形式的扩张，还为进一步对其施加限制提供便利。①

Davis 案声称，排除制裁的唯一目标是面向未来的威慑。② 随后，该案又将此"目标"从威慑违反宪法第四修正案之行为限缩至"威慑'具有有责性的'执法行为"。③ 由此，排除制裁并非用以抑制所有不合理的搜查或扣押行为，也不是用以抑制一切可以被威慑的执法行为。④ 其目的只是抑制那些警察主观过错足够严重的违宪行为。

联邦最高法院为这一有史以来最狭窄之排除范围找到了如下先例支持：那些与排除规则有关的非常有影响的案件（即 Weeks 案、Silverthorne 案和 Mapp 案）都涉及职权滥用地、肆意地、"明目张胆地违反"宪法第四修正案的行为。⑤ 因此，这类具有"有责性"的不法行为"才是致使联邦最高法院起初采用排除制裁的核心关切"。⑥ 除此之外，"Leon 案以及与之相关的一系列案件"（the Leon line of cases）（这些案件立基于同一个"基本洞见"，该洞见涉及的是"有责性"和"排除制裁之威慑利益"之间的关系），都支持将排除制裁限制适用于"具有有责性的"不法行为。⑦

---

① 有"有责性"门槛在联邦最高法院已经没有多少机会去进一步侵蚀排除制裁。目前，有可能得到多数意见支持的是推翻 James v. Illinois 案，493 U. S. 307 (1990)，以及如下立场：政府可以用警察"有责性"地违反宪法第四修正案所获取的证据来弹劾辩方证人。

② 多数意见对如下可能性持开放态度：为了"防止宪法第四修正案失去活力"，应允许那些成功撤销有拘束力之联邦最高法院判例的被告人，在自己案件中获得"排除证据"这一"意外收获"。See Davis, 131 S.

③ See id. at 2433.

④ See Herring, 555 U. S. at 144 n. 4 (2009).

⑤ See id. at 143 – 44.

⑥ Id.

⑦ Davis, 131 S. Ct. at 2427；See Herring, 555 U. S. at 141 – 42.

不仅如此，在"Leon 案创设'善意信赖'例外之后的二十七年中，联邦最高法院从未将排除制裁适用于通过不具有'有责性'的警察行为所获取的证据"。[①] 换句话说，自 1984 年来，联邦最高法院一直以排除制裁来应对具有"有责性"的不法行为。

我不会对联邦最高法院如何描述这些先例而吹毛求疵，而是要质疑其由此得出的结论。Weeks 案、Silverthorne 案和 Mapp 案确实都涉及极其恶劣的违法行为。但是，仅凭这三起案件就认定排除制裁"核心的"（实际上是唯一的）"关切"并不仅仅是违宪行为，而是"具有有责性的"不法行为，似乎并不公平。在这些里程碑式判决诞生的时代，大法官们相信排除非法获取的证据是一项宪法权利，没有一起案件包含如下暗示：该个人权利是否应得到保障取决于警察的意图、肆意、滥用职权或"明目张胆的"违宪行为。[②] 以这些案件的案情作为对其以前所承认的宪法权利的一项基本学理上的限制的基础，这似乎是勉强和虚伪的。[③]

从"Leon 系列案"（the Leon line）寻求支持的努力也并不如意。Leon 案判决于排除制裁被降至单纯的威慑工具之后。该案的逻辑确实表明，当警察没有过错时，即当警察客观上合理地相信他们在依宪执法时，威慑作用无法赋予排除制裁以正当性。但是，直至 Herring 案，联邦最高法院有关"善意信赖"之判决均要求警察的信赖是"客观上合理的"。[④] 其明确含义是，排除制裁并非严格责任，但是，如能有助于消除警察粗心大意之诱因，并提高其对宪法之遵从，则简单的、孤立的过失也可以赋予排除制裁以正当性。Leon 规则并没有对警察有比"单纯的过失"更高的主观责

[①] Davis, 131 S. Ct. at 2429（引自 Herring 案，555 U. S. at 144）；See Herring, 555 U. S. at 144（声称：自 Leon 案后，联邦最高法院从未在警察之行为比"偶然性"过失或者"稀释的"过失更不具有"故意性"、"有责性"时运用该规则排除证据）。

[②] See supratext accompanying notes 31 – 32.

[③] 在论证"有责性"之必要性时求助于 Friendly 法官的观点，毫无说服力可言。See Herring, 555 U. S. at 143. 联邦最高法院从未接受他为限制排除制裁所做出的努力。

[④] See Evans, 514 U. S. at 16；Krull, 480 U. S. at 356 – 57；Sheppard, 468 U. S. at 987 – 88；Leon, 468 U. S. at 922.

任上的要求。①

最后，Leon 案之后确实没有哪起案件仅仅基于孤立性的过失即适用排除制裁，但这无法为更高的过错要求提供先例支持。这种先例之缺乏仅仅反映出以下无足轻重的事实：一般过失能否触发排除制裁的问题从未进入联邦最高法院的视线。除此之外，考虑到根据与"善意信赖"有关之判决，"客观上合理"是拒绝适用排除制裁的先决条件，而一般过失是威慑的恰当目标，这一问题没被提出也就不足为奇了。

如果联邦最高法院能为其新创的"有责性"门槛提供扎实的、实质性的辩解，其对先例过于牵强之解读也就不会这么令人烦恼。普遍要求"有责性"，对其前提却仅仅提供单薄、笼统的解释，以及特别要求比"过失"更为严重的主观过错，只会使人们更加质疑罗伯茨变革的价值所在。或许大法官们已经认识到其逻辑的脆弱性，认为不为自己没有先例地严重限缩排除制裁之适用范围的做法构建更大的批评的靶子，是更为明智的做法。

Herring 案将"有责性"要求与支配着排除制裁分析的威慑目标和成本–收益权衡联系起来。② 根据首席大法官的观点，是否适用排除制裁"取决于警察的'有责性'和排除制裁威慑将来警察之不法行为的潜力"。③ 他断言"威慑原则赋予排除制裁以正当性的程度随执法行为'有责性'的变化而变化"④，并解释说"只有警察的不法行为足够深思熟虑（因此排除制裁能起到威慑作用），足够应受谴责（以至于这种威慑效果值得司法系统为此所付出的代价），排除制裁才可以适用"⑤。为了给其提出的比孤立的过失要高的过错标准辩护，首席大法官承认包括排除救济在

---

① 当然，Leon 案及其衍生判决并不认为，只要没有过失就不得适用排除制裁。Herring 案之前有关"善意信赖"的判决还曾要求执法行为之外的错误。"没有过错即不得排除证据"包括两个方面：执法行为本身没有错误，信赖他人错误之警察没有过失。在 Herring 案之前，排除制裁在如下案件中可能是恰当的：警察基于客观上合理之信赖实施了违反宪法第四修正案之行为。
② See Herring, 555 U. S. at 143 – 46.
③ Id. at 137.
④ Id. at 143.
⑤ Id. at 144.

内的制裁手段可以威慑一般过失行为，但是，其结论是，在涉及一般过失的案件中，排除制裁所产生的任何收益都"抵不上其成本"①。排除孤立性过失所带来的巨大的社会成本超过其在威慑未来违宪行为方面的任何收益。② "认为警察过失会自动触发排除制裁的主张并不符合排除规则的根本理念"，因为由此导致的"任何边际威慑"都无法"收回成本"③。最起码，"体制性错误或对宪法性要求的无所顾忌的不予理会"在平衡现已偏向排除制裁的天平方面是必要的。④

Davis 案认可这种推理。⑤ 根据 Alito 大法官的观点，当警察基于"'故意'、'轻率'或'重大过失'而无视宪法第四修正案所保护的权利时"，"排除制裁的威慑价值才会甚为重大，才会超出其相应的成本"。⑥ 当行为客观上合理或仅仅涉及简单的、孤立的过失时，威慑利益将不够重大，从而不足以赋予社会成本以正当性。⑦ 对于警察不合理的搜查和扣押行为，"只有警察的不法行为足够深思熟虑（因此排除制裁能起到威慑作用），足够应受谴责（以至于这种威慑效果值得司法系统为此所付出的代价）"，"严厉的排除制裁"才是适当的。⑧

一个显而易见的前提是，过错程度高于一般过失的警察可能对证据的减损更为在意，因为更为可能通过修正其违宪行为对此作出回应。那些仅仅是客观上不合理地信赖其行为合宪的警察（他们仅仅是粗心大意并应当了解更多情况），对于排除证据这一后果，或者无法预见，或者并不在意，因此并不太可能会对证据排除之威胁有所反应。鉴于这些原因，对一般过失适用排除制裁所带来的威慑价值要小得多。

另一个暗含的前提是，对于孤立的过失而言，在刑事审判过程中排除事实是不符合比例原则、不具有正当性的制裁手段，也就是说，对于那些

---

① See Herring, 555 U. S. at 144 n. 4.

② Herring 案对成本－收益权衡之描述不像其他有关排除规则的重要判决那样全面。

③ Herring, 555 U. S. at 147 – 48.

④ Id. at 147.

⑤ See Davis, 131 S. Ct. at 2427 – 28.

⑥ Id. at 2427（引自 Herring 案，555 U. S. at 144）。

⑦ Id. at 2427 – 28（引自 Herring 案，555 U. S. at 137）。

⑧ Id. at 2428（引自 Herring 案，555 U. S. at 144）。

仅仅具有最低限度的"有责性"的行为，排除制裁是其不应受到的惩罚。偶然的粗心大意并不异常，那些仅具一般过失的警察的"有责性"还不足以要被"严厉的排除制裁"所"处罚"。① 总之，在缺少足够过错的情形下，排除制裁对警察，对司法系统，以及对整个社会的惩罚后果，并不具有正当性。没有足够的道德上的"有责性"，排除制裁并不"值得为之付出代价"②。

和往常一样，联邦最高法院就过失违反宪法第四修正案的行为是否适用排除制裁所进行的成本－收益分析，并非基于可度量的、实证的证据。相反，其端赖于与人性以及排除制裁之效果相关的有争议的假设。侵权法假定，粗心大意的行为人能够预见到并倾向于对不利之法律后果做出反应，也就是说，制裁会降低一般过失行为的发生率。③ 除此之外，如下观点也并非不合情理：仅具有一般过失的警察在本质上更倾向于关心能否起诉成功，因此更可能通过履行一般注意义务以避免证据被排除。实际上，较之有更严重过错的警察，仅具有一般过失的警察更可能不去抵制威慑制裁。最后，我们有理由得出如下结论：很高比例的不合理的搜查、扣押行为将仅仅涉及"孤立的"过失行为，而更高程度的"有责性"将会很不常见。④ 如此，在宪法第四修正案实施的过程中，排除制裁将会产出可观的累积收益（cumulative gains）。⑤ 与变革者的结论相反，对偶然性过失，排除制裁带来的收益可能会远超为之付出的代价。

如下观点是对排除规则本质的扭曲理解：就一般过失行为而言，排除救济是一种不具有正当性、不符合比例原则的制裁手段。就性质而言，证据排除从来都不具有类似于刑罚之于犯罪的惩罚性。⑥ 威慑源自于对未来不法行为之诱因的清除，即剥夺政府非法取得的优势。其目的并非让警察

---

① Davis, 131 S. Ct. at 2428 – 29（引自 Krull 案，480 U. S. at 350）。
② Davis, 131 S. Ct. at 2428（引自 Herring 案，555 U. S. at 144）。
③ See Herring, 555 U. S. at 153（Ginsburg 大法官的反对意见）。
④ See Davis, 131 S. Ct. at 2439 – 40（Breyer 大法官的反对意见）。
⑤ See id. at 2440（Breyer 大法官的反对意见），该意见表明，"有责性"要求会给宪法第四修正案权利带来巨大损失。
⑥ See id. at 2438（Breyer 大法官的反对意见）。

因"具有有责性的"行为而承受惩罚。① 考虑到排除规则并非一项刑事惩罚，下列说法具有很强的误导性：对一般过失适用排除制裁之所以无法让人接受，是因为其对警察之惩罚超出了他们应得之限度。作为这场变革之基础的比例原则完全站不住脚，其与长期盛行的有关排除制裁如何威慑违宪行为的观念相悖离。

用以支持"有责性"要求的理论根基看起来是薄弱的、令人生疑的、有瑕疵的，不足以赋予革命性限缩排除制裁适用范围以正当性。其没有被明说的前提是什么呢？不论是 Herring 案还是 Davis 案均未质疑威克斯－马普规则的合法性。但是，二者也均未否认由 Hudson 案提出的挑战和支持这些挑战的假设。如下情形似乎完全是有可能的：某些（如果不是全部的话）认可赫林－戴维斯路径（该路径更少对抗，更多克制）的大法官，被弥漫于 Hudson 案的针对排除制裁之敌意所激励。Hudson 案将排除制裁定性为"最后的手段"，Davis 案称排除制裁为"苦药"，而前述两份判决重复了这些表述。② 类似于 Hudson 案新颖却扭曲之理论，"有责性"门槛反映了如下观点：排除规则弊大于利，在很大程度上已经"不起作用"了，已经不再为确保宪法第四修正案之充分执行所必需。尽管如下假设没有在 Herring 案和 Davis 案中被明确表述，却或许已经开始在发挥作用：执法的专业水平已经提高，其他替代救济措施已经存在并已有效发挥作用。除此之外，大法官们很有可能非常怀疑证据排除的效力，即因未来法庭排除证据而带来的减损是否真的能激励侦查人员。有一点似乎是明显的，他们没有如下担心：高于一般过失的"有责性"要求将打开过失违反宪法第四修正案之行为的水闸。

令人难以置信的是，大法官们并未意识到赫林－戴维斯规则已经如此严重地压缩了排除规则的适用范围。按照"有责性"的要求，对于因不合理的搜查或扣押而获取的证据，排除将会是例外，而不是常态。罗伯茨变革一定是立基于对司法实践的评估和如下结论：排除制裁的极少适用不仅

① 如果它具有刑罚属性，那么如下原则将令人怀疑：排除制裁不能给警察带来证据上的不利后果。See Murray v. United States，487 U. S. 533，542（1988）.
② See Davis，131 S. Ct. at 2427；Herring，555 U. S. at 140.

不会造成宪法性损害（constitutional harm），反而会带来大量的社会收益。

如果排除规则是一项威慑执行机制而不是宪法权利①，那么将现实世界中的结果、影响和需求当作分析的基础就不仅看起来恰当而且值得赞美。支持"有责性"理论的前提，或许反映了当下就排除救济之需求所做出的精确的、极为现实的评估。对"过错"的要求，或许立基于就大大限制排除制裁适用之结果所做出的有力的推理和结论。但是，问题在于，大法官们不愿意明示和欣然接受支撑这场变革的前提。也就是说，他们拒绝将能使激进之变革具有正当性这一结论的实用性评估开诚布公。

我从根本上不同意 Hudson v. Michigan 案多数意见的绝大部分观点。在该判决被公布之时，我认为其几乎没有什么可取之处。Herring 案和 Davis 案使我改变了自己的想法。Scalia 大法官更具对抗性也更为坦率的路径（他愿意明确表述自己所秉持的反马普规则立场的理论预设，而该理论预设使其判决富有生气），似乎远比后续判决的沉默和秘而不宣更为可取。对于那些有助于"有责性"门槛之采纳的前提、假定以及对现实的理解，联邦最高法院不去承认、解释和辩护；对于那些作为竞争对手的假定与理解，联邦最高法院没有给予有力的回击。这不仅不利于对正在进行的这场变革的合法性进行富有成效的讨论，还招致了对其合法性的严重质疑。

结　语

就目前来看，正式废除宪法第四修正案排除规则似乎并不可能。至少有五位大法官相信它应当存续下去。除此之外，那些意图推翻排除制裁的大法官非常清楚，"有责性"门槛的存在将使这个社会几乎不必再吞下该"苦药"。该规则不会带来多少社会成本，几乎不会妨碍事实的发现，只会偶尔给罪犯以"意外收获"。

Davis v. United States 案确认，联邦最高法院致力于革命性地限缩排除

---

① 如下问题非常值得商榷：当联邦最高法院不再认为排除制裁是一项宪法权利时，其是否犯下了错误？See Leon，468 U. S. at 935 – 44（Brennan 大法官的反对意见）。

救济的适用范围，而"有责性"门槛是推动这场变革的最佳工具。变革者相信，证据排除几乎没有必要性、正当性。他们通过如下方式实施此理念：针对排除申请，安装一个十分精密的理论过滤装置，一个只允许具有充分"有责性"的违宪行为通过的屏障。这场关于排除规则的激进变革立基于以下几点：对执法行为有默示的信心，感觉宽泛的排除制裁没有必要，相信隐私和自由不必通过释放危险的犯罪分子来保障。那些关注宪法第四修正案——该权利法案条款并非赋予罪犯以"权利"，而是赋予所有"人"（"the people"）以权利——的人，只能希望该信心没被错置，该感觉准确无误，而该信念有先见之明。

图书在版编目（CIP）数据

人权研究. 第 19 卷 / 齐延平主编. -- 北京：社会
科学文献出版社，2018.5
　ISBN 978 - 7 - 5201 - 2314 - 3

　Ⅰ.①人…　Ⅱ.①齐…　Ⅲ.①人权 - 研究　Ⅳ.
①D082

　中国版本图书馆 CIP 数据核字（2018）第 037936 号

人权研究（第 19 卷）

主　　编／齐延平

出 版 人／谢寿光
项目统筹／刘骁军
责任编辑／关晶焱　张　娇

出　　版／社会科学文献出版社·集刊运营中心（010）59367161
　　　　　　地址：北京市北三环中路甲 29 号院华龙大厦　邮编：100029
　　　　　　网址：www. ssap. com. cn
发　　行／市场营销中心（010）59367081　59367018
印　　装／三河市尚艺印装有限公司

规　　格／开本：787mm × 1092mm　1/16
　　　　　　印张：27.25　字数：418 千字
版　　次／2018 年 5 月第 1 版　2018 年 5 月第 1 次印刷
书　　号／ISBN 978 - 7 - 5201 - 2314 - 3
定　　价／98.00 元

本书如有印装质量问题，请与读者服务中心（010 - 59367028）联系